AF748436

Nachhaltige Entwicklung

Volker Radke

Nachhaltige Entwicklung

Konzept und Indikatoren aus wirtschaftstheoretischer Sicht

Mit 11 Abbildungen
und 2 Tabellen

Physica-Verlag
Ein Unternehmen
des Springer-Verlags

Reihenherausgeber
Werner A. Müller
Martina Bihn

Autor
PD Dr. Volker Radke
FernUniversität Hagen
Fachbereich Wirtschaftswissenschaft
Profilstr. 8
D-58084 Hagen

ISBN 3-7908-1223-4 Physica-Verlag Heidelberg

Die Deutsche Bibliothek – CIP-Einheitsaufnahme
Radke, Volker: Nachhaltige Entwicklung: Konzept und Indikatoren aus wirtschaftstheoretischer Sicht / Volker Radke. – Heidelberg: Physica-Verl., 1999
(Umwelt und Ökonomie; Bd. 30)
ISBN 3-7908-1223-4

Umschlaggestaltung: Erich Kirchner, Heidelberg

SPIN 10731310 88/2202-5 4 3 2 1 0 – Gedruckt auf säurefreiem Papier

Danksagungen

Das vorliegende Buch entspricht weitestgehend meiner Habilitationsschrift, die vom Fachbereich Wirtschaftswissenschaft der FernUniversität - Gesamthochschule in Hagen angenommen wurde. Ohne die Unterstützung, die ich von vielen Seiten erfahren habe, hätte es nicht entstehen können.

Besonders herzlich bedanken möchte ich mich bei Herrn Professor Dr. Alfred Endres (Hagen). Auf seinen Rat konnte ich stets vertrauen und seine konstruktiven Anmerkungen zu verschiedenen Versionen des Manuskriptes haben mir - wenn auch häufig Arbeit - so doch auch stets Vergnügen bereitet.

Herrn Professor Norbert Schulz, Ph.D. (Würzburg) möchte ich für die Übernahme des zweiten Gutachtens danken. Von seinen kritischen Hinweisen hat die Arbeit erheblich profitiert.

Meine Kollegin am Lehrstuhl für Wirtschaftstheorie der FernUniversität, Frau Dipl.-Wirt.-Math. Bianca Rundshagen, hat einige Passagen kritisch gelesen. Die übrigen Kolleginnen und Kollegen am Lehrstuhl haben mich häufig unterstützen können, indem sie mich bei der Abwicklung der 'Tagesgeschäfte' entlastet haben.

Meiner Frau Petra danke ich für ihren fachlichen Rat und für ihr Engagement im familiären Bereich. Meine Eltern und meine Schwiegereltern haben mich auf vielfältige Weise ganz entscheidend entlastet.

Dem Umweltbundesamt sei schließlich für die finanzielle Unterstützung gedankt, die mir zwischen Oktober 1995 und September 1996 im Rahmen des (gemeinsam mit Prof. Endres durchgeführten) Forschungsvorhabens Nr. 10103191 'Indikatoren einer nachhaltigen Entwicklung' gewährt wurde.

Hagen, im Dezember 1998 Volker Radke

Inhaltsübersicht

Danksagungen V

1 Einleitung 1

2 Nachhaltige Entwicklung - Zum Werdegang einer charismatischen Idee 8

3 Ein allgemeines ressourcenökonomisches Modell 24

4 Spezielle Modellvariante $\mathcal{P}$: Prähistorische Wirtschaftsweise 39

5 Spezielle Modellvariante $\mathcal{J}$: Industrialisierte Wirtschaftsweise 66

6 Spezielle Modellvariante $\mathcal{PM}$: Postmaterialismus 86

7 Zum Konzept der nachhaltigen Entwicklung aus ökonomischer Sicht 119

8 Anforderungen an Indikatoren einer nachhaltigen Entwicklung aus wirtschaftstheoretischer Sicht 180

9 Struktur und Kritik ausgewählter Indikatorensysteme 199

10 Zur theoretischen Struktur eines Nachhaltigkeitsindikators unter Einbeziehung ökonomischer, ökologischer und sozialer Vermögenskomponenten 229

11 Schlußbetrachtung 280

Anhang 291

Verzeichnis der Abbildungen und Tabellen 305

Verzeichnis der Abkürzungen 306

Verzeichnis der Symbole 307

Literaturverzeichnis 309

Inhaltsverzeichnis

Danksagungen V

1 Einleitung 1

2 Nachhaltige Entwicklung -
Zum Werdegang einer charismatischen Idee 8

2.1 Ursprünge 8
2.2 Brundtland 10
2.3 Zulauf 16
2.4 Ausblick 22

3 Ein allgemeines ressourcenökonomisches Modell 24

3.1 Vorbemerkungen 24
3.2 Grafische Repräsentation 25
3.3 Formale Repräsentation 30
3.4 Zusammenfassung und Ausblick 37

4 Spezielle Modellvariante $\mathscr{P}$: Prähistorische Wirtschaftsweise 39

4.1 Modellannahmen 39
4.2 Die modellspezifische Nachhaltigkeitsdefinition 44
4.3 Optimale Pfade 47
4.4 Die modellspezifische Nachhaltigkeitsregel 62
4.5 Zusammenfassung 65

5 Spezielle Modellvariante $\mathscr{I}$: Industrialisierte Wirtschaftsweise 66

5.1 Modellannahmen 66

5.2 Die modellspezifische Nachhaltigkeitsdefinition ... 68
5.3 Optimale Pfade ... 70
5.4 Die modellspezifische Nachhaltigkeitsregel ... 78
5.5 Zusammenfassung ... 85

6 Spezielle Modellvariante $\mathscr{PM}$: Postmaterialismus ... 86

6.1 Modellannahmen ... 86
6.2 Die modellspezifische Nachhaltigkeitsdefinition ... 91
6.3 Optimale Pfade ... 92
6.4 Die modellspezifische Nachhaltigkeitsregel ... 112
6.5 Zusammenfassung und Ausblick ... 117

7 Zum Konzept der nachhaltigen Entwicklung aus ökonomischer Sicht ... 119

7.1 Vorbemerkungen ... 119
7.2 Zum Nachhaltigkeitsverständnis der Neoklassik ... 121
7.3 Ausgewählte Kritikpunkte der ökologischen Ökonomie ... 124
7.4 Eine Synthese heterogener Nachhaltigkeitskonzeptionen ... 131
7.4.1 Gerechtigkeit: Autonome Aspekte ... 133
7.4.1.1 Gerechtigkeitssubjekte ... 135
7.4.1.2 Koordinationsmechanismen ... 137
7.4.1.3 Gerechtigkeitsobjekte ... 138
7.4.1.4 Gerechtigkeitsdimensionen ... 140
7.4.2 Güter ... 145
7.4.3 Waren ... 153
7.4.4 Vermögen ... 154
7.4.5 Gerechtigkeit: Pragmatische Aspekte ... 156
7.5 Nachhaltige Entwicklung: Eine allgemeine Definition ... 158
7.6 Eine Nachhaltigkeitsregel ... 161
7.7 Zusammenfassung ... 177

8 Anforderungen an Indikatoren einer nachhaltigen Entwicklung aus wirtschaftstheoretischer Sicht 180

8.1 Vorbemerkungen 180
8.2 Offenheit und Flexibilität 183
8.3 Vermögenstheoretische Fundierung 187
8.4 Ergänzung physischer durch wertmäßige Indikatoren 190
8.5 Zusammenfassung 197

9 Struktur und Kritik ausgewählter Indikatorensysteme 199

9.1 Zur Klassifikation von Nachhaltigkeitsindikatoren 199
9.2 Eindimensionale Indikatoren 200
9.2.1 Vorbemerkungen 200
9.2.2 Ermittlung des Nettosozialproduktes 201
9.2.2.1 Das traditionelle Nettosozialprodukt 201
9.2.2.2 Das Ökosozialprodukt 202
9.2.2.3 Zur Kritik des Nettosozialproduktes 204
9.2.3 Saldierung der Bestandsveränderungen 206
9.2.3.1 Der Indikator von Pearce und Atkinson 206
9.2.3.2 Zur Kritik des Indikators von Pearce und Atkinson 210
9.3 Mehrdimensionale Indikatoren 216
9.3.1 Der Pressure-State-Response-Ansatz der OECD 216
9.3.2 Das Konzept für eine Umweltökonomische Gesamtrechnung des Statistischen Bundesamtes 218
9.3.3 Zur Kritik der mehrdimensionalen Ansätze 220
9.4 Ausblick 224

10 Zur theoretischen Struktur eines Nachhaltigkeitsindikators unter Einbeziehung ökonomischer, ökologischer und sozialer Vermögenskomponenten 229

10.1 Vorbemerkungen 229

10.2 Modellannahmen ... 232
10.3 Konkretisierung der Nachhaltigkeitsregel ... 253
10.4 Empirische Aspekte ... 260
10.5 Ausblick: Probleme einer Nachhaltigkeitspolitik ... 269

11 Schlußbetrachtung ... 280

Anhang ... 291

Verzeichnis der Abbildungen und Tabellen ... 305

Verzeichnis der Abkürzungen ... 306

Verzeichnis der Symbole ... 307

Literaturverzeichnis ... 309

1 Einleitung

Der Begriff des *Sustainable Development* - zu deutsch im folgenden 'nachhaltige Entwicklung' - hat in den zurückliegenden Jahren einen beispiellosen Siegeszug erlebt. Die enorme Fülle der einschlägigen Publikationen befördert und potenziert zweifellos den 'Appeal' der Nachhaltigkeitsidee, macht es jedoch gleichzeitig schier aussichtslos, die gesamte Bandbreite der Diskussion auf begrenztem Raum erschöpfend zu behandeln. Zwei Aspekte sind jedoch besonders augenfällig und werden dieser Arbeit als Ausgangspunkte dienen:

Erstens ist eine bemerkenswerte *Heterogenität* hinsichtlich der inhaltlichen Auslegungen des Begriffes einer nachhaltigen Entwicklung zu konstatieren. Eine Ursache hierfür ist darin zu sehen, daß dieser Begriff seine Wirkung über die Grenzen der wissenschaftlichen Disziplinen hinweg entfaltet hat. Hervorgehoben wird allenthalben die Dreidimensionalität des Nachhaltigkeitsgrundsatzes, d. h. seine Relevanz sowohl für ökonomische als auch für ökologische und gar soziale Aspekte des gesellschaftlichen Entwicklungsprozesses. Diese Dreiteilung unterschlägt jedoch die tatsächliche Vielfalt der beteiligten Wissenschaftsdisziplinen noch weitgehend. Die Multidisziplinarität der Nachhaltigkeitsdiskussion impliziert fast zwangsläufig einen 'definitorischen Überschuß', der seit Beginn der Nachhaltigkeitsdiskussion häufig seinen Niederschlag in Auflistungen und Gegenüberstellungen scheinbar inkompatibler Nachhaltigkeitsdefinitionen gefunden hat.

Zweitens ist ein intensives Bemühen um eine *Operationalisierung* des Nachhaltigkeitsgrundsatzes festzustellen. In der Literatur liegt der Schwerpunkt bei der Suche nach Implementierungsstrategien gegenwärtig im Bereich der Entwicklung aussagefähiger *Nachhaltigkeitsindikatoren.*

Zahlreiche internationale und nationale Institutionen sind darum bemüht, ihre Anstrengungen in Richtung der Konzipierung von Indikatoren einer nachhaltigen Entwicklung zu lenken und auf diese Weise die Voraussetzungen für eine Implementierung des Nachhaltigkeitspostulates zu schaffen. Dies ist ohne Zweifel ein unverzichtbarer erster Schritt, denn ohne ein geeignetes 'Maß' ist die Entwicklung von Instrumenten einer Nachhaltigkeitspolitik und deren Erfolgskontrolle nicht denkbar.

Allein die Nennung dieser beiden Schwerpunkte legt das Spannungsfeld offen, in dem sich die Nachhaltigkeitsdiskussion gegenwärtig bewegt. Die Operationalisierbarkeit eines Zieles, so ist zu vermuten, steigt grundsätzlich mit der Exaktheit seiner Definition. Angesichts der Heterogenität der Nachhaltigkeitsdefinitionen ist daher zwangsläufig mit erheblichen Problemen bei der Operationalisierung des Nachhaltigkeitsgrundsatzes zu rechnen.

Aus dieser Spannung bezieht die vorliegende Arbeit ihre Motivation. Ziel ist es im folgenden, auf der Grundlage definitorischer Vorüberlegungen zu theoretisch fundierten Schlußfolgerungen hinsichtlich geeigneter Operationalisierungsstrategien des Nachhaltigkeitsgrundsatzes zu gelangen. Von zentraler Bedeutung werden hierbei die Kategorien der Nachhaltigkeits*definition* einerseits sowie der Nachhaltigkeits*regel* andererseits sein. Während erstere stets ein eigenständiges gesellschaftliches *Ziel* repräsentiert, soll letztere den *Weg* zur Erreichung dieses Zieles weisen und ist daher nicht von eigenständigem Charakter. Hierbei können Nachhaltigkeitsregeln zwei Funktionen erfüllen: Erstens können sie der Überprüfung des Zielerreichungsgrades dienen und in diesem Sinne *Indikatorfunktion* haben. Zweitens können sie die Funktion von gesellschaftlichen *Handlungsanweisungen* haben und daher die Implementierung einer Nachhaltigkeitspolitik einfordern. In dieser Arbeit wird die Indikatorfunktion im Vordergrund stehen.

Zunächst wird demonstriert, daß die in der Literatur vertretenen Nachhaltigkeitsdefinitionen in starkem Maße *kontextabhängig* sind und aus diesem Grunde die auf ihnen basierenden Operationalisierungsansätze in Gestalt von Nachhaltigkeitsregeln sehr bald an Grenzen stoßen müssen. Einerseits variiert naturgemäß die Definition einer nachhaltigen Entwicklung mit dem jeweiligen begrifflichen und methodologischen Kontext der an der Diskussion beteiligten Wissenschaftsdisziplinen. Andererseits wird die Nachhaltigkeitsproblematik allein innerhalb der Ökonomie im Rahmen unterschiedlicher Modelle analysiert. Daher variieren auch 'ökonomische' Nachhaltigkeitsdefinitionen mit dem jeweiligen Modellkontext erheblich.

Deshalb wird anschließend eine *kontextübergreifende* Nachhaltigkeitsdefinition entwickelt. Diese bildet schließlich die Grundlage eines Operationalisierungsansatzes, der unterschiedliche ökonomische Modellvarianten als Spezialfälle umfaßt und darüber hinaus einen Weg zur simultanen Behandlung ökonomischer, ökologischer und sozialer Aspekte des Nachhaltigkeitsprinzips aufzeigt.

Die Arbeit ist im einzelnen wie folgt strukturiert:

In Kapitel 2 werden Ursprünge und Entwicklungsgeschichte der *Sustainable Development*-Konzeption skizziert, um die inhaltliche Heterogenität zu veranschaulichen, die sich hinter diesem Begriff verbirgt. Auf der Ebene der Operationalisierung werden drei prominente Nachhaltigkeitsregeln mit Bezug zur ökologisch-ökonomischen Dimension des Nachhaltigkeitsprinzips vorgestellt und erläutert.

Anschließend wird in den Kapiteln 3 bis 6 mit dem Instrumentarium der neoklassischen Ressourcenökonomie die Kontextabhängigkeit des Nachhaltigkeitsbegriffes sowie der zuvor im zweiten Kapitel erläuterten Nachhaltigkeitsregeln veranschaulicht. Hierzu wird zunächst in Kapitel 3 ein allgemeines ressourcenökonomisches Modell entwickelt, das die drei 'prototypischen' Modelle der ressourcenökonomischen Literatur, die seit den siebziger Jahren das Gerüst dieser Disziplin bilden, als Spezialfälle umfaßt.

Letztere werden anschließend in den Kapiteln 4 bis 6 diskutiert. Jeder einzelnen Modellvariante wird eine spezielle Nachhaltigkeitsdefinition zugeordnet. Entsprechend steht jede Modellvariante in engem Bezug zu jeweils einer der im zweiten Kapitel erläuterten Nachhaltigkeitsregeln. Auf diese Weise wird die Heterogenität der Diskussion auch auf modelltheoretischer Ebene dokumentiert.

Kapitel 7 dient der Synthese heterogener Nachhaltigkeitskonzeptionen und damit der Entwicklung einer kontextübergreifenden Nachhaltigkeitsdefinition. Das bereits in den Kapiteln 4 bis 6 angeklungene *neoklassische* Nachhaltigkeitsverständnis wird nun mit ausgewählten Kritikpunkten der *ökologischen Ökonomie* konfrontiert. Das Ergebnis der anschließend entwickelten Synthese beider Standpunkte ist ein *fünfdimensionales, hierarchisches Zielsystem*, das u. a. die Nachhaltigkeitsbegriffe der Neoklassik und der ökologischen Ökonomie als Spezialfälle umfaßt. Dieses Zielsystem wird entlang der vier zentralen Begriffskategorien der 'Gerechtigkeit', des 'Gutes', der 'Ware' sowie des 'Vermögens' entwickelt, wobei hinsichtlich des Gerechtigkeitsbegriffes unterschieden wird zwischen 'autonomen' und 'pragmatischen' Aspekten. Während autonome Aspekte des Gerechtigkeitsbegriffes unabhängig von der Spezifikation der Begriffe des Gutes, der Ware und des Vermögens sowie insbesondere der Interdependenzen auf und zwischen diesen drei Ebenen diskutiert werden können, trifft dies auf pragmatische Aspekte des Gerechtigkeitsbegriffes nicht zu.

Auf der Grundlage dieses fünfdimensionalen Zielsystems wird schließlich den kontextspezifischen Nachhaltigkeitsdefinitionen der vorangegangenen Kapitel eine *allgemeine Nachhaltigkeitsdefinition* gegenübergestellt. Es wird die Auffassung vertreten, daß jeder Versuch einer Operationalisierung des Nachhaltigkeitsgrundsatzes es voraussetzt, den durch diese Definition vorgegebenen allgemeinen Rahmen - explizit oder implizit - zu konkretisieren. Aufgrund des hohen Allgemeinheitsgrades der Definition ist - bei jeweils unveränderter Grundstruktur - das Spektrum möglicher Konkretisierungen denkbar breit. Das Ziel der vorliegenden Arbeit kann daher nicht darin bestehen, dieses Spektrum auch nur annähernd auszuleuchten. Vielmehr begreift sie die allgemeine Nachhaltigkeitsdefinition des siebten Kapitels als 'Menü', aus dem bei der wissenschaftlichen Behandlung der Nachhaltigkeitsproblematik Schwerpunkte gewählt werden können. Im weiteren Verlauf dieser Arbeit werden die Schwerpunkte *erstens* im Bereich einer erweiterten Interpretation der Begriffe des Gutes, der Ware und des Vermögens gesetzt. Hier gilt die Aufmerksamkeit insbesondere der Einbeziehung sozialer Güter und Vermögenskomponenten. Ebenso wird in diesem Zusammenhang die Heterogenität natürlicher Güter, Waren und Vermögensbestandteile betont, die in traditionellen Modellen der Ressourcenökonomie in der Regel nicht befriedigend berücksichtigt wurde. *Zweitens* wird in dieser Arbeit auf der Vermögensebene die Bedeutung 'kritischer' Bestände einzelner natürlicher Vermögenskomponenten hervorgehoben. Hierunter werden solche Bestandsniveaus gefaßt, deren Bewahrung - unabhängig vom 'übrigen Geschehen' - unabdingbare Voraussetzung einer nachhaltigen Entwicklung ist.

Mit dieser Schwerpunktsetzung wird die zuvor formulierte allgemeine Nachhaltigkeitsdefinition konkretisiert. Aus der resultierenden konkreten Nachhaltigkeitsdefinition wird eine *Nachhaltigkeitsregel* deduziert. Diese umfaßt u. a. die Nachhaltigkeitsregeln des zweiten Kapitels als Spezialfälle. Ihre Besonderheit besteht darin, daß sie in erster Priorität die Bewahrung 'kritischer' Vermögensbestände fordert und erst in zweiter Priorität, d. h. oberhalb kritischer Bestände, eine Kompensation der Minderung einiger Vermögenskomponenten durch Akkumulation andersartiger Vermögensbestandteile zuläßt.

Kapitel 8 leitet die Behandlung der Operationalisierungsproblematik ein. Auf der Grundlage der Nachhaltigkeitsregel des siebten Kapitels werden grundsätzliche theoretische Anforderungen an Indikatoren einer nachhaltigen Entwicklung formuliert.

In Kapitel 9 werden exemplarisch einige der auf nationaler und internationaler Ebene diskutierten Ansätze zur Entwicklung von Indikatorensystemen einer nachhaltigen Entwicklung dargestellt und anhand der zuvor entwickelten Kriterien gewürdigt.

Ziel des zehnten Kapitels ist sodann die Entwicklung eines Modells ökonomisch-ökologisch-sozialer Interdependenzen, das als theoretischer Ausgangspunkt eines Nachhaltigkeitsindikators dienen kann, der den zuvor formulierten Anforderungen genügt. Hierbei liegt der Schwerpunkt auf ökonomisch-ökologischen Wirkungszusammenhängen. Soziale Aspekte des gesellschaftlichen Entwicklungsprozesses werden jedoch exemplarisch in Gestalt der Vermögenskomponenten 'Gesundheit' und 'Bildung' einbezogen. Dies gestattet es, einige der theoretischen Ansätze, die in der Gesundheitsökonomie sowie in der sog. 'neuen Wachstumstheorie' diskutiert werden, für die bislang stark 'ökologielastige' Nachhaltigkeitsdiskussion zu erschließen. Darüber hinaus werden die Implikationen kritischer natürlicher Vermögensbestände analysiert.

Im Rahmen dieses Modells wird die Nachhaltigkeitsregel des siebten Kapitels konkretisiert. Dies ermöglicht es, den empirischen Informationsbedarf zur Berechnung eines Nachhaltigkeitsindikators unter Einbeziehung der Problematik kritischer Bestandsniveaus sowie bei Berücksichtigung ökonomischer, ökologischer und sozialer Aspekte des Nachhaltigkeitsprinzips zu skizzieren. Auf diese Weise soll der Indikatorendiskussion ein Impuls zur theoretisch integrierten Behandlung bisher weitgehend isoliert diskutierter Facetten des Nachhaltigkeitskonzeptes verliehen werden. In diesem Zusammenhang wird insbesondere die Notwendigkeit einer angemessenen Bewertung der Bestandsveränderungen heterogener Vermögensbestandteile im Rahmen von Nachhaltigkeitsindikatoren hervorgehoben, die Voraussetzung für eine Beurteilung der Gesamtvermögensänderung ist. Schließlich werden - zunächst im Rahmen des zuvor entwickelten Modells sowie anschließend bei Modifikation einiger zentraler Modellannahmen - einige Probleme der Implementierung einer Nachhaltigkeitspolitik diskutiert.

Kapitel 11 faßt schließlich die Ergebnisse der Arbeit zusammen und unternimmt einen kurzen Ausblick auf denkbare künftige Forschungsschwerpunkte, die mit Hilfe des in dieser Arbeit entwickelten Instrumentariums behandelt werden können.

2 Nachhaltige Entwicklung - Zum Werdegang einer charismatischen Idee

2.1 Ursprünge

Daß der Begriff der *Nachhaltigkeit* seinen Ursprung der mittelalterlichen Forstwirtschaft verdankt, ist in der Literatur hinlänglich belegt.[1] Bereits vor Jahrhunderten scheint das Nachhaltigkeitsprinzip ein letztes Bollwerk gegen eine sich abzeichnende, vom Menschen zu verantwortende ökologische Katastrophe gewesen zu sein. Die in Deutschland durch einen erheblichen Bevölkerungsdruck ausgelösten mittelalterlichen Rodungen und die großflächigen Waldzerstörungen des Dreißigjährigen Krieges erzwangen systematische Bemühungen um eine Wiederaufforstung.

Der forstwirtschaftliche Nachhaltigkeitsbegriff bezeichnete ursprünglich ein betriebswirtschaftliches Konzept, das auf eine langfristige Nutzung des Waldes, d. h. auf dauerhafte physische wie auch monetäre Holzerträge abzielte. Primäres Ziel war die Verwirklichung *dynamischer Nachhaltigkeit*, also die Erhaltung bestimmter Stromgrößen, welche die wirtschaftlichen Leistungen des Waldes charakterisierten. Der in diesem Zusammenhang geprägte Begriff des 'nachhaltigen Ertrages' wurde im 19. Jahrhundert in die angelsächsische Literatur als *sustained yield* aufgenommen. Als *Voraussetzung* für dynamische Nachhaltigkeit beinhaltete der forstwirtschaftliche Nachhaltigkeitsbegriff den Gedanken der *statischen Nachhaltigkeit*, also der Erhaltung von Waldfläche und Holzvorrat als Bestandsgrößen. Erst seit Beginn des 19. Jahrhunderts erfuhr in Deutschland dieses Konzept eine Erweiterung um ökologische und ästhetische Funktionen des Waldes (Erosionsschutz, Erholungswert etc.).

---

1 Vgl. hierzu im einzelnen die Ausführungen und Nachweise bei Nutzinger/Radke (1995a). Siehe auch Wiersum (1995).

Gegenwärtig äußert sich die weitverbreitete Furcht vor einer ökologischen Katastrophe erneut in Form immenser Popularitätsgewinne des Nachhaltigkeitsgedankens. Dies gilt in besonderem Maße auch für die aktuelle wirtschaftswissenschaftliche Diskussion. Allerdings darf nicht übersehen werden, daß dieser Gedanke bereits den späten klassischen Ökonomen in Ansätzen vertraut war. Überraschenderweise gibt es hier deutliche Bezüge zwischen den beiden großen Gegenspielern des 19. Jahrhunderts, John Stuart Mill und Karl Marx.[2] Während Mill der Hoffnung Ausdruck gab, daß es der Menschheit gelänge, sich mit einem 'stationären Zustand' zufrieden zu geben, *bevor* sie sich in der Folge wirtschaftlichen Übereifers dazu gezwungen sähe, formulierte Marx bereits explizit die Forderung, der Erdball sei nachfolgenden Generationen *verbessert* zu hinterlassen.

Wenn auch nicht als systematischer Theoriebestandteil, so erscheint in der Folge der Gedanke des Naturerhalts doch regelmäßig als Randbemerkung in der wirtschaftswissenschaftlichen Literatur. Dies ändert sich wohl erstmals bei Kapp (1950) und unübersehbar mit den Bemühungen der siebziger Jahre unseres Jahrhunderts, einer Verschlechterung des Naturzustandes durch eine Revision der Sozialproduktsrechnung im wörtlichen Sinne 'Rechnung zu tragen'.[3] Spätestens seit Beginn der siebziger Jahre sind Nachhaltigkeitsüberlegungen fester Bestandteil der ökonomischen Theorie natürlicher Ressourcen. Der immensen Öffentlichkeitswirkung des Berichtes des *Club of Rome*[4] (Meadows et al. 1972) verdanken sie ihren Platz in der Ressourcenökonomie, wenn sie auch damals noch nicht unter dem modischen Etikett der 'Nachhaltigkeit' sondern unter

---

2 Vgl. hierzu Pearce/Turner (1990, S. 6 ff.); Hampicke (1992a); Nutzinger/Radke (1995a).

3 Siehe dazu die Erläuterungen bei Binswanger/Frisch/Nutzinger (1983, Kap. 2). Gerade in jüngster Zeit erfährt dieser Ansatz wieder enormen Auftrieb, hierauf wird im Verlaufe dieser Arbeit noch ausführlich einzugehen sein.

4 Zur ungebrochenen und unter dem Einfluß der Nachhaltigkeitsdiskussion wieder auflebenden Popularität des Berichtes und zu den wesentlichen methodischen Kritikpunkten siehe z. B. Dubbermann (1993); Ekins (1993). Zu den frühen Kritikern des Berichtes zählten Cole et al. (1973), Beckerman (1974).

dem seinerzeit nicht minder populären Stichwort der 'Grenzen des Wachstums' diskutiert wurden. Es wäre nicht abwegig, wollte man den Beginn der modernen ressourcenökonomischen Forschung auf das Erscheinungsjahr des Berichtes des *Club of Rome* datieren, wenngleich es schwerfiele, insbesondere Hotelling (1931) in den Bereich der 'Vormoderne' zu verweisen - hiervon wird noch ausführlich die Rede sein.

Ungeachtet dieser Tradition galt bis vor wenigen Jahren der Bereich der Umwelt- und Ressourcenökonomie den meisten Wirtschaftswissenschaftlern noch als 'exotische Spezialdisziplin'. Daß sich dies zunehmend ändert, ist wohl nicht zuletzt der Faszination zuzuschreiben, die momentan vom Begriff des *Sustainable Development* ausgeht. Die Frage nach dem 'Urheberrecht' an diesem Begriff kann hier nicht mit letzter Sicherheit beantwortet werden. Während die Begriffe 'sustainable', 'sustained' und 'sustainability' in variierenden inhaltlichen Interpretationen seit Beginn der siebziger Jahre verwendet wurden (vgl. B. J. Brown et al. 1987), ist der Terminus 'Sustainable Development' offenbar der *International Union for Conservation of Nature and Natural Resources* (IUCN 1980) zu verdanken (vgl. B. J. Brown et al. 1987, S. 713, sowie Pearce/Warford 1993, S. 41). Hervorgehoben wird gleichwohl ein ums andere Mal der entscheidende Impuls, den die Nachhaltigkeitsdiskussion dem *Brundtland-Bericht* (WCED 1987) verdankt.

2.2 Brundtland

Die Vereinten Nationen hatten im Jahre 1983 die norwegische Ministerpräsidentin Gro Harlem Brundtland mit der Gründung einer 'Weltkommission für Umwelt und Entwicklung' beauftragt, die Strategien für eine 'dauerhafte Entwicklung' vorschlagen sollte (vgl. WCED 1987, S. XIX). Die Kommission, bestehend aus regierungsunabhängigen Vertretern zahlreicher Länder der damaligen Ersten, Zweiten und Dritten Welt, legte vier Jahre später ihren Bericht vor, dessen Problemsicht und Handlungsempfehlungen im folgenden kurz skizziert werden.

Die Brundtland-Kommission gelangte zu der Überzeugung, daß weltweit eine Fortführung des gesellschaftlichen und insbesondere des wirtschaftlichen Entwicklungsprozesses nach gewohnten Mustern abzulehnen sei, denn: "Viele der gegenwärtigen Entwicklungstrends haben bei immer mehr Menschen Armut und Elend zur Folge und schädigen zudem auch noch die Umwelt" (ebd., S. 4). Damit sind bereits die beiden zentralen Problembereiche benannt, in denen die Kommission Handlungsbedarf sah: Erstens ist dies der Problembereich 'Entwicklung', der an den Symptomen fortbestehender absoluter Armut (Welternährungssituation, Hunger) sowie zunehmender relativer Armut (Stichwort 'Ungerechtigkeit') festgemacht wurde. Zweitens ist dies der Problembereich 'Umwelt' mit dem primären Symptom einer Gefährdung des Überlebens zahlreicher Arten - einschließlich des Menschen ("drastischer Anstieg der Krebsarten bei Mensch und Tier", ebd., S. 3).

Die Kommission zeigte zwar zahlreiche Einzelursachen der genannten Probleme auf wie z. B. die weltweit zunehmende Desertifizierung und die Vernichtung von Waldflächen. Ferner wurde auf die negativen Konsequenzen des bestehenden Weltwirtschaftssystems, der Bevölkerungsentwicklung, des Energieverbrauches, des zu geringen industriellen Wachstum, eines zu starken urbanen Wachstum sowie der Gefährdung des Friedens hingewiesen.

Über die Benennung solcher Einzelursachen hinaus lautete jedoch die zentrale These, daß Fragen der Entwicklung und der Umwelt nicht länger voneinander zu trennen seien: "Die Armut ist gleichzeitig eine der Hauptursachen und Hauptfolgen globaler Umweltprobleme" (ebd., S. 3). Die Bedeutung bislang vernachlässigter Interdependenzen zwischen den genannten Problembereichen wurde in den Vordergrund gestellt:

> "Machten wir uns in der Vergangenheit Gedanken über die Auswirkungen wirtschaftlichen Wachstums auf die Umwelt, so sind wir heute gezwungen, uns mit den Auswirkungen ökologischer Belastungen [...] auf die wirtschaftlichen Gegebenheiten zu befassen. [...] Ökologie und Ökonomie treten in eine immer enger werdende Wechselbeziehung zueinander und verschmelzen [...] zu einem nahtlosen Netz von Ursache und Wirkung" (ebd., S. 5 f.).

Unter dem Begriff *Sustainable Development* faßte die Kommission ein Bündel von Handlungsempfehlungen zusammen, mit denen den genannten Problemen zu begegnen sei. Als zentrales Element der *Sustainable Development*-Strategie wurde die Stimulation des wirtschaftlichen Wachstums propagiert. Die Kommission sah "Chancen für eine neue Ära des wirtschaftlichen Wachstums; ... Ein solches Wachstum ist [...] unabdingbar, wenn die in großen Teilen der Dritten Welt um sich greifende Armut gelindert werden soll" (ebd., S. 2). Nach den oben angesprochenen Ursache-Wirkungszusammenhängen impliziert dies aber, daß ein forciertes wirtschaftliches Wachstum *auch* die Umweltprobleme lindern soll. Eben dies war der Punkt, in dem sich die Kommission im Nachhinein der schärfsten Kritik ausgesetzt sah. Gerade von 'ökologischer' Seite geriet der Brundtland-Bericht nach anfänglicher Euphorie trotz seiner unbestreitbaren Verdienste unter Beschuß.[5] Insbesondere die synonyme Verwendung der Begriffe '*sustainable development*' und '*sustainable growth*' ist nach wie vor umstritten.

Dessenungeachtet lieferte und liefert der Brundtland-Bericht weiten Teilen der Literatur den Ansatzpunkt für eine Definition des Nachhaltigkeitsbegriffes, indem er die *ethische* Dimension der Nutzung natürlicher Ressourcen eindringlich in den Vordergrund stellte. Denn als entscheidendes *Motiv* der Nachhaltigkeitsbestrebungen wird im Brundtland-Bericht die

5 Vgl. z. B. Hueting (1990); Harborth (1991a); Goodland/Daly/El Serafy/von Droste (1992); Goodland/Daly (1993a). Siehe auch den Überblick über die wesentlichen Kritikpunkte bei Nutzinger/Radke (1995a).

Sorge um das *Wohlergehen zukünftiger Generationen* genannt. Noch ungeboren, können diese heute ihre Interessen nicht selbst wahrnehmen, obwohl gerade zukünftige Interessen durch die Entscheidungen der Gegenwart maßgeblich berührt werden. Die Verwirklichung *intergenerativer Gerechtigkeit* verpflichtet daher die Gegenwartsgeneration auf eine "Entwicklung, die die Bedürfnisse der Gegenwart befriedigt, ohne zu riskieren, daß künftige Generationen ihre eigenen Bedürfnisse nicht befriedigen können" (WCED 1987, S. 46). Brüche erfährt die damit angelegte intertemporale Argumentationsstruktur allerdings regelmäßig durch die Problematik, die sich aus dem *aktuellen* Entwicklungsgefälle zwischen 'Erster' und 'Dritter' Welt sowie aus den distributiven Verwerfungen innerhalb einer jeden dieser 'Welten' ergibt. Auf den hiermit angesprochenen Gesichtspunkt *intra*generativer Gerechtigkeit wird im Verlaufe dieser Arbeit verschiedentlich einzugehen sein. Im Zentrum der Überlegungen wird jedoch der Aspekt der intergenerativen Gerechtigkeit stehen.

Den größten Erfolg der Brundtland-Kommission stellen jedoch bis auf den heutigen Tage zweifellos deren 'Nachhaltigkeitsregeln' dar. Diese nehmen zwar im Brundtland-Bericht noch nicht den prominenten Platz ein, der ihnen später in der Literatur zugewiesen wurde. Sie sind vielmehr über den Bericht verstreut und tauchen in immer neuen Variationen auf. Ausgangspunkt war hierbei offensichtlich die traditionelle Dreiteilung natürlicher Ressourcen in *erneuerbare* Ressourcen (biologische Ressourcen wie Wald- und Fischbestände, 'physikalische' Ressourcen wie Grundwasser), *erschöpfliche* Ressourcen (Mineralien, fossile Brennstoffe) sowie die Assimilationsfähigkeit von *Umweltmedien* (Boden, Wasser, Luft) für Schad-, Rest und Abfallstoffe.[6]

---

6 Pearce/Turner (1990, S. 45) weisen zurecht darauf hin, daß die Assimilationsfähigkeit der Umweltmedien als Spezialfall einer erneuerbaren Ressource interpretiert werden könne. Siehe hierzu auch Kapitel 6 unten.

Die erste dieser Regeln bezieht sich auf den Umgang mit erneuerbaren natürlichen Ressourcen:

> "Im allgemeinen brauchen erneuerbare Ressourcen wie Wälder und Fischbestände nicht zerstört zu werden, wenn die Nutzungsrate innerhalb der Grenzen von Regeneration und natürlichem Wachstum bleibt" (ebd., S. 48).
> "[D]ie jährliche Nutzung von Humus, Fischbeständen und Waldressourcen darf die mögliche Erneuerung nicht überschreiten" (ebd., S. 62).

Die zweite Regel thematisiert die Nutzung erschöpflicher natürlicher Ressourcen und ist bereits weniger präzise formuliert:

> "Für nichterneuerbare Ressourcen wie fossile Brennstoffe und Minerale [...] sollten die Verbrauchsrate und die Wichtigkeit von Recycling und wirtschaftlichem Verbrauch festgelegt werden, um sicherzustellen, daß die Ressource nicht verbraucht ist, bevor angemessene Ersatzstoffe verfügbar sind. Dauerhafte Entwicklung erfordert, daß die Verbrauchsrate nichterneuerbarer Ressourcen so wenige zukünftige Optionen ausschließt wie möglich" (ebd., S. 49).

Und schließlich werden in einer dritten, ebenfalls interpretationsfähigen Regel die Einträge von Schad- und Abfallstoffen in natürliche Umweltmedien angesprochen:

> "Sogenannte freie Güter wie Luft und Wasser sind auch Ressourcen. Die Rohmaterialien und die Energie für Produktionsprozesse werden nur teilweise in nützliche Produkte umgewandelt. Der Rest wird zu Abfall. Dauerhafte Entwicklung fordert, daß ungünstige Einflüsse auf die Qualität von Luft, Wasser und anderen natürlichen Elementen minimiert werden, damit die gesamte Intaktheit des Ökosystems erhalten wird" (ebd., S. 49).

Dies sind - freilich in ihrer ungeschliffenen 'Rohform' - die drei mittlerweile in der Literatur allgegenwärtigen Nachhaltigkeitsregeln. Diese sind späterhin in der Literatur vielfach modifiziert und präzisiert worden und erfreuen sich als sog. 'Managementregeln' außerordentlicher Beliebtheit.[7]

In Anlehnung an die Dreiteilung natürlicher Ressourcen werden diese drei Regeln im Verlaufe dieser Arbeit als 'Ernteregel', 'Extraktionsregel' bzw. 'Emissionsregel' bezeichnet und wie folgt formuliert:

Ernteregel: Nutze erneuerbare natürliche Ressourcen stets derart, daß die Ernte deren natürliche Regeneration nicht überschreitet!

Extraktionsregel: Extrahiere erschöpfliche natürliche Ressourcen stets nur in dem Maße, in dem funktionsäquivalente Substitute bereitgestellt werden können![8]

Emissionsregel: Halte die Schadstoffeinträge in natürliche Umweltmedien stets auf oder unter deren Assimilationskapazität!

Diese drei Regeln werden auch im Verlaufe dieser Arbeit von zentraler Bedeutung sein. Es ist darauf hinzuweisen, daß es keine allgemein anerkannte Formulierung dieser Regeln gibt sondern vielmehr eine beachtliche Diversifizierung zu beobachten ist. Die obigen Anweisungen sind daher als 'Durchschnitts-Formulierungen' zu interpretieren.[9]

Vor dem Hintergrund der Zielsetzung dieser Arbeit ist bereits hier darauf hinzuweisen, daß diese Regeln in der Literatur zur Grundlage einer Erörterung von *Indikatoren* einer nachhaltigen Entwicklung gemacht

---

7 Zu Variationen und Ergänzungen dieser Regeln siehe u. a. Pearce/Turner (1990, S. 24, 44 f.); SRU (1994a, S. 84); Cansier (1995; 1996b); Nutzinger (1995b, S. 224-227); Ewers/Rennings (1996, S. 155); Klemmer (1996b, S. 322).

8 Pearce/Turner (1990) nennen technischen Fortschritt (S. 24) und erneuerbare natürliche Ressourcen (S. 45) als mögliche Substitute. Sie betonen darüber hinaus die Möglichkeit einer effizienteren Nutzung, die sich aber letztlich auf Substitutionsprozesse zurückführen läßt, da sie geänderte Faktoreinsatzverhältnisse impliziert.

9 Diese entsprechen in etwa den Regeln bei Pearce/Turner (1990, S. 24, 44 f.).

worden sind (vgl. z. B. Cansier 1996b). Die Regeln sollen es der Politik ermöglichen, die Nachhaltigkeit im marktwirtschaftlichen Prozeß beobachtbarer Ressourcennutzungsprofile zu beurteilen. Diese Vorgehensweise wird grundsätzlich auch in der vorliegenden Arbeit eine große Rolle spielen. Allerdings wird hierbei angestrebt, die Überlegungen auf die Basis einer Nachhaltigkeitsregel von (in Vergleich zu den obigen Regeln) höherem Allgemeinheitsgrad zu stellen.

Darüber hinaus sind die obigen Regeln als 'Handlungsregeln' interpretiert worden (vgl. ebd.). Als solche sollen sie der Politik als Richtschnur für den nachhaltigkeitsorientierten Einsatz umweltpolitischer Instrumente dienen. Der Aspekt einer 'Nachhaltigkeitspolitik' wird jedoch in der vorliegenden Arbeit nicht im Vordergrund stehen.

2.3 Zulauf

Aller Kritik zum Trotz erlebte die Nachhaltigkeitsidee der Brundtland-Kommission in der Folge einen beispiellosen Zulauf in Politik und politiknahen Bereichen. Die Vereinten Nationen selbst haben die Empfehlungen ihrer Weltkommission anläßlich der Weltkonferenz für Umwelt und Entwicklung (UNCED) im Jahre 1992 in Rio de Janeiro zu einem ihrer vordringlichsten Ziele erhoben. Dies hatte erneut Signalfunktion. Das unter Nachhaltigkeitsgesichtspunkten wichtigste Ergebnis der Konferenz ist die 'Agenda 21', ein Dokument von etwa 700 Seiten.[10] In 40 Kapiteln werden die für eine nachhaltige Entwicklung in den Mitgliedstaaten für notwendig befundenen Aktionen konkretisiert.

Bereits im Vorfeld des 'Erdgipfels' von Rio hatte sich die Kommission der Europäischen Gemeinschaften zum Leitbild einer 'dauerhaften und umweltgerechten Entwicklung' bekannt (siehe KEG 1992). In der Bundesrepublik propagiert der Sachverständigenrat für Umweltfragen des

---

10 Eine zusammenfassende Darstellung findet sich z. B. in Engelhardt/Weinzierl (1993).

Bundesumweltministeriums in seinen Umweltgutachten 1994 und 1996 das Ziel einer 'dauerhaft umweltgerechten Entwicklung' (siehe SRU 1994a, 1994b, 1996). Dem 'Leitbild Nachhaltigkeit' sieht sich die Enquete-Kommission 'Schutz des Menschen und der Umwelt' des 13. Deutschen Bundestages verpflichtet (vgl. Deutscher Bundestag 1998). Die Bundesregierung hat ihre Verantwortung für eine erfolgreiche Umsetzung der Agenda 21 auf nationaler Ebene ausdrücklich betont (vgl. Deutscher Bundestag 1996, S. 24). Das Bundeswirtschaftsministerium gab im Jahre 1995 nicht weniger als fünf Studien über 'Ordnungspolitische Grundfragen einer Politik der Nachhaltigkeit' zeitgleich in Auftrag.[11]

Mit dem politischen Zuspruch korrespondiert im wissenschaftlichen Bereich ein Diziplinen-übergreifendes Interesse an der Nachhaltigkeitskonzeption. Man ist sich weitestgehend einig darüber, daß das Ziel einer nachhaltigen Entwicklung eine *ökonomische*, eine *ökologische* und eine *soziale* Dimension umfasse. Charles (1994, S. 205) spricht in diesem Zusammenhang von einem 'sustainability triangle', Klemmer (1996b, S. 323) vom 'Drei-Säulen-Modell'. Mittlerweile scheint gar der 'ökologischen Ökonomie' Konkurrenz in Form einer 'sozio-ökologischen Ökonomie' zu erwachsen (vgl. Jacobs 1996). Hieraus ergibt sich zwangsläufig eine entsprechende methodologische Vielfalt der Diskussion.[12]

Die Gegensätzlichkeit der Standpunkte sei exemplarisch anhand dreier Zitate veranschaulicht. Von ökologischer Seite wird festgestellt:

---

11 Die Ergebnisse sind zusammengefaßt in Gerken (1996). Vgl. auch Gerken/Renner (1996); Klemmer (1996a); Rennings (1996); Kurz (1996); Meyerhoff/Petschoff (1996).

12 Zum Aspekt der Multidisziplinarität vgl. z. B. die 'Umweltdiskussion' zwischen Haber (1994), Klemmer (1994a) und Heins (1994) in der Zeitschrift für angewandte Umweltforschung sowie die Erörterung des Nachhaltigkeitskonzeptes in Finance and Development (Cernea 1993; Munasinghe 1993b; Rees 1993; Seralgedin 1993; Steer/Lutz 1993). Eine besonders starke Betonung erfährt die genannte Dreidimensionalität des Nachhaltigkeitsprinzips im Rahmen der Konzeption des 'Coevolutionary Development' (vgl. Norgaard 1984, 1988, 1992; Gowdy 1994).

"Wenn die Brauchbarkeit solcher Konzepte aus ökologischer Sicht beurteilt werden soll, dann muß der Ökologe sie an den Maßstäben und Gesetzmäßigkeiten des 'Systems Umwelt' messen" (Haber 1994, S. 10).
"Aus der Ökosystemforschung [...] läßt sich ableiten, daß Nachhaltigkeit ein Organisationsprinzip der Natur darstellt [...] Das Resultat [der] Verschiedenartigkeit der Ökosysteme ist eine große Ungleichartigkeit in der Natur, die wir heute als eigene Qualität unter dem Namen 'Biodiversität' hoch schätzen" (ebd., S. 11).
"Letztlich müssen wir anerkennen, daß die kulturelle Entwicklung der Menschheit [...] sich über die nachhaltige Organisation der Natur hinweggesetzt hat, und zwar irreversibel. Daher kann die Diskussion über Nachhaltigkeit höchstens als Anregung dienen, wie man schlimme Auswüchse dieser Entwicklung korrigieren kann" (ebd., S. 13).

Weniger dramatisch wird der ökonomische Standpunkt formuliert:

"Da man eine positive Entwicklung zumeist mit einer steigenden Wohlfahrt verbindet, kann man nachhaltige Entwicklung auch als die Maximierung der gesellschaftlichen Nettowohlfahrt über mehrere Generationen hinweg unter Einhaltung bestimmter Nachhaltigkeits-Nebenbedingungen interpretieren" (Klemmer 1994a, S. 14).
"Was den normativen Aspekt betrifft, so muß Nachhaltigkeit stets aus dem Interessenblickwinkel bestimmter Lebewesen (evtl. auch der nicht-menschlichen Lebewesen) heraus definiert werden. Letztlich geht es um die Beantwortung einer intra- und intertemporalen Verteilungsfrage und das Finden einer Gerechtigkeitsregel" (ebd., S. 14 f.).

Und schließlich wird aus sozialer Sicht festgestellt:

"Eine Entwicklung kann unter sozialen Aspekten nur dann zukunftsverträglich sein, wenn die mit ihr verbundenen Transformationen von der Gesellschaft hingenommen werden. Das erfordert, daß die Bürger politische Entscheidungsprozesse auch nachvollziehen können, daß sie die Notwendigkeit getroffener Entscheidungen einsehen und deshalb nicht mit Wahlenthaltung, mit der Flucht zu radikalen Parteien oder mit Aufruhr reagieren. Hier liegt eine Nagelprobe der Demokratie, die sich als System des geregelten Konflikts bzw. als Wettbewerb um die Zustimmung freier Bürger versteht" (Heins 1994, S. 20 f.).

Ungeachtet der mittlerweile beachtlichen Popularität des Nachhaltigkeitsgedankens in Politik und Wissenschaft dürften viele bei ihrer ersten Annäherung an dieses Thema eine unangenehme Überraschung erlebt haben und noch erleben: Hier ist unvermittelt ein Begriff in aller Munde, wird lebhaft und fachübergreifend diskutiert, wird gar als 'die' Hoffnung für die Menschheit gehandelt und hat dennoch unübersehbar - ein miserables Image! Und zwar nicht nur in einem der beteiligten 'Lager': Sowohl Ökologen als auch Ökonomen kritisieren den Begriff der nachhaltigen Entwicklung als bloßes 'Schlagwort' der 80er und mittlerweile auch der 90er Jahre.[13] Die äußerst heterogene Begriffsbildung sowie der mangelnde Konsens über die inhaltliche Auslegung des *Sustainable Development*-Konzeptes erweisen sich regelmäßig als Kommunikationshemmnisse und erschweren auf diese Weise die praktische Umsetzung des Nachhaltigkeitsprinzips.

So gibt es für den englischen Ausdruck des *Sustainable Development* im Deutschen eine Unzahl von Übersetzungen. Die deutsche Ausgabe des Brundtland-Berichtes verwendet den Begriff der 'dauerhaften Entwicklung'. Der Sachverständigenrat für Umweltfragen macht daraus eine 'dauerhaft-umweltgerechte Entwicklung'.[14] Darüber hinaus stehen u. a. die Begriffe einer 'langfristig tragfähigen', 'zukunftsfähigen' oder 'zukunftsoffenen' Entwicklung zur Auswahl.[15]

Den Teilnehmern der internationalen Diskussion ergeht es freilich nicht viel besser: Wenn sie auch nur um *einen* Begriff, nämlich den des

---

13 Zur Skepsis auf ökologischer Seite siehe etwa Haber (1994). Stellvertretend für die ökonomische Seite vgl. Pearce (1988b, S. 598).

14 Vgl. SRU (1994a; 1994b; 1996).

15 Vgl. z. B. Harborth (1991a, S. 7).

Sustainable Development streiten, veranlaßte die unüberschaubare Vielfalt der *inhaltlichen* Auslegungen dieses Begriffes bereits David Pearce et al. im Anhang ihres Buches *Blueprint for a green economy* aus dem Jahre 1989, genußvoll eine 'Galerie der Nachhaltigkeitsdefinitionen' zu präsentieren.[16] Diese füllte damals, zwei Jahre nach dem Bericht der Brundtland-Kommission, immerhin 13 Seiten. Im Anfangsstadium einer Diskussion mag dies der normale Weg zur allmählichen Konsensbildung sein. Würde das Buch jedoch heute, ein Jahrzehnt später geschrieben, so dürfte diese Galerie vermutlich nicht nennenswert geringeren Platz beanspruchen.[17] Es *gibt* bislang keine konsensfähige Definition einer nachhaltigen Entwicklung, und es soll sie vielleicht auch gar nicht geben. Der Begriff gebärdet sich nach wie vor als '*everyone's darling*'.

Man ist sich sicher einig, worin die Bedeutung des Wortes '*sustainable*' zu sehen sei: 'Etwas' soll aufrechterhalten, sein Fortbestand gesichert werden (vgl. z. B. Pearce/Turner 1990, S. 43). Und noch eines scheint trotz aller begrifflichen Vielfalt außer Frage zu stehen: Es soll sich 'etwas entwickeln', d. h. zum Besseren verändern (siehe z. B. Klemmer 1994a, S. 14). Man ist sich jedoch alles andere als einig darüber, *was* denn so erhaltenswert wäre und *was* sich zum Besseren verändern solle (siehe etwa Harborth 1991a, S. 7).

Vielfach mangelt es denn auch den in der Nachhaltigkeitsliteratur vorhandenen Ansätzen an einer Spezifikation geeigneter, d. h. nachvollziehbarer und handhabbarer Kriterien, anhand derer eine Überprüfung des gesellschaftlichen Entwicklungsprozesses hinsichtlich seiner Nachhaltigkeit erfolgen könnte. Ein Gutteil der Kommunikationsprobleme ist zweifelsohne auf die genannte 'Dreidimensionalität' des Nachhaltigkeitszieles zurückzuführen. Unterschiedliche Begriffsapparate treffen aufeinander, die jeweils disziplinenspezifisch tradiert und daher mittelfristig kaum an-

---

16 Vgl. Pearce/Markandya/Barbier (1989, S. 173-185).

17 Zeugnis von der jüngst wieder auflebenden Diskussion um die Definition einer nachhaltigen Entwicklung legt die Sonderausgabe der Zeitschrift *Land Economics* vom November 1997 zum Thema "Defining Sustainability" ab - u. a. mit Beiträgen von Chichilnisky (1997) sowie Pezzey (1997). Siehe auch Heal (1998).

gleichbar sind. Allerdings ist die oben angesprochene ambivalente Haltung gegenüber der Nachhaltigkeitsidee ebenso darauf zurückzuführen, daß viele Teilnehmer der Diskussion es versäumen, ihrer Argumentation eine greifbare Definition ihres Nachhaltigkeitsverständnisses voranzuschicken. Dies geschieht zum Teil unbewußt in kritikloser Anpassung an den oft konturlosen Diskussionsstil. Häufig allerdings ist Vorsatz zu vermuten: Je präziser die Idee formuliert würde, desto angreifbarer wäre sie und vor allem: Desto verpflichtender wäre ihr Charakter.

Auch hierin manifestiert sich das Erbe der Brundtland-Kommission. Wenn man ihr einen Vorwurf machen kann, so ist es der der begrifflichen, inhaltlichen und argumentativen Unschärfe. Dieser Mangel hat der Nachhaltigkeitsdiskussion nunmehr über ein Jahrzehnt ein quälendes Ringen um 'die' Definition des Konzeptes hinterlassen. Sie hat den 'Schlagwort'-Vorwurf provoziert und in der öffentlichen Wahrnehmung den Eindruck eines "Konsens[es] ohne Wert" (Steger 1995) hinterlassen.

Indes hat die geschilderte Heterogenität der Diskussion den Bemühungen um eine Operationalisierung des Nachhaltigkeitsgrundsatzes keinen Abbruch getan. Insbesondere auch von seiten der Statistiker hat das Nachhaltigkeitskonzept einen Zulauf erfahren,[18] dessen Ausmaß Stahmer (1995b) zu der Schlagzeile "Aufstand der Erbsenzähler" veranlaßt hat.

Erklärte Zielsetzung ist es, Informationssysteme zu schaffen, mit deren Hilfe umweltrelevante Gesichtspunkte sowie Aspekte des Ressourcenmanagements im Sinne des Nachhaltigkeitszieles effektiver in ökonomische Entscheidungsprozesse integriert werden können (vgl. z. B. Ahmad/El Serafy/Lutz 1989, S. v). Diese Bemühungen um 'Indikatoren' einer nachhaltigen Entwicklung werden im Mittelpunkt späterer Kapitel dieser Arbeit stehen (siehe insb. Kap. 9). Zunächst ist jedoch zu fragen, ob die Vermittlung nachhaltigkeitsrelevanter Informationen gelingen kann,

---

18 Siehe z. B. Ahmad/El Serafy/Lutz (1989); Franz/Stahmer (1993); van Dieren (1995).

solange kein Konsens darüber besteht, was unter einer nachhaltigen Entwicklung überhaupt zu verstehen sei.

2.4 Ausblick

Vor dem Hintergrund der oben geschilderten Diffusität und Heterogenität der Nachhaltigkeitsdiskussion besteht das Ziel der nachfolgenden Kapitel 3 bis 6 darin, zu demonstrieren, daß die Bedeutung des Nachhaltigkeitsbegriffes in starkem Maße *kontextabhängig* ist.[19] Es ist daher zentral, den jeweiligen Kontext, in dem der Begriff verwendet wird, *explizit* zu machen. Ohne dies ist zielgerichtetes Handeln im Sinne des Nachhaltigkeitsgrundsatzes nicht denkbar.

Um die Kontextabhängigkeit zu demonstrieren und der weiteren Argumentation eine theoretische Basis zu geben, wird im folgenden Kapitel 3 zunächst ein allgemeines ressourcenökonomisches Modell entwickelt. Dieses dient dem Zweck, anschließend in den Kapiteln 4 bis 6 die 'Standardmodelle' der ressourcenökonomischen Theorie als Spezialfälle eines übergreifenden Modellkontextes darstellen zu können, auf die jeweils ein ganz spezieller Nachhaltigkeitsbegriff und eine ganz spezielle Nachhaltigkeitsregel anwendbar ist. Es wird gezeigt, daß sich jede einzelne der in Abschnitt 2.2 vorgestellten Regeln einem der ressourcenökonomischen Standardmodelle zuordnen läßt.

Im Anschluß daran wird im siebten Kapitel der Versuch unternommen, die Kontextabhängigkeit des Nachhaltigkeitsbegriffes und der entsprechenden Nachhaltigkeitsregeln zu überwinden und zu einem *kontextübergreifenden* Nachhaltigkeitsverständnis zu gelangen. Dies erscheint insbesondere angesichts der erwähnten Dreidimensionalität des Nachhaltigkeitsprinzips sinnvoll, denn offenbar fehlen bislang solche Nachhaltig-

---

19 Hierauf haben bereits B. J. Brown et al. (1987) hingewiesen. Zur formalen Repräsentation unterschiedlicher, kontextspezifischer Nachhaltigkeitsdefinitionen siehe die Auflistung bei Pezzey (1992b, S. 10).

keitsregeln, die die soziale Dimension erfassen. Im siebten Kapitel wird dargelegt, daß die drei Regeln des Abschnitts 2.2 selbst lediglich Spezialfälle einer allgemeinen Nachhaltigkeitsregel sind, die auf Modelle jeder Allgemeinheitsstufe anwendbar ist. Dies gilt auch für solche Modelle, die die Dreidimensionalität des Nachhaltigkeitsgrundsatzes explizit berücksichtigen, d. h. auch soziale Aspekte einbeziehen.

Die im folgenden vertretene These lautet somit, daß dem Nachhaltigkeitsbegriff kontextübergreifend eine gemeinsame Struktur zugrundeliegt, die eine integrierte Betrachtung ökonomischer, ökologischer und sozialer Dimensionen des Nachhaltigkeitsproblems gestattet. Dies wird es schließlich in den Kapiteln 8 bis 10 ermöglichen, theoretisch fundierte Aussagen über Nachhaltigkeitsindikatoren zu treffen.

3 Ein allgemeines ressourcenökonomisches Modell

3.1 Vorbemerkungen

Im Rahmen ressourcenökonomischer Abhandlungen wird häufig eine Vielzahl scheinbar nicht integrierbarer Modellvarianten nacheinander und nebeneinander analysiert.[1] Ohne die in der Tat immense Vielfalt der Modelle zu verkennen, lassen sich innerhalb der neoklassischen Ressourcenökonomie drei 'Standardmodelle' identifizieren, die seit Beginn der siebziger Jahre intensiv diskutiert werden. Diese drei Modelltypen thematisieren - Ausfluß der im zweiten Kapitel genannten 'Dreiteilung' natürlicher Ressourcen - die Ernte einer *erneuerbaren* natürlichen Ressource, die Produktion mit einer *erschöpflichen* natürlichen Ressource sowie die Problematik der produktionsbedingten Schadstoffakkumulation in einem *Umweltmedium*.

Es ist - ohne den nachfolgenden Ausführungen allzu sehr vorzugreifen - wichtig festzustellen, daß alle drei neoklassischen Modelltypen von Beginn an *sowohl* unter dem Gesichtspunkt der utilitaristischen Wohlfahrtsmaximierung *als auch* - lange vor dem Brundtland-Bericht - unter dem Aspekt der Nachhaltigkeit analysiert wurden. Hiermit sind zwei *alternative* normative Kriterien zur Beurteilung zeitlicher Entwicklungspfade des individuellen Nutzens (bzw. im Aggregat der 'gesellschaftlichen Wohlfahrt') angesprochen: Das utilitaristische Kriterium strebt die Maximierung der *Summe* der Nutzenniveaus aller relevanten Zeitpunkte an, überläßt jedoch das *Verhältnis* der zeitpunktbezogenen Nutzenniveaus dem Spiel modellimmanenter Kräfte, wobei insbesondere der Diskontierung künftiger Nutzenniveaus entscheidende Bedeutung

---

1 Siehe z. B. V. L. Smith (1977a); Vogt (1981); Kolstad/Krautkraemer (1993).

zukommt. Nachhaltigkeitskriterien hingegen beinhalten typischerweise modellexogene Vorgaben bezüglich des Verhältnisses der Nutzenniveaus aller relevanten Zeitpunkte.

Allerdings sind - allein in der neoklassischen Ressourcenökonomie - die hierbei verwendeten 'Nachhaltigkeitsdefinitionen' in hohem Maße *kontextabhängig*. Um dies zu verdeutlichen werden die o. g. Modelltypen im weiteren Verlauf dargestellt als Ausschnitte eines gemeinsamen, übergeordneten Rahmens. Dies ist deshalb angebracht, da ein wichtiges Ziel dieser Arbeit darin besteht, von kontextabhängigen zu einer kontextübergreifenden Definition einer nachhaltigen Entwicklung zu gelangen. Hierzu ist es erforderlich, gemeinsame Strukturmerkmale der Kontexte, in denen der Nachhaltigkeitsbegriff diskutiert wird, zu identifizieren. In diesem Sinne besteht das Ziel des vorliegenden Kapitels darin, eine allgemeine Modellstruktur ökonomisch-ökologischer Wirkungszusammenhänge zu entwickeln, die einen angemessenen Rahmen für den Fortgang der Argumentation darstellt, indem sie den traditionell heterogenen ressourcenökonomischen Ansätzen einen umfassenden Argumentationsrahmen gegenüberstellt. Das Attribut 'allgemein' ist hierbei zunächst durchaus bescheiden zu interpretieren: Es sollen in diesem Kapitel lediglich die drei genannten Prototypen ressourcenökonomischer Modelle integriert dargestellt werden. Einige darüber hinausführende Aspekte werden später im zehnten Kapitel in die Analyse einbezogen.

In Abschnitt 3.2 wird zunächst die im folgenden zu betrachtende Modellökonomie grafisch dargestellt. Diese Darstellung bildet sodann die Grundlage der formalen Repräsentation, die anschließend in Abschnitt 3.3 erfolgt. Abschnitt 3.4 umreißt die weitere Vorgehensweise.

3.2 Grafische Repräsentation

Gegenstand der nachfolgenden Überlegungen ist eine Ökonomie bestehend aus zwei privaten Wirtschaftsakteuren - namentlich einem repräsentativen Haushalt und einer repräsentativen Firma - sowie einem staatlichen Planer. Während die Firma in jedem Zeitpunkt 'myopisch' ihre augenblicklichen Gewinne maximiert, planen sowohl der private Haushalt als auch der staatliche Planer bei vollkommener Information und perfekter Voraussicht beginnend mit einem Zeitpunkt $t = 0$ über einen unendlichen Planungshorizont.

Hierbei unterliegt der Konzeption des repräsentativen Haushaltes die auf Olson (1965) zurückgehende Vorstellung einer großen Gruppe von (im folgenden: identischen) Haushalten, wobei jeder einzelne Haushalt relativ zur Gesamtheit unbedeutend klein ist. Dies wird im weiteren Verlauf zu einem Marktversagen bei der intertemporalen Allokation solcher (natürlichen) Güter führen, die nicht als Privatgüter charakterisiert werden können.[2]

Ein Privatgut ist erstens durch *Nutzungsrivalität* gekennzeichnet, d. h. die Nutzung durch einen Akteur beeinträchtigt die Nutzungsmöglichkeiten aller anderen Akteure. Ein Privatgut weist zweitens die Eigenschaft auf, daß an ihm durchsetzbare Eigentumsrechte definiert sind und daher der Eigentümer in der Lage ist, andere von der Nutzung dieses Gutes *auszuschließen*. Im folgenden sei {PG} die Menge aller privaten Güter.

Mit Hilfe der beiden Kriterien der Nutzungsrivalität und der Ausschließbarkeit läßt sich ein Spektrum von Gütern beschreiben (vgl. z. B. Stephan/Alheim 1996, S. 56). Im folgenden werden jedoch (neben Privatgütern) nur solche Güter betrachtet, die einerseits durch Nutzungsrivalität und andererseits durch Nichtausschließbarkeit von der Nutzung gekennzeichnet sind. Als drittes sollen diese Güter das Merkmal aufweisen, daß sie sich zwar nicht im Eigentum einzelner privater Akteure, jedoch im Eigentum einer identifizierbaren Gruppe befinden (z. B. einer Nation). Solche Güter bezeichnet Tietenberg (1996) als 'Common-Property'-

2 Vgl. zu der hiermit angesprochenen Problematik z. B. V. Arnold (1992; 1995) und Hübner (1995).

Ressourcen.[3] Im folgenden bezeichne {CP} die Menge aller 'Common-Property'-Ressourcen.

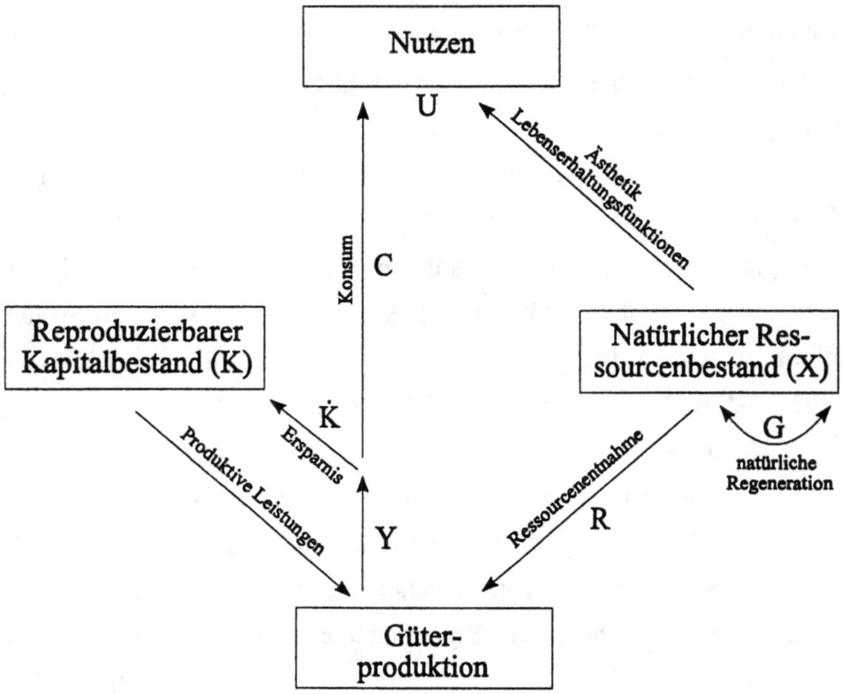

Abbildung 3-1

Grundstruktur der Modellökonomie

Quelle: Eigene Darstellung.

Die Beschreibung der - aus Sicht des Planers - zwischen den beiden privaten Akteuren bestehenden Interaktionsstruktur erfolgt in der Abbildung 3-1 auf zwei Ebenen: Sie beinhaltet zum einen im oberen Teil der Abbildung eine Darstellung der relevanten *Zielvorstellungen*, d. h. im vorliegenden Kontext insbesondere die Benennung derjenigen Aspekte der

3 Sofern auch ein solches Gruppeneigentum nicht besteht, spricht Tietenberg von 'Open-Access'-Ressourcen, wie sie häufig bei internationalen Umweltproblemen eine Rolle spielen.

Realität, denen der repräsentative Haushalt Wertschätzung entgegenbringt. Zum anderen enthält der untere Teil der Abbildung eine Analyse der *Voraussetzungen* der Zielerreichung. Hierzu zählt die produktive Aktivität der repräsentativen Firma. Der staatliche Planer erscheint in der Abbildung nicht explizit. Er wird im folgenden regelmäßig in solchen Fällen in Erscheinung treten, in denen einige der in Abbildung 3-1 dargestellten privaten Interaktionskanäle 'unvollkommen' sind. Dies wird insbesondere dann der Fall sein, wenn der in der Abbildung mit dem Symbol X bezeichnete natürliche Ressourcenbestand Element der Menge {CP} ist.

In der Abbildung 3-1 sind sämtlichen Größen bereits diejenigen Symbole zugeordnet, die später in der formalen Analyse durchgehend Verwendung finden werden. Hierbei sind Symbole für *Bestands*größen im Inneren der Umrahmungen, Symbole für *Strom*größen dagegen außerhalb der Umrahmungen dargestellt.

Auf der Zielebene umfaßt die Abbildung den vom repräsentativen Haushalt realisierten Nutzenstrom U eines Zeitpunktes. Hierbei sind zwei potentielle 'Quellen' des Nutzens berücksichtigt. Zum einen erfreuen sich der Konsumstrom C, zum anderen bestimmte 'Leistungsströme' der natürlichen Umwelt (Ästhetik, Lebenserhaltungsfunktionen) der Wertschätzung des Haushaltes, wobei 'die Umwelt' hier vereinfachend als natürlicher Ressourcenbestand X abgebildet ist.

Voraussetzung der Nutzenerzielung sind zwei Bestände, nämlich neben dem natürlichen Ressourcenbestand X der anthropogene Kapitalbestand K.[4] In welchem Maße die potentielle Nutzenwirkung dieser Bestände im Zeitablauf zum Tragen kommt hängt davon ab, welche privaten Entscheidungen bezüglich der *Bestandsveränderungen* getroffen werden. Befinden sich beide Bestände im Eigentum des Haushaltes, so kann dieser grundsätzlich über die Wahl der beiden Stromgrößen R und $\dot{K}$ - d. h. der

4 Grundsätzlich wäre auch die zur Güterproduktion verfügbare Technologie als Bestandsgröße aufzufassen, die aber im folgenden als konstant angenommen und daher hier nicht problematisiert wird.

Entnahme natürlicher Ressourcen sowie der Investitionen in menschengemachte Kapitalgüter[5] - die Entwicklung der Bestände steuern. Ein positives R impliziert tendenziell eine Minderung des Bestandes X, ein positives $\dot{K}$ impliziert eine Mehrung des Bestandes K. Darüber hinaus zeichnet sich der natürliche Ressourcenbestand X grundsätzlich durch seine Fähigkeit zur eigenständigen Regeneration aus, die in der Abbildung mit dem Symbol G bezeichnet ist. Somit determinieren die anthropogen kontrollierbaren Stromgrößen R und $\dot{K}$ sowie die nicht *unmittelbar* vom Menschen beeinflußbare Stromgröße G die Entwicklung der Bestände X und K - d. h. der Voraussetzungen der Nutzenerzielung - im Zeitablauf.

Der natürliche Ressourcenbestand X gibt einerseits in naturbelassenem Zustand Leistungsströme ab und ist daher unmittelbar nutzenrelevant. Ferner kann ihm zu produktiven Zwecken ein Strom R entnommen werden.[6] Dieser Strom R wird von der repräsentativen Firma im Prozeß der Güterproduktion mit dem Leistungsstrom des reproduzierbaren (d. h. 'menschengemachten') Kapitalbestandes K kombiniert. Das Ergebnis ist ein Outputstrom Y, der entweder in die Ersparnis bzw. Kapitalakkumulation und/oder in den Konsumstrom C geleitet werden kann.

Ausgehend von der Abb. 3-1 werden später in den Kapiteln 4 bis 6 die 'klassischen' Modelltypen der Ressourcenökonomie jeweils als Ausschnitte identifiziert und im Detail analysiert. Diese werden definiert über

- die jeweilige Spezifikation der Nutzenfunktion (Anerkennung vs. Negierung eines unmittelbaren Nutzenbeitrages des natürlichen Ressourcenbestandes);

---

5 Mit einem Punkt über einer Variablen wird im weiteren Verlauf deren Ableitung nach der Zeit bezeichnet, so daß $\dot{K}$ die Veränderung des reproduzierbaren Kapitalbestandes in der Zeit - also die Investitionen - repräsentiert.

6 Dies entspricht einer Unterscheidung zwischen bestandsneutralen und bestandsmindernden Leistungsströmen des natürlichen Ressourcenbestandes.

- die jeweilige Interpretation des natürlichen Ressourcenbestandes X (erneuerbare natürliche Ressourcen, erschöpfliche natürliche Ressourcen, Assimilationsfähigkeit von Umweltmedien); damit einhergehend erfolgt jeweils eine Spezifikation der natürlichen Regenerationsfunktion G; ferner lassen unterschiedliche Interpretationen des natürlichen Ressourcenbestandes unterschiedliche Annahmen hinsichtlich der Ausschließbarkeit von der Nutzung plausibel erscheinen;

- die jeweilige Verfügbarkeit anthropogenen Kapitals, ohne das eine Produktion (d. h. eine 'Veredelung' des Ressourcenentnahmestroms R) nicht möglich ist; bei Abwesenheit anthropogenen Kapitals geht daher der Ressourcenentnahmestrom R direkt in den Konsumstrom über.[7]

Zunächst jedoch ist es erforderlich, das allgemeine Modell formal zu repräsentieren.

3.3 Formale Repräsentation

Im folgenden wird die Zeitdimension stetig abgebildet. Das Symbol t bezeichne einen Zeitpunkt.

Beginnend auf der untersten Ebene der obigen Abbildung 3-1 wird zunächst die der repräsentativen Firma verfügbare Produktionstechnologie beschrieben. Von der Möglichkeit technischen Fortschritts wird im weiteren Verlauf abstrahiert. Die Ausbringung $Y(t)$ sei daher eine zeitinvariante, zweimal stetig differenzierbare Funktion Y des Kapitaleinsatzes $K(t)$ sowie des natürlichen Ressourceninputs $R(t)$:

7 Von der Möglichkeit des 'unmittelbaren' Ressourcenkonsums wird allerdings im weiteren Verlauf dort abgesehen, wo sie aufgrund der jeweiligen Interpretation der natürlichen Ressource nicht plausibel erscheint. Dies gilt z. B. im vierten Kapitel, in dem auf 'Mineralöl' als Beispiel für eine erschöpfliche Ressource Bezug genommen wird.

(a) $\mathrm{Y(t)} = Y[\mathrm{K(t)},\mathrm{R(t)}]$, $\forall \mathrm{t}$; (3-1)

(b) $Y_{\mathrm{K}} > 0$, $Y_{\mathrm{R}} > 0$;

(c) $Y_{\mathrm{KK}} < 0$, $Y_{\mathrm{RR}} < 0$, $Y_{\mathrm{KR}} > 0$;

(d) $|\mathbf{H}^{Y}| := Y_{\mathrm{KK}} Y_{\mathrm{RR}} - Y_{\mathrm{KR}}^2 = 0$;

(e) $Y[0,\mathrm{R(t)}] = Y[\mathrm{K(t)},0] = 0$, $\forall \mathrm{t}$;

(f) $\lim_{\mathrm{R}\to 0} Y_{\mathrm{R}} = \infty$, $\forall \varepsilon > 0 \exists \mathrm{S}_\varepsilon : Y_{\mathrm{R}} < \mathrm{S}_\varepsilon, \forall \mathrm{R} > \varepsilon$;

(g) $\lim_{\mathrm{K}\to 0} Y_{\mathrm{K}} = \infty$, $\forall \varepsilon > 0 \exists \mathrm{s}_\varepsilon : Y_{\mathrm{K}} < \mathrm{s}_\varepsilon, \forall \mathrm{K} > \varepsilon$.

Die Einsatzmenge des dritten Faktors Arbeit sei fix und auf eins normiert und kann daher vernachlässigt werden. Berücksichtigt man auf diese Weise implizit den Faktor Arbeit, so ist allerdings die Annahme linearer Homogenität der Produktionsfunktion in K und R (siehe (3-1d)) durchaus als problematisch zu betrachten. Sie sei hier gleichwohl aus Gründen der Vereinfachung gestattet.

Anhand der Gleichung (3-1) seien kurz einige Grundsätze der Notation erläutert, die im Verlaufe dieser Arbeit durchgehend zur Anwendung gebracht werden. Funktionssymbole (mit Ausnahme von Funktionen der Zeit sowie später Hamilton- und Lagrangefunktionen) werden durch Kursivsatz der jeweiligen Variablen gekennzeichnet. So bezeichnet in (3-1) das Symbol Y das Produktionsniveau, während das Symbol *Y* die Produktionsfunktion repräsentiert. Subskripte bezeichnen im folgenden stets Ableitungen, und zwar sowohl partielle Ableitungen als auch Ableitungen von Funktionen lediglich einer Variablen, um auch bei verkürzter Schreibweise das betreffende Argument jeweils in Erinnerung zu rufen. Eine Ausnahme werden Ableitungen nach der Zeitvariablen darstellen, die durch einen Punkt über der jeweiligen Variablen gekennzeichnet werden. Es gilt daher z. B. $\dot{Y}(t) := dY(t)/dt$ sowie $\ddot{Y}(t) := d^2Y/dt^2$.

Die Firma bietet ihre Ausbringung auf einem vollkommenen Gütermarkt an, auf dem das produzierte Gut vom repräsentativen Haushalt nachgefragt wird. Das produzierte Gut sei Numéraire. Der Kapitalbestand K befindet sich, falls existent, im Eigentum des Haushaltes. Seine produktiven Leistungen werden auf einem vollkommenen Faktormarkt gehandelt, auf dem sich der reale Faktorpreis r bildet. Sofern sich der natürliche Ressourcenbestand X ebenfalls im Eigentum des Haushaltes befindet und daher die Eigenschaft eines Privatgutes aufweist, wird auch die Ressourcenentnahme R auf einem vollkommenen Faktormarkt gehandelt und erzielt dort den realen Preis p. Ist hingegen der natürliche Ressourcenbestand Common-Property-Ressource, so ist der 'Preis' des natürlichen Produktionsfaktors als staatlich gesetzte Ressourcensteuer τ zu interpretieren, die die repräsentative Firma pro eingesetzter Ressourceneinheit real an den Staat zu entrichten hat. Für den realen Gewinn π der repräsentativen Firma gelte daher:

$$\pi(t) = \begin{cases} Y(t) - r(t)K(t) - p(t)R(t) & \text{falls } X \in \{PG\} \\ Y(t) - r(t)K(t) - \tau(t)R(t) & \text{falls } X \in \{CP\} \end{cases}, \forall t. \tag{3-2}$$

Die Firma löse:

$$\max_{K(t),R(t)} \pi(t), \forall t . \tag{3-3}$$

Ist der natürliche Ressourcenbestand Common-Property-Ressource, so kommt stets das gesamte Steueraufkommen in Form eines Lump-Sum-Transfers B vollständig dem privaten Haushalt zugute:

$$B(t) \equiv \tau(t)R(t) , \forall t , \text{ falls } X \in \{CP\} . \tag{3-4}$$

Für das Haushaltseinkommen ϕ gelte:

$$\phi(t) = \begin{cases} r(t)K(t) + p(t)R(t) + \pi(t) & \text{falls } X \in \{PG\} \\ r(t)K(t) + B(t) + \pi(t) & \text{falls } X \in \{CP\} \end{cases}, \forall t \, . \tag{3-5}$$

Der Nutzen U(t) des repräsentativen Haushaltes werde - wie in Abbildung 3-1 dargestellt - beeinflußt durch den homogenen Konsumstrom C(t) sowie durch den homogenen natürlichen Ressourcenbestand X(t) (bzw. dessen 'Leistungsstrom'). Es sei daher eine zeitinvariante,[8] zweimal stetig differenzierbare Funktion *U* unterstellt:

(a) $U(t) = \mathcal{U}[C(t), X(t)] \, , \; \forall t \; ;$ (3-6)

(b) $U_C > 0 \, , \; U_X \geq 0 \; ;$

(c) $U_{CC} < 0 \, , \; U_{XX} \leq 0 \, , \; U_{CX} \geq 0 \; ;$

(d) $\lim_{C \to 0} U_C = \infty \, , \; \forall \varepsilon > 0 \, \exists S_\varepsilon : U_C < S_\varepsilon \, , \forall C > \varepsilon \; ;$

(e) $\exists S > 0 : U_C > S, \forall C > 0 \; .$

Die schwachen Ungleichheiten in (3-6b) und (3-6c) werden in späteren Kapiteln dazu dienen, spezielle Modellvarianten über entsprechende Präzisierungen zu definieren und voneinander abzugrenzen. So wird z. B. in den Modellen der Kapitel 4 und 5 $U_X = 0$ (und daher $U_{XX} = U_{CX} = 0$) unterstellt werden. Im folgenden gelten jedoch immer dann, wenn nichts Abweichendes spezifiziert wird, die entsprechenden *strikten* Ungleichheiten in (3-6) und die Funktion *U* sei streng konkav.

Sofern $K(t) > 0$, ergebe sich das erstgenannte Argument der Nutzenfunktion, der Konsum C, als Residuum aus Einkommen und Ersparnis des repräsentativen Haushaltes, wobei letztere vollständig im Prozeß der Kapitalakkumulation ($\dot{K}$) aufgehe. Sofern allerdings $K(t) = 0$, dieser Fall wird im vierten Kapitel diskutiert, besteht keine Möglichkeit, die der Na-

8 Mit dieser Annahme wird ein Wandel der Präferenzen im Zeitablauf ausgeschlossen.

tur entnommenen Ressourcen in einem Produktionsprozeß zu transformieren bzw. zu 'veredeln'. Somit gelte für den Konsum:[9]

$$C(t)=\begin{cases}\phi(t)-\dot{K}(t) & \text{falls } K(t)>0\\ R(t) & \text{falls } K(t)=0\end{cases},\ \forall t\,. \tag{3-7}$$

Sofern $K=0$, existieren keine Marktbeziehungen zwischen Haushalt und Firma.

Neben den oben genannten ökonomischen sind natürliche Restriktionen zu beachten. Der natürliche Ressourcenbestand $X(t)$ wachse mit einer bestandsabhängigen Rate[10] $G(t)$ nach. Es sei eine zeitinvariante,[11] zweimal stetig differenzierbare Funktion *G* unterstellt:

$$G(t)=\mathit{G}[X(t)]\,,\ \forall t\,. \tag{3-8}$$

Spezielle Ausprägungen der Wachstumsfunktion *G* werden unten in den Kapiteln 4 bis 6 behandelt.

Unter Einbeziehung menschlicher Wirtschaftsaktivität entspreche die Veränderung des natürlichen Ressourcenbestandes in jedem Zeitpunkt der Differenz aus Regeneration G und Ressourcenentnahme R:

$$\dot{X}(t)=G(t)-R(t)\,,\ \forall t\,. \tag{3-9}$$

Ferner sind die Nichtnegativitätsbedingungen

(a) $C(t),K(t)\geq 0\,,\ \forall t\,,$ (3-10)

(b) $R(t),X(t)\geq 0\,,\ \forall t\,,$

---

9 Die Gleichung (3-7) gelte mit der oben in Fußnote 7 formulierten Einschränkung.

10 Der in diesem Zusammenhang übliche Term 'Rate' entspricht nicht dem später verwendeten Begriff der 'Wachstumsrate'. Gemeint ist vielmehr die Veränderung des natürlichen Ressourcenbestandes, $\dot{X}$, bei *ungestörter* Regeneration.

11 Mit dieser Annahme werden natürliche evolutorische Prozesse ebenso vernachlässigt wie Züchtung bzw. gentechnische Manipulationen seitens des Menschen.

sowie die in einem Zeitpunkt t = 0 herrschenden Anfangsbedingungen

$$\text{(a)} \qquad K(0) = K^0 \geq 0 \, , \tag{3-11}$$

$$\text{(b)} \qquad X(0) = X^0 > 0 \, ,$$

zu berücksichtigen. Auch die schwache Ungleichheit bezüglich des anthropogenen Kapitalbestandes in (3-11a) wird später der Abgrenzung spezieller Modellvarianten dienen. Sofern allerdings nicht Abweichendes spezifiziert wird, gilt auch hier im folgenden stets die strikte Ungleichheit.

Der repräsentative Haushalt löse:

$$\max \int_{t=0}^{\infty} e^{-\delta t} U(t) dt \, , \quad 0 < \delta < \infty \tag{3-12}$$

$$\text{u. d. N.} \begin{cases} (3\text{-}7), (3\text{-}9), (3\text{-}10b), (3\text{-}11b) & \text{falls } X \in \{PG\} \wedge K = 0, \\ (3\text{-}7), (3\text{-}9), (3\text{-}10), (3\text{-}11) & \text{falls } X \in \{PG\} \wedge K > 0, \\ (3\text{-}7), (3\text{-}10a), (3\text{-}11a) & \text{falls } X \in \{CP\} \wedge K > 0. \end{cases}$$

Hierbei bezeichne δ die Zeitpräferenzrate des Haushaltes. Die Differenzierung zwischen den Fällen $X \in \{PG\}$ und $X \in \{CP\}$ ist in (3-12) deshalb erforderlich, da im letzteren der private Haushalt - interpretiert als unbedeutendes Mitglied einer großen Gruppe - aufgrund der Trittbrettfahrerproblematik keinen Anreiz hat, die Nebenbedingungen (3-9), (3-10-b) und (3-11b) in seine Planungen einzubeziehen, obwohl diese ihm bei vollkommener Information bekannt sind. Ferner dient die Fallunterscheidung $K = 0$ vs. $K > 0$ der Abgrenzung zwischen unmittelbar konsumptiver vs. produktiver Nutzung der natürlichen Ressource. Zu den oben genannten fallspezifischen Nebenbedingungen werden in den Kapiteln 4 bis 6 noch einige Ergänzungen treten, die sich z. B. auf die Spezifikation der natürlichen Regenerationsfunktion *G* beziehen.

Damit ist die 'allgemeine' Version des Wettbewerbsmodells formal beschrieben:

Modell $\mathscr{A}$: Die zu betrachtende Modellökonomie sei in jedem beliebigen Zeitpunkt t vollständig beschrieben durch die Gleichungen (3-1) bis (3-12).

Das Modell $\mathscr{A}$ wird im weiteren Verlauf dieser Arbeit als 'Referenzmodell' dienen. Dem staatlichen Planer werden in diesem Rahmen zwei analytisch strikt voneinander zu trennende Aufgaben erwachsen:

Erstens strebt er im Falle $K > 0 \wedge X \in \{CP\} \wedge U_X > 0$ danach, den produktionsbedingten externen Effekt auf den Zustand der natürlichen Umwelt und daher auf den Nutzen des Haushaltes zu internalisieren. Dies erreicht er durch die 'optimale' Steuerpolitik $\tau(t)$. Diese ermittelt er, indem er sich grundsätzlich das intertemporale Ziel (3-12) des privaten Haushaltes zueigen macht, allerdings im Gegensatz zum Haushalt auch die Bewegungsgleichung (3-9) des natürlichen Ressourcenbestandes als Nebenbedingung berücksichtigt.

Zweitens hat er unabhängig von der Charakterisierung des natürlichen Ressourcenbestandes als Privatgut oder Common-Property-Ressource zu prüfen, ob seinem - in den nachfolgenden Kapiteln jeweils näher zu spezifizierenden - Verständnis einer *nachhaltigen Entwicklung* entlang kompetitiver Pfade Genüge getan ist. Hierzu dienen die später zu diskutierenden *Indikatoren* einer nachhaltigen Entwicklung. Sollte dies nicht der Fall sein, hätte der Planer adäquate Instrumente einer Nachhaltigkeitspolitik zu entwickeln und zur Anwendung zu bringen. Solche Instrumente sind jedoch grundsätzlich nicht Gegenstand der vorliegenden Arbeit, deren Hauptaugenmerk den jeweils geeigneten Indikatoren gelten wird. Die oben eingeführte Steuer τ jedenfalls wird durchgehend im Sinne einer reinen *Internalisierungs*steuer interpretiert.

3.4 Zusammenfassung und Ausblick

Auch bei dem 'allgemeinen' Modell $\mathscr{A}$ handelt es sich fraglos noch um eine stark vereinfachte Abbildung der Realität. Vernachlässigt werden u. a. die folgenden Gesichtspunkte:

- Heterogenität des natürlichen Ressourcenbestandes;
- Kosten der Ressourcenentnahme;
- soziale Aspekte des gesellschaftlichen Entwicklungsprozesses.

Diese und einige weitere 'Modellkomplikationen' werden im zehnten Kapitel im Rahmen einer Modellerweiterung berücksichtigt. Allerdings enthält das Modell $\mathscr{A}$ weitere problematische Annahmen, die im Rahmen der vorliegenden Arbeit nur am Rande thematisiert werden können:

Erstens wird der Willensbildungsrozeß des staatlichen Planers nicht ausführlich behandelt. Es ist in dieser Arbeit keine Aussage darüber beabsichtigt, wie angesichts des privaten intertemporalen Zieles (3-12) das Nachhaltigkeitsziel des Planers generiert bzw. legitimiert wird. Denn ein Bekenntnis zum Nachhaltigkeitsprinzip entspräche ja möglicherweise[12] einer dezidierten Abkehr des staatlichen Planers vom privaten Kriterium der utilitaristischen Nutzenmaximierung. Die hiermit angesprochene Problematik wird im Rahmen dieser Arbeit nicht vertieft.[13] Der Planer ist im folgenden, was seine Nachhaltigkeitszielsetzung betrifft, 'wohlwollender (Öko-)Diktator'.

Zweitens wird die 'Realitätsnähe' des intertemporalen Zieles (3-12) des privaten Haushaltes nicht ausführlich diskutiert. Dieses basiert auf der Fiktion eines unendlich lebenden Individuums, daß darüber hinaus sämtliche Modellannahmen kennt und die zeitliche Entwicklung sämt-

---

12 Vgl. hierzu im Detail die Kapitel 4 bis 6 unten.
13 Siehe aber die kursorische Erörterung in Kap. 7 unten.

licher Modellvariablen perfekt voraussieht. Auch dieser Punkt wird im Rahmen der vorliegenden Arbeit nicht vertieft, wenngleich in Abschnitt 10.5 unten einige Alternativen zu (3-12) kurz vorgestellt werden.

Die Zielsetzung der nachfolgenden Kapitel 4 bis 6 besteht darin, ausgehend von Modell $\mathscr{A}$ als übergreifender Struktur die prototypischen Modelle, die in der ressourcenökonomischen Literatur behandelt werden, als spezielle Modellvarianten darzustellen. Ziel ist es hierbei, die Kontextabhängigkeit des Nachhaltigkeitsbegriffes und der im zweiten Kapitel zitierten Nachhaltigkeitsregeln zu veranschaulichen.

Die Betrachtungen der Kapitel 4 und 5 beschränken sich dabei zunächst auf zwei Modellvarianten, die allein den Konsumstrom C als Quelle des Nutzens anerkennen: Das Modell 'prähistorischer Wirtschaftsweise' (Kapitel 4) sowie das Modell 'industrialisierter Wirtschaftsweise' (Kapitel 5). In beiden Modellvarianten wird der natürliche Ressourcenbestand als Privatgut aufgefaßt sowie der Aspekt eines unmittelbaren Wohlfahrtsbeitrages des natürlichen Ressourcenbestandes vernachlässigt. Letzterer wird im Rahmen des Modells 'Postmaterialismus' in Kapitel 6 behandelt, in dem der natürliche Ressourcenbestand als Common-Property-Ressource interpretiert wird.

Diese speziellen Modellvarianten werden sodann der folgenden 'Standardprozedur' unterzogen: Es wird zunächst gezeigt, daß jeder Modellvariante in der Literatur eine spezielle Nachhaltigkeitsdefinition zugeordnet wurde. Anschließend werden auf intertemporaler Nutzenmaximierung gemäß (3-12) basierende Pfade charakterisiert und daraufhin untersucht, ob sie dem modellspezifischen Nachhaltigkeitskriterium genügen. Da dies regelmäßig nicht oder nur unter bestimmten restriktiven Bedingungen der Fall ist, wird schließlich geprüft, welche der in Kapitel 2 vorgestellten Nachhaltigkeitsregeln der Brundtland-Kommission sich welchem Modell zuordnen läßt und welche Implikationen die strikte Befolgung der jeweiligen Regel im Vergleich zu optimalen Pfaden hätte.

4 Spezielle Modellvariante $\mathscr{P}$: Prähistorische Wirtschaftsweise

4.1 Modellannahmen

Im folgenden wird als erste spezielle Variante ein ressourcenökonomisches Modell vorgestellt, das in der Literatur insbesondere vor dem konkreten Hintergrund der Fischereiproblematik diskutiert wurde. Der Ressourcenbestand X wird in diesem Modell als homogener Bestand einer erneuerbaren natürlichen Ressource aufgefaßt. Dieser Bestand sei Privatgut und befinde sich im Eigentum des privaten Haushaltes.[1]

Das besondere Merkmal des Modells besteht in der Abstraktion vom Produktionsbereich und damit gewissermaßen in der Beschränkung auf die Betrachtung einer Gesellschaft von 'Jägern und Sammlern', deren repräsentatives Mitglied ausschließlich aus dem unmittelbaren Konsum der Ressourcenentnahme Nutzen zieht. Marktbeziehungen zwischen Haushalt und Firma existieren hingegen nicht.

Modell $\mathscr{P}$: Ausgehend von Modell $\mathscr{A}$ gelte

$$U_X = 0 \; ; \tag{4-1}$$

$$K(t) = 0 \, , \; \forall t \; ; \tag{4-2}$$

$$G(t) = gX(t)\left[\overline{X} - X(t)\right] , \; 0 < g < \infty \, , \; 0 < \overline{X} < \infty \, , \; \forall t \; ; \tag{4-3}$$

$$X \in \{PG\} \, . \tag{4-4}$$

---

1 Diese Annahmen treffen allerdings auf das Beispiel der (Meeres-)Fischerei nicht zu, denn Meeresfischbestände weisen nicht die Eigenschaften eines Privatgutes auf (vgl. Gordon 1954).

Das spezielle Modell 'prähistorischer Wirtschaftsweise' läßt sich als Ausschnitt der obigen Abbildung 3-1 identifizieren. Hierzu interpretiere man den natürlichen Ressourcenbestand X in der rechten Hälfte der Abbildung als homogenen Bestand einer *erneuerbaren* Ressource. Diese Ressource vermehre sich, wie in Abbildung 3-1 durch den mit G bezeichneten Pfeil dargestellt, in Abhängigkeit vom jeweils gegebenen Bestand gemäß der 'logistischen' Regenerationsfunktion (4-3). Zudem wird mit (4-4) der Ressourcenbestand als Privatgut interpretiert.

Die Annahme (4-1) besagt, daß ausschließlich der Konsum*strom* C, nicht jedoch der natürliche Ressourcen*bestand* X nutzenrelevant ist. Somit wird der Pfeil 'Ästhetik' bzw. 'Lebenserhaltungsfunktionen' im rechten oberen Bereich der Abbildung 3-1 vernachlässigt.

Zudem wird durch die Annahme (4-2), also die Abwesenheit menschengemachten Kapitals, von einem Produktionsprozeß abstrahiert. Unter 'Konsum' ist daher der unmittelbare Konsum der Ressourcenentnahmeströme zu verstehen: Mit (3-7) und (4-2) gilt $C(t) = R(t)$ für alle t. Der Prozeß der Güterproduktion - in der Abbildung 3-1 ganz unten dargestellt - wird quasi 'im Leerlauf' absolviert. Ein weiteres wesentliches Merkmal dieses Modelltyps besteht somit darin, daß von einer Akkumulation reproduzierbaren Kapitals ($\dot{K}$), wie sie in der linken Hälfte der Abbildung 3-1 berücksichtigt ist, abstrahiert wird.

Diese Struktur entspricht dem 'Optimal-Harvesting-Modell', das in der Literatur seit mehr als zwei Jahrzehnten intensiv diskutiert wird.[2]

2 Zur Analyse des Optimal-Harvesting-Problems vgl. z. B. Plourde (1970); C.W. Clark (1973a; 1973b; 1987; 1990); V. L. Smith (1975); Cropper/Lee/Pannu (1979); Ströbele (1987, Kap. 6); Pearce/Turner (1990, Chs. 16, 17); Hampicke (1992a, S. 79 ff.); Endres/Querner (1993, Teil III). Es ist allerdings zu beachten, daß das Optimal-Harvesting-Modell keineswegs ausschließlich die spezifischen Charakteristika der Bewirtschaftung erneuerbarer *natürlicher* Ressourcen abbildet: C. W. Clark (1990, S. 98) weist darauf hin, daß dieses Modell mit dem aggregierten Ramsey-Cass-Samuelson-Modell optimalen wirtschaftlichen Wachstums formal identisch ist. Dies ist leicht nachvollziehbar, wenn man den Ressourcenbestand X durch die gesamtwirtschaftliche Kapitalintensität ersetzt und die natürliche Regenerationsfunktion *G* als gesamtwirtschaftliche Produktionsfunktion in faktorintensiver Schreibweise sowie R als pro-Kopf-Konsum produzierter Güter ('Korn') rein-

Ohne die Diskussion der Regenerationsfunktion (4-3) an dieser Stelle über Gebühr vertiefen zu wollen, sind doch einige erläuternde Bemerkungen für den Fortgang der Argumentation unerläßlich. Die Gleichung (4-3) stellt eine denkbare Formulierung einer logistischen Regenerationsfunktion dar, wie sie C. W. Clark (1973b, S. 631) vorschlägt. Ein der Gleichung (4-3) genügender Verlauf der Regenerationsfunktion ist in der Abbildung 4-1 wiedergegeben. Diese Darstellung wird zurückgeführt auf Ricker (1954) und Schaefer (1954) und ist seither sehr häufig dazu herangezogen worden, den Aspekt der natürlichen Regenerationsfähigkeit in ökonomische Modelle zu integrieren. Dies galt ursprünglich insbesondere für den Bereich der marinen Fischerei, die allerdings im vorliegenden Kontext kein uneingeschränkt geeignetes Beispiel darstellt, da mit (4-4) die Ausschließbarkeit von der Nutzung postuliert wurde, die im Falle von Meeresfischbeständen i. d. R. nicht gegeben ist (vgl. Gordon 1954). Das logistische Regenerationsmodell ist jedoch häufig auch auf andere erneuerbare Ressourcen angewendet worden.[3] Im folgenden sei beispielhaft auf solche pflanzlichen oder tierischen Populationen Bezug genommen, an denen durchsetzbare Eigentumsrechte problemlos zu definieren sind.

Die Abbildung 4-1 beschreibt das Bestandswachstum einer bestimmten Ressource (hier der Population einer bestimmten Species) in einem beliebigen Zeitpunkt in Abhängigkeit vom jeweils in diesem Zeitpunkt gegebenen Bestand. Der Zuwachs ergibt sich als Überschuß der Geburten über die Sterbefälle. Sofern genetische Mutationen jemals zur Existenz der betreffenden Art geführt haben, gibt es *ohne* menschliche Eingriffe oder andere externe Schocks nur ein einziges *biologisches Gleichgewicht*

---

terpretiert. Sehr schön erschließt sich diese formale Analogie bei Blanchard/Fischer (1989, Ch. 2), siehe auch Azariadis (1993, S. 72-75).

3 So auf die Bestandsentwicklung unterschiedlichster Tier- oder Pflanzenarten (z. B. auch in der Forstwirtschaft) und sogar auf nicht-organische erneuerbare Ressourcen wie Sonnenenergie oder Grundwasserbestände. Vgl. hierzu sowie zu Kritik und Erweiterungen der logistischen Regenerationsfunktion insbesondere C. W. Clark (1990) sowie die umfangreichen Verweise bei A. C. Fisher (1981, S. 78 ff.).

im Sinne einer stationären Population: Sich selbst überlassen wachsen positive Bestände zunächst an, was in Abb. 4-1 durch die Pfeile auf der Regenerationskurve veranschaulicht ist. Hierbei ist die sog. 'intrinsische Wachstumsfähigkeit' der betreffenden Art definiert als marginales Bestandswachstum für infinitesimal kleine Bestände. Mit (4-3) beträgt diese im vorliegenden Beispiel gerade $\lim_{X \to 0} G_X = g\overline{X}$.

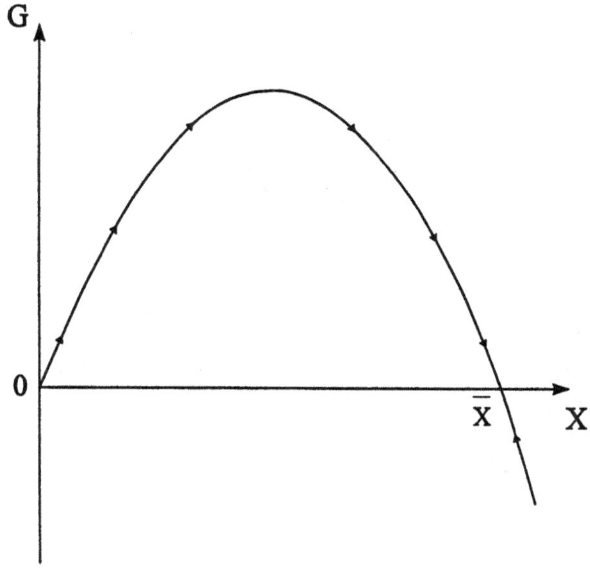

Abbildung 4-1

Logistische Regenerationsfunktion

Quelle: In Anlehnung an Plourde (1970, S. 519).

Aufgrund negativer Externalitäten (Platzmangel, Nahrungskonkurrenz) verlangsamt sich allerdings mit zunehmendem Bestand das Wachstum der Population. Schließlich ist das Wachstum gar rückläufig und kommt mit Erreichen des Bestandes $\overline{X}$ vollständig zum Stillstand. Dieser Bestand wird daher als 'natürliche Sättigungsmenge' (*saturation level, carrying capacity*) bezeichnet. Würde diese (durch externe Schocks) überschritten, so überstiegen die Sterbefälle die Geburten und der Bestand müßte sinken, bis erneut der Sättigungsbestand erreicht wäre. Somit stellt, sofern $X(t) > 0$ für ein beliebiges t, der Bestand $\overline{X}$ bei ungestörter Bestandsentwicklung ein *eindeutiges* und *global stabiles* biologisches Gleichgewicht dar.

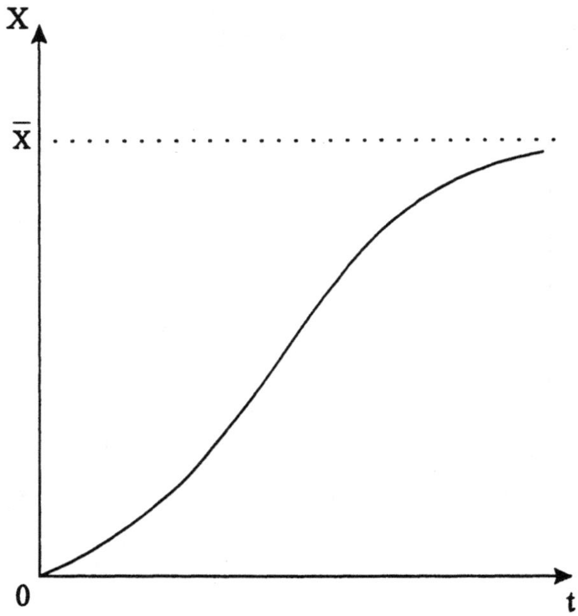

Abbildung 4-2
Logistische Bestandsentwicklung im Zeitablauf
bei ungestörter Regeneration

Quelle: In Anlehnung an C. W. Clark (1990, S. 11).

In der Abbildung 4-1 dienten die Pfeile auf der Regenerationsfunktion dazu, die implizit enthaltene dritte Dimension 'Zeit' zu veranschaulichen. Die Abbildung 4-2 illustriert hingegen explizit eine logistische Bestandsentwicklung im Zeitverlauf bei ungestörter Fortpflanzung der Species. Auf der Grundlage dieses Regenerationsmusters werden im folgenden die Möglichkeiten und Risiken einer Nutzung der betreffenden Ressource durch den Menschen erörtert.

4.2 Die modellspezifische Nachhaltigkeitsdefinition

Sobald die menschliche Art die Bühne betritt und ihre Konsumbedürfnisse an der betreffenden Ressource befriedigt (im Modell $\mathscr{P}$ *ausschließlich* an dieser Ressource), ist das oben beschriebene 'ungestörte' biologische Gleichgewicht bei $\overline{X}$ obsolet. Menschliche Erntetätigkeit muß - relativ zum ungestörten biologischen Gleichgewicht $\overline{X}$ - unausweichlich zu einer dauerhaften Bestandsminderung führen.

Die wirtschaftliche Nutzung einer erneuerbaren natürlichen Ressource muß jedoch offensichtlich nicht zwangsläufig zu einem *permanenten* Bestandsrückgang führen. Vielmehr ist die Erhaltung eines bestimmten Bestandsniveaus unterhalb $\overline{X}$ *trotz* wirtschaftlicher Nutzung erneuerbarer Ressourcen möglich. Hiermit ist das Konzept der 'nachhaltigen Ernte' (*sustainable yield*, auch *sustainable harvest*, vgl. z. B. Common 1995, S. 179) angesprochen. Dieses war ja - wie in Kapitel 2 erwähnt - bereits der mittelalterlichen Forstwirtschaft vertraut und stellt das im Modell $\mathscr{P}$ einschlägige Nachhaltigkeitskonzept dar. Insofern ist der Bezug zu den forstwirtschaftlichen Ursprüngen des Nachhaltigkeitskonzeptes in diesem Modell am ehesten greifbar. Der gesellschaftliche Planer, der sich im folgenden das im Sinne des *sustainable yield*-Konzeptes interpretierte Nachhaltigkeitsziel zueigen macht, läßt sich im Kontext des Modells $\mathscr{P}$ als 'prähistorischer Stammesfürst' illustrieren.

Der Term *sustainable yield* bezeichnet eine 'gleichgewichtige' (d. h. bestandserhaltende) Ernte. Hiermit ist eine solche Ernteposition gemeint, die in einem *beliebigen* Zeitpunkt t den Ressourcenbestand unverändert läßt (vgl. C. W. Clark 1990, S. 9; Pearce/Turner 1990, S. 39; Common 1995, S. 179). Formal entspricht dies der Tatsache, daß die Differentialgleichung (3-9), die im vorliegenden Modellkontext $\mathscr{P}$ durch die Regenerationsfunktion (4-3) zu konkretisieren ist, zu null gesetzt wird. Dann folgt mit $C = R$ für ein beliebiges t:

$$\dot{X}(t) = 0 \;\; \text{g.d.w.} \;\; C(t) = gX(t)\left[\overline{X} - X(t)\right] , \qquad (4\text{-}5)$$

$$\forall X(t) \in \left[0, \overline{X}\right], \; \forall t \, .$$

Der Locus $\dot{X} = 0$ in Abbildung 4-3 repräsentiert sämtliche *sustainable yield*-Konstellationen, d. h. sämtliche Wertepaare (C, X), die Gleichung (4-5) genügen.

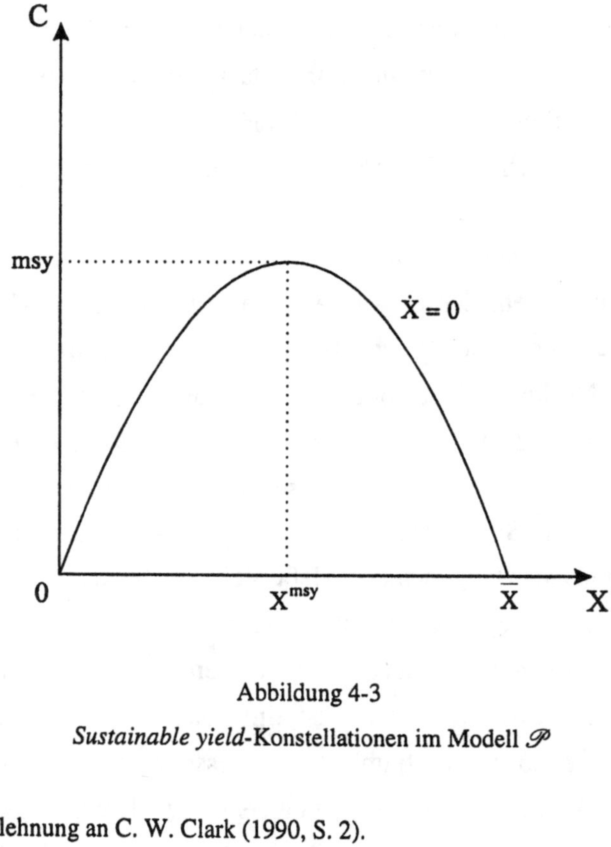

Abbildung 4-3

Sustainable yield-Konstellationen im Modell $\mathscr{P}$

Quelle: In Anlehnung an C. W. Clark (1990, S. 2).

Die maximale bestandserhaltende Ernte (*maximum sustainable yield*, im folgenden kurz msy) würde derjenige Bestand ermöglichen, der mit dem maximalen Bestandswachstum korrespondiert. Der Zuwachs erreicht mit demjenigen Bestand sein Maximum, der in der Abbildung 4-3 mit dem

Symbol X^{msy} bezeichnet ist. Mit (4-3) gilt $X^{msy} = \overline{X}/2$. Das Bestandswachstum beträgt hier gerade $msy = g\overline{X}^2/4$.

Jede nachhaltige Ernte (mit Ausnahme des *maximum sustainable yield*) korrespondiert mit zwei unterschiedlichen Bestandsgrößen. Solche *sustainable yield*-Konstellationen werden in der Literatur auch als 'biologische Gleichgewichte' bezeichnet (vgl. z. B. Endres/Querner 1993, Teil III). Es ist jedoch zu beachten, daß sie im Unterschied zum o. g. ungestörten biologischen Gleichgewicht $\overline{X}$ bereits menschliches Wirtschaften umfassen.

Es ist ferner darauf hinzuweisen, daß das Konzept des *sustainable yield* von rein positivem Charakter ist. Es beinhaltet nach obiger Definition keine Aussage darüber, ob und welche bestandserhaltende Ernte realisiert werden *soll*, und ab wann. Allerdings deutet das Adjektiv 'sustain*able*' darauf hin, daß diese Definition die Aussage *impliziert*, daß bei Beibehaltung dieser Ernteposition Bestand und Ernte 'auf ewig' auf eben diesem Niveau gehalten werden *könnten*. Denn (3-9) impliziert mit (4-3) für einen beliebigen Zeitpunkt ς:

$$\dot{X}(t) = 0 \quad \text{falls} \quad C(t) = gX(\varsigma)\left[\overline{X} - X(\varsigma)\right], \quad \forall t \geq \varsigma . \tag{4-6}$$

D. h., daß die *Möglichkeit* besteht, eine bestimmte Ernte- und Konsummenge für alle Zeiten aufrechtzuerhalten. Eine Verpflichtung hierzu ist jedoch nicht *explizit* Bestandteil der Definition des *sustainable yield*. Diese bezieht sich gemäß (4-5) auf einen beliebigen, isolierten Zeitpunkt.

Damit ist der im Kontext des Modells 𝒫 einschlägige Nachhaltigkeitsbegriff - interpretiert als Zielvorstellung des gesellschaftlichen Planers - beschrieben. Im nachfolgenden Abschnitt wird geprüft, ob solche Pfade, die auf intertemporaler Nutzenmaximierung des repräsentativen Haushaltes basieren, diesem Nachhaltigkeitskriterium genügen.

4.3 Optimale Pfade

Ohne eine 'angemessene' Berücksichtigung normativer Gesichtspunkte ist keine Aussage darüber möglich, ob überhaupt irgendeine der unter 4.2 beschriebenen *sustainable yield*-Konstellationen für den repräsentativen Haushalt 'interessant' ist und falls ja, *welche* Ernte sich bei *welchem* Bestand bei privatwirtschaftlicher Nutzenmaximierung langfristig einpendeln wird (bzw. ob sich überhaupt eine stabile Ernteposition einpendeln wird). Die Frage nach Existenz, Eindeutigkeit und Stabilität *optimaler sustainable yield*-Konstellationen wird in diesem Abschnitt behandelt.

Gegenstand der nachfolgenden Betrachtungen sind solche Pfade, die das Ergebnis intertemporaler Nutzenmaximierung darstellen. Der repräsentative Haushalt löse das Problem (3-12) unter den Nebenbedingungen (3-7), (3-9), (3-10b) und (3-11b). Hierbei handelt es sich um ein dynamisches Optimierungsproblem in der Kontrollvariablen C und der Zustandsvariablen X.

Im folgenden wird der Übersichtlichkeit halber die Zeitvariable nicht mehr durchgängig notiert. Die dem obigen Problem zugehörige momentanwertige Hamilton-Funktion kann daher formuliert werden als:

$$\mathcal{H} = U(\mathrm{C}) + \varphi^{\mathrm{X}}\left[G(\mathrm{X}) - \mathrm{C}\right] . \tag{4-7}$$

Hierbei repräsentiert die Funktion $\varphi^{X}(t)$ die momentanwertige Kozustandsvariable des natürlichen Ressourcenbestandes X. Die natürliche Regenerationsfunktion ist in (4-7) in ihrer allgemeinen Formulierung berücksichtigt und im folgenden an geeigneter Stelle mit (4-3) zu konkretisieren.

Mit den Nichtnegativitätsbedingungen (3-10b) resultiert mit $\mathrm{C} = \mathrm{R}$ die momentanwertige Lagrange-Funktion:[4]

$$\mathcal{L} = \mathcal{H} + \gamma^{\mathrm{C}}\mathrm{C} + \gamma^{\mathrm{X}}\mathrm{X} . \tag{4-8}$$

---

4 Vgl. zur Anwendung des Kuhn-Tucker-Theorems im Rahmen dynamischer Optimierungsprobleme z. B. Feichtinger/Hartl (1986, S. 159 ff.).

Hierbei repräsentieren $\gamma^{C}(t)$ und $\gamma^{X}(t)$ die den Nichtnegativitätsbedingungen bezüglich C und X zugeordneten momentanwertigen Lagrange-Multiplikatoren. Die Bedingungen erster Ordnung lauten mit (4-7) und (4-8):

$$0 = \mathscr{L}_{C} = U_{C} - \varphi^{X} + \gamma^{C} \;, \; \forall t \geq 0 \;; \tag{4-9}$$

$$\text{(a)} \quad \gamma^{C} \geq 0 \;, \; \gamma^{C} C = 0 \;, \; \forall t \geq 0 \;; \tag{4-10}$$

$$\text{(b)} \quad \gamma^{X} \geq 0 \;, \; \gamma^{X} X = 0 \;, \; \forall t \geq 0 \;;$$

$$\text{(a)} \quad \dot{X} = \mathscr{L}_{\varphi^{X}} = G(X) - C \;, \; \forall t \geq 0 \;; \tag{4-11}$$

$$\text{(b)} \quad \dot{\varphi}^{X} = -\mathscr{L}_{X} + \delta\varphi^{X} = (\delta - G_{X})\varphi^{X} - \gamma^{X} \;, \; \forall t \geq 0 \;.$$

Mit Hilfe der Bedingungen (4-9) bis (4-11) kann nun die Realisierung von Randlösungen in endlicher Zeit als unter den getroffenen Annahmen suboptimal charakterisiert werden.

Zunächst folgt aus der Annahme (3-6d) - d. h. $\lim_{C \to 0} U_{C} = \infty$ -, daß entlang optimaler Pfade stets $C > 0$ gelten muß. Denn $C \to 0$ in endlicher Zeit müßte die Bedingung (4-9) verletzen, sofern gezeigt werden kann, daß entlang optimaler Pfade in endlicher Zeit $\varphi^{X} \to \infty$ nicht eintreten kann. Denn allein dies könnte $U_{C} \to \infty$ in (4-9) kompensieren, da mit (4-10a) $\gamma^{C} \geq 0$ gilt. In der Tat ist aus (4-11b) ersichtlich, daß (ausgehend von einem endlichen Wert φ^{X}) in endlicher Zeit $\varphi^{X} \to \infty$ nicht eintreten kann. Denn es gilt mit (3-12) $\delta < \infty$, mit (4-10b) $\gamma^{X} \geq 0$ sowie mit der Regenerationsannahme (4-3) $|G_{X}| < \infty$ für alle zulässigen X. Daher ist mit (4-11b) eine mögliche positive Steigung der Funktion $\varphi^{X}(t)$ über jedem endlichen Zeitintervall beschränkt, weshalb in endlicher Zeit φ^{X} nicht gegen $+\infty$ streben kann. Somit muß entlang optimaler Pfade stets $C > 0$

gelten. Daher folgt aus (4-10a), daß entlang optimaler Pfade stets $\gamma^C = 0$ gilt. Mit (4-9) impliziert dies entlang optimaler Pfade stets $\varphi^X = U_C > 0$.

Nähme ferner der Ressourcenbestand X in endlicher Zeit den Wert Null an, so implizierte dies mit der Regenerationsfunktion (4-3) fortan $G = 0$. Daher müßte mit der Zustandsgleichung (3-9) fortan $\dot{X} = -R$ gelten. Hieraus folgte im Falle $X = 0$ mit den Nichtnegativitätsbedingungen (3-10b) sowie mit $C = R$, daß fortan $C = 0$ gelten müßte. Dies aber war oben als suboptimal charakterisiert worden. Somit muß entlang optimaler Pfade stets $X > 0$ und daher mit (4-10b) $\gamma^X = 0$ gelten.

Damit ist gezeigt, daß unter den Annahmen (3-6d) und (4-3) die Realisierung von Randlösungen in endlicher Zeit im Modell $\mathscr{P}$ nicht optimal sein kann. Die Analyse kann daher auf der Grundlage der notwendigen Bedingungen für eine innere Lösung des Haushaltsproblems (3-12) fortgeführt werden. Diese lauten mit (4-7):

$$0 = \mathscr{H}_C = U_C - \varphi^X \, , \quad \forall t \geq 0 \, ; \qquad (4\text{-}12)$$

$$\text{(a)} \quad \dot{X} = \mathscr{H}_{\varphi^X} = G(X) - C \, , \quad \forall t \geq 0 \, ; \qquad (4\text{-}13)$$

$$\text{(b)} \quad \dot{\varphi}^X = -\mathscr{H}_X + \delta\varphi^X = (\delta - G_X)\varphi^X \, , \quad \forall t \geq 0 \, .$$

Die Gleichung (4-13a) wird als 'Zustandsgleichung', die Gleichung (4-13b) als 'Kozustandsgleichung' bezeichnet. Da die Zielfunktion U sowie die 'Zustandsfunktion' $\dot{X}$ in (4-13a) differenzierbar und konkav in C und X sind und die Kozustandsvariable φ^X nichtnegativ ist (was aus den Annahmen über U und der Optimalitätsbedingung (4-12) folgt), sind die notwendigen Bedingungen auch hinreichend für ein Optimum.[5]

---

5 Der Beweis geht zurück auf Mangasarian (1966), vgl. z. B. Chiang (1992, S. 214 ff.).

Mit Hilfe der notwendigen Bedingungen läßt sich eine wichtige Eigenschaft optimaler Erntepfade im Modell $\mathscr{P}$ beschreiben. Definiert man die Wachstumsrate einer beliebigen Variablen x als $\hat{x}(t) := \dot{x}(t) / x(t)$, so folgt aus (4-13b) mit (4-12):

$$\hat{U}_C = \delta - G_X \ , \ \forall t \geq 0 \ . \qquad (4\text{-}14)$$

Gleichung (4-14) stellt eine Verallgemeinerung der (ursprünglich auf den Fall erschöpflicher Ressourcen bezogenen) 'Hotelling-Regel' dar (Hotelling 1931).[6] Eine innere Lösung des Haushaltsproblems im Modell $\mathscr{P}$ ist somit notwendig dadurch charakterisiert, daß die marginale Wertschätzung des repräsentativen Haushaltes für die Ressourcennutzung, U_C, in jedem Zeitpunkt $t \geq 0$ mit einer Rate wächst, die der Differenz aus Diskontrate δ und marginaler Regenerationsfähigkeit der geernteten Ressource, G_X, entspricht.

Gleichung (4-14) bringt in aller Deutlichkeit die beiden gegenläufigen Handlungsmotive zum Ausdruck, die die zeitliche Entwicklung im Modell $\mathscr{P}$ steuern: Zwar werden bei der Entscheidungsfindung in $t = 0$ erstens künftige Interessen berücksichtigt, allerdings spricht die Diskontierung, also die Mindergewichtung künftigen Nutzens, tendenziell für eine Verlagerung des Konsums in die Gegenwart. D. h. der Konsum muß aufgrund der Diskontierung künftigen Nutzens tendenziell im Zeitablauf fallen und daher der Grenznutzen steigen. Jedoch verleiht zweitens die natürliche Regenerationsfähigkeit der geernteten und konsumierten Ressource dem Konsumverzicht in der Gegenwart investiven Charakter: Wird heute auf den Konsum einer Ressourceneinheit verzichtet, so steht der Zukunft *mehr* als eine zusätzliche Einheit zur Verfügung, weil die naturbelassene Einheit Nachwuchs produziert. Daher steigert (bei Abwesenheit von Diskontierung) heutiger Konsumverzicht

6 Im Falle einer erschöpflichen Ressource lautet die Hotelling-Regel im Rahmen des sog. 'Cake-Eating-Problems': $\hat{U}_C = \delta$ (vgl. z. B. Hartwick/Olewiler 1998).

den intertemporalen Gesamtnutzen. Dies spricht für einen im Zeitablauf steigenden Konsum bzw. für einen abnehmenden Grenznutzen.

Entlang eines optimalen Pfades setzen diese gegenläufigen Kräfte folgende Dynamik in Gang: Übersteigt die marginale Regenerationsfähigkeit in einem beliebigen Zeitpunkt die Diskontrate, so erhöht eine Reduktion des Gegenwartskonsums um eine marginale Einheit die Konsummöglichkeiten der Zukunft um eben diese marginale Einheit plus Regenerationsmenge, die so groß ist, daß ein diskontierter künftiger Nutzengewinn resultiert, der größer ist als die durch den heutigen Konsumverzicht verursachte Nutzeneinbuße. Ergo muß ein Verzicht auf Gegenwartskonsum den intertemporalen Nutzen insgesamt steigern. M. a. W.: Ein negativer Wert auf der rechten Seite der Gleichung (4-14) in einem beliebigen Zeitpunkt schreibt einen sinkenden Grenznutzen und daher einen steigenden Konsum vor. Umgekehrt müßte eine positive Summe auf der rechten Seite zu einer Senkung des Konsums im Zeitablauf und somit zu einem steigenden Grenznutzen führen.

Aus Sicht des gesellschaftlichen Planers wirft diese aus Gleichung (4-14) resultierende Dynamik die Frage auf, ob bei privater Ressourcenallokation das modellspezifische Nachhaltigkeitskriterium des Abschnitts 4.2 (zumindest langfristig) erfüllt wird. Zur Beantwortung dieser Frage werden im folgenden Existenz, Eindeutigkeit sowie Stabilitätseigenschaften eines optimalen *steady state* im Modell $\mathscr{P}$ analysiert.

Ein *steady state* sei im Modell $\mathscr{P}$ definiert durch die zeitliche Konstanz aller Modellvariablen, d. h. $\dot{C} = \dot{X} = \dot{\varphi}^X = 0$. Offenbar repräsentierten die in 4.2 erörterten *sustainable yield*-Konstellationen bereits *steady states* im Sinne von $\dot{C} = \dot{X} = 0$, allerdings noch ohne Einbeziehung der obigen Optimalitätsüberlegungen (d. h. φ^X wurde noch nicht berücksichtigt). Insofern wird im folgenden zunächst der Frage nachgegangen, ob es *sustainable yield*-Konstellationen gibt (bzw. ob es eine eindeutige Konstellation gibt), die, falls einmal realisiert, aus Optimalitätsüberlegungen heraus aufrechterhalten würden.

Die Analyse wird im folgenden im Zustands-Kontrollraum (C,X) erfolgen, wie bereits die Analyse der *sustainable yield*-Konstellationen in Abschnitt 4.2 oben. Eine Konstellation (C,X), die einen optimalen *steady state* repräsentiert, wird mit (C^{∞},X^{∞}) bezeichnet.

Die 'positive' (bzw. 'biologische') Komponente von *steady states* war bereits in Abschnitt 4.2 oben auf der Grundlage der Gleichung (4-5) analysiert und in der Abb. 4-3 durch den Locus $\dot{X}=0$ im Zustands-Kontroll-Raum (C,X) veranschaulicht worden. Diese Abbildung ist nun mit Hilfe der notwendigen Optimalbedingungen um die 'normative' (bzw. 'ökonomische') Komponente von *steady states* zu vervollständigen. D. h. es wird noch der Locus $\dot{C}=0$ benötigt.

Aus der modifizierten Hotelling-Regel (4-14) folgt mit (3-6), (4-1) und (4-3) im Falle einer inneren Lösung:

$$\dot{C}(t)=0 \quad \text{g.d.w.} \quad X(t)=\frac{g\overline{X}-\delta}{2g}, \quad \forall t \geq 0 . \tag{4-15}$$

Aus (4-15) und den Nichtnegativitätsbedingungen (3-10b) folgt unmittelbar, daß unter der Bedingung

$$\delta < g\overline{X} \tag{4-16}$$

die Vertikale über dem Wert $0 < X^{\infty} = \left(g\overline{X}-\delta\right)/2g < X^{msy}$ im Zustands-Kontroll-Raum den Locus $\dot{C}=0$ repräsentiert. Dieser ist in Abbildung 4-4 eingetragen. Der Locus $\dot{X}=0$ entspricht dem aus der Abbildung 4-3 bereits bekannten. Der Schnittpunkt (C^{∞},X^{∞}) der beiden Gleichgewichtsloci repräsentiert den (falls erst einmal erreicht) optimalen *steady state*.

Somit ist die Bedingung (4-16) notwendig und hinreichend für die Existenz eines eindeutigen, nicht-trivialen (d. h. mit positivem Bestand und positivem Konsum korrespondierenden) optimalen *steady state* (C^{∞},X^{∞}) im Modell $\mathscr{P}$. Die Bedingung (4-16) besagt, daß die intrinsische Wachstumsfähigkeit der erneuerbaren Ressource, $g\overline{X}$, die Diskontrate übersteigen muß. Im Falle $\delta = g\overline{X}$ fiele der (hypothetische) Gleichgewichtslocus $\dot{C} = 0$ mit der Ordinate zusammen, im Falle $\delta > g\overline{X}$ wäre ein konstanter Konsum nur bei Verletzung der Nichtnegativitätsbedingung bezüglich X (hypothetisch) optimal.

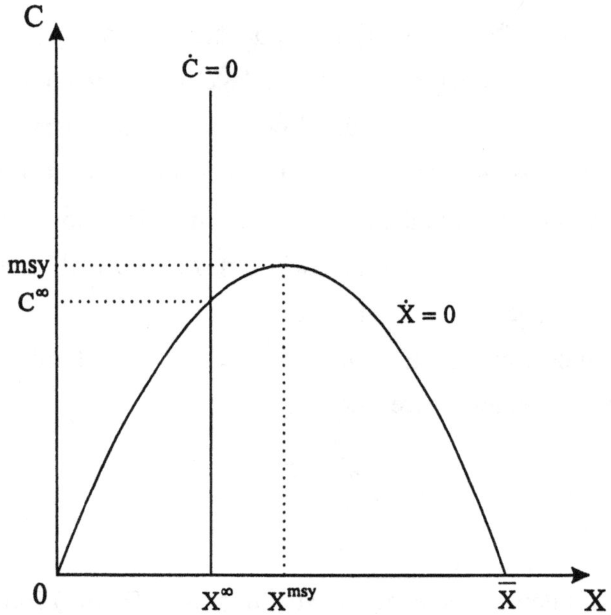

Abbildung 4-4

Optimaler *steady state* im Modell $\mathscr{P}$

Quelle: In Anlehnung an Endres/Querner (1993, S. 111).

Sofern (4-16) erfüllt ist, kommt der Relation von Diskontrate δ und intrinsischer Wachstumsfähigkeit der Ressource $g\overline{X}$ für die Lage des *steady state* entscheidende Bedeutung zu. Je größer die Diskontrate bzw. je geringer die intrinsische Wachstumsfähigkeit desto geringer Bestand und Ernte im steady state. Für $\delta \to 0$ gilt $X^{\infty} \to X^{msy}$ sowie $C^{\infty} \to msy$. Somit ist der optimale *steady state*, sofern existent, stets unterhalb des Bestandes X^{msy} angesiedelt.[7] Für $\delta \to g\overline{X}$ hingegen gilt $X^{\infty} \to 0$ und $C^{\infty} \to 0$.

Die Stabilitätseigenschaften des optimalen *steady state* im Modell $\mathscr{P}$ sind grundsätzlich auf der Grundlage des Differentialgleichungssystems (4-13) zu analysieren.[8] Allerdings stellt dieses ein System von zwei Gleichungen in den drei unabhängigen Variablen C, X und φ^X dar und ist daher unterdeterminiert. Mit (4-12) läßt sich jedoch die Kontrollvariable C als Funktion der Kozustandsvariablen φ^X repräsentieren. Mit dem Theorem über implizite Funktionen folgt aus (4-12):

$$C = \mathcal{C}(\varphi^X)\,,\quad \mathcal{C}_{\varphi^X} = \frac{1}{U_{CC}} < 0\,,\quad \forall t \geq 0\,. \tag{4-17}$$

Mit (4-17) wird das System (4-13) zu:

$$\text{(a)}\qquad \dot{X} = G(X) - \mathcal{C}(\varphi^X)\,,\quad \forall t \geq 0\,; \tag{4-13'}$$

$$\text{(b)}\qquad \dot{\varphi}^X = [\delta - G_X(X)]\varphi^X\,,\quad \forall t \geq 0\,.$$

Mit (4-13') liegt nun ein System von zwei Gleichungen in den zwei unabhängigen Variablen X und φ^X vor, das als modifiziertes Hamilton-System (*Modified Hamiltonian Dynamic System*, im folgenden kurz MHDS) bezeichnet wird. Ein *steady state* ist mit dem oben gesagten dadurch definiert, daß das MHDS (4-13') den Nullvektor annimmt. Die Stabilitätseigenschaften des *steady state* werden mit Hilfe der im *steady state* bewerteten Jacobi-Matrix **J** des MHDS analysiert. Diese berechnet sich im vorliegenden Falle zu:

$$\mathbf{J}^{(4\text{-}13')} = \begin{bmatrix} G_X & -\mathcal{C}_{\varphi^X} \\ -G_{XX}\varphi^X & 0 \end{bmatrix}.$$

---

7 Dies kann sich ändern, wenn die Annahme $U_X = 0$ aufgehoben und dem natürlichen Ressourcenbestand X ein 'Existenzwert' zugestanden wird (vgl. Radke 1995b).

8 Vgl. zum folgenden z. B. Chiang (1984, S. 262 f.).

Die Jacobi-Matrix ist nun hinsichtlich der Vorzeichen ihrer Eigenwerte (bzw. deren reeller Teile) zu untersuchen. Im Falle einer 2x2-Matrix existieren zwei Eigenwerte ρ^1 und ρ^2, die jedoch nicht explizit berechnet werden müssen, da die Determinante einer quadratischen Matrix dem Produkt ihrer Eigenwerte entspricht und somit im vorliegenden Kontext gilt:

$$\left|\mathbf{J}^{(4\text{-}13')}\right| = \rho^1 \cdot \rho^2 \ . \tag{4-18}$$

Da mit (3-6b), (3-6c), (4-3), (4-12) und (4-17)

$$\left|\mathbf{J}^{(4\text{-}13')}\right| = \frac{2g\varphi^X}{U_{CC}} < 0$$

gilt, muß mit (4-18) genau ein Eigenwert negativ und einer positiv sein. Dies jedoch ist notwendig und hinreichend für lokale Sattelpunkt-Stabilität des *steady state* (C^∞, X^∞) im Modell $\mathscr{P}$.

Die Sattelpunkt-Eigenschaft des *steady state* wird im folgenden grafisch veranschaulicht. Hierbei ist eine Parameterkonstellation δ, g und $\overline{X}$ unterstellt, die gerade die Verläufe der Gleichgewichtsloci $\dot{C} = 0$ und $\dot{X} = 0$ der obigen Abbildung 4-4 impliziere. Diese Abbildung ist nun um die zeitliche Anpassungsdynamik außerhalb des *steady state* zu vervollständigen. Die Grundlage hierfür stellen die obigen Gleichungen (4-5) und (4-15) dar. Mit dem oben gesagten lassen sich diese verallgemeinern zu:

$$\dot{X}(t) \overset{>}{\underset{<}{=}} 0 \quad \text{falls} \quad C(t) \overset{<}{\underset{>}{=}} gX(t)\left[\overline{X} - X(t)\right], \tag{4-5'}$$

$$\forall X(t) \in (0, \overline{X}) \ , \ \forall t \ ;$$

$$\dot{C}(t) \overset{>}{\underset{<}{=}} 0 \quad \text{falls} \quad X(t) \overset{<}{\underset{>}{=}} \frac{g\overline{X} - \delta}{2g} \ , \ \forall t \geq 0 \ . \tag{4-15'}$$

Die Abbildung 4-5 veranschaulicht die Aussage der Gleichungen (4-5') und (4-15'). Sämtliche Ernte-/Bestandskombinationen (C, X) oberhalb des Locus $\dot{X} = 0$ implizieren mit (4-5') einen Bestandsrückgang in t, da die Ernte die Regeneration übersteigt. Dies ist durch die horizontalen Richtungspfeile ausgehend von den Punkten a und d veranschaulicht.

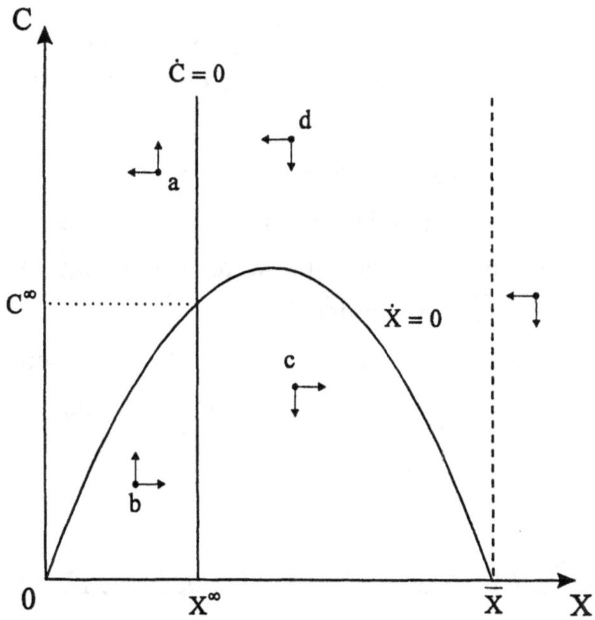

Abbildung 4-5

Zeitliche Anpassungsdynamik im Modell 𝒫

Quelle: In Anlehnung an Endres/Querner (1993, S. 111).

Umgekehrt implizieren alle Kombinationen (C, X) unterhalb des Locus $\dot{X} = 0$ eine Bestandszunahme in t, wie dies die horizontalen Pfeile ausgehend von den Punkten b und c zum Ausdruck bringen. Darüber hinaus ist der Vollständigkeit halber durch den horizontalen Pfeil rechts des Wertes $\overline{X}$ angedeutet, daß eine Überschreitung des natürlichen Sättigungsbestandes einen Bestandsrückgang zur Folge haben müßte - ein rein hypothetischer Fall, wenn man von irgendwelchen externen Schocks absehen will, die allein zu einer temporären Überschreitung des Sättigungsbestandes führen könnten.

Sämtliche Kombinationen (C,X) links des Locus $\dot{C}=0$ implizieren mit (4-15') einen steigenden Konsum entlang eines privatwirtschaftlich optimalen Pfades, wie dies durch die vertikalen Pfeile ausgehend von den Punkten a und b zum Ausdruck gebracht ist. Im Gegensatz dazu ist es rechts des Locus $\dot{C}=0$ optimal, den Konsum zu reduzieren, dies bringen die vertikalen Pfeile ausgehend von den Punkten c und d zum Ausdruck.

Die obige Abbildung 4-5 wird durch die Loci $\dot{X}=0$ und $\dot{C}=0$ in vier Sektoren unterteilt, die im folgenden nach den in ihnen jeweils eingezeichneten Punkten a bis d bezeichnet werden. Bei gegebenem Anfangsbestand X^0 hinge es allein von der Wahl des Anfangskonsums C(0) ab, in welchem der Sektoren a bis d der optimale Pfad seinen Ursprung nähme. Drei Fälle sind hinsichtlich der Anfangsbedingungen zu unterscheiden:

1. $X^0 > X^\infty$.
   a) Die Wahl $C(0) > G[X(0)]$ ließe den optimalen Pfad aus Sektor d entspringen.
   b) Die Entscheidung $C(0) = G[X(0)]$ würde auf den Grenzbereich zwischen den Sektoren c und d führen, d. h. gerade auf den Locus $\dot{X}=0$.
   c) Durch die Wahl $C(0) < G[X(0)]$ würde der Ursprung des optimalen Pfades in den Sektor c gelegt.

2. $X^0 = X^\infty$.
   a) Wird $C(0) > C^\infty$ gewählt, so führt dies auf den Grenzbereich zwischen den Sektoren a und d, d. h. gerade auf den Locus $\dot{C}=0$.
   b) Durch die Entscheidung $C(0) = C^\infty$ kann augenblicklich der *steady state* realisiert werden.

c) Die Wahl $C(0) < C^{\infty}$ führt auf den Grenzbereich zwischen den Sektoren b und c, d. h. gerade auf den Locus $\dot{C} = 0$.

3. $X^0 < X^{\infty}$.
a) Die Wahl $C(0) > G[X(0)]$ ließe den optimalen Pfad aus Sektor a entspringen.
b) Die Entscheidung $C(0) = G[X(0)]$ würde auf den Grenzbereich zwischen den Sektoren a und b führen, d. h. gerade auf den Locus $\dot{X} = 0$.
c) Durch die Wahl $C(0) < G[X(0)]$ würde der Ursprung des optimalen Pfades in den Sektor b gelegt.

Da ausgehend von jedem der Sektoren a bis d das Zusammenwirken von biologischer und ökonomischer Systemdynamik - in obiger Abbildung 4-5 veranschaulicht durch die Richtungspfeile ausgehend von den gleichnamigen Punkten - eine ganz bestimmte Entwicklungsrichtung entlang eines 'optimalen' Pfades nach sich zöge, ist der gesamte Zeitpfad ausgehend von $t = 0$ bis in die Unendlichkeit bei gegebenem Anfangsbestand X^0 ausschließlich determiniert durch die Entscheidung des repräsentativen Haushaltes bezüglich des Anfangskonsums $C(0)$. Es ist nun zu untersuchen, welche zeitliche Entwicklung die anfängliche Wahl eines bestimmten Sektors nach sich zöge.

Würde im Fall 1c) unmittelbar der Sektor c oder im Fall 3a) unmittelbar der Sektor a gewählt, so resultierte jeweils eine permanente Entfernung vom *steady state*.

Begäbe sich der repräsentative Haushalt in den Sektor a, so schriebe die ökonomische Systemdynamik einen permanent steigenden Konsum vor, während gleichzeitig die biologische Systemdynamik einen permanent sinkenden Bestand implizierte. Es gäbe gewissermaßen kein Entrinnen mehr aus Sektor a. Gleichzeitig steigende Ernte und sinkender Bestand sind aber unter den getroffenen Annahmen offensichtlich nicht *ad infinitum* möglich. Vielmehr müßte in endlicher Zeit eine Randlösung mit $X = 0$ resultieren, was jedoch oben als suboptimal charakterisiert worden war. Eine anfängliche Wahl C(0) derart, daß man in den Sektor a gelangte, wäre daher bei vollkommener Voraussicht des repräsentativen Haushaltes suboptimal.

Umgekehrt würde, begäbe sich der repräsentative Haushalt in den Sektor c, ein permanent sinkender Konsum bei permanent steigendem Bestand resultieren. Auch dies läßt sich als suboptimal charakterisieren (vgl. z. B. Blanchard/Fischer 1989, S. 75).

Im übrigen führen die Fälle 1b) sowie 3b), die jeweils die Wahl eines Startpunktes auf dem Locus $\dot{X} = 0$ implizieren, zum gleichen Ergebnis. Da in beiden Fällen zunächst die biologische ('horizontale') Systemdynamik 'ausgeschaltet' wird, bewirkt jeweils die ökonomische ('vertikale') Systemdynamik einen Übergang in Sektor c (Fall 1b)) bzw. in Sektor a (Fall 3b)) mit den oben geschilderten Konsequenzen. Gleiches gilt für die Fälle 2a) und 2c), die jeweils einen Startpunkt auf dem Locus $\dot{C} = 0$ implizieren. Hier ist jeweils zunächst die ökonomische Systemdynamik 'ausgeschaltet' und die biologische Systemdynamik bewirkt einen Übergang in Sektor a (Fall 2a)) bzw. in Sektor c (Fall 2c)).

Die Fälle 1a) und 3c) hingegen beinhalten die Möglichkeit, daß langfristig der *steady state* approximiert wird. Fällt die Entscheidung des repräsentativen Haushaltes auf einen der Sektoren b (Fall 3c)) oder d (Fall 1a)), so resultiert (zunächst) eine Annäherung an den *steady state*: Die Richtungspfeile in der Abbildung 4-5 veranschaulichen dies. Allerdings ist nicht gesagt, daß ausgehend von *beliebigen* Punkten in den Sektoren b und d der steady state auch tatsächlich approximiert wird. In Abbildung 4-6 sind fünf denkbare 'Trajektorien' fett eingezeichnet, die die 'optimale' zeitliche Entwicklung ausgehend von verschiedenen Startpunkten in den Sektoren b und d charakterisieren. Die aus der Abbildung 4-5 übernommenen Loci $\dot{X} = 0$ und $\dot{C} = 0$ sind gestrichelt eingetragen.

Es wird deutlich, daß auch ausgehend von einem der Sektoren b und d ein Verfehlen des *steady state* möglich ist. Bei 'falscher' Wahl des

Erstkonsums C(0) ist jeweils ein Wechsel in einen der Sektoren a oder c mit der oben geschilderten Konsequenz einer Verletzung der Optimalitätsbedingungen denkbar. Die vier 'gekrümmten' Trajektorien veranschaulichen dies.

Die in der Abbildung durch den *steady state* (C^{∞}, X^{∞}) verlaufende Trajektorie stellt den sog. Sattelpfad dar, d. h. die Menge aller C(0), die für unterschiedliche X^0 langfristig auf den *steady state* zuführen. Jede Wahl C(0) außerhalb des Sattelpfades impliziert eine Entwicklung, die den *steady state* verfehlt und in einen der Sektoren a oder c führt mit der Konsequenz, daß die Optimalitätsbedingungen verletzt werden.

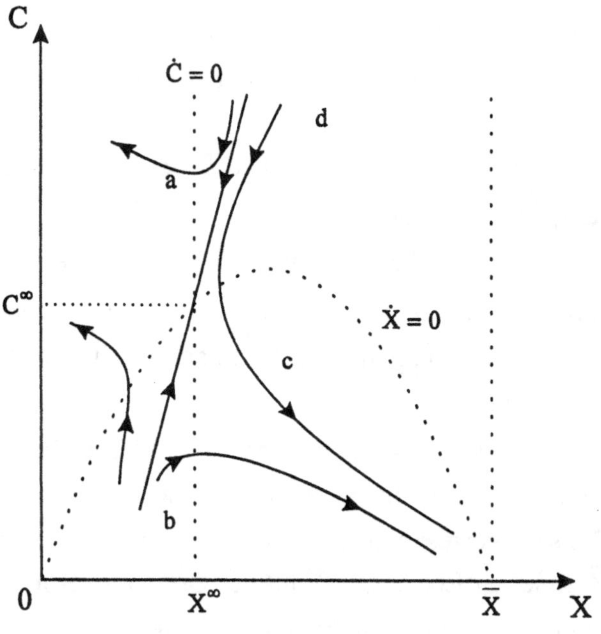

Abbildung 4-6

Stabilitätsanalyse im Modell 𝒫

Quelle: In Anlehnung an C. W. Clark (1990, S. 99)

Daraus ergibt sich daß es aus Sicht des repräsentativen Haushaltes bei vollkommener Voraussicht suboptimal ist, C(0) 'außerhalb' des Sattelpfades zu wählen. Bei vollkommener Voraussicht ist es absehbar, daß jede Wahl C(0) 'rechts unterhalb' des Sattelpfades in den Sektor c führen müßte. Hingegen müßte jede Wahl C(0) 'links oberhalb' des Sattelpfades in absehbarer Zeit in den Sektor a führen.

Somit ist im Modell $\mathscr{P}$ unabhängig vom Anfangsbestand X^0 (sofern dieser nur 'hinreichend nahe' bei X^∞ liegt) eine langfristige Annäherung an den *steady state* aus Sicht des repräsentativen Haushaltes optimal, sofern $\delta < g\overline{X}$ gilt. Im Ausnahmefall 2b) ist es optimal, den *steady state* sofort zu realisieren. Es ist jedoch auf die entscheidende Bedeutung der Annahme perfekter Voraussicht noch einmal hinzuweisen: Ist sie verletzt, so gibt es keine Garantie für die 'richtige' Wahl des Anfangskonsums C(0). Wird aber der Sattelpfad zu Beginn verfehlt, so gibt es im Modell $\mathscr{P}$ keinen Mechanismus, der zur Korrektur dieses Anfangsfehlers führen könnte.

Besonderer Erwähnung bedarf der Fall $\delta \geq g\overline{X}$, d. h. einer Verletzung der Bedingung (4-16). Übersteigt die Diskontrate (schwach) die intrinsische Wachstumsfähigkeit der natürlichen Ressource, so 'lohnt' es aus Sicht des repräsentativen Haushaltes aufgrund der relativ geringen 'Verzinsung' eines Ernteverzichts nicht, in den natürlichen Ressourcenbestand zu investieren.

Wie oben erläutert, ist (4-16) notwendig und hinreichend für die Existenz eines eindeutigen, nicht-trivialen (d. h. mit positivem Bestand und positivem Konsum korrespondierenden) optimalen steady state. Denn im Falle $\delta = g\overline{X}$ fiele der Locus $\dot{C} = 0$ mit der Ordinate zusammen, im Falle $\delta > g\overline{X}$ wäre er inexistent, da links der Ordinate die Nichtnegativitätsbedingung bezüglich des Ressourcenbestandes X verletzt wäre. Ein optimaler Pfad approximiert daher bei Verletzung der Bedingung (4-16) langfristig den Ursprung (vgl. Cropper/Lee/Pannu 1979). Es ist allerdings darauf hinzuweisen, daß hierin nichts 'Verwerfliches' zu sehen ist, sofern das intertemporale Ziel (3-12) des repräsentativen Haushaltes akzeptiert wird. Es liegt auf der Hand, daß der Fall $\delta \geq g\overline{X}$ im Modell $\mathscr{P}$ den Diskontierungs-Gegnern[9] ein starkes Argument liefert.

Die hiermit abgeschlossene Stabilitätsanalyse ermöglicht dem staatlichen Planer die Überprüfung privatwirtschaftlich optimaler Pfade anhand des in 4.2 erläuterten modellspezifischen Nachhaltigkeitskriteriums des *sustainable yield.* Diesbezüglich ist festzustellen, daß im Modell $\mathscr{P}$ in aller Regel privatwirtschaftlich optimale Pfade keinen *sustainable yield*-Pfad repräsentieren. Dies gilt offensichtlich im Falle $\delta \geq g\overline{X}$, in dem langfristig der Ursprung approximiert wird, unabhängig vom Anfangsbestand.

Im Falle $\delta < g\overline{X}$ stellt der o. g. Fall 2b) die Ausnahme dar, in dem zufällig $X^0 = X^{\infty}$ gilt und es daher optimal ist, augenblicklich den *steady state* zu realisieren. Entspricht hingegen der Anfangsbestand nicht dem *steady state*-Bestand, so wird der *steady state* (und mit ihm ein *sustainable yield*-Pfad) lediglich langfristig approximiert. Für alle $t \in [0, \infty)$ hingegen wird das modellspezifische Nachhaltigkeitskriterium nicht realisiert: Im Fall 1 ($X^0 > X^{\infty}$) ist der Optimalpfad durch permanent *sinkenden* Konsum und gleichzeitig permanent *sinkenden* Ressourcenbestand charakterisiert. Im Fall 2 ($X^0 < X^{\infty}$) hingegen ist der Optimalpfad durch permanent *steigenden* Konsum und gleichzeitig permanent *steigenden* Ressourcenbestand charakterisiert.

4.4 Die modellspezifische Nachhaltigkeitsregel

Im Kontext des Modells $\mathscr{P}$ wird die Nutzung einer *erneuerbaren* natürlichen Ressource thematisiert. Daher ist aus Sicht des Planers die 'Ernteregel' des zweiten Kapitels einschlägig. Zur Erinnerung:

Ernteregel: Nutze erneuerbare natürliche Ressourcen stets derart, daß die Ernte deren natürliche Regeneration nicht überschreitet!

9 Siehe z. B. Weitzman (1998b).

Formal hieße dies im Rahmen des Modells $\mathscr{P}$:

$$C(t) \leq G(t) \,, \quad \forall t \geq 0 \,. \tag{4-19}$$

Zur Beurteilung dieser Regel vor dem Hintergrund der Analyse des Modells $\mathscr{P}$ ist auf drei Punkte hinzuweisen.

Erstens ist auf den ersten Blick eine - über das im Verlauf des Kapitels bereits gesagte hinaus - zusätzliche Nachhaltigkeitsregel in ihrer Funktion als Nachhaltigkeitsindikator offensichtlich redundant. Denn der vollkommen informierte Planer ist in der Lage, die in der Nachhaltigkeitsdefinition des Abschnitts 4.2 verwendeten Größen Ressourcenkonsum und -bestand unmittelbar zu beobachten. Die Prüfung privatwirtschaftlich optimaler Pfade anhand des modellspezifischen Nachhaltigkeitskriteriums gelang daher in Abschnitt 4.3 bereits ohne die Regel (4-19).[10]

Jedoch ist zweitens die Regel (4-19) nicht streng dem *sustainable yield*-Konzept verpflichtet, da sie den Fall $C < G$ (und daher Bestandszuwächse) toleriert. Es war allerdings bereits oben darauf hingewiesen worden, daß der modellspezifische Nachhaltigkeitsbegriff des *sustainable yield* in gewissem Sinne 'unvollständig' ist. Ihm fehlt streng genommen der normative Gehalt, da z. B. keine Aussage darüber getroffen wird, ab welchem Zeitpunkt ein *sustainable yield*-Pfad zu verwirklichen ist.

Die Nachhaltigkeitsregel (4-19) schließt gewissermaßen diese Lücke, indem sie ein präzises normatives Nachhaltigkeitsverständnis zum Ausdruck bringt: Implizit wird nicht mehr - aber auch nicht weniger - als ein Sinken des Ressourcenbestandes in *jedem* beliebigen Zeitpunkt $t \geq 0$ untersagt. Nicht nur eine Unterschreitung des Anfangsbestandes X^0 wird

10 In den Kapiteln 6 und 10 wird sich zeigen, daß mit zunehmender Komplexität des betrachteten Modells und/oder bei unvollständiger Information des Planers die entsprechenden Nachhaltigkeitsregeln sehr wohl eine wichtige Funktion als Nachhaltigkeitsindikatoren haben.

ausgeschlossen, vielmehr sind auch innerhalb des Planungszeitraumes eventuell erzielte Bestandzuwächse unbedingt zu konservieren.

Vor diesem Hintergrund bietet sich drittens trotz des bereits in Abschnitt 4.3 gesagten eine Überprüfung privatwirtschaftlich optimaler Pfade anhand der Regel (4-19) an. Diese führt im o. g. Fall 3 (d. h. $\delta < g\overline{X}$, $X^0 < X^{\infty}$) zu der Erkenntnis, daß der optimale Pfad der Nachhaltigkeitsregel (4-19) genügt. Wenn der Bestand schon relativ stark dezimiert ist, ist ein permanentes Bestandswachstum optimal, was der Beachtung der Regel (4-19) mit *strikter* Ungleichheit entspricht. Privatwirtschaftliche Optimalität und die Nachhaltigkeitszielsetzung des Planers (im Sinne der Regel (4-19)) sind in diesem Fall kompatibel. Es zeigt sich gar, daß der optimale Pfad 'strengeren' Maßstäben genügt als der Nachhaltigkeitsregel (4-19). Denn letztere ließe ja durchaus eine Ernte genau in Höhe des Bestandswachstums zu, während entlang des optimalen Pfades immer *unterhalb* des Bestandswachstums geerntet würde. Die Regel (4-19) wäre somit - interpretiert als Handlungsanweisung - im o. g. Fall 3 redundant. Verläßt man allerdings den engen Modellrahmen und bezweifelt z. B. die Annahme perfekter Voraussicht des privaten Haushaltes, so hätte auch im Fall 3 die Regel ihre Berechtigung. Ähnliches träfe zu, wenn der *steady state*-Bestand, dessen exakte Kenntnis im Modell vorausgesetzt wurde, nicht präzise zu quantifizieren wäre.

Im o. g. Fall 1 (d. h. $\delta < g\overline{X}$, $X^0 > X^{\infty}$), also in einer anfänglichen 'Überflußsituation', genügt hingegen der privatwirtschaftlich optimale Pfad der Nachhaltigkeitsregel (4-19) nicht. Die *Mißachtung* der Ernteregel wäre privatwirtschaftlich optimal, um über sinkenden Konsum und sinkenden Bestand den *steady state* zu approximieren. Im Fall $\delta > g\overline{X}$ genügen optimale Pfade unabhängig vom Ausgangsbestand der Regel (4-19) nicht. Es resultieren permanente Bestandsrückgänge und schließlich approximativ die Ausrottung der Ressource.

Die voranstehenden Ausführungen haben exemplarisch deutlich gemacht, auf welche Weise eine Nachhaltigkeitsregel (in diesem Falle die

'Ernteregel' des Brundtland-Berichtes) zur Überprüfung privatwirtschaftlich optimaler Ressourcennutzungspfade anhand des Nachhaltigkeitspostulates herangezogen werden kann. Die Ernteregel (4-19) diente dem gesellschaftlichen Planer gewissermaßen als Ansatzpunkt für einen modellspezifischen Nachhaltigkeitsindikator.

4.5 Zusammenfassung

Im vorliegenden Kapitel wurde eine erste spezielle Modellvariante aus dem allgemeinen Kontext des dritten Kapitels separiert. Abgrenzungskriterien waren die Negierung eines unmittelbaren Nutzenbeitrages des natürlichen Ressourcenbestandes, dessen Privatguteigenschaft, die spezielle Form einer logistischen natürlichen Regenerationsfunktion sowie die Abwesenheit anthropogener Kapitalgüter.

Das Modell prähistorischer Wirtschaftsweise lieferte ein erstes Beispiel dafür, daß Nachhaltigkeitsdefinition und Nachhaltigkeitsregel stark kontextabhängig sind: In einem ausschnitthaften Modell kristallisierte sich mit dem Begriff des *sustainable yield* ein sehr spezielles Nachhaltigkeitskonzept heraus und fand mit der Ernteregel (4-19) eine sehr spezielle Nachhaltigkeitsregel Anwendung. Es zeigte sich, daß 'Nachhaltigkeit' als Zielsetzung des Planers und privatwirtschaftliche 'Optimalität' bei bestimmten Konstellationen der Modellparameter durchaus kompatibel sind, bei anderen hingegen nicht. Im einzelnen sprachen tendenziell eine geringe Diskontrate, eine hohe intrinsische Wachstumsfähigkeit der natürlichen Ressource sowie ein geringer Anfangsbestand der Ressource dafür, daß entlang optimaler Pfade mit Nachhaltigkeit gerechnet werden kann. Letztere Erkenntnis wird sich allerdings bei der Betrachtung einer nächsten speziellen Modellvariante in Kapitel 5 nicht bestätigen lassen.

5 Spezielle Modellvariante $\mathcal{I}$: Industrialisierte Wirtschaftsweise

5.1 Modellannahmen

Als zweite spezielle Modellvariante wird im folgenden ein Modell diskutiert, das die Knappheit erschöpflicher natürlicher Ressourcen in den Vordergrund stellt. Diese fungieren als Produktionsfaktoren, wie z. B. fossile Energieträger oder bestimmte Mineralien. Im folgenden wird ein homogener Bestand einer erschöpflichen Ressource thematisiert, der Privatgut ist und sich im Eigentum des privaten Haushaltes befindet.

Auch dieses Modell 'industrialisierter Wirtschaftsweise' läßt sich als spezielle Variante des Modells $\mathcal{A}$ definieren:

Modell $\mathcal{I}$: Ausgehend von Modell $\mathcal{A}$ gelte

$$U_X = 0\ ; \tag{5-1}$$

$$G = 0\ ; \tag{5-2}$$

$$X \in \{PG\}\ . \tag{5-3}$$

Wie bereits im Modell $\mathcal{P}$ des vierten Kapitels läßt sich auch das Modell 'industrialisierter Wirtschaftsweise' als Ausschnitt der obigen Abbildung 3-1 identifizieren. Der natürliche Ressourcenbestand X in der rechten Hälfte der Abbildung ist hierzu als homogener Bestand einer *erschöpflichen* Ressource zu interpretieren (z. B. Mineralöl). Dieser wird mit (5-3) als Privatgut aufgefaßt. Die natürliche Regeneration, d. h. der in der Abbildung mit dem Symbol G bezeichnete Pfeil, entfällt offensichtlich, will man nicht extrem langfristige Erneuerungsprozesse zur Basis heutiger

Entscheidungen machen. Dies kommt in der Annahme (5-2) zum Ausdruck.

Mit der Annahme (5-1) wird wie schon im Modell $\mathcal{P}$ ein unmittelbarer Nutzenbeitrag des natürlichen Ressourcen*bestandes* X vernachlässigt. Nutzenrelevant ist wiederum allein der Konsum*strom* C. Somit wird auch im Modell $\mathcal{I}$ von dem Pfeil 'Ästhetik' bzw. 'Lebenserhaltungsfunktionen' in der rechten oberen Hälfte der Abbildung 3-1 abstrahiert.

Mit dem Konsum C ist nun allerdings nicht mehr der unmittelbare Konsum der Ressourcenentnahme R gemeint, sondern vielmehr der Konsum *produzierter* Güter. In Abgrenzung zum Modell $\mathcal{P}$ existiert im Modell $\mathcal{I}$ ein anthropogener Kapitalbestand K. Denn wie im Modell $\mathcal{A}$ des dritten Kapitels festgelegt, gilt ohne nähere Spezifizierung die strikte Ungleichheit bezüglich des reproduzierbaren Kapitalbestandes in Gleichung (3-11a). Eine Produktion - in der Abbildung 3-1 in der unteren Hälfte dargestellt - ist daher möglich.

Die Ressourcenentnahme (z. B. die Ölförderung), in der Abbildung 3-1 durch den mit dem Symbol R bezeichneten Pfeil dargestellt, geht neben dem Faktor Kapital (K) als Input in die Güterproduktion ein. Deren Ergebnis, die Ausbringung Y, kann alternativ in den Konsumstrom C oder, als Ersparnis, in den Prozeß der Kapitalakkumulation ($\dot{K}$) gelenkt werden. Letzterer ist in der rechten Hälfte der Abbildung 3-1 dargestellt.

Diese Modellstruktur ist in der Literatur unter dem Stichwort 'Wachstum mit erschöpflichen natürlichen Ressourcen' ausgiebig diskutiert worden.[1]

---

1 Siehe zur Diskussion dieses Modelltyps u. a. Dasgupta/Heal (1974); Solow (1974a); Stiglitz (1974a; 1974b); Buchholz (1984); Krelle (1984); Ströbele (1984); Hampicke (1992a, S. 109 ff.). Zur Einbeziehung eines unmittelbaren Nutzenbeitrages des Ressourcenbestandes in den Kontext dieses Modells vgl. Krautkraemer (1985).

5.2 Die modellspezifische Nachhaltigkeitsdefinition

Ähnlich wie das Modell 𝒫, das im vierten Kapitel als Reflex auf die Fischereiproblematik dargestellt worden war, ist auch die Kreierung des Modells 𝒥 vor einem konkreten 'tagespolitischen' Hintergrund zu sehen. Diesen bildete seinerzeit das 'Katastrophenszenario' des *Club of Rome* (Meadows et al. 1972). Der Bericht des *Club of Rome* enthielt die Prognose, daß bei Aufrechterhaltung der in den fünfziger und sechziger Jahren beobachteten Entwicklungstrends von Bevölkerung, Produktion, Ressourcenverbrauch etc. in absehbarer Zeit das wirtschaftliche System kollabieren müsse. Die Ursache sah der *Club of Rome* zuallererst in der zunehmenden Knappheit erschöpflicher natürlicher Produktionsfaktoren.

Das Modell 𝒥 stellte zur Mitte der siebziger Jahre die Antwort der neoklassischen Wachstumstheorie auf den Bericht des *Club of Rome* dar, der bis heute das Image der "doomsday theorists" (Brock 1977, S. 442) nicht ablegen konnte. Angestoßen durch die beachtliche Resonanz, die der Bericht in der Öffentlichkeit gefunden hatte und die im Gefolge der ersten Ölkrise des Jahres 1973 noch potenziert wurde, bezog die Créme der neoklassischen Wachstumstheorie bereits im Jahre 1974 in einem Symposium des *Review of Economic Studies* Stellung - u. a. Robert M. Solow, Joseph E. Stiglitz, Partha Dasgupta und Geoffrey Heal, letzterer höchstselbst Herausgeber der Zeitschrift. Das traditionelle neoklassische Wachstumsmodell wurde um einen erschöpflichen natürlichen Produktionsfaktor erweitert um zu zeigen, daß dessen Existenz nicht notwendig in die Katastrophe führen müsse. Die Zurückweisung des Katastrohenszenarios war von einer derartigen Schroffheit, daß die Mehrzahl der o. g. Autoren den Bericht des *Club of Rome* nicht einmal im Literaturverzeichnis erwähnten. Unter Bezugnahme auf seinen oben erwähnten Beitrag aus dem Jahre 1974 gab Solow (1986, S. 143) jedoch selbst rückblickend noch einmal grimmig zu Protokoll: "I wanted directly to oppose naive Club-of-Rome prejudices." Ein Blick zurück im Zorn.

Im Kontext des Modells $\mathscr{J}$ entwickelte die ökonomische Forschung der siebziger Jahre einen speziellen Nachhaltigkeitsbegriff, der im Unterschied zum 'positiven' *sustainable yield*-Konzept des Modells $\mathscr{P}$ von vornherein eine dezidierte normative Festlegung beinhaltete: Unter expliziter Berufung auf die Gerechtigkeitstheorie Rawls' (1971) formulierte Solow (1974a) das Ziel, den Konsum produzierter Güter pro Kopf im Zeitablauf konstant zu halten, und zwar explizit auf positivem Niveau und für alle $t \geq 0$. Damit ist ein 'Referenzzeitpunkt' eingeführt, nämlich der Gegenwartszeitpunkt $t = 0$, in dem alle relevanten Entscheidungen zu treffen sind. Dies war, wie im Zusammenhang mit dem *sustainable yield*-Konzept im vierten Kapitel erläutert wurde, im Modell $\mathscr{P}$ nicht der Fall.

Durchaus bemerkenswert ist in diesem Zusammenhang die Wortwahl bei Stiglitz bereits vor mehr als zwei Jahrzehnten: "This study is an attempt to determine more precisely under what conditions a *sustainable* level of [...] consumption is feasible [...] in the presence of exhaustible natural resources" (Stiglitz 1974a, S. 123, Hervorhebung hinzugefügt). Somit lautet die modellspezifische Nachhaltigkeitsdefinition unter Bezugnahme auf den Konsum des repräsentativen Haushaltes:[2]

$$\dot{C}(t) = 0 \, , \; \forall t \geq 0 \, . \tag{5-4}$$

Gleichung (5-4) ist wiederum im Sinne einer Zielsetzung des gesellschaftlichen Planers zu interpretieren. Wie bereits im Modell $\mathscr{P}$ des vierten Kapitels ist im folgenden auch im Kontext des Modells $\mathscr{J}$ die Frage zu stellen, ob ein zeitlicher Entwicklungspfad, der auf intertemporaler Nutzenmaximierung des repräsentativen Haushaltes und zeitpunktbezogener Gewinnmaximierung der repräsentativen Firma basiert, dem im vorliegenden Modellkontext einschlägigen Nachhaltigkeitskriterium genügt.

---

2 Diese Definition steht Pezzeys (1997, S. 451) Begriff des 'sustained development' sehr nahe. Pezzey definiert darüber hinaus die Kriterien 'sustainable development' bzw. 'survivable development' (vgl. ebd.).

5.3 Optimale Pfade

Im Gegensatz zum Modell $\mathcal{P}$ des vierten Kapitels ist nun, da produktives Kapital verfügbar ist, das Optimierungsverhalten der repräsentativen Firma zu berücksichtigen. Die notwendigen Bedingungen für ein Gewinnmaximum lauten mit (3-3), (3-2), (5-3) und (3-1):

$$0 = \pi_K(t) = Y_K(t) - r(t), \forall t \; ; \tag{5-5}$$

$$0 = \pi_R(t) = Y_R(t) - p(t), \forall t \; . \tag{5-6}$$

Der repräsentative Haushalt löst nun mit (3-12) ein Problem in zwei Kontrollvariablen, C und R, sowie zwei Zustandsvariablen, K und X, unter den Nebenbedingungen (3-7), (3-9), (3-10) und (3-11). Die momentanwertige Hamilton-Funktion lautet daher mit (3-5) und (5-3), wobei im folgenden die Zeitvariable nicht mehr explizit notiert wird:

$$\mathcal{H} = U(C) + \varphi^K(rK + pR + \pi - C) - \varphi^X R \; . \tag{5-7}$$

Hierbei repräsentieren $\varphi^K(t)$ und $\varphi^X(t)$ die momentanwertigen Kozustandsvariablen der im Eigentum des Haushaltes befindlichen Bestände K und X. Die Nichtnegativitätsbedingungen (3-10) führen wiederum auf die momentanwertige Lagrange-Funktion:[3]

$$\mathcal{L} = \mathcal{H} + \gamma^C C + \gamma^R R + \gamma^K K + \gamma^X X \; . \tag{5-8}$$

Hierbei repräsentieren $\gamma^C(t)$, $\gamma^R(t)$, $\gamma^K(t)$ und $\gamma^X(t)$ die momentanwertigen Lagrange-Multiplikatoren, die den Nichtnegativitätsbedingungen hinsichtlich C, R, K und X zugeordnet werden. Mit (5-7) und (5-8) lauten die Bedingungen erster Ordnung:

3 Zur Anwendung des Kuhn-Tucker-Theorems im speziellen Kontext des Modells $\mathcal{I}$ vgl. auch Dasgupta/Heal (1974, S. 10 f.).

$$0 = \mathscr{L}_C = U_C - \varphi^K + \gamma^C \ , \ \forall t \geq 0 \ ; \tag{5-9}$$

$$0 = \mathscr{L}_R = \varphi^K p - \varphi^X + \gamma^R \ , \ \forall t \geq 0 \ ; \tag{5-10}$$

(a) $\gamma^C \geq 0 \ , \ \gamma^C C = 0 \ , \ \forall t \geq 0 \ ;$ (5-11)

(b) $\gamma^R \geq 0 \ , \ \gamma^R R = 0 \ , \ \forall t \geq 0 \ ;$

(c) $\gamma^K \geq 0 \ , \ \gamma^K K = 0 \ , \ \forall t \geq 0 \ ;$

(d) $\gamma^X \geq 0 \ , \ \gamma^X X = 0 \ , \ \forall t \geq 0 \ ;$

(a) $\dot{K} = \mathscr{L}_{\varphi^K} = rK + pR + \pi - C \ , \ \forall t \geq 0 \ ;$ (5-12)

(b) $\dot{X} = \mathscr{L}_{\varphi^X} = -R \ , \ \forall t \geq 0 \ ;$

(c) $\dot{\varphi}^K = -\mathscr{L}_K + \delta\varphi^K = (\delta - r)\varphi^K - \gamma^K \ , \ \forall t \geq 0 \ ;$

(d) $\dot{\varphi}^X = -\mathscr{L}_X + \delta\varphi^X = \delta\varphi^X - \gamma^X \ , \ \forall t \geq 0 \ .$

Mit Hilfe der Bedingungen (5-9) bis (5-12) sowie der Gewinnmaximierungsbedingungen (5-5) und (5-6) läßt sich auch im Modell $\mathscr{I}$ die Realisierung von Randlösungen in endlicher Zeit unter den getroffenen Annahmen als privatwirtschaftlich suboptimal charakterisieren.

Zunächst folgt aus (3-6d) - d. h. $\lim_{C \to 0} U_C = \infty$ -, daß entlang optimaler Pfade stets $C > 0$ gelten muß. Denn $C \to 0$ in endlicher Zeit müßte zur Verletzung der Bedingung (5-9) führen, sofern gezeigt werden kann, daß (ausgehend von einem endlichen Wert φ^K) entlang optimaler Pfade in endlicher Zeit $\varphi^K \to \infty$ nicht eintreten kann. Denn allein dies könnte $U_C \to \infty$ in (5-9) kompensieren, da mit (5-11a) $\gamma^C \geq 0$ gilt. In der Tat ist aus (5-12c) ersichtlich, daß in endlicher Zeit $\varphi^K \to \infty$ nicht eintreten kann. Denn sobald φ^K einen (endlichen) positiven Wert annimmt, ist mit (5-12c) eine mögliche positive Steigung der Funktion $\varphi^K(t)$ über jedem endlichen Zeitintervall beschränkt, da mit (3-12) $\delta < \infty$, mit (5-5) und (3-1b) $r > 0$ sowie mit (5-11c) $\gamma^K \geq 0$ gilt. Folglich kann in endlicher Zeit φ^K nicht gegen $+\infty$ streben. Somit gilt entlang optimaler Pfade stets $C > 0$ und daher mit (5-11a) stets $\gamma^C = 0$ sowie mit (5-9) stets $\varphi^K = U_C > 0$.

Nähme ferner der Kapitalstock K in endlicher Zeit den Wert Null an, dessen ist sich der vollkommen informierte private Haushalt als Eigentümer von K bewußt, so folgte aus der Annahme (3-1e) - d. h. $Y(0,R) = 0$ - daß fortan nicht mehr produziert werden könnte. Dies implizierte jedoch mit (5-3), (3-2), (3-5), (3-7) und den Nichtnegativitätsbedingungen (3-10a), daß fortan nicht mehr konsumiert werden könnte.[4] Da dies jedoch oben als suboptimal charakterisiert worden war, muß entlang optimaler Pfade stets $K > 0$ und daher mit (5-11c) $\gamma^K = 0$ gelten.

Darüber hinaus impliziert die Annahme (3-1f) - d. h. $\lim_{R\to 0} Y_R = \infty$ -, daß entlang optimaler Pfade stets $R > 0$ gelten muß (vgl. Dasgupta/Heal 1974, S. 11, Proposition 5.).[5] Denn $R \to 0$ in endlicher Zeit zöge mit der Gewinnmaximierungsbedingung (5-6) - d. h. $Y_R = p$ - in endlicher Zeit

4 Dies gilt unter der Annahme, daß ein etwaiger positiver Restbestand einer erschöpflichen natürlichen Ressource (z. B. 'Mineralöl') im Gegensatz zu dem einer erneuerbaren Ressource (z. B. 'Fisch', vgl. Kap. 4 oben) *nicht* unmittelbar zu konsumptiven Zwecken verwendet werden kann. Andernfalls führte $K = 0$ mit (3-7) in den Kontext des sog. 'Cake-Eating-Problems' (vgl. hierzu z. B. Endres/Querner 1993, Teil II).

5 Dasgupta/Heal (1974, S. 11 f.) zeigen, daß die Annahme (3-1e) - d. h. $Y(K,0) = 0$ - *nicht* gewährleistet, daß im Modell $\mathcal{J}$ entlang optimaler Pfade stets $R > 0$ gilt. Dies beruht auf dem Umstand, daß selbst bei einer Produktion von null ein etwaiger Restbestand K des menschengemachten Kapitals, der im Rahmen der neoklassischen Kornparabel mit dem Konsumgut qualitativ identisch ist, zu konsumptiven Zwecken bis in die Unendlichkeit 'gestreckt' werden kann (ähnlich wie im oben angesprochenen Cake-Eating-Problem ein gegebener Anfangsbestand einer erschöpflichen Ressource) und daher $R = 0$ bzw. $Y = 0$ nicht zwangsläufig in endlicher Zeit $C = 0$ nach sich ziehen muß.

$p \rightarrow \infty$ nach sich. Dies implizierte mit $\varphi^K = U_C > 0$ (s. o.), da mit (3-6e) der Grenznutzen des Konsums nicht gegen null streben kann, für den ersten Summanden auf der rechten Seite der Bedingung (5-10) $\varphi^K p \rightarrow \infty$. Dies müßte die Bedingung (5-10) verletzen, sofern gezeigt werden kann, daß entlang optimaler Pfade $\varphi^X \rightarrow +\infty$ in endlicher Zeit nicht eintreten kann. Denn allein dies könnte $\varphi^K p \rightarrow \infty$ in (5-10) kompensieren, da mit (5-11b) $\gamma^R \geq 0$ gilt. In der Tat ist aus (5-12d) ersichtlich, daß (ausgehend von einem endlichen Wert φ^X) $\varphi^X \rightarrow +\infty$ in endlicher Zeit nicht eintreten kann, da mit (3-12) $\delta < \infty$ sowie mit (5-11d) $\gamma^X \geq 0$ gilt. Daher ist eine mögliche positive Steigung der Funktion $\varphi^X(t)$ über jedem endlichen Zeitintervall beschränkt, weshalb in endlicher Zeit φ^X nicht gegen $+\infty$ streben kann. Folglich gilt entlang optimaler Pfade stets $R > 0$ und daher mit (5-11b) $\gamma^R = 0$.

Nähme schließlich der Bestand X der erschöpflichen natürlichen Ressource in endlicher Zeit den Wert Null an, so müßte mit (5-2), (3-9) und den Nichtnegativitätsbedingungen (3-10b) für die Ressourcenextraktion fortan $R = 0$ gelten. Da letzteres oben als suboptimal charakterisiert wurde, muß entlang optimaler Pfade stets $X > 0$ und daher mit (5-11d) $\gamma^X = 0$ gelten.

Auch im Modell $\mathscr{I}$ kann somit die Analyse privatwirtschaftlich optimaler Pfade auf der Grundlage der notwendigen Bedingungen für eine innere Lösung fortgeführt werden. Diese lauten mit (5-7):

$$0 = \mathscr{H}_C = U_C - \varphi^K \ , \ \forall t \geq 0 \ ; \tag{5-13}$$

$$0 = \mathscr{H}_R = \varphi^K p - \varphi^X \ , \ \forall t \geq 0 \ ; \tag{5-14}$$

(a) $\dot{K} = \mathscr{H}_{\varphi^K} = rK + pR + \pi - C\ , \ \forall t \geq 0\ ;$ (5-15)

(b) $\dot{X} = \mathscr{H}_{\varphi^X} = -R\ , \ \forall t \geq 0\ ;$

(c) $\dot{\varphi}^K = -\mathscr{H}_K + \delta\varphi^K = (\delta - r)\varphi^K\ , \ \forall t \geq 0\ ;$

(d) $\dot{\varphi}^X = -\mathscr{H}_X + \delta\varphi^X = \delta\varphi^X\ , \ \forall t \geq 0\ .$

Die notwendigen Bedingungen sind gleichzeitig hinreichend für ein Optimum, da die Funktionen U, $\dot{K}$ und $\dot{X}$ in den Zustands- und Kontrollvariablen konkav und ferner die Kozustandsvariablen φ^K und φ^X mit den Annahmen über U und Y sowie den Optimalbedingungen (5-13) und (5-14) und der Gewinnmaximierungsbedingung (5-6) nichtnegativ sind.

Aus (5-15c) folgt mit (5-13) die Ramsey-Bedingung[6] für optimales Wachstum:

$$\hat{U}_C = \delta - r\ , \ \forall t \geq 0\ . \tag{5-16}$$

Aus (5-15d) folgt ferner mit (5-13) und (5-14): $\hat{U}_C = \delta - \hat{p}, \forall t \geq 0$. Setzt man dies gleich mit (5-16), so gelangt man zur Hotelling-Bedingung (Hotelling 1931):

$$\hat{p} = r\ , \ \forall t \geq 0\ . \tag{5-17}$$

Die Interpretation der Hotelling-Bedingung (5-17) erschließt sich vor dem Hintergrund der Tatsache, daß dem repräsentativen Haushalt im Modell $\mathscr{I}$ zwei Möglichkeiten der Investition offenstehen: Zum einen die Möglichkeit der Investition in den anthropogenen Kapitalbestand K, zum anderen die Möglichkeit einer Investition in den natürlichen Ressourcenbestand X.

6 Diese Bedingung geht zurück auf Ramsey (1928).

Letztere entspricht einem Extraktionsverzicht (d. h. Belassung einer Ressourceneinheit *in situ*) und kann daher als 'Lagerinvestition' bezeichnet werden.

Die Gleichung (5-17) fordert die Angleichung der Verzinsungen beider Investitionsformen:[7] Auf der rechten Seite erscheint die Verzinsung einer Investition in den Kapitalbestand K. Die linke Seite der Gleichung hingegen entspricht der Verzinsung einer Investition in den Ressourcenbestand X. Die Verzinsung einer Lagerinvestition ergibt sich aus dem Umstand, daß jede in t abgebaute Ressourceneinheit zu einer Verknappung der Ressource in der Zukunft führt. Zwangsläufig sind daher (bei unendlichem Zeithorizont) die Inputmengen der erschöpflichen Ressource im Zeitablauf rückläufig. Die Grenzproduktivität der Ressource muß somit im Zeitablauf ansteigen - und daher mit der Gewinnmaximierungsbedingung (5-6) ihr Marktpreis p. Dies ist aus Sicht des repräsentativen Haushaltes zu interpretieren als Wertsteigerung der letzten *in situ* belassenen Ressourceneinheit. Die Wachstumsrate $\hat{p}$ entspricht somit der Verzinsung einer Lagerinvestition.

Wie bereits im Modell $\mathcal{P}$ des vierten Kapitels stellt sich dem gesellschaftlichen Planer die Frage, ob bzw. unter welchen (Anfangs-) Bedingungen privatwirtschaftlich optimale Pfade im Modell $\mathcal{J}$ dem modellspezifischen Nachhaltigkeitskriterium (5-4) genügen. Dieses fordert einen für alle Zeiten konstanten Konsum.

An dieser Stelle erfordert die Analyse des Modells $\mathcal{J}$ eine vom vierten Kapitel abweichende Vorgehensweise. Denn das Konzept eines *steady state* i. S. zeitlicher Konstanz aller Modellvariablen ist im Modell $\mathcal{J}$ offensichtlich irrelevant. Wird eine *erschöpfliche* Ressource genutzt, ohne die mit (3-1e) nicht produziert werden kann, so ist ein konstanter Ressourcenbestand X illusorisch. Daher ist aus Sicht des Planers die Frage, ob das modellspezifische Nachhaltigkeitskriterium entlang

7 Vgl. z. B. Dasgupta/Heal (1974, S. 11).

privatwirtschaftlich optimaler Pfade erfüllt ist, auf anderem Wege zu beantworten, als im vierten Kapitel.

Durch Differentiation von (5-13) nach der Zeit erhält man hierzu mit (5-15c) und erneut (5-13) sowie der Gewinnmaximierungsbedingung (5-5) nach einigen Umformungen als notwendige Optimalbedingung (vgl. Dasgupta/Heal 1974, S. 11):

$$\hat{C} = \frac{Y_K - \delta}{{}^U\eta^C}, \ \forall t \geq 0 . \tag{5-18}$$

Hierbei repräsentiert ${}^U\eta^C(C) := -U_{CC}(C)C / U_C(C) > 0$ die Elastizität des Grenznutzens des Konsums, die als Krümmungsmaß der Nutzenfunktion zu verstehen ist. Gleichung (5-18) veranschaulicht, daß das *Vorzeichen* der Veränderung des Konsums entlang eines optimalen Pfades allein durch das Verhältnis von Grenzproduktivität des Kapitals, Y_K, und Diskontrate, δ, determiniert ist (die positiv definierte Elastizität ${}^U\eta^C$ ist im Falle $Y_K \neq \delta$ lediglich für die Höhe der Wachstumsrate bedeutsam, nicht jedoch für das Vorzeichen). Aussagen über die Entwicklung des Konsums setzen daher eine Analyse der Entwicklung der Grenzproduktivität $Y_K(K,R)$ im Zeitablauf entlang eines optimalen Pfades voraus. Diese wurde in der Literatur unter speziellen Annahmen an die Produktionsfunktion durchgeführt.[8]

Im Falle einer Cobb-Douglas-Produktionsfunktion

$$Y = K^{{}^Y\eta^K} R^{{}^Y\eta^R} , \ {}^Y\eta^K, {}^Y\eta^R > 0 , \ {}^Y\eta^K + {}^Y\eta^R = 1 \tag{5-19}$$

mit den Produktionselastizitäten ${}^Y\eta^K$ und ${}^Y\eta^R$ gilt:

$$Y_K = {}^Y\eta^K (R / K)^{1-{}^Y\eta^K} . \tag{5-20}$$

8 Vgl. zu den nachfolgenden Ausführungen Dasgupta/Heal (1974, S. 17; 1979, S. 298 f.). Siehe auch Ströbele (1984, S. 59 ff.) sowie Pezzey/Withagen (1998).

Die zeitliche Entwicklung der in (5-18) entscheidenden Grenzproduktivität des Kapitals wird somit ausschließlich durch die Entwicklung des Faktoreinsatzverhältnisses R/K determiniert. Dieses strebt jedoch, wie Dasgupta/Heal (1974, S. 15, Prop. 8, equ. (1.23)) zeigen, im Modell $\mathscr{I}$ entlang optimaler Pfade für $t \to \infty$ gegen null. Daraus folgt, daß entlang eines optimalen Pfades gemäß (5-20) für $t \to \infty$ auch die Grenzproduktivität des Kapitals gegen null strebt. Mit (5-18) gilt daher $\lim_{t\to\infty} \hat{C} < 0$.

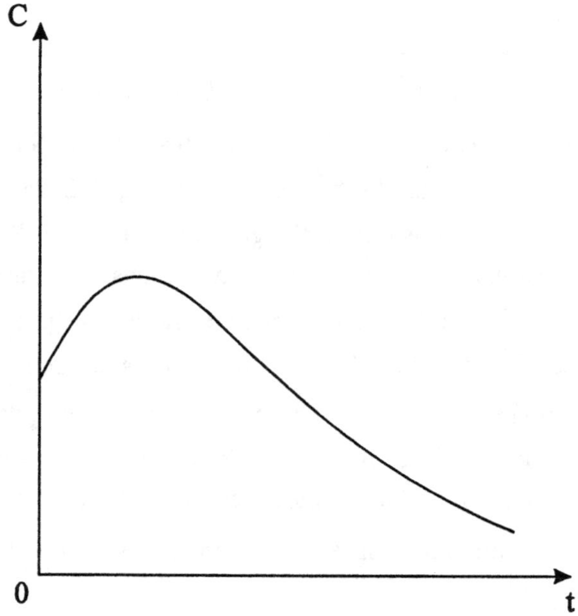

Abbildung 5-1

Optimale Entwicklung des Konsums im Modell $\mathscr{I}$

Quelle: Dasgupta/Heal (1974, S. 17).

Damit ist gezeigt, daß im Modell $\mathscr{I}$ im speziellen Falle einer Cobb-Douglas-Technologie das modellspezifische Nachhaltigkeitskriterium (5-4) entlang eines privatwirtschaftlich optimalen Pfades unausweichlich verletzt wird. Es ist zwar denkbar, daß der Konsum zunächst ansteigt, wie dies in Abbildung 5-1 beispielhaft dargestellt ist. Irgendwann jedoch muß er unausweichlich sinken.[9]

Gleichung (5-18) verdeutlicht im übrigen, daß wie bereits im Modell $\mathscr{P}$ des vierten Kapitels auch im Modell $\mathscr{I}$ die Diskontierung künftigen Nutzens für eine Verletzung des Nachhaltigkeitsgrundsatzes entlang optimaler Pfade 'verantwortlich' gemacht werden kann. Allerdings sind die Konsequenzen der Diskontierung im Modell $\mathscr{I}$ noch weitaus drastischer: Während im Modell $\mathscr{P}$ auch privatwirtschaftlich optimale Pfade unter bestimmten Bedingungen das modellspezifische Nachhaltigkeitskriterium sogar übererfüllten und lediglich eine 'überhöhte' Diskontrate (i. S. $\delta > g\overline{X}$) die Gefahr der (approximativen) 'Ausrottung' der betrachteten erneuerbaren Ressource mit sich brachte, schließt allein die Annahme $\delta > 0$ im Modell $\mathscr{I}$ eine Kompatibilität von privatwirtschaftlicher Optimalität und nachhaltiger Entwicklung (im Sinne eines für alle Zeiten konstanten Konsums als Zielvorstellung des gesellschaftlichen Planers) *per se* aus.

5.4 Die modellspezifische Nachhaltigkeitsregel

Da das Modell $\mathscr{I}$ die Nutzung einer erschöpflichen natürlichen Ressource thematisiert, ist grundsätzlich die Extraktionsregel des zweiten Kapitels einschlägig. Diese lautete:

Extraktionsregel: Extrahiere erschöpfliche natürliche Ressourcen stets nur in dem Maße, in dem funktionsäquivalente Substitute bereitgestellt werden können!

9 Pezzey (1997, S. 450, 455) weist darauf hin, daß dies unter der (üblichen) Annahme einer *konstanten* positiven Diskontrate gelte, hingegen im Falle einer in der Zeit *variablen* Diskontrate vermieden werden könne.

Diese Regel ist noch sehr allgemein formuliert, da sie nicht näher spezifiziert, welche Substitute exakt in welchem Umfange bereitgestellt werden sollen. Im Kontext des Modells $\mathscr{I}$ liegt jedoch bereits seit Hartwick (1977) eine Präzisierung der Extraktionsregel vor. Er analysierte die Bedingungen, unter denen im Modell $\mathscr{I}$ die Aufrechterhaltung des Konsums *trotz* permanent sinkender Bestände erschöpflicher natürlicher Produktionsfaktoren gelingen kann. Möglich schien dies grundsätzlich durch Schaffung ausreichenden Ersatzes in Form *menschengemachten Kapitals*. Ein im Zeitablauf konstanter Konsum, so Hartwick (1977) unter direkter Bezugnahme auf Solows (1974a) modellspezifischen Nachhaltigkeitsbegriff, sei - gegeben eine intertemporal effiziente Ressourcennutzung - für alle $t \geq 0$ durch die Befolgung einer einfachen Investitionsregel zu erreichen:

> "Invest all profits or rents from exhaustible resources in reproducible capital such as machines" (Hartwick 1977, S. 972).

In jedem Zeitpunkt soll die Akkumulation reproduzierbaren Kapitals exakt den Renten aus der laufenden produktiven Nutzung erschöpflicher Ressourcen entsprechen. Formal heißt dies entlang eines intertemporal effizienten Pfades:

$$\dot{K} = pR \; , \; \forall t \geq 0 \; . \tag{5-21}$$

Die Gleichung (5-21) entspricht der sog. *Hartwick-Regel* in ihrer Grundvariante.[10] Durch ihre Beachtung sei gewährleistet, so Hartwick (1978b, S. 350), daß der Ressourcenbestand X niemals 'konsumiert' sondern, transformiert in menschengemachtes Kapital, an zukünftige Generationen

10 In der hier zitierten Form beansprucht sie offenbar nur Gültigkeit für einen Ersatz *erschöpflicher* natürlicher Ressourcen durch *reproduzierbares* Kapital. Hartwick (1978a, 1978b, 1978c) diskutierte allerdings zahlreiche weitere Varianten, in denen u. a. heterogene erschöpfliche Ressourcenvorkommen sowie erneuerbare natürliche Ressourcen in die Betrachtung einbezogen wurden. Seine Resultate wurden von Dixit/Hammond/Hoel (1980) verallgemeinert. Siehe auch Withagen (1996).

weitergereicht werde. Vorbedingung sei jedoch eine intertemporal effiziente Nutzung des erschöpflichen Produktionsfaktors. Diese ist im vorliegenden Kontext durch das Optimierungsverhalten der privaten Akteure im dezentralen Allokationsprozeß stets gewährleistet und findet ihren Ausdruck in der oben diskutierten Hotelling-Bedingung (5-17).

Um die Gültigkeit der Hartwick-Regel (5-21) in Verbindung mit der Hotelling-Bedingung (5-17) zu demonstrieren, sei die Gleichung (3-7) (unter der im Modell $\mathscr{J}$ gültigen Annahme $K > 0$) mit (3-5) (unter der im Modell $\mathscr{J}$ gültigen Annahme $X \in \{PG\}$) nach der Zeit differenziert. Es resultiert mit (3-2) für die Veränderung des Konsums im Zeitablauf entlang eines kompetitiven Pfades:

$$\dot{C} = \dot{Y} - \ddot{K}\,, \ \forall t\,. \tag{5-22}$$

Ferner erhält man durch Differentiaton der Produktionsfunktion (3-1a) nach der Zeit mit den Gewinnmaximierungsbedingungen (5-5) und (5-6):

$$\dot{Y} = r\dot{K} + p\dot{R}\,, \ \forall t\,. \tag{5-23}$$

Differentiation der Hartwick-Regel (5-21) nach der Zeit führt zu:

$$\ddot{K} = \dot{p}R + p\dot{R}\,, \ \forall t \geq 0\,. \tag{5-24}$$

Einsetzen von (5-23) und (5-24) in (5-22) liefert mit der Hartwick-Regel (5-21):

$$\dot{C} = pR(r - \hat{p})\,, \ \forall t \geq 0\,. \tag{5-25}$$

Mit der Hotelling-Bedingung (5-17) nimmt die Klammer auf der rechten Seite der Gleichung (5-25) entlang eines kompetitiven Pfades den Wert

Null an und es gilt $\dot{C} = 0$, $\forall t \geq 0$.[11]

Die Beachtung der Hartwick-Regel (5-21) ist somit auf den ersten Blick Garant eines bemerkenswerten Vorganges: Erschöpfliche natürliche Ressourcen, die an sich Einheit für Einheit jeweils nur *einmal* genutzt werden können, werden im Prozeß ihres irreversiblen Verbrauches gleichzeitig und vollständig in ein Aktivum verwandelt werden, welches (sieht man von Abschreibungen ab[12]) immer wieder und bis in alle Ewigkeit produktiv genutzt werden kann.[13]

Es ist ergänzend darauf hinzuweisen, daß exogener technischer Fortschritt im Modell $\mathcal{J}$ die Investitionsvorschrift (5-21) *ent*schärft, Bevölkerungswachstum hingegen diese *ver*schärft. Erweitert man das Modell gleichzeitig um beide Aspekte, so ist Nachhaltigkeit unter der Bedingung erreichbar, daß die Rate des technischen Fortschritts nicht geringer ist als die des Bevölkerungswachstums (vgl. Stiglitz 1974a).

Der Beweis wurde oben zwar unter denkbar allgemeinen Annahmen an die Produktionsfunktion geführt. Es ist jedoch zentral, daß die Aufrechterhaltung eines *positiven* Konsums für *alle* $t \geq 0$ nur möglich ist bei 'günstigen' Eigenschaften der Produktionsfunktion, d. h. bei 'hinreichend

---

11 Dixit/Hammond/Hoel (1980, S. 553) zeigen, daß die Hartwick-Regel überdies *notwendige* Bedingung für einen im Zeitablauf konstanten Konsum (bzw. in dem von Ihnen verwendeten allgemeinen Modellkontext für eine konstante Wohlfahrt) ist. Siehe auch Onuma (1998).

12 Werden Abschreibungen des reproduzierbaren Kapitals mit konstanter, positiver Rate berücksichtigt, so führt dies nach Ströbele (1984, Kap. 6.1) zu einer 'Substitutionsgrenze', die die Möglichkeit eines für alle Zeiten konstanten Konsums zunichte macht.

13 Man kann der Versuchung kaum wiederstehen, dies mit einer häufig zitierten Passage des Brundtland-Berichtes zu kontrastieren, die beinahe weltanschauliche Unterschiede dokumentiert: "Mögen die Bilanzen unserer Generation auch noch Gewinne ausweisen - unseren Kindern werden wir die Verluste hinterlassen. Ohne Absicht oder Aussicht auf Rückzahlung borgen wir heute von künftigen Generationen unser 'Umweltkapital'. Unsere Nachfahren mögen uns ob unseres verschwenderischen Vorgehens verfluchen - unsere Schulden werden sie nicht mehr eintreiben können. Unser Verhalten ist bestimmt von dem Bewußtsein, daß uns keiner zur Rechenschaft ziehen kann" (WCED 1987, S. 9).

guten' Substitutionsmöglicheiten zwischen den Faktoren 'Kapital' und 'Ressource'. Sind die Substitutionsmöglichkeiten hingegen 'unzureichend', so kann langfristig nur das Konsumniveaus $C = 0$ aufrechterhalten werden.

Folgende Fälle sind zu unterscheiden (vgl. Dasgupta/Heal 1979, ch. 7):

1. Sofern die Annahme (3-1e) aufgehoben würde und $Y(K,0) > 0$ für $K > 0$ gälte, bestünde kein 'Ressourcenproblem'. In diesem Falle wäre die Ressource 'nicht nötig' für die Produktion. Ein positives Produktionsniveau (und damit ein positives Konsumniveau) könnte für alle Zeiten aufrecht erhalten werden, selbst wenn die Ressource vollständig erschöpft wäre.

2. Problematisch ist der Fall, in dem die Annahme (3-1e) und daher $Y(K,0) = 0$ gilt. In diesem Falle ist die Ressource 'nötig' (*necessary*) für die Produktion. Wäre die Ressource vollständig erschöpft, so betrüge die Produktion für alle Zukunft null. Wenngleich ein etwaiger Restbestand K zu konsumptiven Zwecken bis ins Unendliche gestreckt werden könnte, müßte langfristig der Konsum gegen null streben.

Das Kriterium der 'Nötigkeit' ermöglicht allerdings noch keine endgültige Aussage über die Erreichbarkeit eines konstanten, positiven Konsums bis in alle Ewigkeit. Dasgupta/Heal (1979) unterscheiden daher zwischen 'Nötigkeit' und 'Essentialität' der Ressource. Sie bezeichnen eine i. S. des o. g. Falles 2 'nötige' Ressource als 'inessentiell', sofern ein zulässiger Pfad existiert, entlang dessen ein positiver Konsum für alle Zeiten aufrechterhalten werden kann. 'Essentiell' wird eine Ressource dann genannt, wenn entlang eines zulässigen Pfades der Konsum langfristig unausweichlich gegen null gehen muß.

Dasgupta/Heal (1979) zeigen, daß die Substitutionselastizität zwischen den Produktionsfaktoren 'Kapital' und 'Ressource' (${}^{Y}\sigma^{K,R}$) ausschlaggebend dafür ist, ob eine 'nötige' Ressource inessentiell oder essentiell ist - d. h. ob ein positives Konsumniveau bis in alle Zukunft aufrecht erhalten werden kann oder nicht. Es sind folgende Unterfälle des obigen Falles 2 zu unterscheiden:

2.a Im speziellen Fall einer CES-Produktionsfunktion

i) ist im Falle ${}^{Y}\sigma^{K,R} > 1$ ein bis in alle Zukunft konstanter oder gar steigender Konsum erreichbar (die Ressource ist inessentiell);

ii) ist im Falle ${}^{Y}\sigma^{K,R} = 1$ (Cobb-Douglas) ein bis in alle Zukunft konstanter Konsum unter der zusätzlichen Bedingung erreichbar, daß die Produktionselastizität des Faktors Kapital (d. h. dessen Cobb-Douglas-Exponent) größer ist als die der Ressource (auch in diesem Falle ist die Ressource inessentiell).

2.b Gegeben eine CES-Produktionsfunktion geht im Falle ${}^{Y}\sigma^{K,R} < 1$ die Produktion (und damit der Konsum) entlang eines jeden zulässigen Pfades langfristig unausweichlich gegen null (die Ressource ist essentiell).

Somit wäre im Falle 'geringer' Substitutionsmöglichkeiten zwischen menschengemachten Kapitalgütern und erschöpflichen natürlichen Produktionsfaktoren der 'Untergang' unvermeidlich und es gäbe, wie es Dasgupta/Heal (1979, S. 198) sarkastisch formulieren, nicht allzu viel zu diskutieren, es sei denn die Frage, wie sich die Menschheit am besten auf das Jüngste Gericht (*doomsday*) vorbereiten sollte.

Es sei daher im weiteren Verlauf die *Annahme* gestattet, daß die Substitutionsmöglichkeiten 'hinreichend gut' sind und daher das modellspezifische Nachhaltigkeitskriterium auf einem positiven Konsumniveau erfüllt werden *kann*. Denn nur diese Annahme verleiht der im folgenden kurz zu beleuchtenden Fragestellung Gehalt, welche Konsequenzen sich für den an einer nachhaltigen Entwicklung interessierten staatlichen Planer aus den bisherigen Überlegungen im Modell $\mathcal{J}$ ergeben.

Zunächst ist - analog zu dem oben in Abschnitt 4.4 gesagten - wiederum darauf hinzuweisen, daß die Extraktionsregel der Brundtland-Kommission (in ihrer modellspezifischen Ausprägung der Hartwick-Regel (5-21)) dem Planer als Ansatzpunkt für einen Nachhaltigkeitsindikator dienen kann. Mit ihrer Hilfe gelingt die Überprüfung kompetitiver Pfade anhand des Nachhaltigkeitspostulates.

Allerdings haben bereits die Ausführungen des Abschnitts 5.3 oben gezeigt, daß im Modell $\mathcal{J}$ entlang kompetitiver Pfade allenfalls temporär mit der Erfüllung des modellspezifischen Nachhaltigkeitskriteriums zu rechnen ist. Wie bereits die Ernteregel des Kapitels 4 ist daher auch die Extraktionsregel (in Hartwicks Konkretisierung) in ihrer Funktion als Nachhaltigkeitsindikator redundant. Denn der vollkommen informierte Planer ist in der Lage, die in der Nachhaltigkeitsdefinition des Abschnitts 5.2 verwendete Größe des Konsums unmittelbar zu beobachten. Die Prüfung kompetitiver Pfade entlang des modellspezifischen Nachhaltigkeitskriteriums gelang daher in Abschnitt 5.3 bereits ohne die Regel (5-21).[14]

---

14 Es ist erneut auf die Kapitel 6 und 10 zu verweisen, in denen die entsprechenden Nachhaltigkeitsregeln eine wichtige Funktion als Nachhaltigkeitsindikatoren haben werden. Hierbei wird allerdings zu beachten sein, daß empirische Beobachtungen hinsichtlich der in der Hartwick-Regel auftretenden Bewertungsfaktoren (z. B. hinsichtlich des Ressourcenpreises p in (5-21)) mit Vorsicht zu interpretieren sind. Denn (selbst ohne Marktunvollkommenheiten) entsprächen die entsprechenden Marktpreise im allgemeinen nicht denjenigen Preisen, die mit einem Pfad konstanten Konsums (bzw. konstanter Wohlfahrt) korrespondierten, da es keinen Grund zu der Annahme gibt, daß die Ökonomie sich *tatsächlich* entlang eines nachhaltigen Pfades bewegt (vgl. Asheim 1994, Pezzey 1994, Hartwick 1997b).

5.5 Zusammenfassung

In einer zweiten speziellen Modellvariante bestätigte sich die bereits im vierten Kapitel belegte These, daß Definitionen einer nachhaltigen Entwicklung wie auch die entsprechenden Nachhaltigkeitsregeln sehr stark kontextabhängig sind. Eine nachhaltige Entwicklung wurde mit Rawls im Sinne eines für alle Zeiten identischen Konsums produzierter Güter definiert. Die kontextspezifische Nachhaltigkeitsregel schrieb vor, für den Verbrauch erschöpflicher natürlicher Ressourcen 'hinreichenden' Ersatz in Form anthropogener Kapitalgüter zu schaffen.

Nicht bestätigen ließ sich allerdings (unter der Annahme einer konstanten Substitutionselasitizität ${}^{Y}\sigma^{K,R} = 1$) das Ergebnis des vierten Kapitels, daß unter bestimmten Bedingungen auch entlang privatwirtschaftlich optimaler Pfade das modellspezifische Nachhaltigkeitskriterium als Zielvorstellung des gesellschaftlichen Planers erfüllt wird. Dies ist darauf zurückzuführen, daß im Modell $\mathscr{I}$ keine erneuerbare, sondern vielmehr eine erschöpfliche natürliche Ressource betrachtet wurde.

Das Charakteristikum der 'Erschöpflichkeit' einer natürlichen Ressource zieht somit spezifische Probleme nach sich. Im nachfolgenden sechsten Kapitel wird die Problematik der produktionsbedingten Verschmutzung von Umweltmedien behandelt, deren Fähigkeit zur Assimilation von Schadstoffen wiederum als erneuerbare natürliche Ressource interpretiert werden kann.

6 Spezielle Modellvariante $\mathscr{PM}$: Postmaterialismus

6.1 Modellannahmen

Der Duden definiert 'Postmaterialismus' als eine "Lebenseinstellung, die keinen Wert mehr auf das Materielle legt, sondern immaterielle Bedürfnisse (z. B. nach einer intakten, natürlichen und sozialen Umwelt) für dringlicher hält". Es ist tendenziell diese Einstellung, die sich in einem dritten Modelltyp manifestiert, der ebenfalls seit Beginn der siebziger Jahre in der ressourcenökonomischen Literatur seinen festen Platz hat. In diesem Modell wird der natürliche Ressourcenbestand X interpretiert als Reinheitsgrad eines homogenen Umweltmediums, z. B. der Erdatmosphäre. Diese Interpretation läßt - im Unterschied zu den zuvor diskutierten Modellvarianten - die Annahme plausibel erscheinen, daß durchsetzbare individuelle Eigentumsrechte am natürlichen Ressourcenbestand nicht definiert sind, wohl aber Eigentumsrechte einer identifizierbaren Gruppe (z. B. einer Nation).[1] Das im folgenden betrachtete Umweltmedium habe den Charakter einer Common-Property-Ressource.[2]

Im Zentrum der Betrachtung stehen produktionsbedingte Emissionen von Schadstoffen und deren Akkumulation in dem betrachteten Umweltmedium. Die Schadstoffbelastung der Umwelt führt zu *unmittelbaren*

---

1 Unter dieser Annahme ist allerdings die Analyse globaler Umweltprobleme nicht uneingeschränkt möglich. Diese zeichnen sich angesicht der Nichtexistenz einer 'Weltregierung' häufig dadurch aus, daß auch gruppenspezifische Eigentumsrechte an den betreffenden natürlichen Ressourcen nicht durchsetzbar sind, die in solchen Fällen als 'Open-Access'-Ressourcen bezeichnet werden (vgl. Kap. 3 oben).

2 Wie bereits in Kap. 3 erwähnt wurde, ist diese Annahme bei vollkommener Information und perfekter Voraussicht des repräsentativen Haushaltes zu rechtfertigen durch die (der Konzeption des repräsentativen Haushaltes unterliegende) Vorstellung einer großen Gruppe identischer Haushalte, von denen jeder einzelne relativ zur Gesamtheit verschwindend klein und daher der Trittbrettfahrerversuchung ausgesetzt ist.

Nutzeneinbußen des repräsentativen Haushaltes. Wenngleich dieses Modell seit mehr als zwei Jahrzehnten diskutiert wird, steht sein Aktualitätsbezug außer Frage, wie z. B. die nunmehr seit Jahren intensiv geführte Diskussion um die globale Erwärmung und um die Notwendigkeit und die Möglichkeiten einer Reduktion der CO_2-Emissionen als vermeintlich wichtigstem Verursacher belegt.[3]

Modell $\mathscr{PM}$: Ausgehend von Modell $\mathscr{A}$ gelte

$$\lim_{X \to 0} U_X = \infty, \ \lim_{X \to \overline{X}} U_X = 0, \ \overline{X} = \text{const.} > 0, \ X(t) \leq \overline{X}, \ \forall t ; \qquad (6\text{-}1)$$

$$G(t) = \mu\left[\overline{X} - X(t)\right], \ 0 < \mu < 1, \ \forall t ; \qquad (6\text{-}2)$$

$$X \in \{CP\} . \qquad (6\text{-}3)$$

Die Identifikation des Modells $\mathscr{PM}$ als Ausschnitt der Abbildung 3-1 des dritten Kapitels ist denkbar einfach: Modell $\mathscr{PM}$ umfaßt die gesamte Abbildung und weist daher den höchsten Allgemeinheitsgrad der drei hier betrachteten speziellen Modelle auf. Formal ist das Modell $\mathscr{PM}$ eine 'vollständige' Version des Modells $\mathscr{A}$, wobei allerdings an die Regenerationsfunktion *G* spezielle Annahmen getroffen werden.

Im Modell $\mathscr{PM}$ ist der natürliche Ressourcenbestand X in der rechten Hälfte der Abbildung 3-1 als 'Reinheit eines Umweltmediums' zu interpretieren. Insbesondere ist im Modell $\mathscr{PM}$ (im Unterschied zu den Modellen $\mathscr{P}$ und $\mathscr{I}$) der Pfeil 'Ästhetik' bzw. 'Lebenserhaltungsfunktionen' in der Abbildung 3-1 rechts oben berücksichtigt, d. h. eine direkte Nutzenwirkung des Ressourcenbestandes X. Da in der Definition des Modells $\mathscr{PM}$ nichts Abweichendes spezifiziert ist, gilt in (3-6b) die Annahme $U_X > 0$. Letztere ist formaler Ausdruck der postmaterialistischen Attitüde.

---

3 Zur CO_2-Problematik vgl. z. B. Nordhaus (1991a; 1991b); Cesar (1994); Boero (1995); Tahvonen (1995); Woodward/Bishop (1995).

Der in der Abbildung 3-1 mit dem Symbol G bezeichnete Pfeil wird durch die 'Regenerationsfunktion' (6-2) konkretisiert. Mit dieser Spezifikation der natürlichen Regenerationsfunktion sowie der Charakterisierung des Umweltmediums als Common-Property-Ressource in (6-3) entspricht das Modell $\mathscr{PM}$ strukturell dem von Brock (1977), der häufig als 'Urahn' der Schadstoffakkumulationsmodelle genannt wird.[4]

In (6-1) und (6-2) repräsentiere der Wert $\overline{X}$ die hypothetische langfristige Reinheit des betreffenden Umweltmediums in dem Falle, in dem der Mensch nicht existiert und daher keine anthropogene Verschmutzung stattfindet. Die Differenz zwischen langfristiger Reinheit und aktueller Reinheit in Gleichung (6-2), $\overline{X} - X(t)$, ist als Schadstoffbestand in diesem Medium in einem Zeitpunkt t zu interpretieren. Der Wert $X(t) = 0$ bezeichne die minimale lebenserhaltende Reinheit des Umweltmediums. Mit dieser korrespondiert offensichtlich ein Schadstoffbestand in Höhe von $\overline{X}$. Dieser ist als 'intolerabler Schadstoffbestand' bezeichnet worden, d. h. als dasjenige Verschmutzungsniveau, das jegliches menschliche Leben unmöglich machen würde (vgl. Brock 1977, S. 444; R. A. Becker 1982, S. 166 f.). Dieser Interpretation trägt die Annahme $\lim_{X \to 0} U_X = \infty$ in (6-1) Rechnung.

Der Schadstoffbestand $\overline{X} - X(t)$, so die spezielle Regenerationsannahme,[5] werde per 'radioaktivem Zerfallsprozeß' mit der Rate μ wieder

---

4 Das Modell $\mathscr{PM}$ des vorliegenden Kapitels entspricht im wesentlichen dem von Brock (1977), R. A. Becker (1982) sowie Tahvonen/Kuuluvainen (1993, S. 102-107). In der Literatur wurden allerdings zahlreiche weitere Möglichkeiten diskutiert, die Verschmutzungsproblematik in dynamische Modelle zu integrieren. Überblicksartige Darstellungen geben Kamien/Schwartz (1982), M. Arnold (1993, insb. Abschnitt 3.1) sowie Kolstad/Krautkraemer (1993).

5 Die spezielle Regenerationsfunktion (6-2) entspricht der von Brock (1977) gewählten und wird hier aus Gründen der Vereinfachung übernommen. Grundsätzlich könnte das Modell mit alternativen Regenerationsmustern analysiert werden. So behandelt M. Arnold (1993) das Modell $\mathscr{PM}$ bei ansonsten unveränderter Struktur auf der Grundlage der logistischen Regenerationsfunktion des vierten Kapitels. Darüber hinaus ist es grundsätzlich möglich, irreversible Schädigungen der Assimilationsfähigkeit bei Überschreitung bestimmter kritischer Schadstoffkonzentrationen zu berücksichtigen (vgl. hierzu Kap. 10 unten).

dem Bestand X zugeführt. Die Abbildung 6-1 enthält eine Darstellung der Regenerationsfunktion (6-2).

Die Abbildung 6-1 verdeutlicht, daß die Assimilationsfähigkeit der natürlichen Umwelt (bzw. eines bestimmten Umweltmediums) für Schadstoffe grundsätzlich als spezielle Form einer regenerierbaren Ressource aufgefaßt werden kann (vgl. zu dieser Einschätzung auch Pearce/Turner 1990, S. 45). Sie veranschaulicht allerdings ein durchaus bemerkenswertes Regenerationsmuster, denn es 'vermehrt' sich nicht etwa der intakte Ressourcenbestand $X(t)$, sondern Schadstoffbestände sind erst Voraussetzung für positive Rückflüsse.[6]

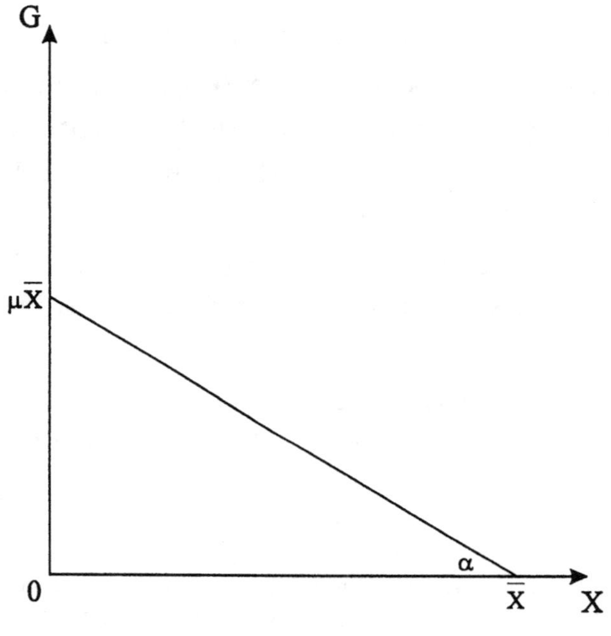

Abbildung 6-1

Assimilation von Schadstoffen im Modell $\mathscr{PM}$

Quelle: In Anlehnung an Pethig (1994b, S. 6).

6 Als Beispiel für ein solches Zerfallsmuster wird häufig das Pflanzenschutzmittel DDT genannt.

Die Regeneration G ist dann maximal (minimal), wenn der natürliche Ressourcenbestand X seinen minimalen Wert Null (seinen maximalen Wert $\overline{X}$) annimmt. Die Regenerationsfunktion (6-2) ist zwar, wie bereits diejenige des Modells $\mathscr{P}$, grundsätzlich 'bestandsabhängig', allerdings gilt stets $G_X = -\mu < 0$ (bzw. in Abb. 6.1 $\tan\alpha = \mu$). Es liegt im Grunde der 'linearisierte' fallende Ast der logistischen Regenerationsfunktion des Modells $\mathscr{P}$ 'rechts' des Bestandes X^{msy} vor, wobei im Modell $\mathscr{PM}$ gewissermaßen $X^{msy} = 0$ gilt.

Die Abbildung 6-1 veranschaulicht die Veränderung der Umweltqualität in einem Zeitpunkt t ausschließlich in Abhängigkeit von der aktuell herrschenden Umweltqualität, d. h. bei Abwesenheit anthropogener Einflüsse. Der Interpretation des Bestandes X als Reinheit eines Umweltmediums entsprechend ist nun allerdings der in der Abbildung 3-1 des dritten Kapitels mit dem Symbol R bezeichnete Pfeil, d. h. die 'Ressourcenentnahme', als anthropogene Verunreinigung des betreffenden Umweltmediums aufzufassen, etwa in Form produktionsbedingter CO_2-Emissionen, die im Zeitablauf zu einem Schadstoffbestand akkumulieren. Die Veränderung der Umweltqualität unter Einbeziehung menschlicher Verschmutzungsaktivitäten wird daher durch die Gleichung (3-9) beschrieben, wobei die Regenerationsfunktion G mit (6-2) zu spezifizieren ist.

Alle übrigen Annahmen des Modells $\mathscr{A}$ bleiben formal unberührt. Dies bedeutet insbesondere, daß die Emissionen R(t) nun als produktiver Faktor in der Güterproduktion betrachtet werden.[7] Da in der Definition des Modells $\mathscr{PM}$ nichts Abweichendes spezifiziert ist, gilt $K > 0$ und es kann von Beginn an produziert werden, wie in der unteren Hälfte der Abbildung 3-1 dargestellt. Auch der Prozeß der Kapitalakkumulation in

---

7 Brock (1977) rechtfertigt dies folgendermaßen: Will man einen gegebenen Output mit geringeren Emissionen produzieren, so muß man den Kapitaleinsatz erhöhen (z. B. durch den Einbau von Filtern). Somit bestehen 'Substitutionsmöglichkeiten' zwischen Kapital und Emissionen. Damit aber ist die Relevanz des üblichen Konzeptes der neoklassischen Produktionsfunktion gegeben.

der rechten Hälfte der Abbildung 3-1 ist daher, wie bereits im Modell $\mathscr{I}$, berücksichtigt.

6.2 Die modellspezifische Nachhaltigkeitsdefinition

Die Definition des Modells $\mathscr{PM}$ legt es nahe, den modellspezifischen Nachhaltigkeitsbegriff, der im folgenden wiederum im Sinne der Zielvorstellung des gesellschaftlichen Planers interpretiert wird, auf der Grundlage einer anderen Größe zu definieren, als in den Modellen $\mathscr{P}$ und $\mathscr{I}$: Erstmals sind nicht mehr allein Bedingungen an den Konsum C zu formulieren, sondern vielmehr an den Nutzen des repräsentativen Haushaltes (U) als Funktion *sowohl* des Konsums C *als auch* des natürlichen Ressourcenbestandes X.[8]

In der Tat ist in der Literatur - auch hier wie bereits im Modell $\mathscr{I}$ unter expliziter Bezugnahme auf die Gerechtigkeitstheorie Rawls' - im Rahmen der Schadstoffemissionsmodelle das Ziel formuliert worden: "*sustaining* a constant level of utility over infinite generations" (Asako 1980, S. 159, Hervorhebung hinzugefügt). Dieses Nachhaltigkeitskriterium ist in der Literatur als CU- (*constant utility*) Kriterium bezeichnet worden (vgl. ebd.)[9] und kann folgendermaßen formuliert werden:

$$\dot{U}(t) = 0 \, , \quad \forall t \geq 0 \, . \tag{6-4}$$

Im Modell $\mathscr{PM}$ wird durch die Anerkennung eines Existenzwertes des natürlichen Ressourcenbestandes die 'Umweltqualität' zum Primärziel erhoben und gleichberechtigt neben das Ziel des Konsums gestellt. Es ist daher im folgenden die Frage zu beantworten, ob die Einbeziehung eines Existenzwertes natürlicher Ressourcenbestände (insbesondere im Ver-

---

8 Zwar war auch in den Modellen $\mathscr{P}$ und $\mathscr{I}$ grundsätzlich der Nutzen aufrechtzuerhalten. Da aber der Konsum das einzige Argument der Nutzenfunktion darstellte, reichte die Betrachtung des Konsums im Zeitablauf aus.

9 Siehe hierzu auch R. A. Becker (1982).

gleich zum Modell $\mathscr{I}$) eine Gewähr für die Verwirklichung einer nachhaltigen Entwicklung - hier im Sinne des CU-Kriteriums (6-4) - entlang optimaler Pfade bietet.

6.3 Optimale Pfade

Im Vergleich zu den zuvor diskutierten Modellvarianten ist im folgenden der Umstand zu berücksichtigen, daß der natürliche Ressourcenbestand X (d. h. die Reinheit eines Umweltmediums) Common-Property-Ressource ist. Es existiert daher kein Markt für die Ressourcenentnahme R (d. h. für die Emissionen). Die Produktionsaktivität der Firma verursacht einen externen Effekt auf den Nutzen des repräsentativen Haushaltes. Daher fallen (bei Abwesenheit staatlicher Eingriffe) privatwirtschaftlich optimaler und sozial optimaler Pfad auseinander. Zur Abgrenzung werden im folgenden privatwirtschaftlich optimale Pfade mit dem Superskript *, sozial optimale Pfade hingegen mit ** gekennzeichnet. Als sozial optimal wird im folgenden ein Pfad bezeichnet - und zwar zunächst ohne jeden Bezug zur Nachhaltigkeitszielsetzung des Planers -, entlang dessen die genannte Externalität internalisiert ist. Die Internalisierung wird, wie bereits im dritten Kapitel angenommen wurde, über eine Emissionssteuer τ angestrebt. Im folgenden wird daher zunächst untersucht, nach welchen Grundsätzen die Steuersetzung zu erfolgen hat, um privatwirtschaftlich und sozial optimale Pfade zur Deckung zu bringen.

Im Rahmen seiner Internalisierungszielsetzung macht sich der gesellschaftliche Planer grundsätzlich das intertemporale Ziel (3-12) des privaten Haushaltes zueigen. Allerdings bezieht der Planer die Kontrollvariable R sowie die Zustandsvariable X in seine Überlegungen ein, die der Haushalt selbst im Falle $X \in \{CP\}$ nicht beeinflussen kann. Hierbei ist zu beachten, daß sich mit (3-1), (3-2), (3-4) und (3-5) die private Budgetrestriktion (3-7) transformieren läßt in die gesellschaftliche Einkommensverwendungsgleichung:

$$\dot{K}(t) = Y[K(t), R(t)] - C(t) \, , \ \forall t \, . \tag{6-5}$$

Die relevanten Nebenbedingungen aus Sicht des Planers sind daher (3-9) bis (3-11) sowie (6-5). Im folgenden wird die Zeitvariable nicht mehr explizit notiert. Die momentanwertige Hamilton-Funktion lautet aus Sicht des Planers:

$$\mathscr{H} = U(C, X) + \lambda^K [Y(K, R) - C] + \lambda^X (\mu \overline{X} - \mu X - R) \, . \tag{6-6}$$

Hierbei bezeichnet das Symbol λ die momentanwertigen Kozustandsvariablen aus Sicht des Planers. Zunächst soll die Relevanz von Randlösungen entlang eines sozial optimalen Pfades geprüft werden. Mit den Nichtnegativitätsbedingungen in (3-10) lautet die momentanwertige Lagrange-Funktion aus Sicht des Planers:

$$\mathscr{L} = \mathscr{H} + \nu^C C + \nu^R R + \nu^K K + \nu^X X \, . \tag{6-7}$$

Hierbei bezeichnet das Symbol ν die den Nichtnegativitätsbedingungen aus sozialer Sicht zugeordneten Lagrange-Multiplikatoren. Mit (6-6) und (6-7) resultieren die Bedingungen erster Ordnung:

$$0 = \mathscr{L}_C^{**} = U_C^{**} - \lambda^{K**} + \nu^{C**} \, , \ \forall t \geq 0 \, ; \tag{6-8}$$

$$0 = \mathscr{L}_R^{**} = \lambda^{K**} Y_R^{**} - \lambda^{X**} + \nu^{R**} \, , \ \forall t \geq 0 \, ; \tag{6-9}$$

(a) $\nu^{C**} \geq 0 \, , \ \nu^{C**} C^{**} = 0 \, , \ \forall t \geq 0 \, ;$ (6-10)

(b) $\nu^{R**} \geq 0 \, , \ \nu^{R**} R^{**} = 0 \, , \ \forall t \geq 0 \, ;$

(c) $\quad \nu^{K**} \geq 0\,, \; \nu^{K**}K^{**} = 0\,, \; \forall t \geq 0\,;$

(d) $\quad \nu^{X**} \geq 0\,, \; \nu^{X**}X^{**} = 0\,, \; \forall t \geq 0\,;$

$$\text{(a)} \quad \dot{K}^{**} = \mathscr{L}_{\lambda^K}^{**} = Y(K^{**}, R^{**}) - C^{**}\,, \; \forall t \geq 0\,; \tag{6-11}$$

$$\text{(b)} \quad \dot{X}^{**} = \mathscr{L}_{\lambda^X}^{**} = \mu\overline{X} - \mu X^{**} - R^{**}\,, \; \forall t \geq 0\,;$$

$$\text{(c)} \quad \dot{\lambda}^{K**} = -\mathscr{L}_K^{**} + \delta\lambda^{K**} = \left(\delta - Y_K^{**}\right)\lambda^{K**} - \nu^{K**}\,, \; \forall t \geq 0\,;$$

$$\text{(d)} \quad \dot{\lambda}^{X**} = -\mathscr{L}_X^{**} + \delta\lambda^{X**} = (\delta + \mu)\lambda^{X**} - \nu^{X**} - U_X^{**}\,, \; \forall t \geq 0\,.$$

Mit Hilfe der Bedingungen (6-8) bis (6-11) läßt sich im Modell $\mathscr{PM}$ zeigen, daß die Realisierung von Randlösungen in endlicher Zeit sozial suboptimal ist.

Zunächst folgt aus (3-6d) - d. h. $\lim_{C \to 0} U_C = \infty$ -, daß stets $C^{**} > 0$ gelten muß. Denn $C^{**} \to 0$ in endlicher Zeit müßte zur Verletzung der Bedingung (6-8) führen, sofern gezeigt werden kann, daß (ausgehend von einem endlichen Wert λ^{K**}) in endlicher Zeit $\lambda^{K**} \to \infty$ nicht eintreten kann. Denn allein dies könnte $U_C^{**} \to \infty$ in (6-8) kompensieren, da mit (6-10a) $\nu^{C**} \geq 0$ gilt. Aus (6-11c) ist ersichtlich, daß in der Tat in endlicher Zeit $\lambda^{K**} \to \infty$ nicht eintreten kann. Denn sobald λ^{K**} einen (endlichen) positiven Wert annimmt, ist mit (6-11c) eine mögliche positive Steigung der Funktion $\lambda^{K**}(t)$ über jedem endlichen Zeitintervall beschränkt, da mit (3-12) $\delta < \infty$, mit (3-1b) $Y_K^{**} > 0$ und mit (6-10c) $\nu^{K**} \geq 0$ gilt. Folglich kann in endlicher Zeit λ^{K**} nicht gegen $+\infty$ streben. Somit gilt stets $C^{**} > 0$ und daher mit (6-10a) stets $\nu^{C**} = 0$ sowie mit (6-8) stets $\lambda^{K**} = U_C^{**} > 0$.

Nähme ferner der Kapitalstock K^{**} in endlicher Zeit den Wert Null an, so folgte aus der Annahme (3-1e) - d. h. $Y(0,R)=0$ - daß fortan nicht mehr produziert werden könnte. Dies impliziert jedoch mit (6-5) und den Nichtnegativitätsbedingungen (3-10a), daß fortan nicht mehr konsumiert werden könnte.[10] Da dies jedoch oben als suboptimal charakterisiert worden war, muß stets $K^{**}>0$ und daher mit (6-10c) $\nu^{K^{**}}=0$ gelten.

Darüber hinaus impliziert in Analogie zu dem im fünften Kapitel gesagten[11] die Annahme (3-1f) - d. h. $\lim_{R\to 0} Y_R=\infty$ -, daß stets $R^{**}>0$ gelten muß. Denn $R^{**}\to 0$ in endlicher Zeit implizierte mit $\lambda^{K^{**}}=U_C^{**}>0$ (s. o.), da mit (3-6e) der Grenznutzen des Konsums nicht gegen null streben kann, für den ersten Summanden auf der rechten Seite der Bedingung (6-9) $\lambda^{K^{**}}Y_R^{**}\to\infty$. Dies müßte jedoch die Bedingung (6-9) verletzen, sofern gezeigt werden kann, daß $\lambda^{X^{**}}\to\infty$ in endlicher Zeit nicht eintreten kann. Denn allein dies könnte $\lambda^{K^{**}}Y_R^{**}\to\infty$ in (6-9) kompensieren, da mit (6-10b) $\nu^{R^{**}}\geq 0$ gilt. In der Tat ist aus (6-11d) ersichtlich, daß (ausgehend von einem endlichen Wert $\lambda^{X^{**}}$) $\lambda^{X^{**}}\to\infty$ in endlicher Zeit nicht eintreten kann, da mit (3-6b) $U_X^{**}>0$,[12] mit (6-10d) $\nu^{X^{**}}\geq 0$, mit (6-2) $0<\mu<1$ sowie mit (3-12) $\delta<\infty$ gilt. Daher ist eine mögliche positive Steigung der Funktion $\lambda^{X^{**}}(t)$ über jedem endlichen Zeitintervall beschränkt, weshalb in endlicher Zeit $\lambda^{X^{**}}$ nicht gegen ∞ streben kann. Folglich gilt stets $R^{**}>0$ und daher mit (6-10b) $\nu^{R^{**}}=0$. Dies impliziert mit $\lambda^{K^{**}}=U_C^{**}>0$ (s. o.) und (6-9) stets $\lambda^{X^{**}}=U_C^{**}Y_R^{**}>0$.

Die Argumentation hinsichtlich C^{**}, K^{**} und R^{**} entsprach im wesentlichen der des fünften Kapitels.[13] Abweichend von der dortigen

---

10 Dies gilt unter der Annahme, daß die hier thematisierte Umweltmedienqualität (anders als oben im vierten Kapitel die erneuerbare Ressource 'Fisch') nicht an die Stelle eines produzierten Konsumgutes treten kann.

11 Dort war ausgeführt worden, daß die Annahme (3-1e) - d. h. $Y(K,0)=0$ - nicht gewährleistet, daß entlang optimaler Pfade stets $R>0$ gilt. Denn selbst wenn nicht produziert würde, könnte ein positiver Konsum aus dem Restbestand K bestritten werden.

12 Da im Rahmen des Modells $\mathscr{PM}$ nichts Abweichendes angenommen wurde, gilt (3-6b) mit strikter Ungleichheit.

13 Allerdings wurde in Kap. 5 über den 'Umweg' des Preisbildungsprozesses argumentiert, der hier im Rahmen des sozialen Problems nicht thematisiert wird.

Analyse ist nachzuweisen, daß stets $X^{**} > 0$ gilt.[14] Diesbezüglich ist festzustellen, daß (ausgehend von einem endlichen positiven Wert λ^{X**}) mit der Annahme (6-1) - d. h. $\lim_{X \to 0} U_X = \infty$ - $X^{**} \to 0$ mit (6-11d) $\dot{\lambda}^{X**} \to -\infty$ implizierte, da δ und μ endlich sind. Differenziert man mit $\nu^{R**} = 0$ (s. o.) die Bedingung (6-9) nach der Zeit, so erhält man: $0 = \dot{\lambda}^{K**} Y_R^{**} + \lambda^{K**}(Y_{RK}^{**}\dot{K}^{**} + Y_{RR}^{**}\dot{R}^{**}) - \dot{\lambda}^{X**}$, $\forall t \geq 0$. Daher müßte $\dot{\lambda}^{X**} \to -\infty$ die Bedingung (6-9) verletzen, wenn gezeigt werden könnte, daß keiner der ersten beiden Summanden auf der rechten Seite letzterer Gleichung in endlicher Zeit gegen -∞ streben kann.

Bezüglich des ersten Summanden $\dot{\lambda}^{K**} Y_R^{**}$ ist festzustellen, daß mit $R^{**} > 0$ (s. o.) und den in (3-1f) über die Produktionsfunktion getroffenen Annahmen stets $Y_R^{**} < \infty$ gilt. Aus (6-11c) ist ferner ersichtlich, daß (ausgehend von einem endlichen Wert λ^{K**}) der Faktor $\dot{\lambda}^{K**}$ in endlicher Zeit nicht gegen -∞ streben kann. Denn es gilt $\nu^{K**} = 0$ (s. o.), $\lambda^{K**} > 0$ (s. o.) sowie mit (3-12) $\delta > 0$. Ferner gilt mit $K^{**} > 0$ (s. o.) und den in (3-1g) über die Produktionsfunktion getroffenen Annahmen stets $Y_K^{**} < \infty$. Folglich kann der Summand $\dot{\lambda}^{K**} Y_R^{**}$ in endlicher Zeit nicht gegen -∞ streben.

Hinsichtlich des zweiten Summanden $\lambda^{K**}(Y_{RK}^{**}\dot{K}^{**} + Y_{RR}^{**}\dot{R}^{**})$ ist zunächst festzustellen, daß mit $C^{**} > 0$ erstens $\lambda^{K**} = U_C^{**} > 0$ gilt (s. o.) und zweitens in Verbindung mit (3-6d) λ^{K**} endlich sein muß. Daher kann mit den in (3-1c) über die Produktionsfunktion getroffenen Annahmen das Produkt nicht gegen -∞ streben, wenn sowohl $\dot{K}^{**} \to -\infty$ als auch $\dot{R}^{**} \to +\infty$ in endlicher Zeit ausgeschlossen werden kann. Ersteres müßte

---

14 Im fünften Kapitel wurde die produktive Nutzung einer *erschöpflichen* natürlichen Ressource thematisiert. Deren Extraktion mußte zwangsläufig für alle Zukunft null betragen, falls der Ressourcenbestand in endlicher Zeit den Wert Null annahm. Ein Absinken der Extraktion auf das Niveau Null in endlicher Zeit war jedoch als suboptimal charakterisiert worden, weshalb auch eine Bestandserschöpfung in endlicher Zeit ausgeschlossen werden konnte. Da es sich hingegen im vorliegenden Modell 𝒫ℳ grundsätzlich um eine erneuerbare natürliche Ressource handelt und darüber hinaus die Annahme (6-2) ein *positives* Regenerations- bzw. Assimilationsvolumen im Falle $X = 0$ impliziert, würde $X = 0$ nicht zwingend - wie im Modell 𝒥 - $R = 0$ nach sich ziehen.

$K^{**} = 0$ in endlicher Zeit nach sich ziehen, was jedoch oben als suboptimal charakterisiert wurde. Letzteres müßte im (hier in Rede stehenden) Falle $X^{**} \to 0$ in Verbindung mit der Regenerationsannahme (6-2), die den Spielraum für die zulässigen Schadstoffemissionen gegen das maximale und endliche Regenerationsvolumen $\mu\overline{X}$ beschränkte, die Nichtnegativitätsbedingung (3-10b) verletzen. Folglich kann auch der zweite Summand in endlicher Zeit nicht gegen -∞ streben.

Daher müßte $X^{**} \to 0$ in endlicher Zeit, da dies $\dot{\lambda}^{X^{**}} \to -\infty$ impliziert, die Bedingung (6-9) verletzen. Somit gilt stets $X^{**} > 0$ und daher mit (6-10d) $\nu^{X^{**}} = 0$.

Die Analyse kann somit auf der Grundlage der für eine innere Lösung des Internalisierungsproblems notwendigen Bedingungen fortgeführt werden. Diese lauten mit (6-6):

$$0 = \mathscr{H}_C^{**} = U_C^{**} - \lambda^{K^{**}}, \quad \forall t \geq 0 ; \qquad (6\text{-}12)$$

$$0 = \mathscr{H}_R^{**} = \lambda^{K^{**}} Y_R^{**} - \lambda^{X^{**}}, \quad \forall t \geq 0 ; \qquad (6\text{-}13)$$

(a) $$\dot{K}^{**} = \mathscr{H}_{\lambda^K}^{**} = Y(K^{**}, R^{**}) - C^{**}, \quad \forall t \geq 0 ; \qquad (6\text{-}14)$$

(b) $$\dot{X}^{**} = \mathscr{H}_{\lambda^X}^{**} = \mu\overline{X} - \mu X^{**} - R^{**}, \quad \forall t \geq 0 ;$$

(c) $$\dot{\lambda}^{K^{**}} = -\mathscr{H}_K^{**} + \delta\lambda^{K^{**}} = (\delta - Y_K^{**})\lambda^{K^{**}}, \quad \forall t \geq 0 ;$$

(d) $$\dot{\lambda}^{X^{**}} = -\mathscr{H}_X^{**} + \delta\lambda^{X^{**}} = (\delta + \mu)\lambda^{X^{**}} - U_X^{**}, \quad \forall t \geq 0 .$$

Da die Funktionen U, $\dot{K}$ und $\dot{X}$ konkav in den Zustands- und Kontrollvariablen und ferner die Kozustandsvariablen $\lambda^{K^{**}}$ und $\lambda^{X^{**}}$ mit den Annahme über U und Y sowie den Optimalitätsbedingungen (6-12) und

(6-13) nichtnegativ sind, sind die notwendigen Bedingungen auch hinreichend für ein soziales Optimum.

Zur Ermittlung der optimalen Steuerpolitik benötigt der Planer die privaten Optimalitätsbedingungen. Aus (3-3) folgen mit (3-2) und (6-3) die notwendigen Bedingungen für ein Gewinnmaximum der repräsentativen Firma:

$$0 = \pi_K^* = Y_K^* - r, \ \forall t \ ; \tag{6-15}$$

$$0 = \pi_R^* = Y_R^* - \tau, \ \forall t \ . \tag{6-16}$$

Hierbei ist $\tau(t)$ als staatlich gesetzter Preis der Emissionen zu interpretieren, d. h. als Emissionssteuer, die die repräsentative Firma pro emittierter Schadstoffeinheit an den Staat zu entrichten hat (vgl. R. A. Becker 1982). Das gesamte Steueraufkommen komme gemäß (3-4) in jedem Zeitpunkt in Form eines Lump-Sum-Transfers B dem privaten Haushalt zugute.

Der Haushalt löst nun mit (3-12) - im Gegensatz zu Modell $\mathscr{I}$ - ein Problem in einer Kontrollvariablen, C, sowie einer Zustandsvariablen, K, da er die Emissionen R und somit die Umweltqualität X aufgrund der Nichtexistenz entsprechender Märkte nicht beeinflussen kann. Die aus Sicht des Haushaltes relevanten Nebenbedingungen sind (3-7), (3-10a) sowie (3-11a). Die momentanwertige Hamilton-Funktion des Haushaltes wird daher zu:

$$\mathscr{H} = U(C, X) + \varphi^K (rK + B + \pi - C) \ . \tag{6-17}$$

Die notwendigen Bedingungen für eine innere Lösung des Haushalts-Problemes lauten:

$$0 = \mathscr{H}_C^* = U_C^* - \varphi^{K*} \ , \ \forall t \geq 0 \ ; \tag{6-18}$$

$$\dot{K}^* = \mathcal{H}^*_{\varphi^K} = rK^* + B + \pi - C^* \ , \ \forall t \geq 0 \ ; \tag{6-19}$$

$$\dot{\varphi}^{K*} = -\mathcal{H}^*_K + \delta\varphi^{K*} = (\delta - r)\varphi^{K*} \ , \ \forall t \geq 0 \ . \tag{6-20}$$

Die Ermittlung der optimalen Steuerpolitik gelingt dem Planer mit Hilfe der sozialen Optimalitätsbedingungen (6-12) und (6-13) sowie der Gewinnmaximierungsbedingung (6-16) (vgl. Tahvonen/Kuuluvainen 1993):

$$\tau^{**} = \frac{\lambda^{X**}}{U_C^{**}} \ , \ \forall t \geq 0 \ . \tag{6-21}$$

Sofern die Ressourcensteuer gemäß (6-21) optimal gesetzt wird, sind im Modell $\mathcal{PM}$ privatwirtschaftlich optimaler Pfad (generiert durch (6-18) bis (6-20) in Verbindung mit (6-15) und (6-16)) und sozial optimaler Pfad (generiert durch (6-12) bis (6-14)) identisch (siehe Brock 1977; Tahvonen/Kuuluvainen 1993).

Ist die Internalisierungsaufgabe gelöst, so kann sich der Planer seiner eigentlichen - der Nachhaltigkeitszielsetzung - zuwenden. Hier ist (wie bereits in den Kapiteln 4 und 5) zu prüfen, ob privatwirtschaftlich optimale Pfade bei optimaler Emissionsbesteuerung dem modellspezifischen Nachhaltigkeitskriterium genügen. Da bei optimaler Steuersetzung privatwirtschaftlich und sozial optimaler Pfad übereinstimmen, kann die Analyse im folgenden auf der Grundlage der sozialen Optimalitätsbedingungen (6-12) bis (6-14) fortgeführt werden. Hierbei wird auf die Indizierung ** verzichtet. Aus (6-14c) folgt mit (6-12) zunächst die Ramsey-Bedingung:

$$\hat{U}_C = \delta - Y_K \ , \ \forall t \geq 0 \ . \tag{6-22}$$

Aus (6-14d) folgt mit (6-12) und (6-13):

$$\hat{U}_C = \delta - \hat{Y}_R + \mu - U_X / U_C Y_R \ , \ \forall t \geq 0.$$

Durch Gleichsetzen mit (6-22) erhält man als modifizierte Solow-Stiglitz-Bedingung:[15]

$$\hat{Y}_R - \mu + \frac{U_X}{U_C Y_R} = Y_K \text{ , } \forall t \geq 0 \text{ .} \tag{6-23}$$

(6-23) schreibt in Analogie zur Hotelling-Bedingung (5-17) die Angleichung der Verzinsungen zweier Investitionsformen vor. Auf der rechten Seite erscheint wiederum die Verzinsung einer Investition in den Kapitalbestand K. Auf der linken Seite steht nun die Verzinsung einer Investition in die Qualität des Umweltmediums, d. h. eines Emissionsverzichts. Die letzte nicht emittierte Schadstoffeinheit profitiert in Form der Wachstumsrate $\hat{Y}_R$ von einer etwaigen Verknappung des Gutes 'Umweltqualität'. Diese hätte tendenziell einen Rückgang der künftig möglichen Emissionen und daher einen Anstieg der Grenzproduktivität der Emissionen zur Folge. Insofern entspricht die Aussage der Gleichung (6-23) dem in Kapitel 5 bezüglich der erschöpflichen Ressourcen gesagten, allerdings ist nun auch der entgegengerichtete Fall denkbar: Da es sich hier konzeptionell um eine erneuerbare Ressource handelt, ist auch ein *Anstieg* der Umweltqualität und daher eine potentielle *Steigerung* künftiger Emissionen und daher ein Rückgang der Grenzproduktivität Y_R prinzipiell möglich.

Im Unterschied zur Hotelling-Bedingung (5-17) des fünften Kapitels für erschöpfliche natürliche Produktionsfaktoren hat nun jedoch die Verzinsung einer Investition in die Umweltqualität zwei weitere Komponenten, die auf der linken Seite der Gleichung (6-23) erscheinen. Eine dieser Komponenten ist negativ: Die letzte vermiedene Emissionseinheit *mindert* mit (6-2) die künftige Regenerationsmenge. Dies kommt durch den Summanden $-\mu$ in (6-23) zum Ausdruck. Die andere Komponente ist positiv: Die letzte vermiedene Emissionseinheit steigert unmittelbar die

15 Vgl. ursprünglich im Kontext des Modells $\mathcal{J}$ (Kap. 5 oben) Solow (1974a) sowie Stiglitz (1974a). Ferner Dasgupta/Heal (1974).

Umweltqualität und hat daher einen direkten positiven Nutzeneffekt. Dies kommt in dem Summanden $+U_X / U_C Y_R$ in (6-23) zum Ausdruck. Hierbei wird der Grenznutzen der Umweltqualität ins Verhältnis gesetzt zum Grenznutzen des Konsumgutes, somit geht die Grenzrate der Substitution zwischen 'Umweltqualität' und 'Konsum' in die Solow-Stiglitz-Bedingung ein. Die zusätzliche Gewichtung mit der Grenzproduktivität Y_R beruht darauf, daß eine getätigte Emissionseinheit nicht unmittelbar zum Konsum beiträgt sondern mittelbar über ihren Beitrag zum Sozialprodukt.

In Analogie zur Analyse der Modelle $\mathcal{P}$ und $\mathcal{J}$ in den Kapiteln 4 und 5 ist nun aus Sicht des gesellschaftlichen Planers die Frage zu beantworten, ob bzw. unter welchen Bedingungen kompetitive Pfade bei optimaler Emissionsbesteuerung im Modell $\mathcal{PM}$ dem modellspezifischen Nachhaltigkeitskriterium (6-4) genügen, das einen für alle Zeiten konstanten Nutzen des repräsentativen Haushaltes forderte. Da Modell $\mathcal{PM}$ die Nutzung einer prinzipiell erneuerbaren natürlichen Ressource thematisiert, bietet sich hierzu, ähnlich wie im vierten Kapitel, die Analyse von Existenz, Eindeutigkeit und Stabilität von *steady states* an.[16]

Ein *steady state* im Modell $\mathcal{PM}$ ist charakterisiert durch die zeitliche Konstanz sämtlicher Modellvariablen, d. h. $\dot{C} = \dot{R} = \dot{K} = \dot{X} = \dot{\lambda}^K = \dot{\lambda}^X = 0$. Zunächst wird die Existenz von *steady states* geprüft. Hierzu werden die notwendigen Optimalbedingungen (6-12), (6-13) und (6-14), bewertet *im steady state*, zu *einer* Gleichung zusammengefaßt. Ein *steady state* erfordert dann, daß nur diese eine resultierende Gleichung mit null erfüllt ist. Um Aussagen darüber treffen zu können, unter welchen Bedingungen dies der Fall ist, wird diese eine Gleichung als Funktion einer einzigen Variablen, nämlich der Emissionen R, dargestellt. Es ist dann zu prüfen, ob es Werte R gibt, für die diese Funktion den Wert Null annimmt.

---

16 Die nachfolgende Existenz-, Eindeutigkeits- und Stabilitätsanalyse im Modell $\mathcal{PM}$ wird in Anlehnung an Tahvonen/Kuuluvainen (1993, S. 105) durchgeführt. Siehe auch Dockner (1985) zur Stabilitätsanalyse im Rahmen dynamischer Optimierungsprobleme mit zwei Kontrollen und zwei Zuständen.

Zunächst wird in (6-14d) λ^X auf der rechten Gleichungsseite mit (6-13) ersetzt. Anschließend wird in der derart modifizierten Gleichung (6-14d) λ^K mit (6-12) ersetzt. Da (6-14a) im *steady state* $C = Y(K,R)$ impliziert, kann ferner das Argument C der Nutzenfunktion ersetzt werden. Es resultiert:

$$\dot{\lambda}^X = (\delta+\mu)U_C[Y(K,R),X]Y_R(K,R) - U_X[Y(K,R),X]. \qquad (6\text{-}24)$$

Damit sind bereits vier der sechs notwendigen Optimalbedingungen ausgenutzt. Mit Hilfe der restlichen beiden Bedingungen (6-14b) und (6-14c) werden nun K und X im *steady state* als Funktionen der Ressourcenentnahme R repräsentiert, die sodann in (6-24) als einzige unabhängige Variable übrig bleibt.

Zunächst folgt aus (6-14c) im *steady state*: $Y_K(K,R) = \delta$. Mit $Y_{KR} > 0$ und $Y_{KK} < 0$ bedeutet dies, daß im *steady state* ein steigendes R ein steigendes K erfordert, um Gleichheit von Y_K und δ zu wahren.[17] Daher läßt sich im *steady state* der Kapitalstock als Funktion $K = K(R)$ mit $K_R > 0$ repräsentieren.

Ferner gilt mit (6-14b) im *steady state*: $X = \overline{X} - R/\mu$. Daher läßt sich $\dot{\lambda}^X$ als Funktion ausschließlich der Emissionen R repräsentieren und Gleichung (6-24) wird zu:

$$\dot{\lambda}^X(R) = (\delta+\mu)U_C\{Y[K(R),R],\overline{X}-R/\mu\}Y_R[K(R),R] \qquad (6\text{-}25)$$
$$-U_X\{Y[K(R),R],\overline{X}-R/\mu\}.$$

Auf der Grundlage der Gleichung (6-25) können nun Aussagen über Existenz und Eindeutigkeit von *steady states* im Modell $\mathcal{PM}$ getroffen

---

17 Hierbei wird, wie bereits im fünften Kapitel angesprochen wurde, eine konstante Diskontrate unterstellt. Im Gegensatz zum Modell $\mathcal{I}$ des fünften Kapitels erwachsen hieraus jedoch keine unüberwindlichen Probleme für die (unten in Abschnitt 6.4 zu prüfende) Nachhaltigkeit kompetitiver Pfade, da im Modell $\mathcal{PM}$ eine erneuerbare natürliche Ressource thematisiert wird.

werden. Hierzu wird im folgenden das Vorzeichen der Funktion $\dot{\lambda}^X(R)$ über dem Zulässigkeitsbereich von R untersucht.

Zunächst ist festzustellen, daß unter den an die Funktionen *U* und *Y* sowie an δ und μ getroffenen Annahmen der erste Summand auf der rechten Seite der Gleichung (6-25) positiv, der zweite Summand hingegen negativ ist. Das Vorzeichen von $\dot{\lambda}^X(R)$ ist somit grundsätzlich unbestimmt. Daher ist zu untersuchen, welches Vorzeichen an den Rändern des Zulässigkeitsbereiches von R resultiert.

Die Existenz mindestens eines *steady state* wäre dann gewährleistet, wenn gezeigt werden könnte, daß die Funktion $\dot{\lambda}^X(R)$ dann zweifelsfrei positiv wird, wenn R den einen Rand seines Zulässigkeitsbereiches approximiert und zweifelsfrei negativ, wenn R den anderen Rand seines Zulässigkeitsbereiches approximiert. Da unter den über die Funktionen *U* und *Y* getroffenen Annahmen die Funktion $\dot{\lambda}^X(R)$ stetig ist, muß es in diesem Falle im Inneren des Zulässigkeitsbereiches von R mindestens ein R geben, für das $\dot{\lambda}^X(R) = 0$ gilt.

Es zeigt sich, daß unter der Annahme (6-1) - d. h. $\lim_{X \to \overline{X}} U_X = 0$ - für $R \to 0$ der zweite Summand auf der rechten Seite der Gleichung (6-25) gegen null strebt. Damit wird $\dot{\lambda}^X(R)$ für $R \to 0$ zweifelsfrei positiv.

Andererseits geht unter der Annahme (6-1) - d. h. $\lim_{X \to 0} U_X = \infty$ - für $R \to \mu\overline{X}$ der zweite Summand auf der rechten Seite der Gleichung (6-25) gegen $-\infty$.[18] Daher wird $\dot{\lambda}^X(R)$ für $R \to \mu\overline{X}$ zweifelsfrei negativ.

Somit wird unter den in (6-1) über die Funktion *U* getroffenen Annahmen die Funktion $\dot{\lambda}^X(R)$ für 'kleine' R irgendwann positiv, für 'große' R irgendwann negativ. Daraus kann geschlossen werden, daß mindestens ein *steady state* (d. h. mindestens ein Schnittpunkt der Funktion $\dot{\lambda}^X(R)$ mit der Abszisse über dem Zulässigkeitsbereich von R) existiert.

---

18 Der Wert $R(t) = \mu\overline{X}$ markiert streng genommen nur für $X(t) = 0$ den 'rechten Rand' des Zulässigkeitsbereiches von R. Da jedoch aufgrund der Nichtnegativitätsbedingung bezüglich X stets $R(t) \leq X(t) + \mu\overline{X} - \mu X(t)$ sowie annahmegemäß $0 < \mu < 1$ gilt, ist $R(t) = \mu\overline{X}$ für jedes beliebige $X(t) \in [0, \overline{X}]$ zulässig.

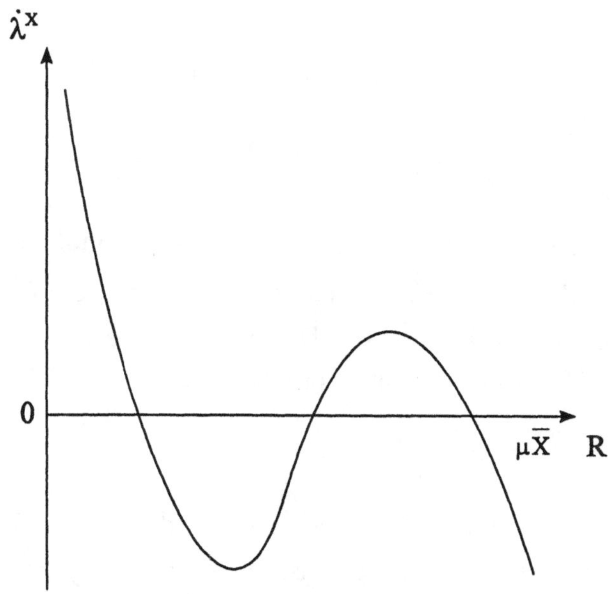

Abbildung 6-2

Steady states im Modell 𝒫ℳ

Quelle: Eigene Darstellung.

In dem hypothetischen Fall, in dem mehrere *steady states* existieren, ist zumindest die Aussage möglich, daß deren Zahl ungerade sein muß. Da das Vorzeichen von $\dot{\lambda}^x(R)$ über dem Bereich $R \in (0, \mu\bar{X})$ variiert, positiv beginnt und negativ endet, muß die Zahl der Schnittpunkte mit der Abszisse ungerade sein. In Abbildung 6-2 ist eine hypothetische Konstellation dargestellt, in der drei *steady states* existieren.

Auch die Frage der Eindeutigkeit des *steady state* kann auf der Grundlage der Gleichung (6-25) analysiert werden. Hierzu ist die Steigung der Funktion $\dot{\lambda}^x(R)$ in einem *steady state*, d. h. bei $\dot{\lambda}^x(R) = 0$ zu prüfen. Ist diese eindeutig negativ, so kann es nur einen Schnittpunkt der Funktion $\dot{\lambda}^x(R)$ mit der Abszisse geben und der *steady state* ist eindeutig.

Aus (6-25) ergibt sich durch Differentiation nach R:[19]

$$\dot{\lambda}^{X}_{R}(R)\Big|_{\dot{\lambda}^{X}(R)=0} = (\delta+\mu)Y_R\left[U_{CC}\left(Y_K K_R + Y_R\right) - U_{CX}/\mu\right] \qquad (6\text{-}26)$$

$$-U_{XC}\left(Y_K K_R + Y_R\right) + U_{XX}/\mu \; .$$

Mit $K_R > 0$ und den oben getroffenen Annahmen[20] sind der erste und der dritte Summand auf der rechten Seite der Gleichung (6-26) negativ, der zweite Summand ist nicht-positiv. Damit ist die Steigung der Funktion $\dot{\lambda}^X(R)$ bei $\dot{\lambda}^X(R) = 0$ negativ und der *steady state* im Modell $\mathscr{PM}$ ist eindeutig.

Die Stabilitätseigenschaften des *steady state* werden wie bereits in Kapitel 4 auf der Grundlage des modellspezifischen MHDS analysiert. Mit (6-12), (6-13) und dem Theorem über implizite Funktionen lassen sich zunächst die Kontrollvariablen C und R als Funktionen der Zustands- und Kozustandsvariablen repräsentieren:

$$C = C(X, \lambda^K) \; , \qquad (6\text{-}27)$$

$$C_X = -\frac{U_{CX}}{U_{CC}} \geq 0 \; , \; C_{\lambda^K} = \frac{1}{U_{CC}} < 0 \; , \; \forall t \geq 0 \; ;$$

---

[19] Hierbei wird von der Tatsache, daß im *steady state* aus (6-14c) $dK/dR = -Y_{KR}/Y_{KK}$ folgt, sowie von der Annahme (3-1d) - d. h. $Y_{KK}Y_{RR} - Y_{KR}^2 = 0$ - Gebrauch gemacht.

[20] $\delta, \mu > 0$, U und Y wachsend in allen Argumenten, streng konkav, mit nichtnegativen Kreuzableitungen.

$$\mathrm{R} = R(\mathrm{K}, \lambda^{\mathrm{K}}, \lambda^{\mathrm{X}}) , \tag{6-28}$$

$$R_{\mathrm{K}} = -\frac{Y_{\mathrm{RK}}}{Y_{\mathrm{RR}}} > 0 , \; R_{\lambda^{\mathrm{K}}} = -\frac{Y_{\mathrm{R}}}{\lambda^{\mathrm{K}} Y_{\mathrm{RR}}} > 0 ,$$

$$R_{\lambda^{\mathrm{X}}} = \frac{1}{\lambda^{\mathrm{K}} Y_{\mathrm{RR}}} < 0 , \; \forall \mathrm{t} \geq 0 .$$

Das System (6-14) wird damit zu:

$$\text{(a)} \quad \dot{\mathrm{K}} = Y\left[\mathrm{K}, R\left(\mathrm{K}, \lambda^{\mathrm{K}}, \lambda^{\mathrm{X}}\right)\right] - C\left(\mathrm{X}, \lambda^{\mathrm{K}}\right) , \; \forall \mathrm{t} \geq 0 ; \tag{6-14'}$$

$$\text{(b)} \quad \dot{\mathrm{X}} = \mu \overline{\mathrm{X}} - \mu \mathrm{X} - R\left(\mathrm{K}, \lambda^{\mathrm{K}}, \lambda^{\mathrm{X}}\right) , \; \forall \mathrm{t} \geq 0 ;$$

$$\text{(c)} \quad \dot{\lambda}^{\mathrm{K}} = \lambda^{\mathrm{K}} \delta - \lambda^{\mathrm{K}} Y_{\mathrm{K}}\left[\mathrm{K}, R\left(\mathrm{K}, \lambda^{\mathrm{K}}, \lambda^{\mathrm{X}}\right)\right] , \; \forall \mathrm{t} \geq 0 ;$$

$$\text{(d)} \quad \dot{\lambda}^{\mathrm{X}} = (\delta + \mu) \lambda^{\mathrm{X}} - U_{\mathrm{X}}\left[C\left(\mathrm{X}, \lambda^{\mathrm{K}}\right), \mathrm{X}\right] , \; \forall \mathrm{t} \geq 0 .$$

Mit dem MHDS (6-14') liegt ein System von vier Gleichungen in den vier unabhängigen Variablen K, X, λ^{K} und λ^{X} vor. Ein optimaler *steady state* im Modell $\mathscr{PM}$ ist dadurch charakterisiert, daß die Gleichungen (6-14'a) bis (6-14'd) den Nullvektor annehmen.

Die Analyse der Stabilitätseigenschaften des *steady state* setzt wiederum die Bestimmung der Vorzeichen der reellen Teile der Eigenwerte der im *steady state* bewerteten Jacobi-Matrix des MHDS (6-14') voraus. Diese berechnet sich mit (6-27) und (6-28) zu:[21]

21 Hierbei wird wiederum die Annahme (3-1d) - d. h. $Y_{\mathrm{KK}} Y_{\mathrm{RR}} - Y_{\mathrm{KR}}^2 = 0$ - ausgenutzt. Ferner wird ausgenutzt, daß mit (6-14'c) im *steady state* $\delta = Y_{\mathrm{K}}$ gilt.

$$\mathbf{J}^{(6\text{-}14')} = \begin{bmatrix} Y_K - Y_R Y_{RK} / Y_{RR} & U_{CX} / U_{CC} & -Y_R^2 / \lambda^K Y_{RR} - 1/U_{CC} & Y_R / \lambda^K Y_{RR} \\ Y_{RK} / Y_{RR} & -\mu & Y_R / \lambda^K Y_{RR} & -1/\lambda^K Y_{RR} \\ 0 & 0 & Y_R Y_{KR} / Y_{RR} & -Y_{KR} / Y_{RR} \\ 0 & U_{CX}^2 / U_{CC} - U_{XX} & -U_{XC} / U_{CC} & \delta + \mu \end{bmatrix}.$$

Ferner sei:

$$\Omega := \begin{vmatrix} \dot{K}_K & \dot{K}_{\lambda^K} \\ \dot{\lambda}_K^K & \dot{\lambda}_{\lambda^K}^K \end{vmatrix} + \begin{vmatrix} \dot{X}_X & \dot{X}_{\lambda^X} \\ \dot{\lambda}_X^X & \dot{\lambda}_{\lambda^X}^X \end{vmatrix} + 2 \begin{vmatrix} \dot{K}_X & \dot{K}_{\lambda^X} \\ \dot{\lambda}_X^K & \dot{\lambda}_{\lambda^X}^K \end{vmatrix}.$$

Dann ist die Bedingung

$$\Omega < 0 \;\wedge\; \left|\mathbf{J}^{(6\text{-}14')}\right| > 0 \tag{6-29}$$

hinreichend dafür, daß die Matrix $\mathbf{J}^{(6\text{-}14')}$ genau zwei positive und zwei negative Eigenwerte besitzt und damit für lokale Sattelpunkt-Stabilität des *steady state* (vgl. Tahvonen/Kuuluvainen 1993, S. 114). Im folgenden ist daher noch zu prüfen, ob (6-29) erfüllt ist.

Für die Determinante der Jacobi-Matrix resultiert:

$$\left|\mathbf{J}^{(6\text{-}14')}\right| = \frac{Y_{KR}^2}{Y_{RR}^2 U_{CC}} \left\{ \begin{aligned} & U_{XX} + \mu(\delta+\mu) Y_R^2 U_{CC} - (\delta + 2\mu) Y_R U_{CX} \\ & - \mu Y_K Y_{RR} \left[(\delta+\mu) Y_R U_{CC} - U_{CX} \right] / Y_{KR} \end{aligned} \right\} > 0 .$$

Mit (6-14') ergibt sich ferner:

$$\Omega = Y_K Y_R Y_{KR} / Y_{RR} - Y_R^2 Y_{KR}^2 / Y_{RR}^2 - \mu(\delta+\mu)$$
$$-2 U_{CX} Y_{KR} / U_{CC} Y_{RR} - \left|\mathbf{H}^U\right| / \lambda^K Y_{RR} U_{CC} .$$

Da aufgrund der strengen Konkavität der Nutzenfunktion

$$\left|\mathbf{H}^U\right| := U_{CC} U_{XX} - U_{CX}^2 > 0 \tag{6-30}$$

gilt, ist $\Omega < 0$ und daher (6-29) erfüllt. Der *steady state* im Modell $\mathcal{PM}$ ist somit lokaler Sattelpunkt.

Es ist somit festzuhalten, daß im Modell $\mathcal{PM}$ ein eindeutiger *steady state* $(C^{\infty}, R^{\infty}, K^{\infty}, X^{\infty}, \lambda^{K\infty}, \lambda^{X\infty})$ existiert. Dieser ist lokaler Sattelpunkt und wird daher entlang eines optimalen Pfades für $t \rightarrow \infty$ approximiert, sofern die Ausgangssituation (K^0, X^0) 'nahe genug' beim *steady state* liegt.[22]

Es bleibt aus Sicht des Planers die Frage zu beantworten, ob und unter welchen Bedingungen optimale Pfade im Modell $\mathcal{PM}$, die langfristig den *steady state* approximieren, gemessen am CU-Kriterium des Abschnitts 6.2 nachhaltig sind oder nicht. Hierzu ist die zeitliche Entwicklung der Argumente der Nutzenfunktion im Prozeß der Annäherung an den *steady state* zu untersuchen, nämlich des Konsums C und des Ressourcenbestandes X.

Zur Erinnerung: Im Modell $\mathcal{P}$ des vierten Kapitels, in dem mit dem Konsum C und dem Bestand X lediglich eine Kontroll- und eine Zustandsvariable berücksichtigt wurden, konnte auf der Grundlage der Abbildung 4-6 aus der denkbaren Anfangskonstellation $X^0 < X^{\infty}$ geschlossen werden, daß entlang eines optimalen Pfades *sowohl* der Bestand X *als auch* der Konsum C im Prozeß der Annäherung an den *steady state* permanent *ansteigen* müssen. In diesem Falle erfüllten optimale Pfade im Modell $\mathcal{P}$ die modellspezifische Nachhaltigkeitsregel (d. h. die 'Ernteregel' (4-19)). Umgekehrt implizierte $X^0 > X^{\infty}$ permanente *Rückgänge* des Bestandes X und des Ressourcenkonsums C. In diesem Falle wurde entlang optimaler Pfade die modellspezifische Nachhaltigkeitsregel verletzt.

Die Beantwortung der Frage nach der zeitlichen Entwicklung von Konsum und Ressourcenbestand ist im Modell $\mathcal{PM}$ nicht ohne weiteres anhand einer Grafik möglich, wie dies im Modell $\mathcal{P}$ geschah, da die Zahl

---

22 Unter der Annahme $U_{CX} < 0$ bestünde allerdings im Modell $\mathcal{PM}$ die Möglichkeit multipler *steady states* sowie von Grenzzyklen (vgl. Tahvonen/Kuuluvainen 1993).

der Kontroll- bzw. Zustandsvariablen nun jeweils zwei beträgt. Im folgenden wird daher auf der Grundlage der notwendigen Optimalbedingungen gezeigt, daß auch im Modell $\mathcal{PM}$ (ähnlich wie im Modell $\mathcal{P}$) die Anfangsbestände wichtig sind für die Entwicklung des Nutzens im Zeitablauf entlang eines optimalen Pfades.[23]

Hierzu wird zunächst die Nutzenfunktion (3-6a) nach der Zeit differenziert:

$$\dot{\mathrm{U}} = U_{\mathrm{C}}\dot{\mathrm{C}} + U_{\mathrm{X}}\dot{\mathrm{X}}\ ,\ \forall \mathrm{t}\ . \tag{6-31}$$

Differenziert man ferner die notwendige Optimalbedingung (6-12) nach der Zeit, so erhält man:

$$0 = U_{\mathrm{CC}}\dot{\mathrm{C}} + U_{\mathrm{CX}}\dot{\mathrm{X}} - \dot{\lambda}^{\mathrm{K}}\ ,\ \forall \mathrm{t} \geq 0\ . \tag{6-32}$$

Mit den Optimalbedingungen (6-14c) und (6-12) impliziert (6-32) entlang eines optimalen Pfades:

$$\dot{\mathrm{C}} = \frac{(\delta - Y_{\mathrm{K}})U_{\mathrm{C}} - U_{\mathrm{CX}}\dot{\mathrm{X}}}{U_{\mathrm{CC}}}\ ,\ \forall \mathrm{t} \geq 0\ . \tag{6-33}$$

Setzt man schließlich (6-33) in (6-31) ein, so resultiert:

$$\dot{\mathrm{U}} = \frac{(\delta - Y_{\mathrm{K}})U_{\mathrm{C}}^2}{U_{\mathrm{CC}}} + \left(U_{\mathrm{X}} - \frac{U_{\mathrm{C}}U_{\mathrm{CX}}}{U_{\mathrm{CC}}} \right)\dot{\mathrm{X}}\ ,\ \forall \mathrm{t} \geq 0\ . \tag{6-34}$$

Auf der Grundlage der Gleichung (6-34) sind nun einige Schlußfolgerungen über die zeitliche Entwicklung des Nutzens entlang eines optimalen Pfades in Abhängigkeit von den Anfangsbeständen möglich. Unter der Annahme, daß entlang des optimalen Pfades die beiden Bestände K und X monoton gegen ihre *steady state*-Werte K^{∞} und X^{∞} konvergieren, sind

---

23 Die Grundlage hierfür findet sich, allerdings in einem etwas abgewandelten Modellkontext, bei Asako (1980, S. 167-170).

die folgenden drei 'symmetrischen' Fälle denkbar, in denen beide Anfangsbestände gleichgerichtet von den *steady state*-Beständen abweichen:

1. $K^0 > K^\infty$ und $X^0 > X^\infty$.
   Monotone Konvergenz in den steady state impliziert $\dot{X} < 0, \forall t \geq 0$. Daher ist der zweite Summand auf der rechten Seite der Gleichung (6-34) für alle $t \geq 0$ negativ.
   $K^0 > K^\infty$ impliziert mit (3-1c) $Y_K(0) < Y_K(\infty)$. Da mit (6-14c) im *steady state* $\delta = Y_K(\infty)$ gilt, impliziert dies, daß auch der erste Summand auf der rechten Seite der Gleichung (6-34) bei monotoner Konvergenz in den *steady state* für alle $t \geq 0$ negativ ist.
   Somit gilt $\dot{U}(t) < 0$ für alle $t \geq 0$ und das CU-Kriterium ist entlang optimaler Pfade verletzt.

2. $K^0 = K^\infty$ und $X^0 = X^\infty$.
   Es ist optimal, ab $t = 0$ im *steady state* zu verharren. Daher gilt $\dot{X}(t) = 0$ für alle $t \geq 0$, der zweite Summand auf der rechten Seite der Gleichung (6-34) beträgt für alle $t \geq 0$ null.
   Da K in $t = 0$ seinen *steady state*-Wert annimmt und daher für alle $t \geq 0$ $\dot{K} = 0$ gilt, gilt für alle $t \geq 0$ $\delta = Y_K$. Daher beträgt auch der erste Summand auf der rechten Seite der Gleichung (6-34) für alle $t \geq 0$ null.
   Dies impliziert $\dot{U}(t) = 0, \forall t \geq 0$ und das CU-Kriterium ist entlang des optimalen Pfades erfüllt.

3. $K^0 < K^\infty$ und $X^0 < X^\infty$.
   Das im Fall 1 geschilderte Argument wird in sein Gegenteil verkehrt und es gilt $\dot{U}(t) > 0$ für alle $t \geq 0$. Streng genommen impliziert dies eine Verletzung des CU-Kriteriums entlang optimaler Pfade, denn das CU-Kriterium beinhaltet das Gebot: "Never sacrifice the present for the future" (R. A. Becker 1982, S. 165).

Sofern man das CU-Kriterium weniger streng dahingehend auslegt, lediglich einen *sinkenden* Nutzen zu vermeiden, ist somit als Zwischenergebnis festzuhalten, daß es im Modell $\mathscr{PM}$ (ähnlich wie im Modell $\mathscr{P}$ und im Gegensatz zum Modell $\mathscr{I}$) Ausgangskonstellationen gibt, in denen Optimalität und Nachhaltigkeit kompatibel sind (die o. g. Fälle 2 und 3). Andererseits gibt es Ausgangskonstellationen, ausgehend von denen optimale Pfade das modellspezifische Nachhaltigkeitskriterium verletzen (Fall 1).

Allerdings sind neben den o. g. 'symmetrischen' Fällen auch 'asymmetrische' Fälle zu berücksichtigen, von denen hier beispielhaft nur einer behandelt wird, der jedoch geeignet ist, die Struktur der in diesen Fällen auftretenden Problematik zu erhellen:

4. $K^0 < K^\infty$ und $X^0 > X^\infty$.
   Monotone Konvergenz in den *steady state* vorausgesetzt gilt $\dot{X} < 0, \forall\, t \geq 0$. Der zweite Summand auf der rechten Seite der Gleichung (6-34) ist daher für alle $t \geq 0$ negativ.
   $K^0 < K^\infty$ impliziert für alle $t \geq 0$ $\delta < Y_K$ und daher Positivität des ersten Summanden auf der rechten Seite der Gleichung (6-34).
   Das Vorzeichen der zeitlichen Veränderung des Nutzens ist daher nicht eindeutig bestimmbar. Ob ein konstanter Nutzen optimal (bzw. überhaupt für alle $t \geq 0$ *erreichbar*) ist, hängt u. a. von der nutzenseitigen Substitutionselastizität ${}^{U}\sigma^{C,X}$ zwischen Konsum und Umweltqualität ab. Denn (6-34) impliziert, daß mit dem Kapitalstock K auch der Konsum C monoton wächst und daher ein potentieller Ausgleich für die Verschlechterung der Umweltqualität zu verzeichnen ist.

Die nutzenseitige Substitutionselastizität zwischen Konsum und Umweltqualität ist somit im Modell $\mathscr{PM}$ unter Nachhaltigkeitsgesichtspunkten von entscheidender Bedeutung: Ist sie im Fall 4 gering, so muß 'viel'

Kapital akkumuliert werden, um die Produktion und den Konsum in einem Maße steigen zu lassen, das den Rückgang der Umweltqualität kompensieren kann. Bei 'zu geringen' nutzenseitigen Substitutionsmöglichkeiten ist u. U. dieses Akkumulationserfordernis gar nicht erfüllbar, gegeben die Technologie, die in der Produktion zur Verfügung steht.

Zusammenfassend ist festzuhalten, daß wie bereits im Modell $\mathscr{P}$ im Falle der Nutzung einer prinzipiell *erneuerbaren* natürlichen Ressource - hier der Assimilationsfähigkeit eines Umweltmediums für Schadstoffe - Optimalität und Nachhaltigkeit nicht kategorisch unvereinbar sind. Dies war, wie die Analyse des Modells $\mathscr{I}$ zeigte, bei der Nutzung einer *erschöpflichen* Ressource anders.

6.4 Die modellspezifische Nachhaltigkeitsregel

Auch im Modell $\mathscr{PM}$ liefern die im zweiten Kapitel referierten Nachhaltigkeitsregeln der Brundtland-Kommission dem Planer einen ersten Anhaltspunkt. Im Modell $\mathscr{PM}$ wird die Belastung eines Umweltmediums durch produktionsbedingte Schadstoffemissionen thematisiert. Daher scheint auf den ersten Blick die 'Emissionsregel' des zweiten Kapitels einschlägig zu sein. Diese lautete:

Emissionsregel: Halte die Schadstoffeinträge in natürliche Umweltmedien stets auf oder unter deren Assimilationskapazität!

Formal hieße dies im Modell $\mathscr{PM}$ mit (6-2):

$$R \leq \mu\overline{X} - \mu X \;, \quad \forall t \geq 0 \;. \tag{6-35}$$

Aus dem oben in Abschnitt 6.3 gesagten folgt jedoch unmittelbar, daß die Emissionsregel der Brundtland-Kommission im Kontext des Modells $\mathscr{PM}$ nicht geeignet ist, eine nachhaltige Entwicklung im Sinne des CU-Kriteriums zu gewährleisten. Denn (6-35) thematisiert lediglich *eine* der relevanten Quellen des Nutzens (nämlich die 'ökologische') und vernachlässigt die andere (nämlich die 'ökonomische'). Wenn durch die Beachtung der Regel (6-35) ein Rückgang der Umweltqualität vermieden wird, ist damit noch nicht sichergestellt, daß auch der Nutzen nicht sinkt. Denn gleichzeitig würde (6-35) möglicherweise einen Rückgang des Konsums tolerieren, der so groß wäre, daß der Nutzen insgesamt sänke und das modellspezifische Nachhaltigkeitskriterium verletzt wäre.

Es wird daher im Kontext des Modells $\mathscr{PM}$ eine Nachhaltigkeitsregel benötigt, die *beide* Nutzenquellen thematisiert. Diese steht in Gestalt einer Modifikation der Hartwick-Regel des Modells $\mathscr{I}$ zur Verfügung:

> "[I]f current returns from the current net decline in the stock of a renewable resource are allocated to investment in reproducible capital (machines, buildings etc.) then per capita consumption will remain constant along dynamically efficient paths" (Hartwick 1978a, S. 85).

Dies bedeutet formal: Im Modell $\mathscr{PM}$ gewährleistet die Beachtung der Regel

$$\dot{K}^{**} = Y_R^{**}\left[R^{**} - \mu\overline{X} + \mu X^{**}\right], \; \forall t \geq 0 \tag{6-36}$$

eine konstante gesellschaftliche Wohlfahrt für alle $t \geq 0$.[24] Hierbei stellt der Term in der eckigen Klammer den in obigem Zitat angesprochenen 'net decline' dar. Ferner trägt die Indizierung ** der Forderung nach dynamischer Effizienz in obigem Zitat Rechnung: Die Investitionsregel (6-36) ist entlang sozial optimaler Pfade zu befolgen. Dies impliziert eine optimale Emissionsbesteuerung gemäß (6-21), d. h. die Internalisierung

24 Vgl. R. A. Becker (1982). Becker formuliert diese Regel unter Bezugnahme auf die allgemeinen Überlegungen zur Hartwick-Regel in Dixit/Hammond/Hoel (1980). Die Hartwick-Regel bei produktiver Nutzung einer *erneuerbaren* natürlichen Ressource, wie sie im Modell $\mathscr{PM}$ grundsätzlich vorliegt, geht auf Hartwick (1978a) zurück. Allerdings ließ er einen Existenzwert des Ressourcenbestandes X unberücksichtigt und rekurrierte zudem auf ein von (6-2) abweichendes Regenerationsmuster.

der produktionsbedingten Externalität. Diese gewährleistet, wie in Abschnitt 6.3 ausgeführt, die Übereinstimmung von sozial optimalem Pfad und Marktergebnis.

Der Beweis wird auf der Grundlage der obigen Gleichung (6-31) unter der Annahme geführt, daß diese die zeitliche Veränderung des Nutzens entlang optimaler Pfade beschreibt. Um die dort erscheinende Veränderung des Konsums zu ermitteln, differenziere man (6-5) entlang optimaler Pfade nach der Zeit:

$$\dot{C}^{**} = Y_K^{**}\dot{K}^{**} + Y_R^{**}\dot{R}^{**} - \ddot{K}^{**}\ , \ \forall t\ . \tag{6-37}$$

Differentiation der Hartwick-Regel (6-36) nach der Zeit führt mit (3-9) und (6-2) zu:

$$\ddot{K}^{**} = -\dot{Y}_R^{**}\dot{X}^{**} + \mu Y_R^{**}\dot{X}^{**} + Y_R^{**}\dot{R}^{**}\ , \ \forall t \geq 0\ . \tag{6-38}$$

Setzt man (6-37) und (6-38) sowie die Hartwick-Regel (6-36) in (6-31) ein, so erhält man nach einigen Umformungen:

$$\dot{U}^{**} = U_C^{**} Y_R^{**} \dot{X}^{**} \left[\hat{Y}_R^{**} - \mu + \frac{U_X^{**}}{U_C^{**} Y_R^{**}} - Y_K^{**} \right], \ \forall t \geq 0. \tag{6-39}$$

Mit der Solow-Stiglitz-Bedingung (6-23) nimmt die eckige Klammer in (6-39) entlang optimaler Pfade stets den Wert Null an und es gilt $\dot{U}^{**}(t) = 0, \forall t \geq 0$.

Somit gewährleistet die Beachtung der modifizierten Hartwick-Regel (6-36) die Erfüllung des CU-Kriteriums (6-4) als des modellspezifischen Nachhaltigkeitskriteriums. Voraussetzung hierfür ist die Erfüllung der modifizierten Solow-Stiglitz-Bedingung (6-23). Diese ist entlang kompetitiver Pfade mit optimaler Emissionsbesteuerung stets gewährleistet. Dies bedeutet, daß die Internalisierung des produktionsbedingten externen

Effektes im Modell $\mathcal{PM}$ Vorbedingung der Gültigkeit der Investitionsregel Hartwicks ist.

In Analogie zur Analyse des fünften Kapitels ist allerdings zu prüfen, ob eine Erfüllung des modellspezifischen Nachhaltigkeitskriteriums überhaupt eine realistische Zielvorstellung darstellt. Da im Modell $\mathcal{PM}$ eine erneuerbare Ressource genutzt wird, ist die Frage nach der grundsätzlichen Erreichbarkeit eines konstanten Nutzens sehr viel einfacher zu beantworten, als im Modell $\mathcal{J}$ des fünften Kapitels, wie im folgenden anhand eines Beispiels erläutert wird.

Es ist offensichtlich, daß im Modell $\mathcal{PM}$ die Bewahrung des in $t = 0$ gegebenen Status Quo für alle Zeiten erstens dem CU-Kriterium genügt und zweitens erreichbar ist. Werden die Emissionen R für alle $t \geq 0$ auf das Assimilationsniveau $\mu[\overline{X} - X^0]$ beschränkt, so wird die Umweltqualität X^0 für alle $t \geq 0$ konserviert. Wird zudem für alle $t \geq 0$ auf Investitionen in anthropogene Kapitalgüter verzichtet und die gesamte Produktion konsumiert, so wird auch der Kapitalbestand K^0 für alle $t \geq 0$ bewahrt. Bei konstanten Faktoreinsätzen K^0 und $R = \mu[\overline{X} - X^0]$ sowie Verzicht auf Investitionen bleibt der Konsum C konstant. Da auch die Umweltqualität X konstant bleibt, wird für alle $t \geq 0$ ein konstantes Nutzenniveau $U(Y(K^0, \mu(\overline{X} - X^0)), X^0)$ realisiert.

Diese Schlußfolgerung gilt für alle denkbaren Anfangskonstellationen $K^0 > 0$ und $X^0 > 0$. Sie gilt überdies - anders als im Modell $\mathcal{J}$ - unabhängig von den produktionsseitigen Substitutionsmöglichkeiten zwischen den Faktoren K und R, da beide Faktoreinsatzmengen im Zeitablauf konstant bleiben. Sie gilt zudem unabhängig von den nutzenseitigen Substitutionsmöglichkeiten zwischen C und X, da auch beide Argumente der Nutzenfunktion im Zeitablauf unverändert bleiben.

Allerdings ist eine Verallgemeinerung der Zulässigkeitsaussagen im Modell $\mathcal{PM}$ bisher nicht gelungen. Bereits R. A. Becker (1982), der sich intensiv mit nachhaltigen Pfaden im Modell $\mathcal{PM}$ beschäftigt, räumt insbesondere ein, daß er den Nachweis der Existenz eines *kompetitiven* Pfades, der das CU-Kriterium erfüllt, schuldig bleiben müsse.

Wie bereits in den Kapiteln 4 und 5 kann die Hartwick-Regel (6-36) dem Planer als Ansatzpunkt für einen modellspezifischen Nachhaltigkeitsindikator dienen. In Analogie zur dortigen Analyse ist allerdings die Regel redundant, wenn der Planer vollkommen informiert ist und sämtliche Modellvariablen beobachten kann. Hingegen ist im Modell *𝒫ℳ* die Nachhaltigkeitsregel (6-36) in ihrer Funktion als Nachhaltigkeitsindikator nicht mehr als redundant zu bezeichnen, wenn man die Annahme eines vollkommen informierten Planers abschwächt und insbesondere bezweifelt, daß dieser den *Nutzen* des repräsentativen Haushaltes beobachten kann. In diesem Falle kann die Regel (6-36) i. S. eines echten Indikators an die Stelle der in der Nachhaltigkeitsdefinition eigentlich relevanten Größe des Nutzens treten.

Zurecht ließe sich einwenden, daß die Validität der Regel (6-36), wie oben erläutert wurde, nur bei einer Internalisierung des im Modell *𝒫ℳ* relevanten externen Effektes gegeben ist. Die Internalisierung setzt jedoch selbst die Beobachtung von Nutzengrößen (bzw. von Zahlungsbereitschaften als Näherungsgrößen) voraus.

Dem ist jedoch entgegenzuhalten, daß die Notwendigkeit der Internalisierung nur einen Ausschnitt des Modells *𝒫ℳ* betrifft (nämlich den ökologischen Sektor) und keineswegs die Ermittlung des 'Gesamtnutzens' erforderlich ist. Außerhalb dieses Ausschnitts kann in der Hartwick-Regel auf beobachtbare Marktpreise zurückgegriffen werden. Dies betrifft in (6-36) ausschließlich den anthropogenen Kapitalbestand K, dessen Preis auf eins normiert wurde. In erweiterten Modellvarianten (siehe Kap. 10 unten) kann dies weitere Größen betreffen.

6.5 Zusammenfassung und Ausblick

In den Kapiteln 4 bis 6 wurde im Kontext dreier spezieller Modelltypen, die seit Beginn der siebziger Jahre die 'Standardmodelle' der neoklassischen Ressourcenökonomie repräsentieren, dargelegt, daß allein innerhalb der neoklassischen Ressourcenökonomie die Analyse nachhaltiger Entwicklungspfade seit mehr als zwei Jahrzehnten eine wichtige Rolle spielt und lange vor dem Brundtland-Bericht gleichberechtigt neben der Analyse utilitaristischer Pfade stand. Hierbei wurde insbesondere die Kontextabhängigkeit des Nachhaltigkeitsbegriffes demonstriert.

In jedem einzelnen Modell wurde geprüft, ob privatwirtschaftlich optimale Pfade dem modellspezifischen Nachhaltigkeitskriterium genügen. Es zeigte sich in den Modellen $\mathcal{P}$ und $\mathcal{PM}$, in denen jeweils eine *erneuerbare* natürliche Ressource thematisiert wurde, daß hierfür die Anfangsbedingungen eine wichtige Rolle spielen. Im Modell $\mathcal{J}$ verletzten optimale Pfade in jedem Falle das modellspezifische Nachhaltigkeitskriterium, da dort die Nutzung einer *erschöpflichen* Ressource thematisiert wurde.

Schließlich wurde in allen drei Modellen die Eignung der bereits im Brundtland-Bericht genannten und späterhin modifizierten Nachhaltigkeitsregeln als Nachhaltigkeitsindikatoren geprüft. Es zeigte sich, daß diese Regeln tendenziell zu unpräzise formuliert waren und daher in jedem einzelnen Modell konkretisiert werden mußten.

Ungeachtet der wichtigen Einsichten, die eine separate Analyse der einzelnen Modelle vermittelt, erfordert es die Natur des Nachhaltigkeitsproblems eine möglichst umfassende Sichtweise zu entwickeln. Der Grundstein hierzu wurde bereits im dritten Kapitel mit der Formulierung des übergreifenden Modells $\mathcal{A}$ gelegt. Im nachfolgenden Kapitel 7 wird den bislang erörterten kontextspezifischen Nachhaltigkeitsdefinitionen und -regeln ein kontextübergreifendes Nachhaltigkeitsverständnis gegenübergestellt. Auf dessen Grundlage wird im weiteren Verlauf die modelltheoretische Analyse noch über den Rahmen des 'allgemeinen' Modells $\mathcal{A}$

hinaus erweitert. Insbesondere werden in Kapitel 10 unten die bereits in Abschnitt 3.4 angesprochenen (und bisher vernachlässigten) Aspekte der Heterogenität des natürlichen Ressourcenbestandes sowie der Kosten der Ressourcenentnahme im Rahmen eines erweiterten Modells berücksichtigt. Darüber hinaus werden dort - neben den bisher betrachteten ökonomischen und ökologischen - in Gestalt der Themenbereiche 'Gesundheit' und 'Bildung' auch soziale Aspekte der Nachhaltigkeitsproblematik exemplarisch thematisiert.

7 Zum Konzept der nachhaltigen Entwicklung aus ökonomischer Sicht

7.1 Vorbemerkungen

Das Ziel des vorliegenden Kapitels besteht darin, die zuvor allein innerhalb der neoklassischen Ressourcenökonomie demonstrierte Kontextabhängigkeit des Nachhaltigkeitsbegriffes zu überwinden zugunsten eines kontextübergreifenden Nachhaltigkeitsverständnisses, das insbesondere auch der Kritik, die seitens der (sozio-)ökologischen Ökonomie an der Neoklassik geübt wird, Raum bietet.

Zu diesem Zweck wird zunächst in Abschnitt 7.2 das neoklassische Nachhaltigkeitsverständnis, das bereits in den Kapiteln 4 bis 6 in unterschiedlichen Varianten behandelt wurde, auf seine wesentlichen Merkmale reduziert. Anschließend wird in Abschnitt 7.3 das Nachhaltigkeitsverständnis der Neoklassik mit ausgewählten Kritikpunkten der ökologischen Ökonomie konfrontiert.

In Abschnitt 7.4 wird sodann eine Synthese heterogener Nachhaltigkeitskonzeptionen zur Diskussion gestellt. Diese wird entlang der vier zentralen Begriffskategorien der *Gerechtigkeit*, des *Gutes*, der *Ware* sowie des *Vermögens* entwickelt. Gemeinsam stellen diese vier Begriffe den Schlüssel dar, der den Zugang zu den unterschiedlichsten in der Literatur diskutierten Nachhaltigkeitskonzeptionen ermöglicht. Insbesondere Neoklassik und ökologische Ökonomie werden daraufhin untersucht, welche (häufig impliziten) Festlegungen auf der 'Gerechtigkeitsebene', auf der 'Güterebene', auf der 'Warenebene' sowie auf der 'Vermögensebene' für ihr jeweiliges Nachhaltigkeitsverständnis charakteristisch sind. Sie werden auf diese Weise als Spezialfälle des hier vertretenen kontextübergreifenden Nachhaltigkeitsverständnisses dargestellt.

Die Synthese heterogener Nachhaltigkeitskonzeptionen mündet in

Abschnitt 7.5 in eine kontextübergreifende Nachhaltigkeits*definition*. Es wird die Auffassung vertreten, daß jeder Versuch einer Operationalisierung des Nachhaltigkeitsgrundsatzes es voraussetzt, den durch diese Definition vorgegebenen allgemeinen Rahmen - explizit oder implizit - zu konkretisieren. Aufgrund des hohen Allgemeinheitsgrades der Definition ist - bei jeweils unveränderter Grundstruktur - das Spektrum möglicher Konkretisierungen denkbar breit. Das Ziel der vorliegenden Arbeit kann daher nicht darin bestehen, dieses Spektrum auch nur annähernd auszuleuchten. Vielmehr begreift sie die allgemeine Nachhaltigkeitsdefinition des Abschnitts 7.5 als 'Menü', aus dem bei der wissenschaftlichen Behandlung der Nachhaltigkeitsproblematik Schwerpunkte gewählt werden können. In Abschnitt 7.5 werden die für den weiteren Verlauf dieser Arbeit maßgeblichen Schwerpunkte *erstens* im Bereich einer erweiterten Interpretation der Begriffe des Gutes, der Ware und des Vermögens gesetzt. Hier gilt die Aufmerksamkeit insbesondere der Einbeziehung sozialer Güter und Vermögenskomponenten. Ebenso wird in diesem Zusammenhang die Heterogenität natürlicher Güter, Waren und Vermögensbestandteile betont, die in den traditionellen Modellen der Ressourcenökonomie, die Gegenstand der Kapitel 3 bis 6 waren, nicht befriedigend berücksichtigt wurde. *Zweitens* wird auf der Vermögensebene die Bedeutung 'kritischer' Bestände einzelner natürlicher Vermögenskomponenten hervorgehoben. Hierunter werden solche Bestandsniveaus gefaßt, deren Bewahrung - unabhängig vom 'übrigen Geschehen' - unabdingbare Voraussetzung einer nachhaltigen Entwicklung ist.

Infolge dieser Schwerpunktsetzung erfährt die zuvor formulierte allgemeine Nachhaltigkeitsdefinition eine Konkretisierung. Aus der resultierenden konkreten Nachhaltigkeitsdefinition wird in Abschnitt 7.6 eine Nachhaltigkeits*regel* deduziert, die die Basis der in den Kapiteln 8 bis 10 zu führenden Auseinandersetzung mit Indikatoren einer nachhaltigen Entwicklung darstellen wird. Diese Regel umfaßt u. a. die Nachhaltigkeitsregeln des zweiten Kapitels als Spezialfälle. Ihre Besonderheit besteht darin, daß sie in erster Priorität die Bewahrung 'kritischer' Vermögensbestände fordert und erst in zweiter Priorität, d. h. oberhalb kritischer Bestände, eine Kompensation der Minderung einiger Vermögenskomponenten durch Akkumulation andersartiger Vermögensbestandteile zuläßt.

7.2 Zum Nachhaltigkeitsverständnis der Neoklassik

Insbesondere im fünften und sechsten Kapitel war bereits das Nachhaltigkeitsverständnis der neoklassischen Ressourcenökonomie angeklungen. Wie dort ausführlich belegt datiert dieses aus den siebziger Jahren, ist jedoch jüngst vor dem Hintergrund der Herausforderung durch die ökologische Ökonomie von den Protagonisten des neoklassischen Paradigmas noch einmal bekräftigt, den Erfordernissen der neuen Situation angepaßt und auf ein breiteres Fundament gestellt worden (siehe insb. Nordhaus 1993; Solow 1993; Hammond 1994; Withagen 1996; Klepper/Stähler 1998; Pezzey/Withagen 1998).

Ausgangspunkt der neoklassischen Nachhaltigkeitsüberlegungen ist, wie bereits im fünften und sechsten Kapitel erwähnt, das Gerechtigkeitskriterium nach Rawls (1971). Rawls hatte seine 'Theorie der Gerechtigkeit' ursprünglich im statischen, intragenerativen Kontext formuliert. Gegenstand seiner Analyse war das Gerechtigkeitsproblem zwischen den Mitgliedern einer Gesellschaft in einem bestimmten Zeitpunkt. In der Tradition des methodologischen Individualismus stehend insistierte Rawls grundsätzlich auf der Zustimmung aller Individuen zu dem gesellschaftlich anzuwendenden Gerechtigkeitsgrundsatz. Allerdings fordert er diese Zustimmung unter der Voraussetzung, daß die individuelle Betroffenheit seiner Anwendung unter einem 'Schleier der Unwissenheit' verborgen läge. Unter dieser Voraussetzung, so die These Rawls', wäre allen Individuen daran gelegen, das Schicksal des am meisten benachteiligten Individuums zu verbessern, in dessen Rolle sich nach Lüften des Schleiers jeder einzelne wiederfinden könnte. Dieses 'Maximin'-Prinzip läuft auf eine *egalitäre* Gerechtigkeitskonzeption hinaus.

Die Übertragung der Gerechtigkeitskonzeption Rawls' in den dynamischen, intergenerativen Kontext geht auf Solow (1974a) zurück, wie bereits im fünften Kapitel erläutert wurde. Auch zwei Jahrzehnte später stellt nach wie vor das in den intergenerativen Kontext übertragene Rawls-Kriterium das Fundament des neoklassischen Nachhaltigkeitsverständnisses dar:

> "I will assume that a sustainable path for the national economy is one that allows every future generation the option of being as well off as its predecessors" (Solow 1993, S. 168).

Das solchermaßen definierte *Ziel* einer nachhaltigen Entwicklung begründet nach Auffassung der neoklassischen Theorie die Verpflichtung, zu *investieren.* Der Konkretisierung dieses allgemeinen Investitionsgebotes dient die sog. Hartwick-Regel. Sie repräsentiert eine gesellschaftliche Verhaltensanweisung, mit der die Erfüllung der *Voraussetzungen* für eine im obigen Sinne nachhaltige Entwicklung gewährleistet werden kann.

Die einfachste Version der Hartwick-Regel (vgl. Hartwick 1977) stammt aus dem Kontext des Modells industrialisierter Wirtschaftsweise, das oben im fünften Kapitel dargestellt wurde. In diesem Modell produziert eine Volkswirtschaft ein konsumierbares und gleichzeitig akkumulierbares Gut mit anthropogenem Kapital und einer erschöpflichen natürlichen Ressource. Als intergenerativ gerecht - und daher 'nachhaltig' - wird in diesem Kontext unter Bezugnahme auf Rawls ein im Zeitablauf konstanter Pro-Kopf-Konsum produzierter Güter definiert. Voraussetzung hierfür ist eine 'hinreichende' Akkumulation anthropogenen Produktivkapitals: Werden gemäß Hartwick-Regel sämtliche den natürlichen Produktionsfaktoren zurechenbaren Einkommensbestandteile in anthropogenes Kapital reinvestiert, so bleibt unter bestimmten Bedingungen der Pro-Kopf-Konsum konstant.

Ein im Zeitablauf konstanter Konsum scheint somit *trotz* sinkender Bestände erschöpflicher natürlicher Ressourcen erreichbar, wenn eine Gesellschaft sämtliche Renten, die aus der Nutzung erschöpflicher Ressourcen erzielt werden, in reproduzierbares Kapital reinvestiert. *Gegeben das Ziel eines im Zeitablauf konstanten Konsums* kompensiert die Akkumulation reproduzierbaren Kapitals gemäß Hartwick-Regel gerade den unausweichlichen Rückgang des Ressourcenbestandes (bzw. der Extraktionsmengen). Im weiteren Verlauf dieser Arbeit wird daher eine Investitionstätigkeit gemäß Hartwick-Regel als - im Sinne des Zieles eines konstanten Konsums (bzw. einer konstanten Wohlfahrt) - *kompensierende Gesamtvermögensvariation* interpretiert.

Eine Kapitalakkumulation gemäß Hartwick-Regel, hierauf ist in jüngeren Untersuchungen hingewiesen worden,[1] entspricht jedoch nicht einer Beschränkung des Konsums auf das sog. Hicks-Einkommen. Hicks (1946) knüpfte den Einkommensbegriff an das Postulat der *Vermögensbewahrung*. Die in diesem Zusammenhang regelmäßig zitierte Passage soll auch hier nicht unterschlagen werden:

> "The purpose of income calculations in practical affairs is to give people an indication of the amount which they can consume without impoverishing themselves. Following out this idea, it would seem that we ought to define a man's income as the maximum value which he can consume during a week, and still expect to be as well off at the end of the week as he was at the beginning. Thus, when a person saves, he plans to be better off in the future; when he lives beyond his income, he plans to be worse off" (Hicks 1946, S. 172).

Nahm die Einkommenskonzeption Hicks' ursprünglich Bezug auf den individuellen Kontext, so wurde sie in der Nachhaltigkeitsdiskussion explizit in den gesellschaftlichen, intergenerativen Kontext übertragen. Hier wird die Forderung, den Konsum auf das Einkommen Hicks' zu beschränken, grundsätzlich der Forderung äquivalent gesehen, langfristig

---

1 Vgl. Faucheux/Muir/O'Connor (1997), Klepper/Stähler (1998).

das aggregierte gesellschaftliche Vermögen zu bewahren (vgl. Faucheux/Muir/O'Connor 1997, S. 539). Es ist jedoch jüngst argumentiert worden, daß die Hartwick-Regel dem Postulat der Vermögensbewahrung nicht Rechnung trage, da sie die Veränderung der 'Preise' heterogener Vermögenskomponenen im Zeitablauf unberücksichtigt lasse (vgl. ebd.). Die Vermögensbewahrung setze vielmehr stets eine größere Kapitalakkumulation voraus, als sie mit der Beachtung der Hartwick-Regel einhergehe (vgl. Klepper/Stähler 1998, S. 495).

Die neoklassischen Ökonomen präsentieren ihr Nachhaltigkeitskonzept durchaus unbescheiden: Solow (1993, S. 163) bezeichnet sie als einzig logisch schlüssige Nachhaltigkeitskonzeption, die ihm bekannt sei. Ein derartiges Selbstbewußtsein garantiert selbstverständlich nicht für ungeteilte Sympathie. Aus welchem Grunde auch immer, die Neoklassik sieht sich hart attackiert und in die Defensive gedrängt, wie im nachfolgenden Abschnitt erläutert wird.

7.3 Ausgewählte Kritikpunkte der ökologischen Ökonomie

Die im Gefolge des Brundtland-Berichtes intensiv geführte Diskussion um eine nachhaltige Entwicklung hat die *ökologische Ökonomie* als 'Wissenschaft von der Nachhaltigkeit' (Costanza 1991) hervorgebracht. Diese versteht sich als Alternative zur neoklassischen Wirtschaftstheorie. Als relativ junge Disziplin präsentiert sich die ökologische Ökonomie allerdings bislang äußerst heterogen. Angesichts der Dynamik der Weiterentwicklung sind systematische Darstellungen schwierig und daher derzeit rar. Anhaltspunkte für die thematische Bandbreite der ökologischen Ökonomie liefern der bereits oben erwähnte Sammelband von Costanza (1991) sowie Costanza et al. (1997) und im deutschsprachigen Raum Hampicke (1992a).

Im folgenden werden exemplarisch einige ausgewählte Kritikpunkte der ökologischen Ökonomie dargestellt, die in der Literatur eine wichtige Rolle gespielt haben. Die Auswahl erfolgt nach dem Grundsatz einer konsequenten Beschränkung auf diejenigen Argumente, die für den weiteren Verlauf der Argumentation und insbesondere für die Entwicklung von Nachhaltigkeitsindikatoren von zentraler Bedeutung sein werden.

Von fundamentalem Charakter ist die Kritik, die zuweilen an dem zeitpunktbezogenen neoklassischen Nutzenkriterium (3-6)[2] geübt wird, auf der oben die Analyse der Kapitel 3 bis 6 basierte. Diese Kritik läßt sich (u. a.) durch das Gegensatzpaar *Anthropozentrik vs. Ökozentrik* charakterisieren. Bisweilen wird kategorisch bestritten, daß es zulässig sei, die gesellschaftliche Entscheidungsfindung überhaupt auf die Basis *menschlicher* Interessen zu stellen (vgl. z. B. Jacob 1994a). Vielmehr wird häufig vorgebracht, daß die Zerstörung der natürlichen Umwelt durch menschliches Handeln zahlreichen Tieren den Lebensraum nehme und damit deren Existenz bedrohe. Daher wird die Forderung nach Anerkennung von Tierrechten (*animal rights*) erhoben (vgl. Reiche/Fülgraff 1987; Pearce/Turner 1990, S. 52; Bosselmann 1995, 1998).

Hinter diesem Ansinnen verbirgt sich offenbar ein erhebliches Konfliktpotential. Immer häufiger wird in den Medien von Anschlägen militanter Tierrechtler auf Metzgereien, Versuchslabors, Zoos und Jagdeinrichtungen berichtet (vgl. z. B. Miersch 1995). Gleichwohl gewinnt die Tierrechtsbewegung immer mehr Sympathien auch bei vielen Menschen, bei denen keinerlei Bereitschaft zu ähnlicher Militanz zu vermuten ist. Mitunter wird noch darüber hinausgehend gefordert, auch Pflanzen und sogar unbelebten Bestandteilen der Natur Rechte zuzugestehen.[3]

Es wäre wohl unzutreffend, zu behaupten, daß dieser kategorische

---

2 Im dritten Kapitel war der Nutzen $U(t)$ des repräsentativen Haushaltes als Funktion des Konsums $C(t)$ sowie eines natürlichen Ressourcenbestandes $X(t)$ aufgefaßt worden.

3 Vgl. Pearce et al. (1993, S. 19).

Einwand gegen das anthropozentrische neoklassische Nutzenkonzept unter den Kritikern der Neoklassik mehrheitsfähig wäre. Es trifft allerdings sehr wohl zu, daß diese kategorische Kritik ihre Wirkung nicht gänzlich verfehlt und in weiten Teilen der ökologischen Ökonomie ein Gefühl der Skepsis gegenüber dem neoklassischen Utilitarismus hinterlassen hat.

Ebenfalls gegen das zeitpunktbezogene Nutzenkriterium (3-6) - wenngleich grundsätzlich auf dem Boden der Anthropozentrik - ist der Einwand gerichtet, die Neoklassik anerkenne den *Konsum als einzige Quelle menschlichen Nutzens*, und insbesondere den Konsum menschengemachter, produzierter Güter und Dienstleistungen. Der Wert *natürlicher* Ressourcen bemesse sich ausschließlich anhand ihrer Kapazität, zur Generierung dieses Konsumstroms beizutragen.

Dem wird entgegengehalten, daß natürliche Ressourcenbestände einen 'Existenzwert' besäßen, der unabhängig sei von ihrem Beitrag zur Generierung des Konsumstroms.[4] Neben den Leistungsströmen der Ressourcenentnahmen gäben auch unangetastete Bestände natürlicher Ressourcen Leistungsströme ab, die als Quelle menschlichen Nutzens zu interpretieren seien. Die 'Ästhetik' ist eines der Argumente, mit denen die Existenzwert-Forderung untermauert wird: Es geht um den 'Erhalt der Schönheit der Natur' (*bird watching*). Betont wird darüber hinaus die Bedeutung der 'Lebenserhaltungsfunktionen' (*life support functions*) bestimmter Komponenten des natürlichen Kapitals.[5]

Neben der Vernachlässigung 'natürlicher' Nutzenquellen wird die Nichtberücksichtigung *sozialer* Nutzenquellen bemängelt. So sehen z. B.

---

4 Vgl. hierzu z. B. Hampicke (1991b).

5 Häufig wird im gleichen Atemzuge das Argument des Artenschutzes bzw. des Erhalts der Artenvielfalt (*biodiversity*) genannt. Hierzu ist jedoch anzumerken, daß der Artenschutzgedanke stets von übergeordneten Zielvorstellungen deduzierbar ist und durchaus auf unterschiedliche Motive zurückgeführt werden kann. Das Ziel des Artenschutzes kann sowohl einer ökozentrischen Position entspringen als auch einem auf künftigen Konsumchancen basierenden Optionswert der Artenvielfalt (Genpool). Ebenso wäre ein Existenzwert auf der Grundlage von 'Ästhetik' und 'Lebenserhaltungsfunktion' ein denkbares Motiv für Artenschutzaktivitäten.

Pearce/Warford (1993, S. 41 ff.) *neben* dem Realeinkommen auch die Gesundheit (*health*) sowie den Bildungsstand (*education*) der Menschen als Elemente der 'Menge gesellschaftlicher Ziele'. Daher sei - und hier ergibt sich ein Bezug zu der im zweiten Kapitel erwähnten Kritik an den Handlungsempfehlungen des Brundtland-Berichtes - wirtschaftliche *Entwicklung* ein weit umfassenderes Konzept als wirtschaftliches *Wachstum*. Letzteres verlange nur Zuwächse beim Realeinkommen. Erstere hingegen erfordere Fortschritte hinsichtlich aller genannten Elemente der Menge gesellschaftlicher Ziele.

Neben der Kritik der neoklassischen Nutzenkonzeption geht es der ökologischen Ökonomie vornehmlich darum, die in neoklassischen Modellen unvollständige und stark übervereinfachte Abbildung der komplexen *Interdependenzen* innerhalb der ökologischen Sphäre sowie zwischen ökologischer, ökonomischer und sozialer Sphäre zu überwinden. Die Abbildung solcher Interdependenzen in den ressourcenökonomischen Standardmodellen, die in den Kapiteln 4 bis 6 behandelt wurden, aber auch in den zahlreichen Modifikationen und Erweiterungen dieser Modelle, die nicht behandelt werden konnten, erscheint ökologischen Ökonomen als höchst unbefriedigend. Es ist im folgenden nicht beabsichtigt, eine auch nur annähernd vollständige Behandlung dieser Thematik anzustreben. Vielmehr werden exemplarisch einige Punkte skizziert, wobei das Auswahlkriterium wiederum die Bedeutung für die später zu behandelnde Indikatorendiskussion darstellt.

Die 'Interdependenzkritik' richtet sich einerseits gegen die Produktionsfunktion (3-1).[6] Hier seien vielschichtige produktive Leistungen natürlicher Ressourcenbestände vernachlässigt. Der neoklassischen Ressourcenökonomie (und insbesondere dem Modell $\mathcal{J}$) sei daher eine unvoll-

---

[6] Die Ausbringung $Y(t)$ der repräsentativen Firma war im dritten Kapitel als Funktion eines anthropogenen Kapitalbestandes $K(t)$ sowie der Entnahme $R(t)$ aus einem homogenen natürlichen Ressourcenbestand modelliert worden.

ständige Abbildung der Interdependenzen zwischen ökologischer und ökonomischer Sphäre anzulasten.

Auch hier ist wiederum zu ergänzen, daß neben den produktiven Leistungen bestimmter *natürlicher* Ressourcen auch ein produktiver Beitrag *sozialer* 'Bestände' zu berücksichtigen ist. Pearce/Warford (1993, S. 43 f.) weisen z. B. darauf hin, daß die Gesundheit und die Bildung der Menschen sowohl unmittelbar die 'Lebensfreude' (s. o.) als auch die Arbeitskraft und daher den Produktionsprozeß beeinflusse.

Die 'Interdependenzkritik' der ökologischen Ökonomie richtet sich ferner gegen die in neoklassischen Modellen rudimentäre Abbildung der 'natürlichen Systemdynamik', etwa durch die Gleichung (3-9) in Verbindung mit den speziellen Regenerationsannahmen der Modelle $\mathscr{P}$ und $\mathscr{PM}$.[7] In diesem Zusammenhang ist insbesondere der Hinweis auf die Existenz *kritischer Bestände* bestimmter Komponenten des Naturkapitals zu nennen, die in neoklassischen Modellen i. d. R. keine Berücksichtigung finde. Mitunter wird die Existenz kritischer Bestände gar als 'der' Ausgangspunkt für ökologische Nachhaltigkeitskonzeptionen (in Abgrenzung zu ökonomischen) interpretiert (vgl. z. B. Pan 1994).

So scheint es beispielsweise naheliegend, von einem kritischen Bestandsniveau dann zu sprechen, wenn eine bestimmte Tier- oder Pflanzenart - z. B. die oben im Kontext des Modells $\mathscr{P}$ betrachtete - grundsätzlich nur dann überleben kann, wenn eine 'kleinste überlebensfähige Population' (*minimum viable population*) nicht unterschritten wird. Dieser Term impliziert, daß, würde das angesprochene Bestandsniveau unterschritten, die *irreversible* Ausrottung der betreffenden Spezies unausweichlich die Folge sein müßte (vgl. z. B. C. W. Clark 1990, S. 17).

---

7 Die Gleichung (3-9) lautete $\dot{X}(t) = G(t) - R(t)$. Hierbei repräsentierten X einen homogenen natürlichen Ressourcenbestand, G dessen Regeneration und R die Ressourcenentnahme. Die Regeneration G war im Modell $\mathscr{P}$ 'logistisch', im Modell $\mathscr{PM}$ als 'radioaktiver Zerfall' eines Schadstoffbestandes modelliert worden.

Schließlich sei die Skepsis der ökologischen Ökonomie gegenüber den neoklassischen Versuchen einer Bewertung natürlicher Güter nach ökonomischen Maßstäben genannt. Hiermit ist ein Aspekt genannt, der grundsätzlich sowohl in Zusammenhang mit der o. g. Kritik an der neoklassischen Nutzenkonzeption als auch mit der Kritik an der Unvollständigkeit der Interdependenzanalyse zu sehen ist. Erstere impliziert, daß bestimmten natürlichen Ressourcenbeständen ein unmittelbarer Wert zuzugestehen ist, der in der Neoklassik vernachlässigt werde. Letztere impliziert, daß anderen natürlichen Ressourcen z. B. ein über die Produktionssphäre vermittelter Wert zuzugestehen ist.

Somit wird zwar einerseits die Einbeziehung bestimmter - bislang vernachlässigter - *Werte* natürlicher Ressourcen gefordert. Andererseits jedoch werden die in der Ökonomie üblichen Verfahren zur Ermittlung solcher Werte mitunter strikt abgelehnt. Hiermit ist die Problematik der bislang entwickelten Verfahren einer *monetären Bewertung von Umweltgütern* angesprochen.[8] Auch wenn natürlichen Ressourcen ein Wert zugesprochen wird, wird zuweilen kategorisch bestritten, daß dieser dem Wert des Konsumstroms vergleichbar sei und daher in derselben Einheit gemessen werden könne. Eine monetäre Bewertung natürlicher Ressourcen, nach der die neoklassische Umweltökonomie strebt, wird daher kategorisch abgelehnt.

Anknüpfend an die genannten (und andere) Kritikpunkte an der Neoklassik werden in der Literatur unterschiedliche 'Schulen' innerhalb der ökologischen Ökonomie unterschieden, die jeweils einen oder mehrere der genannten Aspekte in den Mittelpunkt stellen.[9] Bei deren exemplarischer Nennung wird im folgenden der Begriff der ökologischen Ökonomie im weitesten Sinne interpretiert.

---

8 Vgl. zu diesen Verfahren z. B. Freeman (1993); Endres/Holm-Müller (1998).

9 Eine Gegenüberstellung dieser Schulen mit gleichzeitiger Einordnung der eigenen (der 'Londoner') Position findet sich in Pearce et al. (1993, S. 18 f.). Vgl. auch Pearce/Turner (1990; ch. 1); Victor (1991); Sagasti/Colby (1993, S. 186 ff.); Jacob (1994a).

Das oben erwähnte ökozentrische Weltbild ist charakteristisch für die sog. 'Fundamentalökologie' (*deep ecology*).[10] Diese begreift das Wirtschaftssystem als Subsystem des Natursystems mit der Konsequenz, daß die Leitfunktion menschlicher Zielkriterien grundsätzlich in Frage gestellt wird. Wirtschaftliche Entscheidungen seien einzig und allein den Funktionsbedingungen des übergeordneten Natursystems und dem Ziel der Erhaltung seiner Funktionsfähigkeit unterzuordnen. Der Schwerpunkt der Interdependenzanalyse habe daher auf den Interdependenzen *innerhalb* des Natursystems zu liegen. Nach Pearce et al. (1993, S. 18 f.) vertreten Fundamentalökologen eine Position des extremen Umweltschutzes (*extreme preservationist position*). Gefordert werden daher u. a. eine Reduzierung der Größe (*scale*) des Wirtschaftssystems und der Bevölkerungszahl. Darüber hinaus sei das Wirtschaftsleben extrem zu regulieren, um die Inanspruchnahme natürlicher Ressourcen zu minimieren.

Weniger fundamental - wenngleich 'kritisch' - präsentiert sich die sog. 'Londoner Schule' um David Pearce. Sie wird häufig von allen im weitesten Sinne der ökologischen Ökonomie zuzuordnenden Schulen der Neoklassik am nächsten gesehen. Die charakteristischen Merkmale sind einerseits ein dezidiert anthropozentrisches Weltbild und die Befürwortung des Nutzenkonzeptes, andererseits die Forderung nach einer Ausweitung der Interdependenzanalyse zwischen ökonomischer und ökologischer Sphäre. Einem ausdrücklichen Bekenntnis zum Ziel der monetären Bewertung von Umweltgütern steht die pauschale und undifferenzierte Forderung nach 'Konstanz des Naturkapitals' gegenüber.

Am anderen Ende des Spektrums, wenngleich außerhalb der ökologischen Ökonomie stehend, werden die Neoklassiker nach dem englischen Ausdruck für 'Überfluß' (*cornucopia* = Füllhorn, Fülle, Überfluß) als 'Cornucopians' bezeichnet (vgl. z. B. Ayres 1993). Pearce et al. (1993, S. 18 f.) charakterisieren diese durch ein 'übersteigertes' anthropozentrisches Weltbild, das durch die Anerkennung von Rechten und Interessen

10 Vgl. hierzu z. B. Jacob (1994a).

ausschließlich gegenwärtiger menschlicher Individuen gekennzeichnet sei und lediglich einen instrumentellen Wert der Umwelt anerkenne, der von menschlicher Wertschätzung abgeleitet sei. Das erklärte Ziel sei ein maximales Wachstum des Bruttosozialproduktes.

Die obige Charakterisierung der verschiedenen 'Schulen' ist selbstverständlich idealtypisch und unvollständig, sowohl in der Nennung der relevanten Schulen als auch ihrer jeweiligen Merkmale. Es existieren zweifellos zahlreiche Zwischenpositionen, die hier nicht alle Erwähnung finden können, denn es ist nicht das Ziel dieser Arbeit, bestehende 'Fronten' zu verhärten. Vielmehr sollen im folgenden gemeinsame Strukturmerkmale dieser Schulen herausgearbeitet und auf diesem Wege eine Synthese heterogener Nachhaltigkeitsinterpretationen entwickelt werden.

7.4 Eine Synthese heterogener Nachhaltigkeitskonzeptionen

Der Begriff der Nachhaltigkeit, dies haben die voranstehenden Ausführungen deutlich gemacht und diesbezüglich darf zweifellos von einem 'schulenübergreifenden' Konsens gesprochen werden, ist eng verknüpft mit dem Begriff der Gerechtigkeit. Was unter (intragenerativer bzw. intergenerativer) Gerechtigkeit zu verstehen sei, hierüber gehen allerdings die Meinungen weit auseinander. Die in der Nachhaltigkeitsliteratur propagierten Gerechtigkeitskonzepte sind i. d. R. akademische Konstrukte, wie z. B. die von Solow (1974a) aufgegriffene Gerechtigkeitstheorie Rawls' (1971). Andere Wissenschaftler sind dieser Theorie gefolgt und haben auf ihrer Grundlage Definitionen einer nachhaltigen Entwicklung formuliert (siehe z. B. Pearce/Atkinson 1995, S. 166 f.).

Abweichend von dieser Literaturtradition soll in diesem Abschnitt *nicht* der Frage nachgegangen werden, was Gerechtigkeit von einem wissenschaftlichen Standpunkt aus sein *sollte*. Vielmehr werden Gerechtigkeitsziele als Ergebnis eines gesellschaftlichen Entscheidungsprozesses interpretiert, der im Rahmen gesellschaftlich relevanter Restriktionen abläuft. Damit knüpfen die nachfolgenden Überlegungen an die Tradition der Public-Choice-Theorie an, die sich ausgehend von Downs (1957), Buchanan/Tullock (1962), Olson (1965) und anderen um eine *positive* Theorie der Demokratie bemüht.[11]

Üblicherweise wird im Rahmen des Public-Choice-Ansatzes in einem ersten Schritt die Struktur des gesellschaftlichen Entscheidungssystems beschrieben. Es werden systematisch die involvierten Akteure (bzw. Gruppen von Akteuren), die zwischen den Akteuren existierenden Interaktionskanäle sowie die Rahmenbedingungen der Interaktion untersucht.[12] Gerade dies ist - vor dem Hintergrund der Nachhaltigkeitsidee - die Zielsetzung des vorliegenden Abschnitts. Hierbei wird der Einbettung gesellschaftlicher Entscheidungen in die Struktur wirtschaftlicher Abläufe besondere Aufmerksamkeit gewidmet. Hingegen werden zwei weitere Aspekte der Public-Choice-Theorie im folgenden keine Rolle spielen, nämlich erstens die Annahme eigensüchtiger Politiker sowie zweitens die Berücksichtigung des Einflusses gesellschaftlicher Interessengruppen. Deshalb steht der im folgenden vorzustellende Ansatz in mancher Hinsicht der Social-Choice-Theorie[13] näher als der Public-Choice-Theorie. Dies ist darauf zurückzuführen, daß es bislang in der Nachhaltigkeitsliteratur keinerlei Anknüpfungspunkte für eine auf dem Boden der Public-Choice-Literatur stehende Nachhaltigkeitstheorie gibt. Im folgenden werden daher in einem ersten Schritt die Grundlagen einer

---

11 Zum jüngeren Stand der Forschung in diesem Bereich siehe z. B. Bernholz/Breyer (1994, Bd. 2); Frey/Kirchgässner (1994); Schneider (1994); McNutt (1996). Zur Anwendung des Public-Choice-Instrumentariums auf umweltpolitische Fragestellungen siehe den Überblick bei Endres/Finus (1996).

12 So z. B. für den Fall umweltrelevanter Entscheidungen bei Endres/Finus (1996, S. 41 ff.).

13 Vgl. hierzu z. B. Hausmann/McPherson (1996, ch. 12); Heal (1997). Den bislang einzigen Versuch, die Nachhaltigkeitsproblematik mit den Hilfsmitteln der Social-Choice-Theorie zu behandeln, hat Chichilnisky (1996a; 1996b; 1997) unternommen.

Public-Choice-orientierten Annäherung an die Nachhaltigkeitsproblematik zu legen sein.

Dies geschieht im folgenden mit Hilfe der vier zentralen Begriffskategorien der *Gerechtigkeit*, des *Gutes*, der *Ware* sowie des *Vermögens*. Hinsichtlich des Begriffes der Gerechtigkeit wird hierbei unterschieden zwischen *autonomen* und *pragmatischen* Aspekten: Während erstere unabhängig sind von der Konkretisierung der Begriffe des Gutes, der Ware und des Vermögens sowie insbesondere von der Beschreibung der Interdependenzen auf und zwischen diesen drei begrifflichen Ebenen, trifft dies auf letztere nicht zu.

Mit Hilfe dieses begrifflichen Instrumentariums werden in den nachfolgenden Abschnitten 7.4.1 bis 7.4.5 die wesentlichen in der Literatur diskutierten Nachhaltigkeitsbegriffe im Sinne eines *fünfdimensionalen, hierarchischen Zielsystems* reinterpretiert. Es wird gezeigt, daß sich sowohl die Neoklassik als auch die ökologische Ökonomie implizit dieser fünf Argumentationsebenen bedienen.

Der hierarchische Charakter dieses fünfdimensionalen Zielsystems wird darin zum Ausdruck kommen, daß auf übergeordneten Ebenen getroffene Annahmen systematisch den Spielraum für Annahmen auf nachgeordneten Ebenen verengen. Auf diese Weise werden die Prioritäten sichtbar, die im Rahmen einer gesellschaftlichen Übereinkunft über das Ziel einer nachhaltigen Entwicklung - im Vorfeld der Bildung von Nachhaltigkeitsindikatoren - zu setzen sind. Zentral wird unter Nachhaltigkeitsgesichtspunkten zudem die Erörterung der Interdependenzen auf jeder einzelnen Ebene bzw. zwischen den verschiedenen Ebenen sein.

7.4.1 Gerechtigkeit: Autonome Aspekte

In den Wirtschaftswissenschaften ist seit geraumer Zeit ein wiederauflebendes Bemühen spürbar, die ethischen Grundlagen menschlichen Wirtschaftens zu hinterfragen.[14] In diesen Kontext ist nicht zuletzt auch die Nachhaltigkeitsdiskussion einzuordnen: Ausgangspunkt der Nachhaltigkeitsüberlegungen ist in der Literatur in aller Regel das originär[15] ethische Oberziel, *Gerechtigkeit* walten zu lassen (vgl. z. B. Pearce 1988b, S. 599 f.).

Die Konkretisierung dieser allgemeinen ethischen Kategorie der Gerechtigkeit, ohne die sie nicht operabel ist, wird im folgenden entlang fünf zentraler Fragestellungen erfolgen:

1) Welche *Subjekte* sind dem Gerechtigkeitsgrundsatz verpflichtet oder können bzw. sollen ihm verpflichtet sein?

2) Welche Mechanismen sind, falls die Beantwortung der Frage 1) auf eine Mehrzahl von Subjekten führt, geeignet, um deren Gerechtigkeitsvorstellungen zu *koordinieren*?

3) Welchen *Objekten* soll Gerechtigkeit widerfahren?

4) In welcher den Objekten zuzuordnenden *Dimension* kann bzw. soll Gerechtigkeit durch die unter 1) benannten Subjekte gemessen werden?

5) Welche interobjektive *Verteilung* eines unter 4) spezifizierten Maßes ist aus Sicht der Subjekte als gerecht zu bezeichnen?

---

14 Siehe hierzu z. B. die aus der Arbeit des Ausschusses 'Wirtschaftswissenschaft und Ethik' des Vereins für Socialpolitik hervorgegangenen Bände von Enderle (1985), Hesse (1988), Homann (1992a; 1992b; 1994b), Nutzinger (1994; 1996) sowie Gaertner (1998). Vgl. auch Hausman/McPherson (1993); Biervert/Held (1994); Booth (1994); Low/Gleeson (1997); Cansier/Bayer (1998); Steinmann/Wagner (1998).

15 Die Trennung zwischen 'Ethik' und 'Ökonomik' ist natürlich zu keiner Zeit von der hier unterstellten Schärfe gewesen. Ökonomik basierte stets auf der Auseinandersetzung mit ethischen Fragestellungen und ist, in Abwandlung eines berühmten Clausewitz-Zitates über das Verhältnis von Politik und Krieg, als "Ethik mit anderen Mitteln" (Homann 1994a, S. 13) bezeichnet worden.

Die Beantwortung dieser fünf Fragestellungen bietet offensichtlich erhebliche Freiheitsspielräume. Allerdings ist, wie im folgenden zu begründen sein wird, im Kontext der Nachhaltigkeitszielsetzung lediglich die Beantwortung der Fragen 1) bis 4) - zumindest teilweise - unabhängig davon, wie auf nachgeordneten Ebenen die Begriffe des Gutes, der Ware sowie des Vermögens konkretisiert und wie die Interdependenzen zwischen diesen Kategorien beschrieben werden. Hingegen ist die Beantwortung der Frage 5) (sowie teilweise der Frage 3)) nicht in diesem Sinne unabhängig. Ihre Behandlung wird daher in Abschnitt 7.4.5 unten erfolgen.

In dieser Vorgehensweise kommt die Überzeugung zum Ausdruck, daß eine 'Verteilungsregel' allein noch keine *operable* Gerechtigkeitstheorie begründen kann. Der Begriff der Gerechtigkeit bezieht sich, sofern er vor dem Hintergrund seiner Implementierung diskutiert wird, nicht allein auf ein bestimmtes *Ergebnis*, sondern vielmehr auch auf den *Weg* zu diesem Ergebnis. Mehr noch: Unebenheiten des Weges können das Ergebnis ganz entscheidend beeinflussen. Hiermit wird nicht die These vertreten, daß der 'Weg selbst das Ziel' darstelle. Vielmehr wird die Auffassung vertreten, daß Ziele nur dann von praktischer Relevanz sein können, wenn zumindest ein Weg zu ihrer Erreichung beschreibbar ist.

7.4.1.1 Gerechtigkeitssubjekte

Die erste hinsichtlich des Gerechtigkeitsgrundsatzes zu beantwortende Frage bezieht sich auf den Begriff des Gerechtigkeits*subjektes*. Dieser wird im folgenden geknüpft an die Fähigkeit zur *Aktivität* im Sinne des Gerechtigkeitszieles.

Es stellt sich die Frage, wer Gerechtigkeitssubjekt sein *kann* bzw. sein *soll*. Die Antwort auf die 'kann'-Komponente folgt unmittelbar aus der obigen Definition eines Gerechtigkeitssubjektes: Das Definitionskriterium der 'Fähigkeit zur Aktivität im Sinne des Gerechtigkeitszieles' setzt *ethisches Bewußtsein* voraus. Im folgenden wird (zwecks Abgrenzung

z. B. von der Mythologie) davon ausgegangen, daß ausschließlich *Menschen* die Fähigkeit besitzen, gerechtigkeitsgeleitet zu handeln. Nur Menschen *können* daher Gerechtigkeitssubjekte sein.

Hier jedoch ergibt sich allein unter dem 'kann'-Aspekt die Notwendigkeit einer Differenzierung zwischen verschiedenen Menschen. So können in einem *beliebigen* Zeitpunkt ausschließlich die *jeweils* in diesem Zeitpunkt lebenden Menschen wählen, entscheiden und handeln, nicht aber bereits verstorbene oder noch ungeborene Menschen. Dies impliziert, daß ausschließlich *jeweils gegenwärtige* Menschen Gerechtigkeitssubjekte sein *können.*

Aber auch in einem bestimmten Zeitpunkt ist zwischen verschiedenen Menschen zu differenzieren, womit die o. g. 'soll'-Komponente angesprochen ist. Hinsichtlich der 'kann'-Komponente sind offensichtlich grundsätzlich *alle* jeweils gegenwärtigen Menschen *potentielle* Gerechtigkeitssubjekte (sofern auf eine Unterscheidung zwischen Kindern und Erwachsenen verzichtet wird). Allerdings sind nicht notwendig alle jeweils gegenwärtigen Menschen auch *tatsächlich* Gerechtigkeitssubjekte.

Hiermit ist die zentrale Frage der *Partizipation* angesprochen. Und zwar - eine gegebene Grundgesamtheit potentieller Gerechtigkeitssubjekte unterstellt - zunächst die Frage der Partizipations*rate* (im Sinne von 'ja-nein'). Denkbar ist, daß nicht alle jeweils gegenwärtigen Menschen Gerechtigkeitssubjekte sind, sondern z. B. lediglich bestimmte Eliten. Es wäre dann die Frage zu beantworten, welche Eliten dies sein *sollen.* Offensichtlich gäbe es eine Vielfalt von Möglichkeiten, aus der Menge aller jeweils gegenwärtig lebenden Menschen diejenige der Gerechtigkeitssubjekte zu separieren.

Hier zeigt sich zum ersten Male, daß die unter 7.2 geschilderte Position der Neoklassik lediglich einen (extremen) Spezialfall darstellt: Ein 'prototypischer' neoklassischer Ökonom würde diese Frage vermutlich in liberaler Tradition auf der Grundlage des methodologischen Individualismus beantworten. Danach sollen grundsätzlich *alle* jeweils gegenwärtigen Menschen Gerechtigkeitssubjekte sein. In diesem Geiste bestand auch das

o. g. Gerechtigkeitskonzept Rawls' (als eine der 'Säulen' des neoklassischen Nachhaltigkeitsverständnisses) auf der Zustimmung *aller* Menschen zu dem gesellschaftlich anzuwendenden Gerechtigkeitsgrundsatz.

Die Einordnung der ökozentrischen Position unter dem Aspekt der Partizipation führt auf das entgegengesetzte Extrem. Das oben in Abschnitt 7.3 angesprochene Tierrechts-Postulat scheint darauf hinzudeuten, daß Fundamentalökologen die oben geäußerte Überzeugung möglicherweise nicht teilen, daß allein Menschen Gerechtigkeitssubjekte sein können bzw. sollen. In ihrem Anspruch, Tieren *individuelle* Rechte zuzugestehen, haben die politischen Verfechter der Tierrechtsidee sich jedoch bezeichnenderweise vorhalten lassen müssen, daß sie sich den 'Funktionärstraum' von der Basis erfüllt haben, die ihren Vertretern nie das Vertrauen entzieht (vgl. Miersch 1995).

7.4.1.2 Koordinationsmechanismen

Sofern die unter 7.4.1.1 geschilderten Überlegungen zu dem Ergebnis führen, daß die Subjekte im Plural sind (bzw. sein sollen), ergibt sich ferner die Notwendigkeit, deren Aktivitäten zu koordinieren. Es ist eine Aussage darüber zu treffen, nach welchem Procedere auf der Ebene der Subjekte die Wahl bezüglich der Gerechtigkeitsobjekte, der Gerechtigkeitsdimension und der gerechten Verteilung erfolgen kann bzw. soll. Hiermit ist (in Abgrenzung zur o. g. Partizipations*rate*) die Frage nach dem Partizipations*grad* einzelner gegenwärtiger menschlicher Individuen angesprochen.

Z. B. wäre es denkbar, daß grundsätzlich *alle* jeweils gegenwärtigen Menschen als Gerechtigkeitssubjekte, dennoch aber gleichzeitig bestimmte (politische) Eliten wahrgenommen werden. In diesem Falle wäre die Frage zu beantworten, welche Beziehung zwischen den Eliten und allen übrigen Menschen etabliert werden *sollen*. Denn es ist vorstellbar, daß die Entscheidungen und Handlungen der betreffenden Eliten in irgendeiner Form von den Entscheidungen und Handlungen aller anderen jeweils gegenwärtig lebenden Menschen abhängig gemacht werden - z. B. in demokratischen Systemen.

Auch hier würde die Neoklassik in liberaler Tradition grundsätzlich für einen *identischen* Partizipationsgrad aller jeweils gegenwärtigen Menschen plädieren. Die Gerechtigkeitstheorie Rawls' paßt hier als Spezialfall hinein: Sein Koordinationsmechanismus ist der 'Schleier der Unwissenheit', hinter dem alle Individuen gleichberechtigt sind.

Wiederum ist die ökozentrische Position als entgegengesetztes Extrem einzuordnen. Folgt man der oben bereits zitierten Einschätzung bei Pearce et al. (1993, S. 18 f.), so schwebt den sog. Fundamentalökologen ein stark reguliertes gesellschaftliches Leben und daher grundsätzlich wohl ein eingeschränkter Partizipationsgrad vor.

7.4.1.3 Gerechtigkeitsobjekte

Die dritte der oben formulierten Fragen bezog sich auf die Benennung der Gerechtigkeits*objekte*. Der Begriff des Gerechtigkeitsobjektes wird im folgenden geknüpft an die Bedingung der *Passivität* im Sinne des Gerechtigkeitszieles. Er zielt somit auf diejenigen Aspekte der Realität, die gerecht zu be*handeln* sind, d. h. auf die gerechtigkeitsgeleitetes Empfehlen, Entscheiden und Handeln von Subjekten gerichtet sein kann oder soll.

Folgt man Pearce (1988b, S. 599 f.), so ist den Nachhaltigkeitsüberlegungen eine denkbar weite Auslegung des Begriffes des Gerechtigkeitsobjektes zugrundezulegen. Pearce fordert

- Gerechtigkeit gegenüber Menschen innerhalb einer Generation (intragenerative Gerechtigkeit),

- Gerechtigkeit gegenüber Menschen zwischen Generationen (intergenerative Gerechtigkeit) sowie

- Gerechtigkeit gegenüber der Natur.

Zwei Aspekte sind diesbezüglich etwas näher zu erläutern. Erstens ergibt sich auch hier wiederum ein Bezug zu dem zwischen 'Neoklassikern' und 'Fundamentalökologen' strittigen Punkt 'Anthropozentrik vs. Ökozentrik'. Die oben mit Pearce zitierte 'Londoner Schule' nimmt, wie bereits früher erwähnt, grundsätzlich eine anthropozentrische Position ein. Diese Position wird in der vorliegenden Arbeit mit der oben geäußerten Überzeugung, daß allein Menschen zur Aktivität im Sinne des Gerechtigkeitszieles fähig sind, zwangsläufig geteilt. Dies bedeutet jedoch keineswegs, daß Menschen die Fähigkeit oder das Recht abgesprochen würde, die von ihnen subjektiv wahrgenommenen Interessen oder Rechte nichtmenschlicher Lebewesen zu vertreten. Mit der Einschränkung, daß nichtmenschliche Lebewesen keine Gerechtigkeits*subjekte*, wohl aber Gerechtigkeits*objekte* sein *können*, bietet daher der hier vertretene Standpunkt auch der 'Ökozentrik' Platz.

Zweitens ist in der obigen Nennung der potentiellen Gerechtigkeitsobjekte der Punkt 'intergenerative vs. intragenerative Gerechtigkeit' angesprochen. Sofern Menschen gerecht zu behandeln sind stellt sich die räumlich und zeitlich zu differenzierende Frage, *welche* Menschen dies sein sollen. Es ist zu explizieren ob künftige Menschen oder heutige Menschen bzw. zeitpunktunabhängig ob die Menschen in den Entwicklungsländern oder die Armen in den entwickelten Ländern gerecht behandelt werden sollen. Pearce plädiert auch in dieser Hinsicht für eine größtmögliche Offenheit: Während der erste der o. g. Punkte den intragenerativen Gerechtigkeitsaspekt anspricht, beinhaltet der zweite Punkt den intergenerativen Aspekt. Obwohl beim dritten Punkt nicht explizit differenziert wird, wird auch dieser im folgenden dahingehend ausgelegt, daß hier sowohl eine statische als auch eine intertemporale Dimension enthalten ist (d. h. sowohl heutige als auch künftige Tiere, Pflanzen und unbelebte Bestandteile der Natur sind grundsätzlich zu berücksichtigen). Allerdings ist auch in diesem Zusammenhang darauf hinzuweisen, daß nicht alle Gerechtigkeitsobjekte auch Gerechtigkeitssubjekte sein können: Gerechtigkeitssubjekte können nur jeweils *gegenwärtige*, nicht jedoch künftige Menschen sein. Insofern ist ein qualitativer Unterschied zwischen der intergenerativen und der intragenerativen Gerechtigkeitsproblematik zu konstatieren.

7.4.1.4 Gerechtigkeitsdimensionen

Bis hierher wurden die Gerechtigkeitssubjekte und die Gerechtigkeitsobjekte lediglich benannt. Es ist nun die Natur der Beziehung zwischen Subjekten und Objekten zu thematisieren. Hierauf zielt die vierte der oben in Zusammenhang mit dem Gerechtigkeitsgrundsatz formulierten Fragen: In welcher den genannten Objekten zuzuordnenden *Dimension* kann bzw. soll Gerechtigkeit durch die Subjekte *gemessen* werden?

Der Plural der o. g. Gerechtigkeitsobjekte macht einen interobjektiven *Vergleich* erforderlich. Damit ist die Frage nach der interobjektiven Vergleich*barkeit* aus Sicht der Gerechtigkeitssubjekte zentral. Problematisch ist die Vergleichbarkeit aufgrund der *Heterogenität* der Gerechtigkeitsobjekte (die sowohl zwischen den drei oben genannten Kategorien von Gerechtigkeitsobjekten als auch innerhalb jeder einzelnen Kategorie besteht). Die Heterogenität der Objekte macht es erforderlich, eine subjektiv handhabbare Dimension für den interobjektiven Vergleich zu finden, die hier den folgenden Anforderungen unterworfen wird:

a) Sie soll in der Wahrnehmung der Subjekte allen Objekten *gemeinsam* sein;

b) sie soll prinzipiell durch die Subjekte theoretisch und empirisch *meßbar* sein;

c) sie soll aus Sicht der Subjekte *unter Nachhaltigkeitsgesichtspunkten sinnvolle Informationen* enthalten bzw. Aussagen ermöglichen.

Wie im folgenden erläutert wird, ergeben sich Probleme, eine Dimension zu finden, die alle drei Anforderungen simultan erfüllt. So wären 'Masse' oder 'Gewicht' Beispiele für physikalische Dimensionen, die zwar den Anforderungen a) und b), schwerlich aber der Anforderung c) genügen. Sie wären aus Sicht der Subjekte allen genannten Objekten gemeinsam und darüber hinaus theoretisch und empirisch meßbar. Aber man darf ihre Aussagefähigkeit hinsichtlich des Nachhaltigkeitszieles bezweifeln.

Unter Nachhaltigkeitsgesichtspunkten sinnvolle Aussagen kann aufgrund der Heterogenität der o. g. Objekte prinzipiell wohl nur eine denkbar allgemein gefaßte Dimension wie etwa 'Daseinsqualität' ermöglichen. Sofern es sich um belebte Objekte handelt, wäre möglicherweise der Term 'Lebensqualität' eine angemessene Konkretisierung, auch für nichtmenschliche belebte Objekte. Bezogen auf ausschließlich menschliche Objekte ist in der Literatur häufig von 'well-being' die Rede.[16]

Die Dimension 'Daseinsqualität' wäre unter Nachhaltigkeitsgesichtspunkten 'sinnvoll', sie wäre darüber hinaus auch allen Objekten gemeinsam. Allerdings ist die theoretische und empirische Meßbarkeit der Dimension 'Daseinsqualität', d. h. ihre 'Operationalität' gemäß Anforderung b), offensichtlich äußerst problematisch.

Die entscheidende Frage lautet in diesem Zusammenhang: Ist 'Daseinsqualität' *objektiv* meßbar oder ist es etwas ausschließlich *subjektiv* Erfahrbares? Es ist zu beachten, daß die Begriffe objektiver und subjektiver Meßbarkeit hier aufgrund der oben definierten Begriffe nicht dem üblichen Sprachgebrauch entsprechen: Die Unterscheidung zwischen objektiver und subjektiver Meßbarkeit wird im folgenden anhand des Kriteriums der *Kommunizierbarkeit* von einem Objekt in Richtung eines Subjektes erfolgen. Objektive Meßbarkeit soll im folgenden bedeuten, daß ein Gerechtigkeitsobjekt seine Daseinsqualität selbst ermitteln und einem Subjekt mitteilen kann. Voraussetzung für den Kommunikationserfolg ist selbstverständlich die entsprechende Kommunikationsfähigkeit bzw. Rezeptionsfähigkeit auf seiten des Subjektes. Die Aufgabe des Subjektes be-

---

16 So bei Solow (1993); Pearce/Markandya/Barbier (1989, S. 28).

stünde bei Vorliegen objektiver Meßbarkeit lediglich in dem Vergleich der ihm mitgeteilten Daseinsqualitäten sämtlicher Objekte. Subjektive Meßbarkeit bedeutet hingegen im folgenden, daß ein Objekt nicht die erforderliche Kommunikationsfähigkeit (oder ein Subjekt nicht die erforderliche Rezeptionsfähigkeit) besitzt und sich daher die Aufgabe des Subjektes kompliziert: Es muß 'Vermutungen' hinsichtlich der Daseinsqualitäten kommunikationsunfähiger Objekte anstellen und diese vermuteten Daseinsqualitäten mit den durch kommunikationsfähige Objekte mitgeteilten vergleichen.

Hinsichtlich des Punktes 'Kommunikationsfähigkeit' ist zwischen den o. g. Gerechtigkeitsobjekten einerseits *zeitpunktbezogen* zu differenzieren. Im Falle belebter nichtmenschlicher Bestandteile der Natur kann die Quantität der Kommunikation durchaus positiv sein (Tiere können z. B. Schmerz artikulieren), allerdings ist die Qualität der Kommunikationsfähigkeit in Richtung menschliches Subjekt (bzw. die Rezeptionsfähigkeit menschlicher Subjekte) wohl als eingeschränkt einzustufen. Bei unbelebten Bestandteilen der Natur ist die Kommunikationsfähigkeit qualitativ noch eingeschränkter.

Andererseits ist *intertemporal* zu differenzieren. Offenbar ist hinsichtlich künftiger Generationen (und generell hinsichtlich künftiger Gerechtigkeitsobjekte) die Kommunikationsfähigkeit vom Objekt in Richtung Subjekt nicht nur qualitativ eingeschränkt, sondern gleich null. Auch hier müssen Subjekte mit Vermutungen arbeiten.

Somit sind nach hier vertretener Auffassung alle nichtmenschlichen Bestandteile der Natur (zeitunabhängig) und auch künftige menschliche Generationen im obigen Sinne mehr oder weniger kommunikationsunfähig. Es gibt keine hinreichend gemeinsame Sprache zwischen diesen Objekten und den jeweils gegenwärtig lebenden Menschen als Gerechtigkeitssubjekten.

Daher kann es eine 'objektive' Meßbarkeit von Daseinsqualität grundsätzlich nur hinsichtlich jeweils gegenwärtiger Menschen, sofern diese

Gerechtigkeits*objekte* sind, geben. Nur hier kann grundsätzlich die erforderliche Kommunikationsfähigkeit in Richtung derjenigen gegenwärtigen Menschen, die Gerechtigkeitssubjekte sind, erwartet werden.

Dennoch treten auch hier große Probleme auf. Die Nachhaltigkeitsdiskussion stößt hier an eine der klassischen Streitfragen der neoklassischen Theoriebildung. Frambach (1996) führt gar die gesamte Entwicklungsgeschichte der neoklassischen Theorie auf das permanente Bemühen zurück, das hiermit angesprochene Meßbarkeitsproblem theoretisch plausibel und gleichzeitig empirisch befriedigend zu lösen. Die neoklassische Konzeptualisierung menschlicher Lebensqualität ist der individuelle *Nutzen*. Von Beginn an ergaben sich allerdings Probleme mit der Operationalität der abstrakten Kategorie des Nutzens. Die im Verlauf der Entwicklungsgeschichte der neoklassischen Theorie vermeintliche Zunahme an theoretischer Plausibilität ging einher mit einem spürbaren Mangel an empirischer Meßbarkeit (bzw. Kommunizierbarkeit) der Nutzengrößen. Allein die *intra*personale Nutzenbestimmung, d. h. die Vergleichbarkeit der Nutzen verschiedener Güter und ihre Aggregation zu einem individuellen Gesamtnutzen wurde als höchst problematisch erkannt. Die frühe Neoklassik ging von der *Annahme* einer kardinalen intrapersonellen Meßbarkeit der Nutzengrößen verschiedener Güter aus, sah sich aber bei der empirischen Überprüfung dieser Annahme mit einem schwerwiegenden Defizit konfrontiert (vgl. ebd.). Spätere Generationen neoklassischer Ökonomen nahmen daher von dieser Annahme Abstand und stützten sich zunächst auf ein ordinales Nutzenkonzept um sich jedoch schließlich immer weiter von der Nutzenkategorie an sich zu lösen, die sich trotz aller vermeintlichen theoretischen Fortschritte als empirisch unzugänglich behauptete. In der 'modernen Phase' der Neoklassik scheint gar "die Nicht-Meßbarkeit von Nutzengrößen weitgehend akzeptiert" (ebd., S. 100).

Angesichts der bereits auf intrapersoneller Ebene scheinbar unüberbrückbaren Kluft zwischen theoretischer und empirischer Meßbarkeit von Nutzengrößen kann es nicht verwundern, daß die These breiten Widerhall fand, aufgrund der Unmöglichkeit, in die Individuen 'hineinzuschauen', seien interpersonelle Nutzenvergleiche schlichtweg undurchführbar (vgl. ebd., S. 94).

Unabhängig davon, in welchem Verhältnis man zur Neoklassik steht, kann man diesen alten Streit als Hinweis darauf deuten, welche Probleme sich bei einer Erweiterung der Menge der Gerechtigkeitsobjekte über menschliche Individuen hinaus ergeben. Wenn bereits zwischen menschlichen Individuen (und sogar innerhalb einzelner menschlicher Individuen) die Möglichkeit der Vergleichbarkeit, Meßbarkeit und Kommunizierbarkeit von 'Daseinsqualität' derart schwerwiegende Probleme bereitet, so dürften sich diese (und insb. die Kluft zwischen theoretischer Plausibilität und empirischer Überprüfbarkeit) bei der Einbeziehung nichtmenschlicher Gerechtigkeitsobjekte potenzieren.

Es hat somit den Anschein, daß das Konzept der objektiven Meßbarkeit von 'Daseinsqualitäten' als äußerst problematisch zu beurteilen ist, und zwar hinsichtlich *sämtlicher* Gerechtigkeitsobjekte. Teilt man diese Einschätzung, so wird in aller Regel die Messung von Daseinsqualitäten auf Vermutungen der Gerechtigkeitssubjekte hinsichtlich der Daseinsqualität der berücksichtigten Gerechtigkeitsobjekte basieren müssen. Dies impliziert, daß die Messung von Daseinsqualitäten sämtlicher Objekte allein auf der Grundlage der Zielkriterien jeweils gegenwärtiger Menschen, die Gerechtigkeitssubjekte sind, erfolgen kann. Die Daseinsqualitäten der kommunikationsunfähigen Gerechtigkeitsobjekte erscheinen dann quasi als 'Projektionen' in die Zielkriterien (bzw. Daseinsqualitäten) der Subjekte. Man kann die Betrachtung dann auf die Daseins- bzw. Lebensqualitäten gegenwärtiger Menschen beschränken.

Trotz der getroffenen Annahmen ist das obige Gerechtigkeitsverständnis zu allgemein formuliert, um unmittelbar operabel zu sein. Es wird daher im weiteren Verlauf zu konkretisieren sein. Dies geschieht im folgenden im Wege einer Klassifikation derjenigen Aspekte der Realität, denen in der Literatur ein (positiver oder negativer) Beitrag zur Lebensqualität zugesprochen wird. Hierbei wird unterschieden zwischen *Strom-* und *Bestands*größen einerseits sowie zwischen *unmittelbarem* und *mittelbarem* Charakter des Beitrages zur Lebensqualität andererseits.

7.4.2 Güter

Der Begriff des Gutes bezeichne im folgenden all diejenigen *Strom-* oder *Bestands*größen, die a) sich durch das Potential auszeichnen, Lebensqualität *unmittelbar* zu generieren sowie b) Gegenstand bewußten und zielgerichteten menschlichen Handelns sein können.[17]

In der Frage, worin die unmittelbaren Quellen der Lebensqualität zu sehen seien, besteht wohl einer der zentralen Streitpunkte der Nachhaltigkeitsdiskussion. Auf der Ebene des Gutes kreist die Diskussion um begriffliche Gegensatzpaare wie 'Lebensstandard vs. Lebensqualität', 'nachhaltiges Wachstum vs. nachhaltige Entwicklung'[18] oder auch 'quantitatives vs. qualitatives Wachstum'. Ihren provokativen Charakter beziehen all diese Begriffspaare aus der implizit an die neoklassische Ökonomie gerichteten Forderung, die *Heterogenität* der unmittelbar für die Lebensqualität relevanten Aspekte der Realität anzuerkennen.

Der Einwand, die Neoklassik anerkenne den Konsum produzierter Güter und Dienstleistungen als ausschließliche Quelle der Lebensqualität, ist sicher nicht völlig aus der Luft gegriffen. Zumindest ist eine diesbezügliche Neigung unverkennbar. Im Mittelpunkt der neoklassischen Analyse stand typischerweise eher der 'Lebensstandard' denn die 'Lebensqualität'.

Bereits zu Beginn der siebziger Jahre hatten sich neoklassische Ökonomen, wie bereits im vierten Kapitel deutlich wurde, unter expliziter Berufung auf Rawls das Ziel gesetzt, "to determine more precisely under what conditions a sustainable level of *per capita* consumption is feasible"

[17] Vgl. zu diesen beiden Merkmalen des Gut-Begriffes Frambach (1996, S. 103).

[18] Zur Abgrenzung der Begriffe 'Wachstum' und 'Entwicklung' vgl. z. B. Pezzey (1992b, S. 10) sowie Wagner (1993, S. 2 ff.; 1996, S. 127).

(Stiglitz 1974a, S. 123). Naturbezogene Ziele wurden i. d. R. diesem Primärziel untergeordnet: Der Wert natürlicher Ressourcen - d. h. der Ressourcenentnahme*ströme* - wurde ausschließlich an ihrem Beitrag zur Aufrechterhaltung eines angemessenen Konsumstroms produzierter Güter gemessen.

Dies mag überspitzt formuliert sein. Aber bereits die Botschaft des *Club of Rome* lautete ja im Jahre 1972: Würden die wirtschaftlichen und demographischen Wachstumstrends der sechziger Jahre aufrechterhalten, dann müßte aufgrund der Begrenztheit der natürlichen Ressourcenvorräte in absehbarer Zeit das wirtschaftliche System kollabieren. Die Menschheit hätte sich unabänderlich bis in alle Zukunft mit einem Produktionsniveau und daher mit einem Konsumstrom weit unterhalb des zu Beginn der siebziger Jahren gewohnten und liebgewonnenen Lebensstandards zu begnügen. Die enorme Öffentlichkeitswirkung, die der Bericht des *Club of Rome* damals entfaltete, wurde durch die prompte und hautnahe Erfahrung wirtschaftlicher Einschränkungen als Folge der Ölpreisschocks befördert. In der Bundesrepublik sind damals die autofreien Sonntage wohl weitaus mehr als schmerzlicher Einschnitt in den gewohnten 'Freizeitkonsum' empfunden worden denn als Beitrag zur Reinhaltung der Atemluft.

Und auch die Antwort der neoklassischen Wachstumstheorie auf den Bericht des *Club of Rome* - es war kein Geringerer als Robert M. Solow (1974a, 1974b), der sie zwei Jahre später in ihren Grundzügen entwarf - richtete ihr Augenmerk ausschließlich auf die Möglichkeit, den Konsum (produzierter Güter) pro Kopf *trotz* der sich abzeichnenden Erschöpfung wichtiger Rohstoffvorräte (als essentieller Produktionsfaktoren) bis in alle Zukunft aufrechtzuerhalten (vgl. Kap. 4 oben).

Im Vordergrund stand somit stets der Wert der Ressourcenentnahme*ströme*. Damit stand die Neoklassik von Anfang an in der Tradition des mittelalterlichen forstwirtschaftlichen Nachhaltigkeitsverständnisses, das ursprünglich auf dauerhafte physische und monetäre Holzerträge abstellte.

Zuweilen wird in der Öffentlichkeit der entscheidende qualitative Sprung in der Umweltdebatte der jüngsten Vergangenheit *gerade* darin empfunden, daß das Leitbild der nachhaltigen Entwicklung, indem es nicht den Schutz- sondern vielmehr den *Nutzungs*gedanken betone, dem Menschen mehr Respekt zolle, als der 'klassische' Naturschutz.[19] Eine Beschränkung auf den Nutzungsaspekt (interpretiert als Ressourcenentnahmestrom zu direkt konsumptiven oder produktiven Zwecken) hieße jedoch, weite Teile der Nachhaltigkeitsliteratur zu ignorieren, in denen zunehmend ein 'Existenzwert' des natürlichen Ressourcen*bestandes* postuliert wird, also ein gesellschaftlicher Wert, der unabhängig ist von der wirtschaftlichen Nutzung der Ressourcen*entnahme*.[20]

Im Grunde ist es erstaunlich, daß die Anerkennung z. B. der ästhetischen Funktionen der Natur keine Selbstverständlichkeit ist: Wollte man *menschengemachten* Gütern neben ihrem konsumptiven auch einen ästhetischen Wert zugestehen, so dürfte sich kaum Widerspruch regen. Das aktuelle Beispiel des Wiederaufbaus der Dresdner Frauenkirche und ganz allgemein die Institution des Denkmalschutzes sowie die Vielzahl der Museen belegen dies eindrucksvoll. Warum also sollte man reizvollen Landschaften und einer üppigen Tier- und Pflanzenwelt nicht ebenso einen ästhetischen Wert zugestehen? Bereits in der Forstwirtschaft war ja - wie oben in Kap. 2 erwähnt - zu Beginn des 19. Jahrhunderts das ursprünglich rein betriebswirtschaftliche Nachhaltigkeitskonzept um die ästhetischen Funktionen des Waldes erweitert worden.

Ebenso sind Lebenserhaltungsfunktionen bestimmter Komponenten des Naturkapitals unbestreitbar. Jenseits einer ästhetischen Qualität intakter ökologischer Systeme ist allein die körperliche Gesundheit der Menschen heute wie in Zukunft unmittelbar abhängig von der Reinheit der Atemluft, der Stabilität des Klimas und der Funktionsfähigkeit atmosphärischer Strahlungsfilter, um nur einige der derzeit dringlichsten Probleme der Umweltpolitik zu nennen. Nicht zuletzt in diesem Sinne trägt die Qualität der Umwelt, d. h. der natürliche Ressourcenbestand,

19 Vgl. zu dieser Einschätzung z. B. Vorholz (1994, S. 80).

20 Vgl. hierzu stellvertretend Pearce/Turner (1990, ch. 9) sowie die Nachweise bei Pezzey (1992b, S. 11).

unmittelbar zur Lebensqualität bei. Auch dies spricht für den 'Erhalt des Naturkapitals' unabhängig von wirtschaftlichen Erwägungen im engen Sinne.

Mit dem Hinweis auf den Existenzwert *natürlicher* Ressourcenbestände ist allerdings der Begriff des Gutes unter Nachhaltigkeitsgesichtspunkten keineswegs erschöpfend behandelt. Im Kontext der Nachhaltigkeitsdiskussion ist die Einteilung in *menschengemachte* Güter, *natürliche* Güter sowie *soziale* Güter bedeutsam.

Bei der Behandlung der Nachhaltigkeitsproblematik hat sich in den vergangenen Jahrzehnten der Schwerpunkt der Analyse zwischen den genannten Güter-Kategorien deutlich verlagert. Während das Hauptaugenmerk der neoklassischen Nachhaltigkeitstheoretiker seit den siebziger Jahren der Kategorie menschengemachter Güter galt, stellt seit Mitte der achtziger Jahre die ökologische Ökonomie die Bedeutung natürlicher Güter in den Vordergrund. In jüngster Zeit scheint gar der ökologischen Ökonomie in ihrer Rolle als Kritikerin der Neoklassik Konkurrenz in Gestalt einer 'sozio-ökologischen Ökonomie' (vgl. Jacobs 1996) zu erwachsen, die auf eine verstärkte Einbeziehung sozialer Güter in die Nachhaltigkeitsüberlegungen drängt.

Den nachfolgenden Ausführungen liegt eine denkbar weite Auslegung des Gut-Begriffes zugrunde. Denn man ist sich mittlerweile weitestgehend einig darüber, daß das Ziel einer nachhaltigen Entwicklung eine *ökonomische*, eine *ökologische* sowie eine *soziale* Dimension umfasse. Dies findet in der jüngeren Literatur seinen Ausdruck in Wortschöpfungen wie z. B. der des "sustainability triangle" (Charles 1994, S. 205) oder der des "Drei-Säulen-Modells" (Klemmer 1996b, S. 323).

Es ist jedoch wichtig, festzustellen, daß es diesbezüglich zwar *graduelle* Unterschiede zwischen Neoklassik und (sozio-)ökologischer Ökonomie gibt, die Differenzen aber keineswegs *grundsätzlicher* Natur zu sein scheinen. Den Beleg findet man bei Vertretern der beiden 'Schulen' selbst:

Einerseits wird wohl nirgends bestritten, daß die Tierrechtsidee der Fundamentalökologen wohl nicht in letzter Konsequenz praktikabel ist, solange *auch* der Mensch Rechte genießt. Denn auch ein vollständiger Verzicht auf tierische Nahrung und auf Werkstoffe tierischen Ursprungs könnte nicht verhindern, daß der Sicherung der menschlichen Ernährung auf rein pflanzlicher Basis die Lebensräume zahlreicher Tiere zum Opfer fielen. Im übrigen scheint die Problematik sich zu verschärfen, wenn man auch Pflanzen Rechte zugestehen wollte oder gar der unbelebten Natur.

Andererseits täte man im Hinblick auf die anerkannten Quellen der Lebensqualität den Neoklassikern Unrecht, wenn man sie auf die ausschließliche Anerkennung des Konsumstroms produzierter Güter festlegen wollte: "Many, though not all, environmental assets have a claim to intrinsic value. That is the case of the Grand Canyon or Yosemite National Park" (Solow 1993, S. 171). Allerdings ist dies aus neoklassischer Sicht zweifellos der Ausnahmefall: "Most routine natural resources are desirable for what they do, not for what they are. It is their capacity to provide usable goods and services that we value" (ebd.).

Die *grundsätzliche* Bereitschaft der Neoklassik zur Anerkennung 'intrinsischer' Werte natürlicher Ressourcen manifestierte sich ja bereits im Rahmen der Darstellung der ressourcenökonomischen Standardmodelle in den Kapiteln 3 bis 6. Über die Spezifikation der Argumente der Nutzenfunktion des repräsentativen Haushaltes stand dort der Begriff der 'wirtschaftlichen Ziele' *sowohl* 'engen' *als auch* 'weiten' Auslegungen offen:

- So wurde in den Modellen $\mathscr{P}$ und $\mathscr{I}$ der Kapitel 4 und 5 auf eine *enge* Interpretation wirtschaftlicher Ziele Bezug genommen, die allein einen Nutzenbeitrag des Konsum*stroms* anerkannte. Zu unterscheiden ist hierbei zwischen dem *unmittelbaren* Konsum der Natur entnommener Ressourcenströme (Modell $\mathscr{P}$) und dem Strom *produzierter* Güter (Modell $\mathscr{I}$).

- Andererseits wurde im Modell $\mathscr{PM}$ des sechsten Kapitels auf eine *erweiterte* Auslegung wirtschaftlicher Ziele rekurriert, die über den Konsumstrom (produzierter Güter) hinaus einen Nutzenbeitrag natürlicher Ressourcen*bestände* postulierte, namentlich der Reinheit eines Umweltmediums.

Die Einbeziehung umweltrelevanter Aspekte noch über das Modell $\mathscr{PM}$ hinaus stellt zudem die neoklassische Theoriebildung keineswegs vor ungewohnte Herausforderungen oder gar grundlegende methodologische Probleme. So weist Frambach (1996) darauf hin, daß sich die Neoklassik in ihrer 'modernen Phase' - angesichts der oben angesprochenen Mißerfolge bei der empirischen Überprüfung ihres Nutzenkonzeptes - eher der Ausweitung des *theoretischen* Gültigkeitsbereiches der Nutzenkonzeption denn der Lösung des *empirischen* Meßbarkeitsproblems gewidmet hat. G. S. Beckers (1993) ökonomische Theorie menschlichen Verhaltens[21] ist nur ein Beispiel für die "*Ausweitung* des Gutsbegriffs" (Frambach 1996, S. 103), der für die moderne neoklassische Theorie charakteristisch ist. In gewisser Weise läßt sich auch die Nachhaltigkeitsdiskussion als Bestandteil dieses Trends interpretieren, wie in einer umfassenden Modellversion im zehnten Kapitel dieser Arbeit deutlich werden wird:

- Dort wird die Interpretation 'wirtschaftlicher' Ziele - d. h. des Gut-Begriffes - exemplarisch ausgeweitet auf *soziale* Quellen der Lebensqualität (bzw. des Nutzens des repräsentativen Haushaltes), namentlich auf die Aspekte 'Gesundheit' und 'Bildung'.

Die hiermit anerkannte Heterogenität der Güter hat wichtige Konsequenzen für den Komplexitätsgrad der - unter Nachhaltigkeitsgesichtspunkten zentralen - Interdependenzanalyse. Hinsichtlich der Interdependenzen zwischen den Niveaus der Güterversorgung einerseits und der Gerechtig-

21 Vgl. die Würdigung dieses Ansatzes bei Schramm (1996).

keitsdimension der Lebensqualität andererseits wirft sie insbesondere die Frage auf, in welchem Maße menschengemachte, natürliche und soziale Güter in ihrer Eigenschaft, Lebensqualität zu generieren, gegeneinander *substituierbar* sind. Sofern die Möglichkeit einer Substitution nicht kategorisch für alle möglichen Güterpaare und unabhängig von den jeweiligen Niveaus bestritten wird, resultiert zwangsläufig die Notwendigkeit, sich im Rahmen von Indikatoren einer nachhaltigen Entwicklung mit Fragen einer vergleichenden Bewertung (d. h. Gewichtung gemäß ihres jeweiligen Beitrages zur Lebensqualität) unterschiedlicher Güter auseinanderzusetzen.

Hiermit ist wiederum die o. g. Kritik an einer monetären Bewertung natürlicher (und sozialer) Güter angesprochen. In diesem Zusammenhang ergeben sich zwei Fragen: 1) *Sollen* Umweltgüter (und soziale Güter) monetär bewertet werden und 2) *können* sie monetär bewertet werden?

Hinsichtlich der 'Soll'-Frage wird in dieser Arbeit die Einschätzung geteilt, daß es z. B. im Bereich der Gesundheitsvorsorge, der ja auch durch umweltpolitische Entscheidungen nicht unerheblich berührt ist,

> "eine Tatsache [ist], daß alle Menschen in ihren täglichen Entscheidungen Gesundheits- und Lebensrisiken gegen Verzichte bei anderen Zielen abwägen [...]. Einerseits besteht Einigkeit darüber, daß Gesundheit und Leben so konkurrenzlose Werte sind, daß ihr Verlust oder das Risiko ihres Verlustes durch nichts aufgewogen werden kann, und schon gar nicht durch Geld. [...]. Andererseits sind wir ständig gezwungen, diese 'unendlich wertvollen' Güter gegen andere abzuwägen. Wir gestehen damit implizit ein, daß ihr Wert doch endlich ist, lehnen aber eine explizite Wertung ab" (Endres/Jarre/Klemmer/Zimmermann 1991, S. 30 f.).

Diese Einschäzung ist ohne Einschränkung auf natürliche Güter übertragbar. Auch für sie gilt, daß sie

> "zunächst in physischen Einheiten so genau wie möglich abgeschätzt werden [müssen]. Dann sollte zusätzlich eine ökonomische Bewertung ver-

> sucht werden [...]. So [...] trägt man dazu bei, die verdeckten impliziten Wertungen einer politischen Entscheidung der öffentlichen Diskussion zugänglich zu machen" (ebd., S. 31).

Angesichts dieser Einschätzung stellt sich die Frage nach den Ursachen der Ablehung einer monetären Bewertung natürlicher und sozialer Güter. Auch hier scheint wieder das Problem der *Partizipation* eine große Rolle zu spielen: Die Neoklassik plädiert, wie schon des öfteren erwähnt wurde, für eine möglichst umfassende Partizipation. Nicht zuletzt deshalb werden als Grundlage einer monetären Bewertung natürlicher Güter die *individuellen* Wertschätzungen für Umweltgüter ermittelt. Wenn man allerdings 'diktatorisch' bewertet, müssen die Bewertungsmaßstäbe nicht zwingend intersubjektiv gemacht werden. Es reicht der 'Daumen' des Diktators.

Hiermit ist bereits die zweite Frage angesprochen, ob und auf welche Weise natürliche und soziale Güter monetär bewertet werden *können*. Genau an dieser Stelle führt die Ausweitung des Gut-Begriffes zu empirischen Problemen. Hier kommen zahlreiche natürliche Ressourcen ins Spiel, die nicht auf Märkten gehandelt werden und deren Wertschätzung sich somit nicht in beobachtbaren Preise niederschlägt. Aus ökonomischer Sicht beruht ja die Übernutzung natürlicher Ressourcen in vielen Fällen auf der Nichtexistenz bzw. Unvollkommenheit von Märkten für Umweltgüter (z. B. für 'saubere Luft'). Es gibt häufig keine beobachtbaren Marktpreise für Umweltressourcen, daher müssen die Wertschätzungen, die diesen entgegengebracht werden, auf anderem Wege ermittelt werden. Die in diesem Bereich bislang verfügbaren Methoden sind umstritten, ihre Umsetzbarkeit in der Praxis problematisch.[22] Aber zumindest stellen sie ein unmißverständliches Bekenntnis zu einer möglichst umfassenden *Partizipation* aller Mitglieder einer Gesellschaft dar.

22 Vgl. hierzu z. B. Pearce/Turner (1990, ch. 10); Pommerehne/Römer (1992); Freeman (1993); Endres/Holm-Müller (1998).

7.4.3 Waren

Der Begriff der Ware bezeichne im folgenden all diejenigen *Strom*größen, die sich durch das Potential auszeichnen, Lebensqualität *mittelbar* zu generieren. Das naheliegendste Beispiel stellen solche Entnahmeströme aus natürlichen Ressourcenbeständen dar, die als Produktionsfaktoren fungieren (z. B. Extraktionsströme fossiler Energieträger).[23]

Derartige Warenströme genießen im Kontext der Nachhaltigkeitsdiskussion zunehmende Aufmerksamkeit. Das wachsende Interesse an einer Stoffstrompolitik[24] als Mittel zur Verwirklichung einer nachhaltigen Entwicklung scheint tendenziell der Auffassung zu entspringen, daß es gelte, das Verhältnis von (menschengemachten) Güterströmen zu den unterliegenden (natürlichen) Warenströmen zu steigern.

Allerdings erfaßt der Begriff der Ware in obiger Definition nicht ausschließlich die Entnahmen aus natürlichen Ressourcenbeständen, die im Prozeß der Generierung menschengemachter Güter produktiv sind. Vielmehr sind umgekehrt auch die Ströme menschengemachter Waren berücksichtigt, die im Prozeß der Generierung natürlicher Güter eine Rolle spielen. Solche Warenströme sind im Bereich der sog. Vermeidungs- bzw. Defensivaktivitäten bedeutsam (man denke z. B. an bestimmte Chemikalien zur Beeinflussung des Milieus zuvor durch Schadstoffe belasteter Waldböden). Schließlich sind auch solche Dienstleistungsströme erfaßt, die der Einflußnahme auf soziale Güter dienen. In diesem Bereich sind z. B. medizinische Versorgungsleistungen zur Verbesserung der Gesundheitssituation oder Ausbildungsaktivitäten zur Erhöhung des Bildungsstandes zu nennen.

Auch auf der Ebene der Waren - bzw. zwischen Waren- und Güter-

---

23 Allerdings genügen nicht alle Produktionsfaktoren der Definition einer Ware, da auch Bestände produktiv sein können.

24 Vgl. z. B. BUND/Misereor (1996, S. 29 ff.) sowie die Enquete-Kommission 'Schutz des Menschen und der Umwelt' des Deutschen Bundestages (1994). Ein kritischer Überblick über die in diesem Zusammenhang relevante Literatur findet sich bei Klemmer (1996b).

ebene - ist unter Nachhaltigkeitsgesichtspunkten eine sorgfältige Interdependenzanalyse zentral. Erneut gilt es, Substitutionsmöglichkeiten zu beurteilen, allerdings nun nicht mehr auf der Ebene der Lebensqualität. Vielmehr ist z. B. die Frage zu beantworten, in welchem Maße heterogene Warenströme in ihrer *produktiven* (und daher Güter-generierenden) Eigenschaft gegeneinander substituierbar sind. Hieraus ergibt sich, sofern nicht auf dieser Ebene jegliche Substitutionsmöglichkeiten kategorisch negiert werden, erneut die Notwendigkeit, im Rahmen von Indikatoren einer nachhaltigen Entwicklung eine vergleichende Bewertung (d. h. 'produktionsseitige' Gewichtung) unterschiedlicher Warenströme vorzunehmen.

7.4.4 Vermögen

Der Begriff des Vermögens wird im folgenden an das Potential einer *Bestands*größe geknüpft, *unmittelbar* und/oder *mittelbar* Lebensqualität zu generieren. Von *unmittelbarer* Natur ist der Beitrag zur Lebensqualität z. B. im Falle intakter natürlicher Ressourcenbestände, die das ästhetische Empfinden der Menschen berühren (z. B. Waldbestände). Solche Bestände sind Güter im Sinne des Abschnitts 7.4.2 sowie (durch ihre Bestandseigenschaft) *gleichzeitig* Bestandteile des Vermögens. Von *mittelbarer* Natur ist der Beitrag zur Lebensqualität z. B. im Falle solcher Ressourcenbestände, denen Warenströme zu produktiven Zwecken entnommen werden (z. B. Bodenschätze). Solche Vermögensbestandteile sind *nicht* notwendig gleichzeitig Güter.

Die Kategorie des Vermögens ist Ökonomen als *Voraussetzung* für die Realisierung einer angestrebten Lebensqualität geläufig.[25] In der Tat ist auch im Rahmen der hier vorgeschlagenen Systematik das Vermögen die fundamentale Quelle der Lebensqualität, da von ihm einerseits Warenströme ausgehen und es andererseits teilweise selbst produktiv ist

---

25 Der in diesem Zusammenhang ebenfalls gebräuchliche Begriff des 'Kapitals' sei im folgenden menschengemachten Vermögensbestandteilen vorbehalten.

bzw. Gutcharakter besitzt. Wie oben im zweiten Kapitel erläutert wurde, setzte sich bereits in der deutschen Forstwissenschaft des späten Mittelalters die Einsicht durch, daß die Aufrechterhaltung 'wünschenswerter' Stromgrößen (stabiler und ausreichender Holzerträge) den Erhalt bestimmter Bestandsgrößen voraussetzt (der Waldflächen). Nicht anders setzt die Realisierung bestimmter erwünschter Niveaus der in Abschnitt 7.4.2 charakterisierten dynamischen Zielkomponente einer nachhaltigen Entwicklung (der 'Güterversorgung') die Formulierung entsprechender statischer Nachhaltigkeitsziele voraus.

Unter Nachhaltigkeitsgesichtspunkten ist auch auf der Vermögensebene das Merkmal der *Heterogenität* von ausschlaggebender Bedeutung. In der Literatur wird in Analogie zur oben behandelten Güterebene die Relevanz menschengemachter, natürlicher und sozialer Vermögenskomponenten hervorgehoben. Die Heterogenität des Vermögens macht wiederum eine sorgfältige Analyse der relevanten Interdependenzen und der sich daraus ergebenden Substitutionsprobleme erforderlich. Allerdings kann im Rahmen der hier entwickelten Systematik die Frage nach der Substituierbarkeit verschiedener Vermögenskomponenten gegeneinander nicht isoliert auf der Vermögensebene beantwortet werden. Vielmehr gelingt dies stets nur unter Bezugnahme auf die oben auf der Güter- bzw. Warenebene einerseits hinsichtlich der Lebensqualität und andererseits hinsichtlich der Produktion behandelten Substitutionsprobleme. Sofern dort die entsprechenden Substitutionsmöglichkeiten nicht kategorisch bestritten werden, folgt daraus für die im weiteren Verlauf zu konstruierenden Indikatoren einer nachhaltigen Entwicklung, soweit diese die Vermögensebene thematisieren, daß eine vergleichende Bewertung heterogener Vermögenskomponenten mit Hilfe lebensqualitäts- bzw. produktionsseitiger Gewichtungsfaktoren unausweichlich ist.

7.4.5 Gerechtigkeit: Pragmatische Aspekte

In Abschnitt 7.4.1 waren mit dem Ziel einer Konkretisierung des Gerechtigkeitsbegriffes fünf Fragestellungen formuliert worden. Auf dieser Grundlage wurden dort die als 'autonom' bezeichneten Apekte des Gerechtigkeitspostulates erörtert. Was jedoch unter Gerechtigkeitsgesichtspunkten als *machbar* zu beurteilen ist, hängt entscheidend von der jeweils gewählten Konkretisierung der Begriffe des Gutes, der Ware sowie des Vermögens ab. Insbesondere ist die Beschreibung der Interdependenzen zwischen und auf diesen drei begrifflichen Ebenen - und daher die Einschätzung der oben lokalisierten Substitutionsmöglichkeiten - in diesem Zusammenhang von zentraler Bedeutung.

Unter dem Gesichtspunkt der 'Machbarkeit' ist zunächst noch einmal die oben in Abschnitt 7.4.1 aufgeworfene Frage 3) - *wem* Gerechtigkeit widerfahren soll - zu thematisieren und abschließend zu beantworten. In Abschnitt 7.4.1 war in Beantwortung dieser Frage eine umfassende Vorstellung von der Menge der Gerechtigkeitsobjekte entwickelt worden. Um den Aspekt der Machbarkeit näher zu untersuchen, wird jedoch im folgenden die einschränkende Festlegung getroffen, daß *Menschen* gerecht zu behandeln seien und zwar unter Beschränkung auf den *intergenerativen* Gerechtigkeitsaspekt. Vor diesem Hintergrund war die Beantwortung der Frage 3) in Abschnitt 7.4.1 insofern unvollständig geblieben, als daß der *Zeitraum*, über den menschliche Generationen gerecht zu behandeln seien, nicht spezifiziert wurde.

Diesbezüglich kommt in der Literatur der Beurteilung der Substituierbarkeit *natürlicher* Vermögenskomponenten entscheidende Bedeutung zu. Werden zumindest in einigen Bereichen des Naturvermögens die Substitutionsmöglichkeiten sehr pessimistisch eingeschätzt, so legt dies die Schlußfolgerung nahe, daß eine zeitlich unbefristete Existenz von Menschen auf dem Erdball nicht möglich sei (vgl. z. B. Faber/Jöst/Manstetten 1995).[26] Bei optimistischer Einschätzung der

---

[26] Diese Position ist allein aufgrund des begrenzten Brennstoffvorrates der Sonne un-

Substitutionsmöglichkeiten hingegen kann ein unendlicher Zeithorizont gerechtfertigt werden (vgl. z. B. Solow 1993).

Der hinsichtlich des Zeithorizontes vertretene Standpunkt hat schließlich unmittelbare Konsequenzen für die Beantwortung der in Abschnitt 7.4.1 formulierten Frage 5), d. h. welche intergenerative *Verteilung* der Dimension 'Lebensqualität' gerecht heißen solle. Bei pessimistischer Beurteilung der Substitutionsmöglichkeiten und daraus gefolgerter Endlichkeit menschlicher Existenz kann man zu dem Schluß gelangen, daß intergenerative Gerechtigkeit bedeute, künftigen menschlichen Generationen *überhaupt* die Möglichkeit der Existenz (und damit der Erzielung von Lebensqualität) einzuräumen. Eine gerechte Verteilung der Dimension der Lebensqualität wäre dann dadurch charakterisiert, daß Menschen über einen *möglichst langen* Zeitraum Lebensqualität realisieren können, was eine Suffizienzstrategie nahelegt (vgl. z. B. Faber/Jöst/Manstetten 1995).

Werden hingegen die Substitutionsmöglichkeiten hinreichend optimistisch beurteilt, so können Überlegungen darüber angestellt werden, welche Verteilung der Lebensqualität über einen unendlichen Planungshorizont als gerecht zu bezeichnen ist. Aus den zahllosen denkbaren Alternativen wurde, wie bereits in Abschnitt 7.2 erläutert, ursprünglich von Solow (1974a) die *egalitäre* Gerechtigkeitskonzeption nach Rawls (1971) in den intergenerativen Kontext übertragen. Intergenerative Gerechtigkeit wird seither im Rahmen neoklassischer Analysen i. S. eines für alle Zeiten (mindestens) konstanten Nutzens (als neoklassischer Konzeptualisierung von 'Lebensqualität') interpretiert.

Die Gerechtigkeitstheorie Rawls' ist freilich alles andere als unumstritten (vgl. u. v. a. Arrow 1973; Dasgupta 1974). Es liegt daher die Frage

---

abweisbar. Dies ist jedoch nicht der Kern des hier angesprochenen Arguments. Vielmehr gehen die genannten Autoren von einem durch menschliches Handeln beeinflußbaren Zeithorizont aus, während der Lebenszyklus der Sonne einen durch menschliches Handeln nicht beeinflußbaren Zeithorizont absteckt.

nach alternativen Verteilungsregeln nahe. Dieser Frage soll hier jedoch nicht nachgegangen werden, da sie offensichtlich den Rahmen dieser Arbeit sprengen müßte.[27]

7.5 Nachhaltige Entwicklung: Eine allgemeine Definition

Vor dem Hintergrund der obigen Auseinandersetzung mit dem Begriff der Gerechtigkeit, der gewissermaßen als Klammer die Güter-, Waren- und Vermögensebene umfaßte, wird hier die folgende allgemeine *Definition* einer nachhaltigen Entwicklung zur Diskussion gestellt:

Eine *nachhaltige Entwicklung* ist dadurch charakterisiert, daß

1. eine durch die Gerechtigkeitssubjekte
2. auf der Basis eines präferierten Koordinationsmechanismus' zu wählende
3. hinsichtlich der berücksichtigten Gerechtigkeitsobjekte anzuwendende
4. in einer gewählten Dimension zu messende
5. erreichbare
6. Verteilungsregel

implementiert wird.

Hierbei sind die oben ausführlich diskutierten Ebenen des Gutes, der Ware und des Vermögens sowie die Interdependenzen auf bzw. zwischen diesen Ebenen komprimert in Punkt 5. enthalten.

Diese Definition ist selbstverständlich viel zu allgemein formuliert, um unmittelbar operabel zu sein. Sie wird daher im weiteren Verlauf zu konkretisieren sein. Der hohe Allgemeinheitsgrad dieser Definition hat

---

27 Eine ausführliche Diskussion von Alternativen bieten Kolm (1996) sowie Roemer (1996). Siehe auch Posner (1981); Gaertner (1994); Helmstädter (1997).

jedoch den Vorteil, daß sie eine Explizierung der jeweils getroffenen Festlegungen *auf jeder einzelnen Ebene* der oben entwickelten Nachhaltigkeitskonzeption fordert, ohne die die Verwendung des Nachhaltigkeitsbegriffes nach hier vertretener Auffassung nicht sinnvoll ist.

Im weiteren Verlauf dieser Arbeit[28] wird die folgende Konkretisierung der obigen allgemeinen Nachhaltigkeitsdefinition zugrunde gelegt, wobei das Hauptaugenmerk der Untersuchung dem unter Punkt 5 angesprochenen Bereich gelten wird:

1. Die Rolle des Gerechtigkeitssubjektes wird, anknüpfend an die Analyse der Kapitel 3 bis 6, einem 'gesellschaftlichen Planer' zugewiesen.

2. Da in den Kapiteln 3 bis 6 der gesellschaftliche Planer im Singular eingeführt wurde, erübrigt sich die Wahl eines Koordinationsmechanismus'. Bereits im dritten Kapitel war darauf hingewiesen worden, daß der Willensbildungsprozeß des Planers nicht Gegenstand dieser Arbeit sein wird.

3. Gerechtigkeitsobjekte werden ausschließlich Menschen sein, nicht jedoch nichtmenschliche Bestandteile der Natur. Hierbei erfolgt eine Beschränkung auf den intergenerativen Gerechtigkeitsaspekt, intragenerative Gerechtigkeitsprobleme werden hingegen nicht thematisiert. Daher kann die Fiktion des repräsentativen Mitgliedes einer jeden menschlichen Generation zur Anwendung gebracht werden.

4. Gerechtigkeitsdimension wird der Nutzen des repräsentativen Haushaltes sein.

---

[28] Siehe insb. Kap. 10 unten.

5. Angestrebt wird eine möglichst weite Interpretation der Begriffe des Gutes, der Ware und des Vermögens. Insbesondere sollen soziale Güter und Vermögensbestandteile einbezogen sowie der Aspekt der Heterogenität natürlicher Güter, Waren und Vermögensbestandteile berücksichtigt werden. Im Bereich der Interdependenzanalyse werden die Implikationen von Grenzen der Substituierbarkeit bei Annäherung an 'kritische' Bestandsniveaus bestimmter natürlicher Vermögenskomponenten untersucht. Es wird jedoch von der Annahme ausgegangen, daß diese nicht notwendig die irdische Existenz der Menschheit zeitlich begrenzen.[29] Diese Annahme wird im nachfolgenden Abschnitt 7.6 näher begründet.

6. Es wird (unter Berufung auf 5.) die egalitäre Verteilungsregel nach Rawls zur Anwendung gebracht.

Die hiermit getroffenen Festlegungen beinhalten fraglos ein erhebliches Maß an Willkür und sind daher angreifbar. Dieser Nachteil ist jedoch unvermeidbar. Denn erstens sind nach hier vertretener Auffassung entsprechende Festlegungen auf den oben näher behandelten Ebenen Voraussetzung jeder Definition einer nachhaltigen Entwicklung. Zweitens - hierauf wird später ausführlich einzugehen sein - ist eine präzise Definition des Indikanden Voraussetzung der Konzipierung von Indikatoren einer nachhaltigen Entwicklung. Und drittens sind Indikatoren einer nachhaltigen Entwicklung Vorbedingung ihrer Implementierung.[30] Die *Möglichkeit* einer Umsetzung des Nachhaltigkeitsprinzips in praktische Politik hängt daher nicht entscheidend davon ab, *welche* Festlegungen getroffen werden. Sie hängt vielmehr davon ab, *daß* sie innerhalb der oben erläuterten Grundstruktur getroffen und expliziert werden, ohne die Existenz von Alternativen zu verkennen.

---

29 Hierbei wird von der bereits oben angesprochenen Problematik, die sich durch den Lebenszyklus der Sonne ergibt, abstrahiert.

30 Vgl. hierzu Kap. 8 unten.

7.6 Eine Nachhaltigkeitsregel

Im vorliegenden Abschnitt wird zu erörtern sein, welche Handlungsanweisungen aus obiger Konkretisierung der allgemeinen Definition einer nachhaltigen Entwicklung deduzierbar sind. Wird das Vermögen als Voraussetzung für die Realisierung eines angestrebten Nutzenniveaus interpretiert, so liegt es nahe, aus der Nachhaltigkeitsdefinition in der oben erfolgten Konkretisierung das oben in Abschnitt 7.2 definierte Postulat der *kompensierenden Gesamtvermögensvariation* zu deduzieren.[31]

Hierzu ist anzumerken, daß im Rahmen der hier vorgestellten Nachhaltigkeitskonzeption das Postulat der kompensierenden Gesamtvermögensvariation - unabhängig davon, ob natürliche, soziale oder andere Vermögenskomponenten gemeint sind - nicht im Sinne einer Nachhaltigkeits*definition* zu interpretieren ist. Wird eine kompensierende Gesamtvermögensvariation gefordert, so ist damit immer eine Nachhaltigkeits*regel* angesprochen, die von einer übergeordneten Nachhaltigkeitsdefinition deduziert ist. Alles, was im Hinblick auf die kompensierende Gesamtvermögensvariation im vorliegenden Abschnitt zu sagen sein wird, ist deduziert von der allgemeinen Nachhaltigkeitsdefinition des Abschnitts 7.5 in der dort erläuterten und im folgenden maßgeblichen Konkretisierung.

Neoklassische Nachhaltigkeitsanalysen gingen typischerweise von einem 'eng' gefaßten Begriff des Gutes und daher zwangsläufig auch der Ware sowie des Vermögens (als Voraussetzungen der Güterversorgung) aus. Für die nachfolgende Analyse ist es jedoch grundlegend, daß grundsätzlich eine *Vielfalt* von Gütern und daher eine *Vielfalt* von Waren und Vermögenskomponenten berücksichtigt wird. Denn in der Nachhaltigkeitsdiskussion spielen die in der traditionellen neoklassischen Wachstumstheorie weitgehend vernachlässigten *natürlichen* Vorausset-

---

31 In Abschnitt 7.2 war dieses von der Forderung nach *Vermögensbewahrung* abgegrenzt worden.

zungen für die Verwirklichung einer angestrebten Güterversorgung eine besondere Rolle. Darüber hinaus sind im Nachhaltigkeitskontext grundsätzlich die sozialen Voraussetzungen der angestrebten Güterversorgung bedeutsam.

Bezogen auf die ökologische Dimension werden in der Literatur vermögensbezogene Regeln von unterschiedlicher Ausprägung und Restriktivität diskutiert. Im folgenden wird unterschieden zwischen den Kriterien *strikter ökologischer Vermögensbewahrung* sowie *kompensierender Gesamtvermögensvariation.*

Die Berechtigung dieser beiden Regeln hängt jeweils, wie im folgenden gezeigt wird, erstens davon ab, welche Güter, welche Waren und welche Vermögenskomponenten anerkannt werden. Denn die Reichweite des Gut-Begriffes und die dadurch determinierte Reichweite des Waren- sowie des Vermögensbegriffes ist ausschlaggebend dafür, ob und in welchem Maße natürliche Ressourcen *potentiell* durch anthropogene Ressourcen *substituiert* werden können (bzw. umgekehrt). Sodann ist zweitens ausschlaggebend, wie die *tatsächlichen* Substitutionsmöglichkeiten zwischen mehreren Gütern, mehreren Waren bzw. mehreren Vermögenskomponenten beurteilt werden. Je geringer die Substitutionsmöglichkeiten, desto geringer ist tendenziell die Möglichkeit, künftige Generationen für eine Beeinträchtigung natürlicher Ressourcenbestände zu *kompensieren*, z. B. im Wege einer Bereitstellung anthropogener Ressourcenbestände. Zwangsläufig wird daher mit abnehmenden Substitutions- und Kompensationsmöglichkeiten die auf ökologische Vermögenskomponenten anzuwendende Regel restriktiver.

Um zu einer Beurteilung der Substitutions- und Kompensationsmöglichkeiten zu kommen, sind zunächst die Ebenen, auf denen eine Substitution grundsätzlich möglich ist, zu lokalisieren. Dies war bereits ansatzweise in den Abschnitten 7.4.2 bis 7.4.4 geschehen und soll im folgenden präzisiert werden. Als Orientierungspunkt dienen hierbei die drei prototypischen ressourcenökonomischen Modelle, die in den Kapiteln 4 bis 6 vorgestellt wurden. Diesen Modellszenarien werden im folgenden jeweils die Regeln strikter ökologischer Vermögensbewahrung bzw. kompensierender Gesamtvermögensvariation zugeordnet.

Im Anschluß an die Erörterung strikter ökologischer Vermögensbewahrung und kompensierender Gesamtvermögensvariation wird ein Kriterium diskutiert, das als *kritische ökologische Vermögensbewahrung* bezeichnet wird. Dieses Kriterium, daß auf 'Grenzen der Substituierbarkeit' abstellt, wird auf *sämtliche* drei Modellszenarien angewendet.

Das erste Szenario ist vorgegeben durch das Modell $\mathscr{P}$ des vierten Kapitels: Dort war der *unmittelbare* Konsum periodischer Entnahmeströme aus dem physischen Bestand einer homogenen *erneuerbaren* natürlichen Ressource ('Fisch') das einzige Argument der Nutzenfunktion des repräsentativen Haushaltes und daher das einzige *Gut*, das Berücksichtigung fand.

In diesem Szenario existieren offensichtlich keine *nutzenseitigen* Substitutions- und Kompensationsmöglichkeiten, da der Ressourcenkonsum *einzige* Quelle des Nutzens ist. Da es sich ferner um den *unmittelbaren* Konsum der Erntemengen handelt, gibt es auch keine *produktionsseitigen* Substitutions- und Kompensationsmöglichkeiten. In diesem Falle, in dem grundsätzlich auf keiner Modellebene Substitutionsmöglichkeiten existieren, umfaßt das gesellschaftliche Vermögen *ausschließlich* den Bestand der betreffenden erneuerbaren Ressource. Voraussetzung für die Verwirklichung einer nachhaltigen Entwicklung ist daher das folgende Kriterium:

> Im folgenden ist von *strikter ökologischer Vermögensbewahrung* dann die Rede, wenn der natürliche Ressourcenbestand während des Planungszeitraumes nicht sinkt.

Der Begriff der strikten ökologischen Vermögensbewahrung entspricht materiell dem, was in der Literatur als 'strong sustainability' bezeichnet wird (vgl. z. B. Pearce/Atkinson 1993a). Diese Terminologie wird allerdings hier nicht übernommen, da er eine Nachhaltigkeits*definition* suggeriert. Wie oben erläutert wurde, ist in der vorliegenden Arbeit jedoch im Zusammenhang mit dem Vermögensbegriff stets von Nachhaltigkeits*regeln* die Rede.

Das Modell $\mathscr{I}$ des fünften Kapitels liefert das zweite Szenario: Zwar ist auch hier der Konsumstrom die *einzige* unmittelbare Quelle des Nutzens und daher einziges Gut. Im Unterschied zu Modell $\mathscr{P}$ ist nun aber der Strom solcher Güter gemeint, die *produziert* werden unter Einsatz eines anthropogenen Kapitalbestandes und unter Ausbeutung eines homogenen Bestandes einer *erschöpflichen* natürlichen Ressource (z. B. eines fossilen Brennstoffes).

Da auch in diesem Szenario der Konsumstrom einzige unmittelbare Nutzenquelle ist, gibt es in diesem Szenario ebenfalls keine *nutzenseitigen* Substitutionsmöglichkeiten. Allerdings werden Substitutionsprobleme auf einer *produktionsseitigen* Ebene aufgeworfen, denn das gesellschaftliche *Produktiv*vermögen umfaßt nun *sowohl* natürliche *als auch* anthropogene Komponenten. Hierbei wird der produktive Beitrag des natürlichen Vermögensbestandes vermittelt über einen Warenstrom, nämlich über die Ressourcenentnahme aus diesem Bestand. Voraussetzung für eine nachhaltige Entwicklung ist daher die Beachtung der folgenden Regel:

Im folgenden ist von *kompensierender Gesamtvermögensvariation* dann die Rede, wenn Bestandsrückgängen einzelner gesellschaftlicher Vermögenskomponenten Bestandszuwächse anderer Vermögenskomponenten derart gegenüberstehen, daß ein nichtsinkender Nutzen des repräsentativen Haushaltes im Zeitablauf erreichbar ist.

Auch hier wird von einer Verwendung des in der Literatur üblichen Begriffes der 'weak sustainability' (vgl. z. B. Pearce/Atkinson 1993a;

Cazeba Gutés 1996; El Serafy 1996) mit der obigen Begründung abgesehen.

Die Rechtfertigung einer Bewahrung des *Natur*vermögens mit dem Ziel einer nachhaltigen Entwicklung hängt im Modell $\mathscr{I}$ offensichtlich davon ab, wie die produktionsseitigen Substitutionsmöglichkeiten zwischen anthropogenen Vermögensbeständen und natürlichen Warenströmen beurteilt werden: Je eingeschränkter die Substitutionsmöglichkeiten, desto stärker die Anforderungen an das zu bewahrende Naturvermögen. Dies bedeutet, daß eine Aussage darüber, ob eine kompensierende Gesamtvermögensvariation gelingt bzw. gelang, stets die Eigenschaften der Produktionstechnologie berücksichtigen muß. Vereinfacht gesagt sind anthropogenen und natürlichen Vermögenskomponenten 'produktionsseitige Gewichtungsfaktoren' zuzuordnen. Hierauf wird im weiteren Verlauf ausführlich einzugehen sein.

Das dritte Szenario schließlich entspricht dem Modell $\mathscr{PM}$ des sechsten Kapitels: Als unmittelbare Quellen des Nutzens und daher als Güter werden, anders als in den beiden ersten Szenarien, der Konsumstrom produzierter Güter *und* der *Bestand* einer homogenen *erneuerbaren* natürlichen Ressource anerkannt. Letzterer wird als Umweltmedium ('Luft') aufgefaßt, das im Produktionsprozess Belastungen in Form von Schadstoffemissionen ausgesetzt ist, diese allerdings in gewissem Umfange assimilieren kann und daher als erneuerbare Ressource zu klassifizieren ist. Die Emissionen werden - neben dem anthropogenen Kapitalbestand - als Produktionsfaktor interpretiert (und sind im übrigen als Warenstrom zu charakterisieren).

In diesem dritten Szenario sind demnach grundsätzlich nutzenseitige Substitutionsmöglichkeiten zwischen 'Konsum und Umweltqualität' gegeben. Darüber hinaus sind produktionsseitige Substitutionsmöglichkeiten zwischen Ressourcenentnahmeströmen (hier: Emissionen) und anthropogenem Kapital (z. B. Filteranlagen) zu berücksichtigen, ähnlich wie bereits im zweiten Szenario.

Auch im dritten Szenario des Modells $\mathscr{PM}$ ist grundsätzlich das Kriterium der kompensierenden Gesamtvermögensvariation einschlägig: Das aggregierte gesellschaftliche Vermögen umfaßt wiederum anthropogene und natürliche Komponenten. Der Unterschied zum zweiten Szenario besteht darin, daß die natürlichen Komponenten nicht *ausschließlich* von produktiver Bedeutung sind, sondern sich darüber hinaus durch einen *direkten* Nutzenbeitrag auszeichnen. Der natürliche Ressourcenbestand hat gleichzeitig Gutcharakter und Vermögenscharakter. Hierdurch wird das Erfordernis einer kompensierenden Gesamtvermögensvariation erheblich kompliziert. Denn neben produktionsseitigen Gewichtungsfaktoren für anthropogogene und natürliche Vermögenskomponenten sind nun zusätzlich nutzenseitige Gewichtungsfaktoren erforderlich. Auch hierauf wird später ausführlich einzugehen sein.

Es folgt nun ein dritter und letzter Aspekt, der - wenn auch in unterschiedlichen Ausprägungen - grundsätzlich in allen drei Modellszenarien relevant ist, sofern diese um bestimmte Annahmen erweitert werden. Diese Annahmen betreffen die Vorstellung eines 'kritischen Naturvermögensbestandes'. 'Kritisch' heiße im folgenden ein *positives* Bestandsniveau einer natürlichen Vermögenskomponente, dessen Erreichen in einem beliebigen Zeitpunkt unausweichlich zur Verletzung des Zieles einer nachhaltigen Entwicklung führen müßte.[32] Diese Definition trägt einem zentralen Aspekt der Nachhaltigkeitsdiskussion Rechnung, der jüngst auf die prägnante Formel der "ökologische[n] Leitplanken" (BUND/Misereor 1996, S. 26) gebracht worden ist und dessen Bedeutung in der Literatur

---

[32] Dies ist abzugrenzen von dem Begriff des 'critical natural capital', den Pearce/Atkinson (1993a; 1993b; 1995) verwenden: "We describe that natural capital which has such characteristics as to imply a high [total economic value] and hence nonsubstitutability as exhibiting *criticality*" (Pearce/Atkinson 1995, S. 170). Im Gegensatz hierzu wird in der vorliegenden Arbeit das Merkmal der Nicht-Substituierbarkeit erstens von einem formalen Nachhaltigkeitskriterium hergeleitet und zweitens an ein bestimmtes Bestandsniveau der in Rede stehenden natürlichen Ressource geknüpft.

zunehmend betont wird.[33]

Je nach Modellszenario sind unterschiedliche Konkretisierungen des kritischen Naturvermögens denkbar. So ist es beispielsweise im Rahmen des Modells $\mathscr{P}$ vorstellbar, daß die geerntete erneuerbare Ressource nur dann überlebensfähig ist, wenn eine 'kleinste überlebensfähige Population' nicht unterschritten wird. Diese Population würde einen kritischen natürlichen Ressourcenbestand repräsentieren, da ihre Unterschreitung das Aussterben der Ressource und *deshalb* auch der Menschheit zur Folge hätte, die sich im Modell $\mathscr{P}$ *ausschließlich* von dieser Ressource ernährt.

Im Modell $\mathscr{I}$ wäre es denkbar, daß der gesellschaftliche Produktionssektor nur dann überhaupt funktionsfähig ist, wenn bestimmte Mindestniveaus natürlicher Ressourcenbestände nicht unterschritten werden. Das Beispiel der landwirtschaftlichen Produktion ist hier wohl am eingängigsten: Die Absenkung des Grundwasserpegels unter ein bestimmtes Niveau oder gravierende klimatische Veränderungen könnten dazu führen, daß eine agrarische Gesellschaft ihre Ernährungsbasis vollständig und irreversibel einbüßt.

Im Modell $\mathscr{PM}$ schließlich ist darüber hinaus auf die unmittelbaren *Lebenserhaltungsfunktionen* natürlicher Ressourcenbestände hinzuweisen: Menschliches Leben wäre bei Unterschreitung eines bestimmten positiven Mindestbestandes z. B. sauberer Atemluft, die *unmittelbar* zum Nutzen beiträgt, nicht länger möglich. Der kritische Bestand kann hier etwa als 'gerade noch lebensgestattende' Schadstoffkonzentration in der Atemluft interpretiert werden.

Somit ist die letzte Regel grundsätzlich für sämtliche Szenarien relevant:

---

[33] So z. B. bei Victor/Hanna/Kubursi (1995); Rennings/Hohmeyer (1997a; 1997c); Stern (1997); Noel/O'Connor (1998).

Im folgenden ist von *kritischer ökologischer Vermögensbewahrung* dann die Rede, wenn ein kritischer natürlicher Ressourcenbestand, der zur Gewährleistung einer nachhaltigen Entwicklung unabdingbar ist, zu keinem Zeitpunkt innerhalb des Planungszeitraumes erreicht oder gar unterschritten wird.

Verläßt man den engen Rahmen der drei genannten Szenarien, so läßt sich im Hinblick auf reale Gegebenheiten mit einer unüberschaubaren Vielzahl unterschiedlicher Naturvermögenskomponenten zusammenfassend folgendes feststellen: Bezogen auf die ökologische Dimension des gesellschaftlichen Vermögens werden in der Literatur - zurückgehend auf Autoren der Londoner Schule - gesellschaftliche Verhaltensanweisungen von unterschiedlicher Ausprägung und Restriktivität diskutiert. Die beiden wichtigsten wurden oben als *strikte ökologische Vermögensbewahrung* (*strong sustainability*) bzw. *kompensierende Gesamtvermögensvariation* (*weak sustainability*) bezeichnet. Während erstere kategorisch den Erhalt 'des' natürlichen Ressourcenbestandes fordert,[34] geht letztere von der Möglichkeit aus, Bestandsrückgänge natürlicher Vermögenskomponenten durch Bestandsaufstockungen 'anderer' - insb. anthropogener - Vermögenskomponenten zu *kompensieren* (vgl. z. B. Pearce/Atkinson 1993b; Cansier/Richter 1995a; BMU 1996a, S. 12).

In der Literatur wird der gegensätzliche - ja einander ausschließende - Charakter dieser beiden Konzeptionen betont.[35] Jede für sich allein ist jedoch nach hier vertretener Auffassung nur unter unrealistischen Annahmen über die Substituierbarkeit zwischen heterogenen Vermögenskomponenten aus der oben konkretisierten Definition einer nachhaltigen Entwicklung deduzierbar. Strikte ökologische Vermögensbewahrung wäre

---

34 Richter (1994) spricht in diesem Zusammenhang vom "Nachhaltigkeitsansatz im engeren Sinne".

35 Vgl. z. B. Cansier/Richter (1995a). Dem stehen allerdings auch solche Stimmen gegenüber, die für eine Verbindung beider Konzepte im Rahmen der Indikatorenbildung plädieren (siehe Rennings/Hohmeyer 1997a, 1997c; Rennings/Wiggering 1997).

Voraussetzung für eine nachhaltige Entwicklung unter der Annahme, daß unabhängig von den jeweils herrschenden Bestandsniveaus keine einzige Einheit irgendeiner natürlichen Vermögenskomponente in irgendeinem Zeitpunkt durch menschengemachte Vermögenskomponenten ersetzt werden kann. Die Idee einer kompensierenden Gesamtvermögensvariation hingegen beruht letztlich auf der nicht minder extremen Annahme, daß unabhängig von den jeweils herrschenden Bestandsniveaus (solange das Niveau Null nicht erreicht wird) immer eine zusätzliche Einheit jeder beliebigen natürlichen Vermögenskomponente in einem beliebigen Zeitpunkt durch menschengemachte Vermögensbestandteile ersetzt werden kann, ohne das Ziel einer nachhaltigen Entwicklung zu gefährden.

Unter Vermeidung derart unrealistischer Annahme aus obiger Definition einer nachhaltigen Entwicklung ableitbar ist hingegen das Kriterium, das oben als *kritische ökologische Vermögensbewahrung* bezeichnet wurde. Dieses stellt ab auf die bereits oben angesprochenen Grenzen der Substituierbarkeit bei Erreichen bestimmter Niveaus *einzelner, klar spezifizierter* natürlicher Vermögensbestandteile bei grundsätzlichem Fortbestand der Substituierbarkeit anderer natürlicher Vermögenskomponenten.

Es ist zu beachten, daß das Kriterium der kritischen ökologischen Vermögensbewahrung die beiden erstgenannten als Spezialfälle umfaßt. Würde für *jede* natürliche Vermögenskomponente das *aktuelle* Bestandsniveau als 'kritisch' definiert, so resultierte das Kriterium der strikten ökologischen Vermögensbewahrung (wobei sogar jede intrasektorale Substitutionsmöglichkeit innerhalb des ökologischen Bereiches ausgeschlossen würde). Würde hinsichtlich keiner einzigen natürlichen Vermögenskomponente ein kritischer Bestand definiert, so entspräche dies dem Kriterium der kompensierenden Gesamtvermögensvariation.

Ausgehend von und in Verallgemeinerung des Kriteriums der kritischen ökologischen Vermögensbewahrung wird die folgende Nachhaltigkeits*regel* von zweistufigem Charakter formuliert:

1. Priorität: Stelle stets sicher, daß kritische Bestände sämtlicher als relevant zu erachtenden Vermögenskomponenten nicht erreicht oder gar unterschritten werden!

2. Priorität: Stelle stets sicher, daß Bestandsrückgängen einzelner gesellschaftlicher Vermögenskomponenten Bestandszuwächse anderer Vermögenskomponenten derart gegenüberstehen, daß ein konstanter Nutzen des repräsentativen Haushaltes erreicht wird![36]

Diese Nachhaltigkeitsregel wird die Grundlage der in den nachfolgenden Kapiteln zu erörternden Indikatoren einer nachhaltigen Entwicklung darstellen. Sie wird in Kapitel 10 im Rahmen eines formalen Modells exemplarisch konkretisiert und ausführlich interpretiert. Im Vergleich zu den zuvor erörterten Regeln ist sie insbesondere deshalb von einem höheren Allgemeinheitsgrad, da sie im zehnten Kapitel auch die Einbeziehung *sozialer* Komponenten des Vermögens ermöglichen wird, für die es in der Literatur bislang keine den obigen ökologischen Kriterien vergleichbaren Regeln gibt.

Man kann die '1. Priorität' obiger Regel gewissermaßen als 'Vorsichtsmaßnahme' für den Fall begreifen, in dem den verfügbaren Bewertungsverfahren nicht zugetraut wird, eine Annäherung an kritische Bestände zu indizieren: Eigentlich wäre sie redundant, sofern z. B. im Modell $\mathscr{PM}$ des Kapitels 6 bei Vernachlässigung des Common-Property-Problems ein kritischer Bestand $\underline{X} > 0$ sowie die Annahme $\lim_{X \to \underline{X}} U_X = \infty$ akzeptiert würde (so z. B. bei Barbier/Markandya 1990). Denn unter dieser Annahme wäre innerhalb des ökonomischen Abwägungskalküls (d. h. in der 2. Priorität obiger Regel) gewährleistet, daß der kritische Bestand $\underline{X}$ nicht unterschritten würde, da der 'unendliche' marginale Wert des betreffenden Bestandes bei einer Annäherung an das

[36] Diese Formulierung trägt der egalitären Gerechtigkeitskonzeption Rawls' im strengen Sinne Rechnung. In einer schwächeren Version könnte ein nichtsinkender Nutzen gefordert werden.

kritische Niveau in der 2. Priorität dominieren müßte. Akzeptiert man diese Annahme nicht oder sieht andere Gründe, die Funktionsfähigkeit von Bewertungsmechanismen skeptisch zu beurteilen, so ist die 1. Priorität obiger Regel unverzichtbar. So schreibt z. B. Pan (1994) die Forderung $X(t) \geq \underline{X}$, $\forall t \geq 0$ explizit als Nebenbedingung in ein dynamisches Optimierungsproblem. Beide Wege sind somit gangbar und in der Literatur beschritten worden. Die hiermit aufgeworfene Fragestellung wird im zehnten Kapitel zu vertiefen sein.

Abschließend sind einige erläuternde Bemerkungen angebracht. Erstens wird, wie bereits oben in Abschnitt 7.5 erwähnt, in dieser Arbeit aus der Problematik kritischer Bestände nicht die Schlußfolgerung gezogen, daß die irdische Existenz der Menschheit zeitlich begrenzt sei. Den nachfolgenden Ausführungen liegt vielmehr die Einschätzung zugrunde, daß es hinsichtlich *bestimmter* Komponenten des Naturvermögens Bestandsniveaus gibt, die absolute Grenzen der Substituierbarkeit markieren. Eines der naheliegendsten Beispiele ist die drohende irreversible Zerstörung der atmosphärischen Ozonschicht, deren Ausdünnung bereits im jetzigen Stadium für lebensbedrohende Erkrankungen verantwortlich gemacht wird. Zwar verdeutlicht gerade dieses Beispiel, daß (u. a.) die Problematik der Unsicherheit über naturwissenschaftliche Kausalzusammenhänge die Ermittlung solcher Grenzen der Substituierbarkeit erschwert. Bei hinreichend risikoaverser Haltung kann man daher sogar zu dem Schluß gelangen, im Falle der Ozonschicht sei die entsprechende Grenze bereits überschritten. Zumindest die Auffassung, daß bislang für den Schutz der Ozonschicht zu wenig unternommen wurde, wird hier geteilt.

Der entscheidende Punkt ist jedoch ein anderer: Mit dem Beispiel der Ozonschicht sind keineswegs solche Grenzen thematisiert, die die Menschheit nicht hätte beachten und dennoch auf ewig fortexistieren können. Denn mit der Ozonproblematik sind Substitutionsprobleme auf *unterschiedlichen* Ebenen, wie sie oben näher erläutert wurden, angesprochen. Zwar mag es für die *Lebenserhaltungsfunktion* der Ozonschicht ab einem bestimmten Bestandsniveau kein geeignetes (nutzenseitiges) Substitut mehr geben. Für diejenigen Warenstöme jedoch, die für Beeinträchtigungen der Ozonschicht verantwortlich gemacht werden, dürfte es in aller Regel 'gute' (produktionsseitige) Substitute geben. So ist der Produktionsprozeß keineswegs zwingend auf FCKWs angewiesen.

Ähnliches ist hinsichtlich der Treibhausproblematik geltend zu machen. Auch hier mag es ein Ausmaß des globalen Temperaturanstiegs geben, das ernsthafte Gefahren für die menschliche Existenz heraufbeschwören könnte. Und auch hier spielt das Problem der Unsicherheit eine erhebliche Rolle. Jedoch dürfte die Menschheit auf die treibhausrelevanten *Produktions*verfahren und -faktoren keineswegs zwingend angewiesen sein.

Unter dieser Annahme über die Substitutionsmöglichkeiten auf den unterschiedlichen Ebenen (und unter der zusätzlichen Annahme, daß o. g. Grenzen - z. B. im Falle der Ozonschicht - bislang nicht erreicht sind) sind die in Abschnitt 7.5 getroffene Annahme eines *unendlichen* Zeithorizontes sowie die Forderung nach einer *egalitären* Verteilung der Dimension des Nutzens zu rechtfertigen.[37]

Es ist zweitens darauf hinzuweisen, daß oberhalb kritischer Bestände in zweiter Priorität obiger Nachhaltigkeitsregel das Konzept der Hartwick-Regel relevant wird. Bereits in den Kapiteln 5 und 6, in denen die Regel der kompensierenden Gesamtvermögensvariation einschlägig war, diente die Hartwick-Regel (in Verbindung mit den entsprechenden Solow-Stiglitz-Bedingungen für eine intertemporal effiziente Nutzung natürlicher Ressourcen) als Konkretisierung dieser Regel. Hartwick-Regel und

---

37 Es ist allerdings einzuräumen, daß ein für alle Zeiten konstanter Nutzen des *repräsentativen* Haushaltes zweifellos nicht für jedes beliebige Ausmaß des globalen Bevölkerungswachstums realistisch ist. Ebenso ist ein für alle Zeiten konstanter Nutzen keineswegs der Forderung äquivalent, das *heutige* Nutzen- bzw. Konsumniveau der *Industrie*länder aufrechtzuerhalten - möglicherweise ist ein gewisses Maß an Selbstbescheidung der Menschheit erforderlich. Jedoch scheint es grundsätzlich möglich, die menschliche Existenz auf der Erde bis zum Erlöschen der Sonne auf einem 'angemessenen' Nutzenniveau zu sichern.

Solow-Stiglitz-Bedingungen stellten gemeinsam die oben geforderten produktionsseitigen bzw. nutzenseitigen Gewichtungsfaktoren bereit.

Es ist in diesem Zusammenhang ausdrücklich darauf hinzuweisen, daß die Hartwick-Regel als einer der zentralen theoretischen Bausteine der vorliegenden Untersuchung in der Literatur mit ernstzunehmenden, bisher nicht abschließend geklärten Kritikpunkten konfrontiert wurde. Hier ist beispielsweise der (im Rahmen des Modells $\mathcal{I}$ formulierte) Einwand zu nennen, die Strategie der Substitution erschöpflicher natürlicher Ressourcen stoße unweigerlich an Grenzen, sobald der Verschleiß anthropogener Kapitalgüter explizit in die Analyse einbezogen werde (vgl. Ströbele 1984, Kap. 6.1; 1987, Kap. 3.1; Hampicke 1992a, S. 119).

Selbst ihre (neoklassischen) Verfechter verschweigen die Schwächen der Hartwick-Regel nicht und weisen darauf hin, daß sie zwar der beste verfügbare theoretische Weg zum Verständnis der Nachhaltigkeitsproblematik, ihre praktische Relevanz gleichwohl mit größter Vorsicht zu beurteilen sei. Solow (1986, S. 148) bringt die Einschätzung zum Ausdruck, daß die Hartwick-Regel als "better-than-average rule of thumb" anzusehen sei. Hammond (1994, S. 190) weist darauf hin, daß "severe limitations" der Hartwick-Regel darin zu sehen seien, daß ihre Gültigkeit intertemporale Effizienz voraussetze, ohne die die erforderlichen Preise nicht definiert werden könnten, daß die Regel nur bei kontinuierlicher Abbildung der Zeitdimension 'akkurat' sei[38] und daß insbesondere ungeklärt sei, auf welche Weise das Problem der Unsicherheit (z. B. im Falle der Auswirkungen des Treibhaus-Effektes) im Rahmen dieses Konzeptes berücksichtigt werden könne. Schließlich gibt Asheim (1994) zu bedenken, daß die zur Bewertung der Bestandsveränderungen empirisch zu ermittelten Preise genau genommen nur dann korrekt wären, wenn sich die Ökonomie tatsächlich auf einem nachhaltigen Entwicklungspfad befände.

Ungeachtet dieser Kritikpunkte könne die Hartwick-Regel jedoch da-

---

38 Vgl. hierzu auch Radke (1996b).

zu beitragen, auch die politische Debatte auf eine pragmatische, rationale und weniger emotionale Basis zu stellen (vgl. Solow 1993, S. 171 f.). Den "hohe[n] heuristische[n] Wert" der Hartwick-Regel betont auch Hampicke (1992a, S. 119). "Vor allem dient [sie] dazu, apodiktischen Behauptungen optimistischer wie auch pessimistischer Art - Beglückungs- wie auch Weltuntergangsprophezeiungen - entgegenzutreten. Gar nichts ist sicher in der Zukunft, es kommt auf die Umstände an. Wie gut wir ohne Erdöl, Zink, Molybdän usw. auskommen werden, ist eine empirische Frage; das neoklassische Instrumentarium dient allein dazu, Gedanken zu ordnen und logische Fehlschlüsse zu vermeiden" (ebd., S. 119 f.). In diesem Sinne wird in der vorliegenden Studie das Konzept der Hartwick-Regel zur Anwendung gebracht und die mit ihrer Hilfe gezogenen Schlußfolgerungen sind vor dem Hintergrund der genannten Kritikpunkte zu sehen.

Drittens ergibt sich, sobald in zweiter Priorität der obigen Nachhaltigkeitsregel die Hartwick-Regel in Verbindung mit den entsprechenden Solow-Stiglitz-Bedingungen anwendbar ist, auch auf der Vermögensebene der Bezug zu der oben in Abschnitt 7.3 erläuterten Kritik an einer monetären Bewertung natürlicher Güter. Den vollständigen Verzicht auf eine monetäre Bewertung zu fordern, setzt voraus, sich die ganze Tragweite dieser Forderung auf der Ebene des gesellschaftlichen Vermögens und insbesondere des natürlichen Vermögens ins Bewußtsein zu rufen: Der Umweltsektor besteht ja seinerseits aus zahlreichen Teilsektoren. In letzter Konsequenz müßte ein Vektor als Maß der Umweltqualität herangezogen werden. Für den Entwicklungsstand jeder einzelnen Komponente wären wiederum geeignete Indikatoren zu finden. Wird postuliert, daß *sämtliche* Umweltindikatoren sich im Zeitablauf zumindest nicht verschlechtern, wird sogar jede *intra*sektorale Substituierbarkeit ausgeschlossen. Das Ziel, einen bestimmten natürlichen Kapitalstock im Zeitablauf aufrechterhalten, kann jedoch nicht bedeuten, diesen physisch unangetastet zu belassen. Die Nutzung erschöpflicher Ressourcen wäre damit vollständig ausgeschlossen, und selbst bezogen auf erneuerbare

Ressourcen würde eine derart rigorose Interpretation der Bewahrung des natürlichen Kapitalstocks bedeuten, daß kein einziger Baum gefällt werden dürfte, selbst nicht bei Wiederaufforstung (vgl. Endres 1993, S. 180). Wer dies aber als nicht wünschenswert bzw. realisierbar erachtet, muß sich darüber im klaren sein, wie eine konkrete Inanspruchnahme des natürlichen Ressourcenbestandes an anderer Stelle kompensiert werden kann.

Daher befreit der vollständige Verzicht auf eine monetäre Bewertung eine Gesellschaft nur auf den ersten Blick von der schwierigen Aufgabe, unterschiedliche Umweltzustände miteinander zu vergleichen. Will man nicht jeglichen Entwicklungsspielraum einbüßen, so muß man sich der Aufgabe stellen, Verbesserungen in Teilsektoren der Umwelt gegen Verschlechterungen in anderen Teilbereichen abzuwägen - und somit ein einheitliches Maß dafür zu finden.

Viertens lassen sich, wie bereits auf der Güterebene in Abschnitt 7.4.2, zwischen Neoklassik und ökologischer Ökonomie auch auf der Vermögensebene graduelle, nicht aber grundsätzliche Unterschiede belegen. Einerseits erkennen die Neoklassiker ausdrücklich an, daß die Anwendbarkeit des ökonomischen Abwägungskalküls (d. h. die Regel kompensierender Gesamtvermögensvariation) Grenzen hat. Neoklassiker teilen die Einschätzung, daß bestimmte Komponenten des Naturkapitals *strikt* bewahrt werden sollten:

> "The claim that a feature of the environment is irreplaceable, that is, not open to substitution by something equivalent but different, can be contested in any particular case, but no doubt it is sometimes true. Then the calculus of trade-offs does not apply" (Solow 1993, S. 171).

Allerdings wird hier auch deutlich daß es durchaus graduelle Unterschiede gibt. Denn Solow schränkt ein:

> "But that sort of situation cannot be universalized: it would be neither

possible nor desirable to 'leave the world as we found it' in every particular" (ebd.).

Andererseits entwickeln Ökonomen der Londoner Schule wie Pearce/Atkinson (1992; 1993a; 1993b; 1995; 1998) Indikatoren einer nachhaltigen Entwicklung explizit auf der Grundlage der Hartwick-Regel (siehe hierzu im einzelnen Kapitel 9 dieser Arbeit). Ihr Hauptaugenmerk gilt der Einbeziehung natürlicher Vermögenskomponenten. Die vorliegende Arbeit wird diesbezüglich noch einen Schritt weitergehen, indem sie auf dieser Basis auch soziale Vermögenskomponenten berücksichtigt (siehe Kapitel 10 unten).

Letzten Endes ist festzuhalten, daß sich - wie in den meisten Bereichen der ökonomischen Theorie - fast alle der genannten Streitpunkte zwischen ökologischer Ökonomie und Neoklassik auf den Aspekt der *Substituierbarkeit* zurückführen lassen.[39] Die meisten der o. g. Kritikpunkte der ökologischen Ökonomie lassen sich auf einen gewissen 'Substitutionspessimismus' zurückführen. So stellen z. B. kritische Bestände natürlicher Ressourcen eine *Grenze* der Substituierbarkeit dar: Es wird unterstellt, daß kein *andersartiger* Vermögensbestandteil z. B. die Lebenserhaltungsfunktionen bestimmter Komponenten des Naturvermögens übernehmen kann. Ebenso ist die Ablehnung einer monetären Bewertung von Umweltgütern zu einem Teil auf die Substitutionsproblematik zurückzuführen: Um zwischen wirtschaftlichem und natürlichem Bereich zielgerichtet substituieren zu können, ist eine gemeinsame Maßeinheit erforderlich, mit deren Hilfe die Nutzenbeiträge wirtschaftlicher und natürlicher Güter vergleichbar gemacht werden können. Offenbar richtet sich die Ablehnung einer monetären Bewertung implizit gegen die Vorstellung der Substituierbarkeit natürlicher durch menschen-

---

[39] Vergleiche hierzu auch die Diskussion unterschiedlicher Nachhaltigkeitskriterien bei Endres (1993), die in der Essenz eine Auseinandersetzung mit der Problematik der wohlfahrtsseitigen Substitutionsmöglichkeiten darstellt. Siehe auch Radke (1995a).

gemachte Güter. Dennoch: Ein Verzicht auf eine monetäre Bewertung erschwert zwar möglicherweise eine Substitution, schließt sie aber keinesfalls aus. Offensichtlich konnte die Unkenntnis des monetären Wertes natürlicher Ressourcen in der Vergangenheit nichts daran ändern, daß *de facto* durchaus sowohl intra- als auch intersektoral substituiert wurde.

Allerdings sollte die Frage der Substituierbarkeit nicht zu einer Glaubensfrage hochstilisiert werden. Sie ist bekanntlich theoretisch nicht beantwortbar. Solange die empirische Prüfung unvollständig ist, ist es die Aufgabe der Theorie, für *jeden* denkbaren Substitutionsgrad offen zu sein und die Konsequenzen unterschiedlicher Grade der Substituierbarkeit aufzuzeigen.

7.7 Zusammenfassung

Das vorliegende Kapitel gab einen Überblick über wesentliche Argumente, die in der Diskussion um eine nachhaltige Entwicklung vorgetragen werden. Gemeinsame Strukturmerkmale gegensätzlicher Positionen wurden herausgearbeitet. Diese wurden lokalisiert auf den begrifflichen Ebenen der Gerechtigkeit, des Gutes, der Ware und des Vermögens. Das Verhältnis dieser vier Begriffe zueinander wurde als hierarchisch charakterisiert.

Es wurde zunächst argumentiert, daß die Verwendung des Begriffes der nachhaltigen Entwicklung stets explizite oder implizite Aussagen über das jeweils zugrundeliegende Gerechtigkeitsverständnis voraussetzt. Eine nach Subjekten, Koordinationsmechanismen, Objekten und Dimensionen differenzierte Erörterung des Gerechtigkeitsbegriffes wurde zur Diskussion gestellt.

Auf einer nachgeordneten Ebene wurde der Begriff des Gutes behandelt. Die Güterebene wurde als diejenige Ebene identifiziert, auf der die 'neoklassische Wachstumsideologie' mit ökologisch (und sozial) motivierten Forderungen nach einem 'Wachstumsverzicht' konfligiert. Dieser Ebene entspringt somit die begriffliche Unterscheidung zwischen 'sustainable growth' und 'sustainable development', die im zweiten Kapitel im Zusamenhang mit der Diskussion des Brundtland-Berichtes getroffen wurde.

Der Begriff der Ware wurde auf einer dritten Ebene behandelt. Hierbei handelt es sich um solche Stromgrößen, die der Gütergenerierung und -versorgung unterliegen und die z. B. Ansatzpunkt 'stoffstrompolitischer' Nachhaltigkeitsstrategien sind.

Auf einer vierten Ebene wurde der Begriff des Vermögens erörtert. Dieser wurde i. S. der Voraussetzung für die Realisierung einer angestrebten Güterversorgung interpretiert.

Die Erörterung des Gerechtigkeitsbegriffs wurde auf einer fünften Ebene abgeschlossen. Hier wurde dargelegt, daß die Realisierbarkeit verschiedener Verteilungsregeln entscheidend abhängt von den Interdependenzen auf bzw. zwischen den vier zuvor behandelten Ebenen.

Auf der Grundlage des so beschriebenen fünfdimensionalen Zielsystems erfolgte schließlich die Formulierung einer allgemeinen, kontextübergreifenden Nachhaltigkeitsdefinition. Diese wurde in einer Weise konkretisiert, die es ermöglichte, aus ihr eine Nachhaltigkeitsregel zu deduzieren. Diese Regel umfaßte zwei zentrale Elemente, nämlich in erster Priorität die Bewahrung kritischer Naturvermögensbestände sowie in zweiter Priorität die Kompensation von Bestandsrückgängen einzelner gesellschaftlicher Vermögenskomponenten.

Auf der Grundlage dieser zweistufigen Nachhaltigkeitsregel erfolgt im weiteren Verlauf die Auseinandersetzung mit der Problematik einer Operationalisierung des Nachhaltigkeitsgrundsatzes und insbesondere mit der Bildung von Indikatoren einer nachhaltigen Entwicklung. Zunächst werden im nachfolgenden Kapitel einige grundsätzliche Anforderungen an Indikatoren einer nachhaltigen Entwicklung formuliert. Mit deren Hilfe werden sodann im neunten Kapitel einige ausgewählte Ansätze zur

Bildung von Nachhaltigkeitsindikatoren kritisch gewürdigt. Schließlich werden diese Anforderungen dem im zehnten Kapitel zu konstruierenden Nachhaltigkeitsindikator als Richtschnur dienen. Dort wird die Einbeziehung sozialer Güter und Vermögensbestandteile, der Heterogenität natürlicher Güter, Waren und Vermögensbestandteile sowie der Problematik kritischer natürlicher Vermögensbestandteile angestrebt.

8 Anforderungen an Indikatoren einer nachhaltigen Entwicklung aus wirtschaftstheoretischer Sicht

8.1 Vorbemerkungen

Das Konzept der nachhaltigen Entwicklung sieht sich seit den Anfängen seiner scheinbar unaufhaltsamen Karriere mit der Forderung nach 'Operationalisierbarkeit' konfrontiert. Der Sachverständigenrat für Umweltfragen des Bundesumweltministeriums (SRU 1994a, 1996) hat sich in seinen Umweltgutachten 1994 und 1996 intensiv mit der Problematik der 'Umsetzung einer dauerhaft-umweltgerechten Entwicklung' auseinandergesetzt. Seine Schlußfolgerungen sollen hier den Ausgangspunkt der Auseinandersetzung mit dieser Thematik darstellen.

Die Grundvoraussetzung einer Implementierung des Nachhaltigkeitsgrundsatzes wird in einer substantiellen Verbesserung der Informationsbasis gesehen:

> "Eine Voraussetzung für die Umsetzung des Leitbildes einer dauerhaft-umweltgerechten Entwicklung in praktische Politik ist die Verfügbarkeit von Indikatoren, die das Leitbild im Hinblick auf die Ziele konkretisieren und eine Überprüfung seiner Umsetzung auf der Grundlage einer Situationsanalyse ermöglichen" (SRU 1994a, S. 86, Tz. 143).[1]

In der Tat ist die Zahl der Untersuchungen über *Indikatoren* einer nachhaltigen Entwicklung in den letzten Jahren sprunghaft angestiegen (vgl. hierzu Kapitel 9 dieser Arbeit). Dennoch scheint ein fundamentales Informationsbedürfnis bislang unbefriedigt geblieben zu sein:

---

1 Siehe auch SRU (1996, S. 19, Tz. 18).

> "Konventionelle Ansätze zur Indikatorenbildung beschränken sich meist darauf, aus vorhandenen umwelt- und sozioökonomischen Daten geeignete auszuwählen und daraus z. B. raum- oder zeitbezogene Indikatoren zu entwickeln. Die Datenauswahl erfolgt also nicht auf Grundlage theoretischer Konzepte, sondern geht von der Datenverfügbarkeit aus" (ebd., S. 17 f.).

Die Frage, in welche Beziehung die drei hiermit angesprochenen Problembereiche der *Datenauswahl*, der *theoretischen Grundlegung* und der *Datenverfügbarkeit* zueinander zu stellen und welche Prioritäten zu setzen seien, beantwortet der Rat zwei Jahre später in seinem Umweltgutachten 1996 unmißverständlich:

> "Der Umweltrat hat mehrfach auf den Mangel an aktuellen, flächendeckenden und vergleichbaren Umweltdaten hingewiesen und die Notwendigkeit der Verbesserung der Datenlage hervorgehoben. Dieses Problem wird durch ein Indikatorensystem nicht gelöst, sondern im Gegenteil potenziert. Deshalb weist der Umweltrat darauf hin, daß die verfügbaren Daten nicht die Einzelindikatorenbildung, sondern die Indikatoren die zu erhebenden Daten bestimmen müssen" (SRU 1996, S. 19, Tz. 18).

Die *mangelnde Leitbildorientierung* existierender Ansätze zur Bildung von Indikatoren einer nachhaltigen Entwicklung, die der Rat hier in aller Deutlichkeit herausstellt, gab Anlaß zur Formulierung eines "Anforderungsprofil[s] für ein System nationaler Umweltindikatoren" (ebd., S. 87). In dessen Rahmen wird das sog. 'Top-Down-Verfahren' der Indikatorenbildung durch folgende Hauptschritte charakterisiert (vgl. ebd., S. 87):

1. Identifikation gesellschaftlicher Ziele, auf die sich Indikatoren beziehen sollen;

2. Entwicklung von Modellen für die Indikatorenbildung;

3. Identifikation von Auswahlkriterien, nach denen Indikatoren beurteilt werden können.

Dieses Top-Down-Verfahren berge jedoch den Nachteil, daß es lediglich bereits bekannte Umweltprobleme berücksichtigen könne und daher möglicherweise nicht 'problemadäquat' sei.

Hingegen erreiche das alternative 'Bottom-Up-Verfahren', dessen Ziel ausgehend von einer möglichst vollständigen Beschreibung der Umweltsituation in einer nach oben gerichteten Aggregation und Selektion von Daten bestehe, u. U. die 'Spitze der Datenpyramide' nicht und sei daher möglicherweise nicht 'zieladäquat'. Dieses 'Pyramiden-Dilemma' sei nur durch ein zweigleisiges Verfahren zu lösen, in dem sich Top-Down- und Bottom-Up-Verfahren gegenseitig ergänzten.

In der o. g. Terminologie ist der im folgenden entwickelte Ansatz dem Top-Down-Verfahren zuzuordnen: Angesichts der beklagten mangelnden Leitbildorientierung besteht das Ziel dieses und der nachfolgenden Kapitel darin, einen Beitrag zur *theoretischen Fundierung* der zu erarbeitenden Indikatoren einer nachhaltigen Entwicklung zu leisten.

Naturgemäß wird es hierbei um die *wirtschafts*theoretische Fundierung von Nachhaltigkeitsindikatoren gehen: Aufbauend auf den konzeptionellen Vorüberlegungen insbesondere des siebten Kapitels werden im vorliegenden Kapitel Anforderungen an Indikatoren einer nachhaltigen Entwicklung formuliert, die anschließend im neunten Kapitel eine Würdigung vorhandener Indikatorenansätze gestatten. Schließlich wird in Kapitel 10 ein ökonomisches Modell entwickelt, das als Grundlage eines den zuvor formulierten Anforderungen genügenden Indikatorensystems einer nachhaltigen Entwicklung vorgeschlagen wird. Dieses Modell soll künftigen Forschungen, die dem Bottom-Up-Muster entsprechen, als Ansatz- bzw. Orientierungspunkt dienen. Denn:

> "Ein Bottom-Up-Verfahren [...] sollte bei der Beschreibung der Umweltsituation weitmöglichst zielorientiert vorgehen und die Tauglichkeit von Daten für höhere Aggregationsebenen stets im Auge behalten" (ebd., S. 87).

Die Formulierung der Anforderungen an Indikatoren einer nachhaltigen Entwicklung wird im folgenden wiederum unter Bezugnahme auf die vier zentralen Begriffskategorien der *Gerechtigkeit*, des *Gutes*, der *Ware* sowie des *Vermögens* erfolgen. Denn es wird sich später in Kapitel 9 zeigen, daß die (häufig nur graduellen) Unterschiede zwischen den zahlreichen Indikatorensystemen, die in der Literatur diskutiert werden, leichter wahrzunehmen und einzuordnen sind, wenn deren Diskussion systematisch anhand dieses Begriffsapparates erfolgt.

8.2 Offenheit und Flexibilität

Dem Sachverständigenrat für Umweltfragen ist uneingeschränkt zuzustimmen, wenn er feststellt:

> "Ein Top-Down-Verfahren sollte gegenüber neuen Erkenntnissen offen und so flexibel sein, daß diese in das Verfahren integriert werden können" (SRU 1994a, S. 87).

Die hier formulierten Erfordernisse der *Offenheit* und der *Flexibilität* korrespondieren mit dem im siebten Kapitel dieser Arbeit auf den Begriffsebenen der Gerechtigkeit, des Gutes, der Ware und des Vermögens zum Begriff einer nachhaltigen Entwicklung gesagten.

In Abschnitt 7.4.1 war deutlich geworden, daß jede Nachhaltigkeitsdefinition - und daher zwangsläufig jeder Nachhaltigkeitsindikator - des Fundamentes einer Konkretisierung des Gerechtigkeitsbegriffes auf mehreren, dort als 'autonom' bezeichneten Ebenen bedarf. Wenn dies auch häufig in der Literatur nicht explizit geschieht, so basiert jedoch zumindest implizit jede Nachhaltigkeitsdefinition auf bestimmten

Gerechtigkeitsvorstellungen. Es wurde jedoch ebenso deutlich, daß höchst unterschiedliche Interpretationen des Gerechtigkeitsbegriffes im Rahmen der Nachhaltigkeitsdiskussion konkurrieren und daß sich bislang auch nicht annähernd ein diesbezüglicher Konsens abzeichnet. Und selbst wenn dieser gegenwärtig existierte, so wäre doch zu berücksichtigen, daß gesellschaftliche Ziele und daher auch Gerechtigkeitsvorstellungen im Zeitablauf erheblich variieren können, worauf Pearce/Warford (1993, S. 41 ff.) zutreffend hinweisen. Daher muß ein System von Indikatoren einer nachhaltigen Entwicklung sich durch Offenheit und Flexibilität hinsichtlich der Einbeziehung sich wandelnder Gerechtigkeitsvorstellungen auszeichnen. Dies gilt grundsätzlich für sämtliche der o. g. 'autonomen' Aspekte des Gerechtigkeitsbegriffes (Subjekte, Koordinationsmechanismen, Objekte, Dimension).

Die Grundsätze der Offenheit und Flexibilität sind auch auf der Ebene des Gut-Begriffes uneingeschränkt gültig - und daher aufgrund der oben erläuterten hierarchischen Beziehung zwischen den Begriffen des Gutes, der Ware und des Vermögens auch auf der Waren- und Vermögensebene. Denn in den Abschnitten 7.4.2 bis 7.4.4 war ausgeführt worden, daß einer der zentralen Streitpunkte der Nachhaltigkeitsdiskussion in der Frage zu sehen ist, welche unmittelbaren und mittelbaren Quellen des Nutzens in ihren Interdependenzen zu berücksichtigen seien. Die Beantwortung dieser Frage hatte schließlich unmittelbare Auswirkungen auf die oben in Abschnitt 7.4.5 erörterten 'pragmatischen' Aspekte des Gerechtigkeitsbegriffes, mit deren Hilfe das Nachhaltigkeitsziel abschließend definiert werden konnte.

Zwar wird häufig davon ausgegangen, daß es definitionsgemäß die Aufgabe von Indikatoren sei, die Komplexität realer Zusammenhänge zu *reduzieren*, um auf diese Weise rasche und dennoch wohlinformierte Entscheidungsprozesse zu ermöglichen. Daher wird von vornherein der Anspruch an Indikatoren einer nachhaltigen Entwicklung gestellt, möglichst *wenige*, aber für die Gesamtheit aller realen Zusammenhänge möglichst *aussagekräftige* Sachverhalte abzubilden (vgl. z. B. Rennings 1994, S. 5 f.).

Die vorliegende Arbeit stellt dem eine Betrachtungsweise gegenüber, die zwischen dem Leitbild eines 'idealen' Nachhaltigkeitsindikators einerseits und praktikablen (wenngleich nicht idealen) Nachhaltigkeitsindikatoren andererseits differenziert. Ersterer ist nicht als Ziel zu interpretieren, das es *tatsächlich* zu erreichen gilt, sondern vielmehr als Orientierungspunkt bei der Entwicklung praktikabler Indikatoren. Letztere sollte dann mit der Zielsetzung erfolgen, dem Idealziel sukzessive näher zu kommen.

Will man den 'idealen' Nachhaltigkeitsindikators charakterisieren, so ist zu beachten, daß sich die auf nationaler und internationaler Ebene vorliegenden Ansätze zur Bildung von Indikatoren einer nachhaltigen Entwicklung in aller Regel - wie in Kapitel 9 unten ausführlich erläutert werden wird - am Vorbild der Volkswirtschaftlichen Gesamtrechnungen (VGR) orientieren. Diese gilt es offenbar zu ergänzen, zu modifizieren oder gar zu ersetzen. Die VGR jedoch ist mit dem Anspruch konzipiert worden, die periodischen Wirtschaftsaktivitäten *vollständig* abzubilden. Alles andere wäre auch wenig sinnvoll, denn zweifelsohne wäre eine verzerrte Aussage unvermeidich, wenn z. B. Sektoren wie der Ruhrkohlebergbau oder die norddeutsche Werftenindustrie aus der Betrachtung ausgespart blieben.

Dies gilt grundsätzlich auch für 'ideale' Indikatoren einer nachhaltigen Entwicklung. Mehr noch: Es liegt gerade in der Natur der Nachhaltigkeitskonzeption, sich nicht mit einer ausschnitthaften Betrachtungsweise (z. B. einer Beschränkung auf die Abbildung im engen Sinne 'wirtschaftlicher' Zusammenhänge) zufriedenzugeben, sondern vielmehr möglichst alle Bereiche einzubeziehen, die nutzenrelevant sind. Hiervon war oben in Abschnitt 7.4.2 im Zusammenhang mit der Unterscheidung zwischen einer 'engen' bzw. einer 'weiten' Auslegung des Begriffes des Gutes, d. h. der unmittelbaren Quellen des Nutzens, ausführlich die Rede. Definitionsgemäß besteht der Anspruch der Nachhaltigkeitskonzeption darin, die bisherige Beschränkung auf eine Abbildung *ausschließlich* wirtschaftlicher Zusammenhänge zu überwinden und diese zu *vervollständigen* um ökologische und soziale Facetten des Gesamtbildes. Daher ist grundsätzlich auf dem Leitbild einer *vollständigen* Berücksichtigung aller relevanten Zusammenhänge zu insistieren.

Selbstverständlich kann dies nicht heißen, daß Vollständigkeit in der Praxis jemals erreichbar wäre. Dies bedeutet aber wohl, daß Indikatoren einer nachhaltigen Entwicklung kein *geschlossenes* System darstellen dürfen, das einer späteren, sukzessiven Vervollständigung im Wege stünde.[2] Es ist bei der Modellbildung und bei der Forschungsplanung darauf zu achten, daß die größtmögliche Orientierung am Leitbild des idealen Nachhaltigkeitsindikators gewährleistet ist. Dabei ist es nicht entscheidend, Vollständigkeit zu erreichen, sondern vielmehr, sie effizient anzustreben. Eine notwendige Bedingung hierfür besteht in der offenen und flexiblen Anlage der Forschungskonzeption.

Der Anspruch, mit 'wenigen aber aussagekräftigen' Indikatoren eine Nachhaltigkeitsaussage treffen zu wollen scheint somit nur dann gerechtfertigt, wenn *zuvor* Aussagen über das Leitbild des 'idealen' Nachhaltigkeitsindikators getroffen werden. Letzterer kann im Grunde nicht als 'Indikator' bezeichnet werden, wenn man diesen Begriff wörtlich nimmt. Vielmehr kommt wohl der Terminus einer 'Umweltökonomischen *Gesamt*rechnung'[3] dem Idealbild am nächsten.

Wenn man Vollständigkeit in dem Bewußtsein anstrebt, sie niemals erreichen zu können, muß man Regeln formulieren, nach denen man bei der Bewegung in Richtung des Idealzieles zunächst eine Auswahl unter den potentiell abzubildenden Bereichen der Realität trifft. Eine solche Regel könnte z. B. darin bestehen, die oben im siebten Kapitel angesproche-

---

2 Eine ähnliche Auffassung vertritt der Sachverständigenrat für Umweltfragen: "Schadensfrüherkennung erfordert Modelle mit besonders offenen theoretischen Strukturen, die logische Verknüpfungen einer Vielzahl von Bestimmungsgrößen und Parametern strukturell zulassen" (SRU 1994a, S. 20).

3 Vgl. hierzu z. B. Radermacher/Stahmer (1994, 1995) sowie das Kapitel 9 dieser Arbeit.

nen 'kritischen' Bereiche des Naturvermögens prioritär zu berücksichtigen. In diesem Falle wären Kriterien zu entwickeln, anhand derer beurteilt werden kann, welche Bereiche zu den kritischen zu zählen sind und welche nicht.

Im übrigen ist die *Ursache* für die häufig angestrebte Konzentration auf wenige aber aussagekräftige Indikatoren wohl in unmittelbarem Zusammenhang mit den Ausführungen zur Unterscheidung zwischen physischen und wertmäßigen Indikatoren des Abschnitts 8.4 unten zu sehen: Im Rahmen der VGR stellt Vollständigkeit kein ernsthaftes Problem dar, da ausschließlich solche Sachverhalte abzubilden sind, für die eine einheitliche, *monetäre* Maßeinheit existiert. Die Einbeziehung ökologischer Sachverhalte bereitet jedoch bekanntermaßen Bewertungsprobleme.[4] Daher scheint es unter pragmatischen Gesichtspunkten angezeigt, die Bewertungsproblematik zu umgehen und 'alles' an einigen wenigen, geeigneten ökologischen Indikatoren abzulesen. Es fragt sich nur, ob eine solche 'pragmatische' Vorgehensweise - sofern sie als Präjudiz fungiert anstatt als vorläufiger, eigentlich unvollständiger Ansatz interpretiert zu werden - die Bemühungen zur Einbeziehung ökologischer und sozialer Aspekte in die gesellschaftlichen Informationssysteme nicht von vornherein zum Scheitern verurteilt.

8.3 Vermögenstheoretische Fundierung

Die Ausführungen zum Begriff des gesellschaftlichen Vermögens in Abschnitt 7.4.4 oben hatten Bezug genommen auf die in den Kapiteln 4 bis 6 behandelten ressourcenökonomischen 'Standardmodelle'. Unabhängig davon, welches dieser drei Modelle bestimmten Aspekten der Realität angemessen scheint, ist allen drei Modellszenarien die Struktur gemeinsam,

4 Vgl. hierzu z. B. Endres (1981/82; 1995), Freeman (1993) sowie Endres/Holm-Müller (1998).

daß das gesellschaftliche Vermögen die *Voraussetzung* für eine nachhaltige Entwicklung (d. h. im weiteren Verlauf dieses Kapitels sowie im nachfolgenden neunten Kapitel mit Rawls: für eine im Zeitablauf konstante gesellschaftliche Wohlfahrt als Aggregat individueller Nutzen) darstellt. Daher ist nach hier vertretener Auffassung grundsätzlich jedes System von Nachhaltigkeitsindikatoren *vermögenstheoretisch* zu fundieren: Indikatoren der gesellschaftlichen Wohlfahrt selbst können nicht *Nachhaltigkeits*indikatoren sein, da die Höhe der Wohlfahrt in einer Periode naturgemäß keine Auskunft darüber gibt, ob sie auf Dauer aufrechterhalten werden kann. Der Zweck von Nachhaltigkeitsindikatoren besteht somit vorrangig darin, Informationen über gesellschaftliche *Vermögensbestände* - u. a. über natürliche Ressourcenbestände sowie über soziale Vermögenskomponenten - und deren Veränderungen zu vermitteln.

Eine vermögenstheoretische Fundierung ist auch dann unabdingbar, wenn man 'Nachhaltigkeitsdiagnose', 'Nachhaltigkeitsprognose' und 'Nachhaltigkeitspolitik' analytisch voneinander trennt.[5]

Sofern es in einem ersten Schritt um eine (rückblickende) Nachhaltigkeitsdiagnose geht, ist die Ermittlung und Gegenüberstellung der *Wohlfahrts*niveaus vergangener Perioden (sofern rückwirkend empirisch beobachtbar) nur vordergründig hinreichend um zu beurteilen, ob die Vergangenheitsentwicklung nachhaltig war oder nicht. Denn käme man z. B. zu dem Ergebnis, daß im vergangenen Jahrzehnt bis zur Gegenwart die gesellschaftliche Wohlfahrt im Zeitablauf konstant war, so ließe dies keineswegs den Schluß zu, daß die Wohlfahrt auch *zukünftig* auf dem Vergangenheitsniveau verharren *kann* oder gar tatsächlich verharren *wird*. Es ist vielmehr denkbar, daß die Aufrechterhaltung der Wohlfahrt in der Vergangenheit mit einer Reduzierung des gesellschaftlichen Vermögens erkauft wurde, die vergleichbare Wohlfahrtsniveaus in der Zukunft aus-

[5] Eine ähnliche Differenzierung nimmt der Sachverständigenrat für Umweltfragen vor (vgl. SRU 1994a, S. 86, Tz. 146).

schließt. Dies wäre jedoch gemessen an obiger Definition einer nachhaltigen Entwicklung nicht nachhaltig, da diese grundsätzlich die Aufrechterhaltung der gesellschaftlichen Wohlfahrt über den Gegenwartszeitpunkt hinaus fordert. Somit erfordert eine rückblickende Nachhaltigkeitsdiagnose solche Indikatoren, die eine Beurteilung der Veränderungen des gesellschaftlichen Vermögens in der Vergangenheit gestatten. Eine solche Beurteilung wäre - bezogen auf natürliche Vermögensbestandteile - grundsätzlich auf der Grundlage von *Umweltzustandsindikatoren* möglich.

In einem zweiten Schritt ist eine Nachhaltigkeitsprognose von Interesse. Dieser zweite (und wichtigere) Schritt erfordert eine Prognose der Entwicklung der *Voraussetzungen* der Wohlfahrtserzielung (d. h. des gesellschaftlichen Vermögens), ohne die eine Voraussage der Entwicklung künftiger Wohlfahrtsniveaus nicht denkbar wäre. Hierzu wäre zunächst die Erfassung der gegenwärtigen Anfangsbestände aller relevanten Vermögenskomponenten erforderlich. Anschließend wären diejenigen Faktoren zu ermitteln (bzw. deren Veränderungen zu prognostizieren), die eine *künftige* Veränderung der Vermögensbestände und darauf beruhend der gesellschaftlichen Wohlfahrt verursachen können. Hierzu zählen im Falle natürlicher Vermögensbestandteile u. a. die in künftigen Periode zu erwartenden umweltbe- und -entlastenden menschlichen Aktivitäten. Solche Aktivitäten beeinflussen bei gegebenem Anfangsbestand den zu erwartenden Endbestand und ermöglichen somit eine Aussage über die zu erwartende Bestandsveränderung. Eine Nachhaltigkeitsprognose erfordert daher *Umweltbelastungsindikatoren* (z. B. hinsichtlich zu erwartender Schadstoffemissionen) und *Umweltentlastungsindikatoren* (z. B. hinsichtlich zu erwartender Investitionen in Umweltschutztechnologien). In der Terminologie des siebten Kapitels sind hiermit, wie später im neunten und zehnten Kapitel eingehend zu erläutern sein wird, typischerweise *Waren* angesprochen, d. h. mittelbar wohlfahrtsrelevante Stromgrößen.

Vor diesem Hintergrund sind 'Belastungs-' und 'Reaktionsindikatoren' für eine Nachhaltigkeitsprognose unverzichtbar. Sie sind allerdings mit dem Ziel zu konstruieren, die tatsächlichen Vermögenswirkungen solcher Aktivitäten zu verdeutlichen. Überspitzt formuliert wären Rauchgasemissionen unter dem Gesichtspunkt der Nachhaltigkeit von geringem Interesse, wenn nicht ein Zusammenhang zum Waldsterben zu vermuten wäre. Wälder aber sind zweifelsfrei eine Komponente des Vermögens*bestandes.* Ebenso bestünde bei der Verfolgung des Nachhaltigkeitszieles kaum ein Anlaß zur Reduzierung der FCKW-Produktion, wenn diese nicht für das Ozonloch verantwortlich gemacht würde. Auch die Ozonschicht aber ist offensichtlich eine *Bestands*komponente. Somit sind Aussagen darüber in ein System von Nachhaltigkeitsindikatoren einzubeziehen, in welcher Form die Belastungs- und Reaktionsgrößen auf die jeweiligen Vermögenskomponenten rückwirken.

Ist eine nicht-nachhaltige Entwicklung prognostiziert, so sind in einem dritten Schritt Instrumente einer 'Nachhaltigkeitspolitik' zu entwickeln. Auch hierzu tragen Belastungs- und Reaktionsindikatoren dann bei, wenn die Wirkungen alternativer Politikmaßnahmen auf die entsprechenden menschlichen Aktivitäten und die daraus erwachsenden Bestandswirkungen abgeschätzt werden.

8.4 Ergänzung physischer durch wertmäßige Indikatoren

Im Rahmen der Konzeption einer kompensierenden Gesamtvermögensvariation ist zwischen *physischen* und *wertmäßigen* Bestandsänderungen zu unterscheiden. Während erstgenannte mit Hilfe von Indikatoren von rein physikalischer Dimension beurteilt werden können, repräsentieren wertmäßige Bestandsgrößen stets ein Produkt aus physikalischer Dimension *und* (wie auch immer gearteten) Bewertungsfaktoren.

Häufig wird dafür plädiert, Indikatoren einer nachhaltigen Entwicklung im wesentlichen auf die Basis *physischer* Daten zu stellen (vgl. z. B. Cansier/Richter 1995b). Dies ist jedoch nach hier vertretener Auffassung der Natur des Nachhaltigkeitsproblems nicht angemessen. Zwar wurde oben für eine vermögenstheoretische Fundierung von Indikatoren einer nachhaltigen Entwicklung plädiert. Allerdings ist eine Erfassung physischer Bestandsveränderungen hierfür nicht hinreichend. Vielmehr sind Vermögensveränderungen auf eine Weise abzubilden, die es erlaubt, deren Rückwirkungen auf die gesellschaftliche Wohlfahrt zu beschreiben. Auch eine Erfassung umweltbe- und -entlastender menschlicher Aktivitäten allein in physischen Einheiten ist unter Nachhaltigkeitsgesichtspunkten unzureichend. Denn diese allein gestatten noch keine Nachhaltigkeitsprognose: Es müssen zusätzlich Informationen über die relevanten *Wirkungszusammenhänge* vermittelt werden, ohne die nicht beurteilt werden kann, welchen Effekt umweltbe- und -entlastende menschliche Aktivitäten auf den Umweltzustand und damit auf das gesellschaftliche Vermögen haben werden.

Das hiermit angesprochene Problem der 'Wirkungszusammenhänge' stellt auch der Sachverständigenrat für Umweltfragen heraus:

> "Die methodische Weiterentwicklung eines Indikatorensystems erfordert vor allem eine bessere Erfassung von Interdependenzen der ökologischen, ökonomischen und sozialen Bereiche ('interlinkages')" (SRU 1996, S. 104, Tz. 190).

Mit dem oben gesagten erfordert eine Nachhaltigkeitsaussage offensichtlich die Erfassung der relevanten *interlinkages* auf drei Ebenen:

1. Auf einer 'naturwissenschaftlichen' Ebene sind die relevanten Wirkungszusammenhänge zwischen unterschiedlichen Vermögenskomponenten einerseits sowie zwischen umweltrelevanten menschlichen Aktivitäten und Vermögensbeständen andererseits zu ermitteln.

2. Auf einer 'produktionstechnischen' Ebene sind die relevanten Wir-

kungszusammenhänge zwischen Vermögenskomponenten, Warenströmen und Güterversorgung zu beschreiben.

3. Auf einer 'psychologischen' Ebene sind die Wirkungszusammenhänge zwischen Vermögensbeständen, Warenströmen, Güterversorgung und gesellschaftlichen Wohlfahrtsniveaus zu ermitteln, um abzuschätzen, welche Entwicklung die gesellschaftliche Wohlfahrt künftig nehmen wird.

Ein wesentliches Ziel des zehnten Kapitels wird später darin bestehen, zu verdeutlichen, daß - wenn eine Nachhaltigkeitsaussage das Ziel ist - die physischen Bestandsveränderungen aller relevanten Vermögenskomponenten mit 'Wertfaktoren' zu gewichten sind, die sämtliche drei Wirkungsebenen erfassen.

Um Mißverständnissen vorzubeugen ist ausdrücklich darauf hinzuweisen, daß die hiermit angesprochene Unterscheidung zwischen physischen und wertmäßigen Indikatoren *nicht* mit einer Unterscheidung zwischen *positiver* und *normativer* Aussagekraft korrespondiert. Auch physische Indikatoren, wenn sie einer Überprüfung der realen Entwicklung anhand des normativen Kriteriums der Nachhaltigkeit dienen sollen, sind stets und unausweichlich 'wertend'.

So ist allein die Entscheidung, eine bestimmte physische Größe in ein Indikatorensystem *aufzunehmen*, von normativem Charakter. Wenn z. B. die Zahl der Individuen einer bestimmten schützens*werten* Tierart in einem Indikatorensystem Berücksichtigung findet, so ist dies Ausdruck einer *Wertschätzung* der Existenz dieser Tierart seitens des Konstrukteurs des betreffenden Indikatorensystems. Die Grundlage einer solchen Wertschätzung kann z. B. die Anerkennung von 'Tierrechten' durch den Konstrukteur, sein ästhetisches Empfinden, oder irgendein vergleichbares Motiv darstellen.

Ebenso müßte die Spezifikation eines 'kritischen Bestandes' der betreffenden Tierart stets auf Werturteilen basieren. Hierbei können positive (d. h. nicht wertende) naturwissenschaftliche Analysen selbstverständlich Hilfestellung leisten. Wenn z. B. nachgewiesen werden kann, daß die betreffende Art bei Unterschreitung einer kleinsten überlebensfähigen Population unausweichlich aussterben müßte, so könnte dies einen Anhaltspunkt für die Definition eines kritischen Bestandes bieten. Erfolgt die Definition im Rahmen eines Indikatorensystems *tatsächlich* anhand dieser Größe, so beinhaltet dies jedoch daß Werturteil, daß ein Aussterben dieser Art als 'unerträglich' zu beurteilen sei.

Ist im folgenden von 'wertmäßigen' Indikatoren die Rede, so liegt jedoch ein anderer - in der Wirtschaftswissenschaft allgemein üblicher - Wertbegriff zugrunde. Hier drückt der Wert eines Gutes den Beitrag aus, den dieses Gut zur Erreichung eines bestimmten Zieles beisteuert. Dieser Wertbegriff findet in allen wirtschaftlich relevanten Bereichen Anwendung. Er sei im folgenden verdeutlicht anhand des hier interessierenden Beispiels der Konstruktion von Indikatoren einer nachhaltigen Entwicklung.

Das Wesensmerkmal einer nachhaltigen Entwicklung besteht darin, daß das Vermögen der betrachteten Gesellschaft nicht verwirtschaftet wird. Dieses Vermögen setzt sich aus mehreren (produzierten, natürlichen und sozialen) Komponenten zusammen, die in unterschiedlichen Dimensionen gemessen werden. Nimmt nun im Zeitablauf die Ausstattung mit einigen dieser Vermögenskomponenten ab, mit anderen jedoch zu, so kann nicht ohne weiteres gesagt werden, ob eine kompensierende Gesamtvermögensvariation als Voraussetzung einer im Zeitablauf konstanten Wohlfahrt erreicht wird. Dazu müßten die Beiträge, die die einzelnen Vermögenskomponenten zum Gesamtvermögen leisten, betrachtet und saldiert werden. Eine Saldierung ist jedoch nur zwischen Größen der selben Dimension möglich.

Der Vorgang, bei dem einzelne verschieden dimensionierte Größen (Vermögensbestandteile) 'auf einen gemeinsamen Nenner gebracht' und so zu einer eindimensionalen Größe (Gesamtvermögensbestand) umgerechnet werden, nennt man in der Wirtschaftswissenschaft 'Bewertung'.[6] Die bei dieser Bewertung verwendeten Umrechnungsfaktoren ('Gewichte') sind durch die Bedeutung definiert, die den einzelnen (verschieden dimensionierten) Vermögenskomponenten für das Gesamtvermögen zukommt. Mit der Natur dieser Gewichte wird sich insbesondere das zehnte Kapitel dieser Arbeit noch eingehend auseinandersetzen. Hier geht es zunächst nur darum, deutlich zu machen, daß unter einem 'wertmäßigen' Indikator ein Konstrukt zu verstehen ist, das aus dem eben beschriebenen Prozeß der Bewertung entsteht. Das Wesen des wertmäßigen Indikators liegt also darin, daß er eine aggregierte Größe anzeigt, die aus einer über Gewichtung erreichten Homogenisierung verschieden dimensionierter Größen hervorgegangen ist.

Verwendet man einen wertmäßigen Indikator 'Gesamtvermögen', so ist damit impliziert, daß die verschiedenen Teilvermögensbestände, die Gegenstand des Bewertungsprozesses sind, bei *kompensierender Gesamtvermögensvariation* gegeneinander substituiert werden können. Allerdings ist es durchaus denkbar, daß die Möglichkeiten, einen Vermögensbestandteil X durch einen anderen Bestandteil K zu substituieren, begrenzt sind. In diesem Fall muß für eine nachhaltige Entwicklung eine Mindestversorgung mit dem Gut X, z. B. $\underline{X}$, gewährleistet sein. Diesem Umstand muß bei der Konstruktion von Indikatoren einer nachhaltigen Entwicklung unbedingt Rechnung getragen werden. Die pragmatisch einfachste Möglichkeit dazu besteht darin, explizit einen physischen Mindestbestand des Teilvermögens in Höhe von $\underline{X}$ als notwendige Bedingung für eine nachhaltige Entwicklung zu fordern.

---

6 Ein Beispiel für diesen Vorgang aus der traditionellen Wirtschaftswissenschaft ist die Sozialproduktrechnung. Hier werden Tausende von verschieden dimensionierten Gütern mit ihren Preisen gewichtet ('bewertet') und so in eine eindimensionale (monetäre) Größe, das Sozialprodukt, umgerechnet. Allerdings gestattet dieses in seiner Eigenschaft als (wenn auch unvollkommener) 'Wohlfahrtsindikator', wie oben begründet, nicht die unter Nachhaltigkeitsgesichtspunkten erforderliche *vermögens*theoretische Aussage.

Nachhaltigkeit wird hier also durch die simultane Verbindung eines wertmäßigen Indikators (kompensierende Gesamtvermögensvariation) und eines physischen Indikators (der Bestand der Vermögenskomponente X darf die Menge $\underline{X}$ nicht unterschreiten) beschrieben. Dies entspricht der Aussage der Nachhaltigkeitsregel des Abschnitts 7.6.

Zusammengefaßt läßt sich sagen, daß die Frage nach dem Wert einer beliebigen Komponente z. B. des natürlichen Ressourcenbestandes grundsätzlich drei Dimensionen aufweist:

- Auf einer übergeordneten Ebene ist zunächst - im Sinne einer 'ja-nein'-Entscheidung - die Frage zu beantworten, ob einer bestimmten Komponente des natürlichen Ressourcenbestandes Wertschätzung entgegengebracht wird oder nicht. Falls ja, empfiehlt sich die Aufnahme zunächst physischer Bestandsdaten in das zu erstellende Indikatorensystem.

- Unter Verwendung der relativen Wertschätzung der verschiedenen Komponenten, für die oben die Antwort 'ja' lautete, sind im Rahmen eines Bewertungsprozesses, der neben natürlichen auch anthropogene Komponenten umfaßt, im oben erläuterten Sinne wertmäßige Bedingungen für eine nachhaltige Entwicklung abzuleiten.

- Die o. g. Grenzen der Substituierbarkeit einzelner Komponenten des natürlichen Ressourcenbestandes führen auf die Formulierung von physischen Bedingungen für Nachhaltigkeit, die die wertmäßigen Bedingungen ergänzen.

Eine Entwicklung ist nachhaltig, wenn die physischen und die wertmäßigen Nachhaltigkeitsbedingungen simultan erfüllt werden.

Wie oben bereits gesagt, repräsentieren wertmäßige Indikatoren stets ein Produkt aus physikalischer Dimension und Wertdimension. Die

Ermittlung beider Komponenten ist somit notwendig für die Ermittlung wertmäßiger Indikatoren. Physische Indikatoren hingegen können allein auf der Grundlage physikalischer Daten berechnet werden.

Es ist daher offensichtlich, daß im Vergleich zu physischen Indikatoren die Ermittlung wertmäßiger Indikatoren in der Praxis aufgrund des zusätzlichen Informationsbedarfes hinsichtlich der relativen Wertschätzung unterschiedlicher Indikatorenbestandteile die größeren Probleme aufwerfen wird. Zwangsläufig stellt sich die Frage, ob es Bereiche der Realität gibt und welchem der drei in den Kapiteln 4 bis 6 analysierten Modellszenarien diese am ehesten entsprechen, in denen die 'anspruchsloseren' physischen Indikatoren ausreichen, um eine Nachhaltigkeitsdiagnose zu stellen.

Im Rahmen des Modells $\mathscr{P}$ des vierten Kapitels scheinen physische Indikatoren hinreichend für eine Beurteilung der Nachhaltigkeit eines Entwicklungsweges zu sein. Denn hier repräsentiert der Bestand der geernteten erneuerbaren Ressource den gesellschaftlichen Vermögensbestand *ausschließlich*. Unter der Annahme, es handle sich um einen homogenen Bestand, treten keine vermögenstheoretischen Substitutions- und Aggregationsprobleme auf.

Auch im Falle eines kritischen Naturvermögensbestandes ist - unabhängig davon, welches Modellszenario zugrundegelegt wird - ein physischer Indikator offenbar hinreichend.[7] Wesentlich ist hierbei, daß sich mit Erreichen des 'kritischen' Bestandes das Substitutionsproblem nicht mehr stellt.

Somit ist festzuhalten, daß überall dort, wo die in Abschnitt 7.4.4 näher erläuterten Regeln *strikter* bzw. *kritischer* ökologischer Vermögens-

[7] Dies gilt allerdings nur unter der unrealistischen Annahme, daß der jeweilige kritische Naturvermögensbestand mit Sicherheit bekannt ist. Ist es dagegen beispielsweise ungewiß, welche CO_2-Konzentration in der Atmosphäre exakt zu welchem Ausmaß an Klimaänderungen und welches Ausmaß der Klimaänderung exakt zu welchen ökologischen und wirtschaftlichen Konsequenzen führt, so sind auch im Falle kritischer Bestände Bewertungen unabdingbar. In solchen Fällen wird es von den Wahrscheinlichkeiten bestimmter Klimaszenarien und der gesellschaftlichen Risikopräferenz abhängen, welche CO_2-Belastung der Atmosphäre toleriert wird.

bewahrung einschlägig sind, physische Indikatoren ausreichen, um eine Nachhaltigkeitsdiagnose durchzuführen.

Unabweisbar ist allerdings die Notwendigkeit wertmäßiger Indikatoren für eine Nachhaltigkeitsaussage, wenn man sich erstens oberhalb kritischer Bestände weiß (oder glaubt) und wenn zweitens die Heterogenität des gesellschaftlichen Vermögensbestandes berücksichtigt wird, wie oben in den Modellen $\mathscr{I}$ und $\mathscr{PM}$. Denn Heterogenität impliziert Aggregations-, Substitutions- und daher Kompensationsprobleme innerhalb des gesellschaftlichen Vermögensbestandes. Diese sind allein mit physischen Nachhaltigkeitsindikatoren nicht zu lösen, es wird vielmehr ein *einheitlicher Bewertungsmaßstab* für natürliche und anthropogene Vermögenskomponenten benötigt.

Daher sind in allen Fällen, in denen die Verwirklichung einer kompensierenden Gesamtvermögensvariation (vgl. auch hierzu Abschnitt 7.4.4 oben) Voraussetzung für eine nachhaltige Entwicklung ist, wertmäßige Indikatoren zu ermitteln.

Dies bedeutet jedoch keinesfalls, daß in den Modellen $\mathscr{I}$ und $\mathscr{PM}$ auf physische Indikatoren verzichtet werden könnte: Sie sind in jedem Falle *Voraussetzung* für die Ermittlung wertmäßiger Indikatoren, da diese, wie oben erwähnt, definitionsgemäß immer eine 'Bewertungs'- und eine Mengenkomponente umfassen.

8.5 Zusammenfassung

Auf der Grundlage der konzeptionellen Vorüberlegungen des siebten Kapitels wurden Anforderungen an Indikatoren einer nachhaltigen Entwicklung aus wirtschaftstheoretischer Sicht formuliert. Ziel war es hierbei, nach dem Muster des Top-Down-Verfahrens zur theoretischen Fundierung von Indikatoren einer nachhaltigen Entwicklung beizutragen und auf diese Weise den beklagten Mangel einer 'Leitbildorientierung' existierender Indikatorensysteme zu überwinden.

Anhand der Anforderungen der 'Offenheit und Flexibilität', der 'vermögenstheoretischen Fundierung' sowie der 'Ergänzung physischer durch wertmäßige Indikatoren' werden im nachfolgenden neunten Kapitel exemplarisch einige in der Literatur diskutierte Ansätze zur Bildung von Indikatoren einer nachhaltigen Entwicklung gewürdigt. Es wird sich zeigen, daß in den seltensten Fällen sämtliche Anforderungen erfüllt werden. Anschließend wird daher im zehnten Kapitel ein Modell entwickelt, das diesen drei Anforderungen simultan genügt und somit als Ansatz- und Orientierungspunkt für empirische Arbeiten nach dem Bottom-Up-Verfahren dienen kann.

9 Struktur und Kritik ausgewählter Indikatorensysteme

9.1 Zur Klassifikation von Nachhaltigkeitsindikatoren

In der Literatur wird eine fast unüberschaubare Vielfalt von Indikatoren diskutiert, die jeweils einen mehr oder weniger deutlichen Bezug zur Nachhaltigkeitszielsetzung aufweisen und die sich oftmals nur in Nuancen unterscheiden. Es wird im folgenden nicht angestrebt, einen auch nur annähernd vollständigen Überblick über die auf nationaler und internationaler Ebene diskutierten Ansätze zu geben - hierzu kann auf einschlägige Studien verwiesen werden.[1] Vielmehr werden ausgewählte, 'typische' Ansätze exemplarisch erörtert. Hierzu sind zunächst einige Vorbemerkungen zur Typologie von Nachhaltigkeitsindikatoren erforderlich.

Generell ist festzustellen, daß der überwiegenden Mehrzahl der Indikatorensätze die traditionellen Volkswirtschaftlichen Gesamtrechnungen (VGR) als Vorbild und Angriffspunkt zugleich dienen. Ein Grund hierfür ist wohl darin zu sehen, daß hierbei auf eine lange Tradition der Erprobung des Sozialproduktkonzepts und der Sozialproduktkritik zurückgegriffen werden kann.[2] Aufgrund der überragenden Bedeutung der Sozialproduktkritik für die Bemühungen um Indikatoren einer nachhaltigen Entwicklung beschränken sich die folgenden Ausführungen auf solche Indikatorensätze, die Modifikationen, Erweiterungen oder Ergänzungen der traditionellen Sozialproduktrechnung zum Ziel haben.

Hinsichtlich der Einbeziehung nachhaltigkeitsrelevanter Informatio-

---

1 Siehe z. B. Diefenbacher/Habicht-Erenler (1991); Rennings (1994); SRU (1994a, S. 86 ff.); Walz/Ostertag/Block (1995); Moldan/Billharz/Matravers (1997); Rennings/Wiggering (1997).

2 Vgl. hierzu den Überblick bei Eisner (1988). Stellvertretend für die zahlreichen Kritiker des Sozialproduktkonzeptes seien hier Leipert (1975; 1986a; 1986b; 1989a; 1989b), Steiger (1979) und Woll (1981) genannt.

nen in das System der VGR existieren mit dem *Integrationsansatz* und dem *Separationsansatz* grundsätzlich zwei Möglichkeiten. Während ersterer Umweltinformationen unmittelbar in die Berechnung eines modifizierten Sozialproduktes als *eindimensionaler* Kennzahl einfließen lassen will, strebt letzterer ein einander ergänzendes, *mehrdimensionales* Nebeneinander von Sozialproduktrechnung und Umweltindikatorensystemen an.

Nachfolgend werden beispielhaft einige Ansätze zur Indikatorenbildung erläutert, die dem Integrationsansatz (Abschnitt 9.2) bzw. dem Separationsansatz (Abschnitt 9.3) zugeordnet werden können. Die Kritik dieser Ansätze erfolgt auf der Grundlage der im siebten Kapitel vorgestellten Nachhaltigkeitskonzeption und der im achten Kapitel formulierten Anforderungen an Indikatoren einer nachhaltigen Entwicklung.

9.2 Eindimensionale Indikatoren

9.2.1 Vorbemerkungen

Die nachfolgend erläuterten eindimensionalen Indikatoren einer nachhaltigen Entwicklung lassen sich grundsätzlich auf die Zielsetzung zurückführen, eine kompensierende Gesamtvermögensvariation (und auf diese Weise eine im Zeitablauf konstante Wohlfahrt) zu erreichen. In der Literatur werden in diesem Zusammenhang einerseits die Konzeption des Nettosozialproduktes und andererseits das auf der Hartwick-Regel basierende Verfahren der Saldierung der bewerteten Bestandsveränderungen sämtlicher gesellschaftlicher Vermögenskomponenten diskutiert.[3] Diese beiden Konzeptionen unterscheiden sich hinsichtlich ihres Anspruchs, Aussagen über die gesellschaftliche Wohlfahrt einerseits bzw.

---

[3] Faucheux/Muir/O'Connor (1997) diskutieren als dritte Alternative das sog. 'nachhaltige Volkseinkommen' (*sustainable national income*) und zeigen, daß i. a. keines dieser drei Konzepte dem Einkommensbegriff Hicks' (welcher vom Postulat der Vermögensbewahrung abgeleitet ist) entspricht (vgl. ebd., S. 539).

über die Voraussetzungen der Wohlfahrtserzielung andererseits zu ermöglichen. Dies kann weitreichende Konsequenzen für die *Akzeptanz* des resultierenden Indikators haben, wie später erläutert wird.

Das Nettosozialprodukt und seine Erweiterung zum Ökosozialprodukt ist Gegenstand des nachfolgenden Abschnitts 9.2.2. Die Methode der Saldierung der bewerteten Bestandsveränderungen wird anschließend in Abschnitt 9.2.3 diskutiert.

9.2.2 Ermittlung des Nettosozialproduktes

Unter Bezugnahme auf Weitzman (1976) wird in der wirtschaftstheoretischen Literatur die Rolle, die dem Nettosozialprodukt (Y^n) als Nachhaltigkeitsindikator zukommt, in jüngster Zeit zunehmend diskutiert.[4] Das Prinzip der Berechnung des Nettosozialproduktes bleibt im folgenden stets gleich. Im Detail muß jedoch die Berechnung des Nettosozialproduktes mit der Interpretation des Vermögensbegriffs variieren. Die Verwendung des Nettosozialproduktes als Nachhaltigkeitsindikator setzt eine eindeutige (und möglichst konsensfähige) Aussage darüber voraus, was als Bestandteil des gesellschaftlichen Vermögens gelten soll. Nachfolgend werden zwei Varianten des Nettosozialproduktes vorgestellt, die auf zwei unterschiedlichen Vermögensinterpretationen basieren.

9.2.2.1 *Das traditionelle Nettosozialprodukt*

Traditionell wird der Begriff des Nettosozialproduktes in einem Kontext verwendet, in dem ausschließlich reproduzierbare Kapitalgüter (K) dem

---

[4] Z. B. bei Solow (1986); Mäler (1991); Hulten (1992); Pearce/Warford (1993, Ch. 4); Asheim (1994; 1996; 1997); Brekke (1994); Hartwick (1990; 1994; 1995b); Usher (1994); Aaheim/Nyborg (1995); Dasgupta (1995); Dasgupta/Kriström/Mäler (1997). In den vorgenannten Analysen wird die oben in den Kapiteln 4 bis 6 verwendete momentanwertige Hamilton-Funktion als 'Nettosozialprodukt-Funktion' interpretiert (vgl. z. B. Hartwick 1990, S. 291). Im vorliegenden Abschnitt wird jedoch in einem zeitdiskreten Kontext argumentiert, um den Bezug zur praktizierten Sozialproduktrechnung deutlich werden zu lassen.

gesellschaftlichen Vermögen zugerechnet werden. In diesem Sinne kann eine erste Variante des Vermögensbegriffes definiert werden:

$$V^1 := K\,. \tag{9-1}$$

Hierbei sind - wie im gesamten Verlauf dieses Kapitels - alle Größen als *Wert*größen zu interpretieren: Auf beiden Seiten der Gl. (9-1) stehen Geldbeträge. Auf der Grundlage des Vermögensbegriffes V^1 wird das Nettosozialprodukt einer Periode ermittelt, indem das Bruttosozialprodukt (Y) um die Abschreibungen des reproduzierbaren Kapitalbestandes (Δ^K) gemindert wird (vgl. z. B. Stobbe 1994, S. 423):

$$Y^n := Y - \Delta^K\,. \tag{9-2}$$

Unter Abschreibungen ist hierbei das monetäre Äquivalent der Wertminderungen des reproduzierbaren Kapitalbestandes "infolge des Verschleißes bei seinem Einsatz im Produktionsprozeß oder infolge wirtschaftlichen Veraltens" (ebd.) in der betreffenden Periode zu verstehen.[5] Das Nettosozialprodukt zeichnet sich somit dadurch aus, daß die Wertminderung des gesellschaftlichen Vermögens bei der Einkommensermittlung Berücksichtigung findet. Die Kritik der Nettosozialprodukt-Konzeption erfolgt in Abschnitt 9.2.2.3 unten.

9.2.2.2 *Das Ökosozialprodukt*

Konzeptionell entspricht das Ökosozialprodukt ($Y^ö$) dem Nettosozialprodukt, inhaltlich zeichnet es sich durch eine erweiterte Fassung des Ver-

---

5 Hierbei ist eine exakte periodische Zurechenbarkeit durchaus nicht unproblematisch. In der Praxis werden die Anlageinvestitionen einer Periode ihrer erwarteten Nutzungsdauer entsprechend in Gruppen eingeteilt. Sodann wird der Wert der Kapitalzugänge jeder Gruppe gleichmäßig über die Folgeperioden bis zum Ende der erwarteten Nutzungsdauer verteilt und in diesen Perioden als Abschreibung verbucht. Dieses Verfahren wird als 'lineare Abschreibung' bezeichnet (vgl. Stobbe 1994, S. 423). Der tatsächliche Zusammenhang zwischen Nutzungsintensität und Wertminderung jeder einzelnen Nutzungsperiode wird daher streng genommen nicht abgebildet.

mögensbegriffes aus.[6] Im wesentlichen handelt es sich hierbei um eine Ausweitung des Vermögensbegriffes auf natürliche Vermögensbestandteile, wie sie Daly (1989) explizit gefordert hat und die in einer zweiten Vermögensdefinition zum Ausdruck kommt:

$$V^2 := K + X . \tag{9-3}$$

Hierbei bezeichne X den monetären Wert des aggregierten Bestandes natürlicher Ressourcen, der u. a. die Bestände erschöpflicher natürlicher Ressourcen wie Mineralien und fossile Brennstoffe, die Bestände erneuerbarer Ressourcen wie Tier- und Pflanzenbestände sowie die Qualität von Umweltmedien wie Boden, Luft und Wasser umfasse. Da beide Vermögenskomponenten K und X in (9-3) als monetäre Größen zu verstehen sind, ist ihre Aggregation im Wege der bloßen Addition zulässig. Bei der Berechnung des Ökosozialproduktes gemäß (9-3) wird also zunächst 'heroisch' von den bekannten Problemen einer monetären Bewertung natürlicher Ressourcen abstrahiert.

Ausgehend vom ursprünglichen Konzept des Nettosozialproduktes führt die Ausdehnung des Vermögensbegriffes auf natürliche Ressourcenbestände folgerichtig dazu, daß neben den Abschreibungen produzierter Kapitalgüter auch die Abschreibungen natürlicher Ressourcenbestände während der Berichtsperiode (Δ^X) vom Bruttosozialprodukt zu subtrahieren sind, um das nachhaltige Einkommen zu ermitteln. Die Definition des Ökosozialproduktes lautet daher (vgl. Stahmer 1991, S. 48):

$$Y^{ö} := Y - \Delta^K - \Delta^X . \tag{9-4}$$

Unter den Abschreibungen Δ^X ist hierbei (in Analogie zur obigen Interpretation der Größe Δ^K) das monetäre Äquivalent der Wertminderungen des Naturvermögens infolge (produktiver und/oder konsumptiver)

6 Zum Konzept des Ökosozialproduktes vgl. z. B. Reich (1994; 1995); Rennings (1994, Kap. II.2.A); Richter (1994, insb. Kap. III.5); Stobbe (1994, S. 376 f.); Cansier/Richter (1995a, S. 246); Stahmer (1995a); Zimmermann (1995).

wirtschaftlicher Aktivität in der betreffenden Periode zu verstehen.

9.2.2.3 Zur Kritik des Nettosozialproduktes

Im folgenden wird die Konzeption des Nettosozialproduktes und insbesondere des Ökosozialproduktes anhand der im achten Kapitel eingeführten Anforderungen an Indikatorensysteme einer nachhaltigen Entwicklung beurteilt. Dort war zunächst auf der Grundlage des im siebten Kapitel entwickelten Nachhaltigkeitsverständnisses das Postulat der *Offenheit und Flexibilität* formuliert worden. Diesbezüglich ist festzustellen, daß in der Literatur gerade die mangelnde Offenheit der Ökosozialprodukt-Konzeption kritisiert worden ist (vgl. z. B. Zimmermann 1995). Diese lasse definitionsgemäß soziale Vermögensbestandteile unberücksichtigt.

Als zweite Anforderung an Indikatoren einer nachhaltigen Entwicklung war im achten Kapitel eine *vermögenstheoretische Fundierung* postuliert worden. In diesem Zusammenhang ist festzustellen, daß die oben geschilderte Konzeption des Ökosozialproduktes ihre Motivation zu einem großen Teil aus der seit nunmehr mehreren Jahrzehnten vorgetragenen Skepsis an der Tauglichkeit des Bruttosozialproduktes als *Wohlfahrts*maß bezieht. Diese Skepsis hat sicher ihre Berechtigung. Es wäre allerdings ein Mißverständnis, sähe man einen modifizierten Indikator, der dieser Skepsis Rechnung trägt und in diesem Sinne ein 'besseres' Wohlfahrtsmaß darstellt, gleichzeitig bereits als *Nachhaltigkeits*indikator an. Ohne Zweifel benötigt man für eine Nachhaltigkeitsaussage ein Wohlfahrtsmaß, wie im Rahmen der Behandlung der Gerechtigkeitsebene sowie der Güterebene der Nachhaltigkeitskonzeption im siebten Kapitel deutlich wurde. Aber die Spezifikation eines Wohlfahrtsmaßes reicht unter Nachhaltigkeitsgesichtspunkten nicht aus: Um die Nachhaltigkeit des gesellschaftlichen Entwicklungsprozesses zu beurteilen, sind auf der Vermögensebene die *Voraussetzungen* der Wohlfahrtserzielung zu thematisieren, wie in Kapitel 7 ausführlich erläutert wurde. Im Rahmen des Ökosozialproduktes jedoch geschieht dies nicht explizit. Daher trägt es der im achten Kapitel formulierten Anforderung einer vermögenstheoretischen Fundierung nur bedingt Rechnung.

Als dritte Anforderung an Indikatoren einer nachhaltigen Entwicklung war im achten Kapitel eine *Ergänzung physischer durch wertmäßige Indikatorenkomponenten* formuliert worden. In diesem Zusammenhang ist positiv herauszustellen, daß das Ökosozialprodukt die Notwendigkeit der Ermittlung physischer *und* wertmäßiger Größen theoretisch anerkennt - wenngleich einer empirischen Lösung nicht näher bringt.

Die empirische Berechnung des Ökosozialproduktes gestaltet sich schwierig, da die monetäre Bewertung der Abschreibungen des Naturvermögens (Δ^{x}) bislang nicht umfassend gelingt. Als Technik zu deren Ermittlung wird vorgeschlagen (vgl. z. B. Stahmer 1991; Stobbe 1994, S. 376; Cansier/Richter 1995a, S. 246), denjenigen Geldbetrag zu errechnen, der nötig gewesen wäre, um die Umwelt in der Berichtsperiode nicht zusätzlich (d. h. über die bereits zu Periodenbeginn festgestellten Schädigungen hinaus) zu schädigen. Hierbei soll erstens zurückgegriffen werden auf die während der Berichtsperiode *tatsächlich* getätigten sog. Defensivausgaben, d. h. Ausgaben zur Verhinderung von Umweltschäden (z. B. Installation von Rauchgasfiltern) oder zur Kompensation bereits eingetretener Schäden (z. B. Wiederaufforstungen). Zu diesen Ausgaben sollen zweitens die *hypothetischen* Vermeidungskosten addiert werden, die eine Vermeidung oder Beseitigung der dennoch während der Periode aufgetretenen Umweltschädigungen erfordert hätte.[7] Auf diese Weise würde der Geldbetrag ermittelt, der zur Konservierung der zu Periodenbeginn beobachteten Umweltqualität erforderlich gewesen wäre.[8] Dieser Betrag wird dann als Näherung für die wirtschaftlich bedingten Wertminderun-

---

7 Konsequenterweise müßten bei einer Verbesserung der Umweltqualität die faktischen Defensivausgaben entsprechend gemindert werden.

8 Allerdings dürfte sich in der Praxis das Problem der periodischen Zurechenbarkeit (z. B. bei Altlastensanierungen) in noch größerem Maße stellen, als oben im Falle reproduzierbarer Kapitalbestände erläutert.

gen des Naturvermögens während der Berichtsperiode interpretiert.

Die hierbei anzuwendende 'Vermeidungskostenmethode' birgt allerdings einige Probleme,[9] die für eine Relativierung der mit ihrer Hilfe gewonnenen Ergebnisse sprechen. So ist u. a. darauf hingewiesen worden, daß Vermeidungsaktivitäten neben der Minderung der Umweltschäden häufig noch anderen Zwecken dienen und die Aufwendungen daher nicht vollständig der Umweltbelastung zugerechnet werden dürfen. Zudem schlügen sich Options-, Existenz- und Vermächtniswerte von Umweltgütern nicht in beobachtbarem (Vermeidungs-)Verhalten nieder, so daß die Vermeidungskosten die 'wahre' Zahlungsbereitschaft systematisch unterschätzten. Um diese Kritik in der Terminologie des achten Kapitels zusammenzufassen: Vermeidungskosten stellen ein überaus unpräzises Instrument zur Erfassung der relevanten 'interlinkages' dar. Zwar wird im Rahmen des Ökosozialproduktkonzeptes das Erfordernis der Ergänzung physischer durch wertmäßige Indikatoren anerkannt, letztere sind jedoch von eingeschränkter Aussagefähigkeit, wenn sie auf der Grundlage der Vermeidungskostenkonzeption ermittelt werden.

9.2.3 Saldierung der Bestandsveränderungen

9.2.3.1 Der Indikator von Pearce und Atkinson

Pearce/Atkinson (1992; 1993a; 1993b; 1995)[10] als Vertreter der sog. 'Londoner Schule' entwickeln einen Nachhaltigkeitsindikator, den sie explizit vom theoretischen Fundament der Hartwick-Regel (Hartwick 1977) herleiten. Diesen Indikator berechnen sie empirisch für 18 Länder (Pearce/Atkinson 1993b), darunter die Bundesrepublik vor der Vereinigung.[11]

---

9 Zu den im folgenden genannten Kritikpunkten siehe z. B. Endres/Jarre/Klemmer/Zimmermann (1991, S. 32 ff.) und Endres/Holm-Müller (1998). Vgl. auch Cansier/Richter (1995a, S. 247 ff.).

10 Siehe auch Proops/Atkinson (1992).

11 Bereits 56 Länder werden im Rahmen der Weiterentwicklung des Ansatzes bei

Nachhaltigkeit wird als Verteilungsziel (*equity*) in Abgrenzung zum Effizienzziel definiert. Dieses Ziel wird konkretisiert durch die Forderung nach einem im Zeitablauf nicht sinkenden menschlichen Wohlbefinden pro Kopf (*non-declining per capita human well-being over time*). Die zentrale Voraussetzung für die Erzielung von Wohlbefinden wird in dem umfassenden gesellschaftlichen Vermögensbestand (*overall stock of capital*) gesehen.

Pearce/Atkinson interpretieren den umfassenden gesellschaftlichen Vermögensbestand als Aggregat aus menschengemachtem Kapital (Maschinen, Straßen etc.), Humanvermögen (Wissen, Fertigkeiten etc.) sowie natürlichem Vermögen. Sie legen hierbei ausdrücklich eine 'weite' Interpretation des natürlichen Vermögens zugrunde, die neben erschöpflichen natürlichen Ressourcen (Mineralien, fossile Energieträger) auch die Vielfalt der erneuerbaren natürlichen Ressourcen einschließt (Tropenwälder, Ozonschicht, atmosphärischer Kohlenstoffkreislauf, Artenvielfalt, Habitate, Reinheit von Luft und Wasser etc.).

Nachhaltigkeit, so die Autoren, setze in diesem Kontext voraus, daß die gesamte periodische Ersparnis mindestens so groß sei, wie die Summe der Abschreibungen auf alle Komponenten des gesellschaftlichen Vermögens. Hierin manifestiert sich das oben angesprochene Verfahren der Saldierung der bewerteten Veränderungen sämtlicher Komponenten des gesellschaftlichen Vermögens. Unter Vernachlässigung der Humanvermögenskomponente stellen Pearce/Atkinson (1993b, S. 105) einen Nachhaltigkeitsindikator Σ zur Diskussion:[12]

Atkinson et al. (1997, S. 97 f.) berücksichtigt.

12 In der bei Pearce/Atkinson verwendeten Notation ist dies der Indikator Z_1. Der Ansatz wurde verfeinert durch Atkinson et al. (1997), die den obigen Indikator durch das Konzept der 'echten Ersparnis' (*genuine savings*) ersetzten (vgl. ebd., S. 52). Diese resultiere durch Ergänzung der traditionell berechneten Brutto-Ersparnis (Investitionen plus Exporte minus Importe) um den monetären Wert der Netto-Bestandsveränderung natürlicher Ressourcen (Bestandswachstum minus Ressourcenentnahme) sowie um den monetären Wert der Netto-Veränderung der Umweltqualität (Schadstoffassimilation minus Neu-Emissionen).

$$\Sigma = \frac{S}{Y} - \frac{\Delta^K}{Y} - \frac{\Delta^X}{Y} \qquad (9\text{-}5)$$

Hierbei ist S die gesamtwirtschaftliche Ersparnis, Y das Volkseinkommen, Δ^K bzw. Δ^X der Wert der Abschreibungen des reproduzierbaren bzw. des natürlichen Vermögens für jeweils eine Periode. Eine Volkswirtschaft wird dann als nachhaltig eingestuft, wenn sie mindestens soviel spart, daß die Summe der Abschreibungen ihres reproduzierbaren und natürlichen Vermögens ausgeglichen werden kann. Dies ist gleichbedeutend mit $\Sigma \geq 0$.

Die empirische Berechnung von Σ wird für 18 Länder (Pearce/Atkinson 1993b) durchgeführt. In der Tabelle 9-1 sind die Ergebnisse zusammengefaßt. Der Bundesrepublik (vor der Vereinigung) wird im übrigen eine nachhaltige Entwicklung bescheinigt, und zwar recht deutlich oberhalb der Nachhaltigkeitsschwelle. Ausschließlich Entwicklungsländer verfehlen das Nachhaltigkeitsziel.

Pearce/Atkinson (1992, S. 5 ff.) äußern freilich erhebliche Skepsis an der Tragweite der dem Indikator Σ zugrunde liegenden Vorstellung der 'weak sustainability', die von der Annahme einer weitgehenden Substituierbarkeit zwischen produzierten und natürlichen Vermögenskomponenten ausgeht. Sie beurteilen vielmehr die Ersetzbarkeit natürlicher Vermögenskomponenten durch produzierte Kapitalgüter als sehr eingeschränkt.

Als einer der Gründe hierfür wird die Unsicherheitsproblematik angeführt (vgl. Pearce/Atkinson 1992, S. 5 f.). So seien z. B. die Lebenserhaltungsfunktionen von Ökosystemen, die Funktionsweise des Kohlenstoffzyklus' oder die Zahl der die Erde bevölkernden Arten längst nicht vollständig bekannt. Unter der Annahme der Risikoaversion spräche dies dafür, das Naturvermögen nicht zu reduzieren, solange die Folgen nicht abschätzbar seien. Zudem wird auf die Möglichkeit irreversibler Schädigungen zahlreicher Komponenten des Naturvermögens hingewiesen. So könne z. B. eine ausgerottete Art nicht wieder ins Leben gerufen werden. Schließlich sprächen empirische Untersuchungen auf der Grundlage des kontingenten Bewertungsansatzes für ein starkes Interesse der Menschen an der Erhaltung des Status Quo hinsichtlich des Naturvermögens.

Tabelle 9-1

Der Nachhaltigkeitsindikator nach Pearce und Atkinson für 18 Länder

	S / Y	-	Δ^K / Y	-	Δ^X / Y	=	Σ
Sustainable economies							
Costa Rica	26		3		8		+15
Czechoslovakia	30		10		7		+13
Germany (pre-unif)	26		12		6		+8
Hungary	26		10		5		+11
Japan	33		14		2		+17
Netherlands	25		10		1		+14
Poland	30		11		10		+9
USA	18		12		4		+2
Marginally sustainable							
Mexiko	24		12		12		0
Philippines	15		11		4		0
Unsustainable							
Burkina Faso	2		1		10		-9
Ethiopia	3		1		9		-7
Indonesia	20		5		17		-2
Madagascar	8		1		16		-9
Malawi	8		7		4		-3
Mali	-4		4		6		-14
Nigeria	15		3		17		-5
Papua New Guinea	15		9		7		-1

Quelle: Pearce/Atkinson (1993b, S. 106).

Aus diesen Gründen favorisieren Pearce/Atkinson eine 'strong sustainability rule':[13] Diese erfordere, daß zunächst 'der' natürliche Kapi-

[13] Pearce/Atkinson geben keine stichhaltige Begründung dafür, daß sie trotz erheblicher Skepsis die 'weak sustainability-rule' ausführlich analysieren und empirisch überprü-

talstock mindestens konstant zu halten sei (vgl. die Regel der strikten ökologischen Vermögensbewahrung des Abschnitts 7.6). Dies sei dann der Fall, wenn die Bedingung

$$\Delta^{x} \leq 0 \tag{9-6}$$

erfüllt sei, wenn also die natürliche Vermögenskomponente Wert*steigerungen* erführe[14] oder ihr Wert konstant bliebe. Erst danach werde (als 'allgemeinere' Restriktion) die Veränderung des umfassenden Vermögensbestandes relevant. Auf diese Weise wird ausschließlich auf die Substitutionsmöglichkeiten zwischen produzierten Kapitalgütern und Humanvermögen verwiesen.

Keines der untersuchten Länder, so lautet vor diesem Hintergrund die zentrale Botschaft der empirischen Untersuchungen von Pearce/Atkinson, erfülle das Kriterium der 'strong sustainablitiy'. In allen Ländern beobachten Pearce/Atkinson einen mehr oder weniger starken Rückgang des Naturvermögens. Selbst das Kriterium der 'weak sustainability' jedoch erfüllen *nicht alle* Länder, wie aus der Tabelle 9-1 hervorgeht.

9.2.3.2 *Zur Kritik des Indikators von Pearce und Atkinson*

Hinsichtlich der Anforderung der *Offenheit und Flexibilität* ist zunächst zu konstatieren, daß der Indikator von Pearce und Atkinson die Dreidimensionalität der Nachhaltigkeitsproblematik - d. h. deren Relevanz für ökonomische, ökologische und soziale Gesichtspunkte des gesellschaft-

---

fen. Möglicherweise geht es ihnen darum, zu zeigen, daß zahlreiche Länder *selbst dieses* Kriterium nicht erfüllen. "Although the weak rule described here is admittedly limited in its relevance to the real world, our results show that it can nevertheless yield some useful insights. Of course, this should not obscure the need for further investigation of the meaning and measurement of strong sustainability" (Pearce/Atkinson 1993a, S. 65).

14 Im Falle $\Delta^{X} \leq 0$ wäre der letzte Summand von Σ nichtnegativ, daher Wert*steigerungen* des Naturvermögens.

lichen Entwicklungsprozesses - nicht erfaßt. Denn das Humanvermögen wird aus der Betrachtung ausgeklammert und im weiteren Sinne soziale Vermögenskomponenten werden nicht berücksichtigt. Jedoch ist dies kein konzeptioneller Kritikpunkt, denn die Einbeziehung der letzgenannten Vermögensbestandteile ist, wie Pearce und Atkinson betonen, grundsätzlich möglich und erstrebenswert.[15]

Die Anforderung einer *vermögenstheoretischen Fundierung* ist (im Gegensatz zur Konzeption des Nettosozialproduktes, s. o.) offensichtlich erfüllt. Allerdings offenbaren die obigen Ausführungen in diesem Zusammenhang einen entscheidenden Schwachpunkt der 'Londoner' Nachhaltigkeitskonzeption: Die Art und Weise, in der das Kriterium der 'strong sustainability' in den Indikator integriert wird, ist nicht angemessen.[16] Zwar war auch im siebten Kapitel dieser Arbeit das Erfordernis formuliert worden, das dort als kompensierende Gesamtvermögensvariation bezeichnete Konzept zu ergänzen durch das Konzept der kritischen ökologischen Vermögensbewahrung. Dies manifestiert sich in der Nachhaltigkeitsregel des Abschnitts 7.6 oben. Allerdings ist die Gleichsetzung der 'strong sustainability' mit der pauschalen Forderung nach 'Konstanz des Naturkapitals' bei Pearce/Atkinson nicht nachvollziehbar. Der Begriff der Konstanz des Naturkapitals bedarf vielmehr der eingehenden Erörterung.[17] Offensichtlich bedeutet Konstanz des Naturvermögens bei Pearce/Atkinson *nicht*, sämtliche Komponenten des Naturvermögens für alle Zeiten unangetastet zu lassen. Vielmehr bejahen sie *intrasektorale* Substitutionsmöglichkeiten, also eine Substituierbarkeit verschiedener Komponenten des Naturvermögens gegeneinander. Bei dem Versuch, ein

---

15 Atkinson et al. (1997, ch. 7) verweisen auf den *Human Development Index* der Vereinten Nationen, ohne jedoch den Versuch einer Einbindung in ihr Konzept der echten Ersparnis zu unternehmen.

16 In Atkinson et al. (1997) wird die Forderung nach Konstanz des Naturkapitals bei weitem nicht mehr mit der gleichen Entschlossenheit vertreten. Vielmehr werden mit der 'Tragekapazität' sowie der 'Resilienz' zwei ökologische Indikatoren diskutiert, die dem Indikator schwacher Nachhaltigkeit zur Seite zu stellen seien (vgl. ebd., ch. 6).

17 Hierum bemühen sich Atkinson et al. (1997, ch. 6).

etwas differenzierteres Bild der Veränderungen 'des' Naturvermögens zu zeichnen (vgl. Pearce/Atkinson 1992, S. 15, Table 2), *werden* offensichtlich unterschiedliche Komponenten des Naturvermögens aggregiert, d. h. vergleichend bewertet. Grundlage sind in der Tat monetäre Bewertungsmethoden. Somit wird eingeräumt, daß Veränderungen unterschiedlicher Naturvermögenskomponenten grundsätzlich gegeneinander aufrechenbar sind. Einzelne Komponenten des Naturvermögens[18] werden monetär bewertet und ihre Veränderungen werden saldiert, um die Veränderung des aggregierten Naturvermögens zu ermitteln.

Vor diesem Hintergrund fehlt jede Begründung dafür, warum Naturvermögenskomponenten nur gegen andere Naturvermögenskomponenten aufgerechnet werden dürfen. Es ist nicht nachvollziehbar, daß die Substitution natürlicher Vermögenskomponenten nur intrasektoral zulässig sein und nicht zumindest für einige Komponenten des Naturvermögens innerhalb gewisser Grenzen auch gegenüber den anderen beiden Komponenten des Gesamtvermögens (produzierte Kapitalgüter, Humanvermögen) möglich sein sollte. Aus welchem Grunde sollte einerseits Mineralöl als Energieliefernat durch Rapsöl ersetzbar sein, nicht jedoch durch Sonnenkollektoren oder Verbesserungen des menschlichen Wissens hinsichtlich energiesparender Verfahren? Gibt es andererseits für die Ozonschicht, die wohl schwerlich durch produziertes Kapital oder Humanvermögen ersetzbar sein dürfte, ein natürliches Substitut?[19]

Die Londoner Position trägt in dieser Hinsicht keineswegs zur Klärung, sondern vielmehr zur Vernebelung der für eine nachhaltige Entwicklung erforderlichen Schritte bei. Denn die undifferenzierte Forderung nach 'Konstanz des Naturvermögens' ist nicht praktikabel.[20] Die

---

[18] Pearce/Atkinson berücksichtigen Wasser- und Luftverschmutzung, Beeinträchtigungen küstennaher Fischgründe, Entwaldung, Bodenerosion und die Bestandsveränderungen von Mineralien und fossilen Brennstoffen.

[19] Vgl. zu diesem Kritikpunkt an der Londoner Position auch Rennings/Hohmeyer (1997a, S. 3 f.).

[20] Zwar sehen Pearce/Atkinson (1993a, S. 65) grundsätzlich das Erfordernis, kritische Bestände bezüglich einzelner, klar definierter Bestandteile zu bewahren. Diese Erkenntnis schlägt sich jedoch bei der Konstruktion ihres Indikators nicht nieder. Dieser

vorliegende Arbeit wird sich in diesem Punkt im weiteren Verlauf vom Ansatz Pearce/Atkinsons abgrenzen: Es ist durchaus angemessen, die Konzeption der kompensierenden Gesamtvermögensvariation durch eine kritische ökologische Vermögensbewahrungsregel zu ergänzen, dies geschah im Rahmen der Nachhaltigkeitsregel des Abschnitts 7.6 oben. Diese aber beschränkt die Anwendung der kritischen ökologischen Vermögensbewahrungsregel auf einzelne, klar definierte Komponenten des Naturvermögens, nicht dagegen auf das gesamte Naturkapital. Dies impliziert keineswegs, daß hier die ökologischen Bedenken Pearce/Atkinsons gegen eine rein 'neoklassische', substitutionsoptimistische Interpretation des Nachhaltigkeitsgrundsatzes nicht geteilt würden. Vielmehr wird in dieser Arbeit zwar einerseits eine 'flexiblere' (d. h. 'neoklassischere') Position, andererseits jedoch eine 'rigidere' (d. h. 'ökofundamentalistischere') Position vertreten, als diejenige Pearce/Atkinsons: Einerseits können bestimmte Komponenten des Naturkapitals nach hier vertretener Auffassung in gewissem Maße durch produzierte Kapitalgüter oder Humanvermögen substituiert werden, was bei Pearce/Atkinson kategorisch bestritten wird. In dieser Hinsicht ist die hier vertretene Position 'substitutionsoptimistischer' als die Pearce/Atkinsons. Andererseits wird hier davon ausgegangen, daß bestimmte Komponenten des Naturvermögens überhaupt nicht substituierbar sind, auch nicht durch andere Komponenten des Naturvermögens, wie es bei Pearce/Atkinson grundsätzlich für alle Naturvermögensbestandteile möglich ist. In dieser Hinsicht ist die hier vertretene Position 'substitutionspessimistischer' als die Pearce/Atkinsons.

Die dritte Anforderung einer *Ergänzung physischer durch wertmäßige Indikatorenkomponenten* erfüllt der Indikator von Pearce und Atkinson

---

wird ohne erkennbare Begründung auf die Grundlage der 'broader interpretation' der 'strong sustainability-rule' gestellt, die die Bewahrung des *umfassenden* Naturkapitalbestandes fordert.

ebenfalls im Grundsatz. Allerdings sind im Rahmen der empirischen Berechnung des Indikators einige Schwächen nicht zu übersehen.

Der statische Charakter der Analyse wird von den Autoren selbst eingeräumt. Ihre empirische Analyse stützt sich lediglich auf einzelne, zufällig nach Datenlage herausgegriffene Perioden, die zudem von Land zu Land differieren. Es werden keine international vergleichbaren Zeitreihen analysiert.[21]

Zudem wird weder die theoretische noch die empirische Basis der Ermittlung des monetären Wertes der Abschreibungen des Naturvermögens hinreichend erläutert.[22] Man ist diesbezüglich auf einige spärliche Textstellen und darüber hinaus allenfalls auf Vermutungen angewiesen. So wird z. B. ohne weitergehende Erläuterung auf die Renten verwiesen, die aus der Minderung eines natürlichen Ressourcenbestandes erzielt werden (vgl. Pearce/Atkinson 1993a, S. 65). An anderer Stelle wird betont, daß die Ermittlung der Abschreibungen des Naturvermögens auf Marktpreisen basiere,[23] um kontrovers diskutierte Bewertungsmethoden (wie z. B. den kontingenten Bewertungsansatz) zu vermeiden, an die man gleichwohl 'glaube' (vgl. Pearce/Atkinson 1993b, S. 105). Dies läßt darauf schließen, daß die vielfältigen 'außermarktlichen' Wertbestandteile des Naturvermögens überhaupt nicht berücksichtigt wurden, weshalb die Aussagekraft des Indikators Σ stark zu relativieren ist. Es darf ferner geschlußfolgert werden, daß dem Indikator Σ kein differenziertes und auf klar identifizierte Problembereiche zugeschnittenes theoretisches Konzept zugrundegelegt wurde, das Rückschlüsse auf die unter Nachhaltigkeitsgesichtspunkten erforderlichen Daten und die bestehenden Datenlücken erlaubt hätte. Daher trifft auf den Indikator Σ von

21 Eine Zeitreihe für Großbritannien findet sich in Pearce et al. (1993, S. 43). Atkinson et al. (1997, S. 97 f.) berechnen bereits für 56 Länder Zeitreihen von 1980 bis 1990 der sog. echten Ersparnis.

22 Die Darlegungen in Atkinson et al. (1997, ch. 4) stellen diesbezüglich einen nennenswerten Fortschritt dar.

23 Als Beispiel wird die Ermittlung der auf Bodenerosion zurückzuführenden Produktionseinbußen mit Hilfe der entsprechenden Outputpreise angeführt (vgl. Pearce/Atkinson 1993b, S. 105).

Pearce/Atkinson die eingangs des Kapitels zitierte Kritik des Sachverständigenrates für Umweltfragen durchaus zu, daß die Datenauswahl nicht auf der Grundlage theoretischer Konzepte erfolge, sondern von der Datenverfügbarkeit ausgehe. Insbesondere in der Überwindung dieses Defizites wird ein wesentliches Ziel des zehnten Kapitels dieser Arbeit bestehen. Dort wird gezeigt, daß eine Nachhaltigkeitsaussage ohne eine sorgfältige Analyse der relevanten 'interlinkages', die bei Pearce/Atkinson gänzlich fehlt, nicht getroffen werden kann.

Zusammenfassend ist festzuhalten, daß - wenn auch die einfache Struktur des Nachhaltigkeitsindikators von Pearce/Atkinson offenbar dem Ziel der Kommunizierbarkeit entgegenkommen soll - der Indikator Σ gravierende Nachteile hat. Der positive Aspekt des Nachhaltigkeitsindikators von Pearce/Atkinson ist jedoch vor dem Hintergrund des hier vertretenen Nachhaltigkeitsverständnisses darin zu sehen, daß zumindest der Weg zu einer empirischen Berechnung eines *vermögenstheoretisch* fundierten Indikators gewiesen wird. Ferner ist der Indikator grundsätzlich uneingeschränkt *offen* für eine Erweiterung auf zusätzliche natürliche und auch soziale Vermögenskomponenten. Es werden ferner (bei allen oben genannten Einschränkungen) die erforderlichen *wertmäßigen* Größen berücksichtigt, womit sämtliche Anforderungen des achten Kapitels erfüllt bzw. erfüllbar sind.

Darüber hinaus wird der bei der Berechnung des Nettosozialproduktes bzw. des Ökosozialproduktes sichtbar gewordene Nachteil vermieden, daß der Indikator mißverständlich interpretiert werden könnte. Pearce/Atkinson entwerfen kein neues *Wohlfahrts*maß, daß *gleichzeitig* unter bestimmten zusätzlichen Voraussetzungen eine Nachhaltigkeitsaussage ermöglichen soll. Hier geht ausschließlich um den Aspekt der Sicherung der *Voraussetzungen* für Nachhaltigkeit. Die Analyse von Pearce/Atkinson ist zwar sehr grob strukturiert, weist aber in die richtige Richtung. Diese Richtung wird das Kapitel 10 unten aufnehmen und eine differenziertere Sicht der Dinge entwickeln.

9.3 Mehrdimensionale Indikatoren

9.3.1 Der Pressure-State-Response-Ansatz der OECD

Anläßlich der Weltwirtschaftsgipfel von 1989 und 1990 hatten sich die G7 auf das Ziel verständigt, ökonomische und ökologische Entscheidungsprozesse künftig stärker zu integrieren. Die OECD wurde aufgefordert, zu diesem Zwecke ausgewählte Umweltindikatoren zu entwickeln. Angesichts dieses 'Drucks' sah sich die OECD (1991) veranlaßt, auf der Grundlage der seinerzeit verfügbaren Datenbasis zu reagieren. Im Ergebnis wurde ein vorläufiger Indikatorensatz (ausdrücklich kein 'universeller' Indikator) präsentiert, der dem Bemühen entsprang, umweltbezogene Daten so weit wie möglich in ihrem ökonomischen Zusammenhang darzustellen. Die Indikatoren, mit deren Hilfe ein erster Vergleich verschiedener Mitgliedsländer durchgeführt wurde, lassen sich nach den Tatbeständen, die sie erfassen sollen, wie folgt klassifizieren:

1. Schad- und Abfallstoffeinträge in die Umweltmedien (Emissionen umweltrelevanter Gase, Nutzung nitrogener Düngemittel, Müllproduktion, industrielle Unfälle). Das Bemühen um eine Integration ökonomischer und ökologischer Informationsvermittlung schlägt sich nieder z. B. in Angaben über Emissionen pro Einheit des Bruttosozialproduktes, pro Kopf der Bevölkerung sowie in einer Gegenüberstellung der zeitlichen Trends von Bruttosozialprodukt, Verbrauch an fossilen Brennstoffen und Schadstoffemissionen.

2. Nutzungsprofile ausgewählter natürlicher Ressourcen (Nutzung von Wasservorräten und Waldressourcen, Veränderungen der Landnutzungsprofile u. a. durch Ausweisung von Naturschutzzonen, Fischfangaktivitäten, Import von Tropenhölzern). Auch hier wird die Relation zum Bruttosozialprodukt, zur Bevölkerung und darüber hinaus zur absoluten Verfügbarkeit der betreffenden Ressourcen hergestellt.

Bezüglich der Waldnutzung wird eine Gegenüberstellung von jährlichen Einschlagmengen und Bestandswachstum unternommen.

3. Umweltzustand bzw. Immissionssituation (Schadstoffbelastung der Flüsse, Erfassung bedrohter Arten).

4. Defensive Umweltschutzanstrengungen (Anteil der Bevölkerung, der mit Hilfe von Abwasseraufbereitungsanlagen versorgt wird).

5. Öffentliche Wahrnehmung der Umweltprobleme (Befragungen zur relativen Wertschätzung für Umweltschutz und Wirtschaftswachstum).

Ergänzt wurden diese Umweltindikatoren durch einige klassische Indikatoren wie z. B. Wirtschaftswachstum, Bevölkerungsentwicklung, Industrieproduktion etc..

Dieser vorläufige Indikatorensatz wurde weiterentwickelt durch die *Group on the State of the Environment* der OECD (siehe OECD 1993). Insbesondere wurden die Indikatoren nun explizit klassifiziert in Belastungsindikatoren (*Pressure*-Komponente), Umweltzustandsindikatoren (*State*-Komponente) und Reaktionsindikatoren (*Response*-Komponente).[24] Erfaßt werden Belastungen der Umwelt durch menschliche Aktivitäten (wie z. B. unter den o. g. Punkten 1 und 2), die Umweltqualität selbst (wie z. B. unter dem o. g. Punkt 3) sowie gesellschaftliche Reaktionen auf Veränderungen des Umweltzustandes (wie z. B. unter dem o. g. Punkt 4). Hingegen spielen Bewertungsgesichtspunkte, die ursprünglich unter dem o. g. Punkt 5 - wenn auch nur in Form sehr undifferenzierter öffentlicher Meinungsumfragen (vgl. OECD 1991, S. 50 f.) - noch Berücksichtigung gefunden hatten, keine Rolle mehr. Dieses *Pressure-State-Response*-Modell (im folgenden PSR) hat seither in der internationalen

24 Siehe hierzu auch SRU (1994a, S. 86 ff.).

Diskussion häufig als Orientierungspunkt gedient (vgl. SRU 1994a, S. 88; Atkinson et al. 1997, ch. 2).

9.3.2 Das Konzept für eine Umweltökonomische Gesamtrechnung des Statistischen Bundesamtes

Das Statistische Bundesamt ist seit 1988 mit der Konzipierung einer 'Umweltökonomischen Gesamtrechnung' (UGR) für die Bundesrepublik befaßt (vgl. Stahmer 1991, S. 43). Seither ist das Vorhaben in einer ganzen Reihe von Publikationen konkretisiert[25] und seitens der Bundesregierung als "wichtige Informationsgrundlage zur Bewertung der Fortschritte in Richtung einer nachhaltigen Entwicklung" (Deutscher Bundestag 1996, S. 2) präsentiert worden. Wenn auch der Aufbau eines eigenständigen statistischen Gesamtsystems beabsichtigt ist, bilden doch im wesentlichen die konventionelle VGR sowie die bisherige Umweltstatistik der Bundesrepublik die Grundlage. Die UGR soll die Informationen der beiden bestehenden Systeme derart verbinden, daß Rückschlüsse auf die Interdependenzen zwischen ökonomischen Prozessen und dem Umweltzustand gezogen werden können.

Bislang basiert die UGR auf dem sog. 'Satelliten-Ansatz': Das System der traditionellen VGR wird ergänzt um ein integriertes ökologisch-ökonomisches Rechnungswerk, nicht aber grundlegend neu konzipiert. Dieses Satellitensystem hat die Aufgabe, die Wechselwirkungen zwischen der natürlichen Umwelt und dem Wirtschaftssystem zu beschreiben. Erreicht werden soll dies, indem eine Verbindung hergestellt wird zwischen der traditionellen VGR und umweltbezogenen Rechensystemen. Im einzelnen war ursprünglich zu diesem Zweck die Erstellung der folgenden fünf Darstellungsbereiche vorgesehen (vgl. Radermacher 1992, S. 413 f.):

---

25 Siehe z. B. Reich/Stahmer et al. (1988); Statistisches Bundesamt (1990; 1993; 1994a; 1994b; 1995a; 1995b); Radermacher (1992; 1993); Bolleyer/Radermacher (1993); Radermacher/Stahmer (1994; 1995); Deutscher Bundestag (1996). Vgl. auch die beiden bisherigen Stellungnahmen des Beirats 'Umweltökonomische Gesamtrechnung' (BMU 1992b; 1996a).

1. Nutzung und Verbrauch natürlicher Rohstoffe. Vorgesehen waren Angaben über Abbau und Verbrauch biotischer und abiotischer Rohstoffe und Elementargüter (Sonnenenergie, Wasser, Luft u.ä.).

2. Nutzung der natürlichen Umwelt als Auffangbecken für Rest- und Schadstoffe. Dieser Bereich sollte u. a. über Emissionen und ihren Zusammenhang mit Produktions- und Verbrauchsprozessen informieren.

3. Nutzung der natürlichen Umwelt als Standort für menschliche Aktivitäten. Geplant war eine räumlich orientierte Darstellung der Umwelt, d. h. ihre Nutzung und ganzheitliche Zustandsbeschreibungen von Ökosystemen.

4. Qualitativer Zustand der Umwelt, insbesondere im Hinblick auf ihre Schadstoffbelastung. Anhand bestimmter Umweltmeßwerte für Boden, Wasser, Luft, Strahlungen, Lärm u.ä. sowie anhand von Beobachtungsdaten verschiedener Spezies sollte der Zustand der Umwelt und seine Veränderung im Zeitablauf dokumentiert werden.

5. Umweltbezogene ökonomische Aktivitäten. Erfaßt werden sollten die monetären Aufwendungen einzelner volkswirtschaftlicher Sektoren für Umweltschutzmaßnahmen (Luftreinhaltung, Abfallbeseitigung, Abwasserbehandlung etc.).

Auch hier zeichnet sich bereits die Dreiteilung in Indikatoren der Umwelt*belastung* (die o. g. Punkte 1 bis 3), des Umwelt*zustandes* (Punkt 4) sowie der umweltrelevanten gesellschaftlichen (bzw. wirtschaftlichen) *Reaktionen* (Punkt 5) ab, die für viele der mehrdimensionalen Indikatoren charakteristisch ist. Mittlerweile wurde im Rahmen der UGR das in oben Abschnitt 9.3.1 geschilderte PSR-Schema der OECD explizit adaptiert (siehe Deutscher Bundestag 1996, S. 6).

9.3.3 Zur Kritik der mehrdimensionalen Ansätze

Die oben geschilderten mehrdimensionalen Ansätze werden im folgenden daraufhin geprüft, ob auf sie der eingangs zitierte Vorwurf des Sachverständigenrates für Umweltfragen tatsächlich zutrifft, daß die Datenauswahl nicht auf der Grundlage theoretischer Konzepte erfolge sondern nach dem Grundsatz der Datenverfügbarkeit. Wäre dies der Fall, so müßten sich beide Ansätze im gegenwärtigen Entwicklungsstadium den Vorwurf mangelnder Leitbildorientierung gefallen lassen.

Zwar ließe sich die Satellitenkonzeption prinzipiell den unterschiedlichsten theoretischen Leitbildern unterordnen. Im Rahmen der vorliegenden Untersuchung jedoch soll die Prüfung ausschließlich anhand des Leitbildes der *nachhaltigen Entwicklung* erfolgen, und zwar in der oben in Abschnitt 7.5 erläuterten Konkretisierung der dort formulierten allgemeinen Nachhaltigkeitsdefinition. Zweifellos wären auf der Grundlage eines abweichenden Nachhaltigkeitsverständnisses (sofern dies expliziert würde) abweichende Beurteilungen begründbar.

Auf der Grundlage des im siebten Kapitel entwickelten Nachhaltigkeitsverständnisses war im achten Kapitel als erste Anforderung an Indikatorensysteme einer nachhaltigen Entwicklung das Postulat der *Offenheit und Flexibilität* formuliert worden. Diesbezüglich ist festzustellen, daß zum gegenwärtigen Zeitpunkt weder PSR noch UGR erkennen lassen, daß sie (zumindest grundsätzlich) der Einbeziehung *sozialer* Gesichtspunkte der Nachhaltigkeitsproblematik offenstehen. Im Rahmen der UGR wird zwar gelegentlich auf die Relevanz sozialer Aspekte verwiesen (vgl. z. B. Deutscher Bundestag 1996, S. 3, 4). Jedoch wird die UGR im gegenwärtigen Entwicklungsstadium der Dreidimensionalität der Nachhaltigkeitsproblematik nicht gerecht (vgl. hierzu auch Zimmermann 1995).

Als zweite Anforderung an Indikatoren einer nachhaltigen Entwicklung war im achten Kapitel eine *vermögenstheoretische Fundierung* gefordert worden. Diese Forderung basierte auf der Nachhaltigkeitsregel des Abschnitts 7.6.

Nachhaltigkeit setzt der in Abschnitt 7.6 formulierten Nachhaltigkeitsregel zufolge in erster Priorität eine Bewahrung 'kritischer' Bestandsniveaus insbesondere natürlicher Vermögensbestandteile voraus. Im Rahmen des PSR-Ansatzes der OECD spielt dieser Gedanke keine Rolle. Aus dem Darstellungsbereich der UGR werden gar "Standards für zulässige/tolerierte Umweltbelastungen" (Deutscher Bundestag 1996, S. 6) ausdrücklich ausgegrenzt. Dies ist Ausdruck des Bemühens, "Setzungen, Entscheidungen und Wertungen [...] von der statistischen Beschreibung sichtbar [zu trennen]" (ebd., S. 5). Wenn auch einiges für eine getrennte Darstellungsweise sprechen mag - vor dem Hintergrund der normativen Konzeption einer nachhaltigen Entwicklung sollte 'Trennung' deskriptiver und normativer Gesichtspunkte keinesfalls mit 'Nichtberücksichtigung' normativer Aspekte, wie sie bei der Festlegung von kritischen Beständen bzw. Standards unausweichlich zum Tragen kommen, gleichgesetzt werden.

Die Nachhaltigkeitsregel des Abschnitts 7.6 forderte in zweiter Priorität eine *kompensierende Gesamtvermögensvariation*, wobei für eine Berücksichtigung reproduzierbarer, natürlicher und sozialer Vermögenskomponenten plädiert wurde. Sowohl PSR als auch UGR vernachlässigen, wie oben ausgeführt wurde, soziale Vermögensbestandteile systematisch. Daher ist im folgenden zumindest hinsichtlich des natürlichen Vermögens die Frage zu beantworten, *welche* Daten und *welche* Zusammenhänge zwischen verschiedenen Datenkomplexen zur Beurteilung der (zunächst lediglich physischen) Vermögensveränderungen erforderlich wären und ob das Interesse von UGR und PSR tatsächlich der Erhebung der benötigten Daten und Zusammenhänge gilt.

Hierzu ist festzustellen, daß bezüglich der physischen Tatbestände, die erfaßt werden sollen, UGR und PSR nahezu identische Kategorien ausweisen: Es sind dies im wesentlichen Belastungsindikatoren, Zustandsindikatoren und Reaktionsindikatoren, und zwar vornehmlich in physischen Einheiten. Ganz abgesehen von der (im Anschluß zu behandelnden) Bewertungsproblematik müßten, wenn eine Nachhaltigkeitsaussage tatsächlich das Ziel wäre, vorrangig die physischen *Bestands*veränderungen aller relevanten Komponenten des Naturvermögens ermittelt werden. Es ist daher festzustellen, daß zwar die Umweltzustandsindikatoren von UGR und PSR (als Bestandsgrößen) durchaus unmittelbar zum Zwecke einer Nachhaltigkeitsaussage verwendbar sind: Der Vergleich des Umweltzustandes zwischen zwei Berichtszeiträumen ermöglicht offensichtlich eine Aussage über dessen Veränderung. Die Belastungs- und Reaktionsindikatoren (als Stromgrößen) jedoch sind a) für eine rückblickende Nachhaltigkeitsdiagnose nicht zwingend erforderlich und b) für eine Nachhaltigkeitsprognose nur dann wertvoll, wenn *zusätzlich* Informationen darüber verfügbar sind, wie sich ein bestimmtes Ausmaß an Umweltbelastungen bzw. Umweltschutzmaßnahmen während einer Periode tatsächlich auf den Umweltzustand auswirkt. D. h. die Kategorien der Belastungs- und Reaktionsindikatoren auf der einen und der Zustandsindikatoren auf der anderen Seite müßten über naturwissenschaftlich abgesicherte 'Reaktionsfunktionen' zueinander in Beziehung gesetzt werden. Bislang jedoch stehen in UGR und PSR die Strom- und Bestandsindikatoren unzusammenhängend nebeneinander. Die relevanten *interlinkages* werden nicht erfaßt. Hinzu tritt im Falle der UGR, daß bislang der Ermittlung von Stromgrößen (d. h. von Umweltbelastungsgrößen und Umweltschutzmaßnahmen) ein weitaus größeres Gewicht beigemessen wird, als der von Bestandsgrößen, wie die Bundesregierung selbst einräumt (vgl. Deutscher Bundestag 1996, S. 20). Daher ist - in der in Abschnitt 7.4 entwickelten Terminologie - die UGR bislang als stark 'Waren-lastig' zu charakterisieren. Somit scheint auch die Anforderung der vermögenstheoretischen Fundierung lediglich bedingt erfüllt.

Schließlich war im achten Kapitel an Indikatoren einer nachhaltigen Entwicklung die Anforderung einer *Ergänzung physischer durch wertmäßige Indikatorenkomponenten* formuliert worden. Sowohl im Rahmen des PSR-Ansatzes als auch bei der Konzipierung der UGR fehlt jedoch bislang der Versuch einer *systematischen* Erhebung der für eine Nachhaltigkeitsaussage zentralen *Wert*größen hinsichtlich natürlicher Vermögenskomponenten.

Dies ist umso erstaunlicher, als die Satellitensysteme mitunter explizit *unter anderem* dem Ziel gewidmet werden, langfristig die Berechnung einer aggregierten Kennzahl wie des Ökosozialproduktes zu ermöglichen. Stahmer (1991, S. 50) weist explizit darauf hin, daß Umwelt-Satellitensysteme u. a. die Aufgabe hätten, "gesamtwirtschaftliche Indikatoren für die Umweltbelastung durch die Wirtschaftstätigkeit zu entwickeln, zum Beispiel eine modifizierte Sozialproduktsgröße wie das Ökosozialprodukt". Dies darf dahingehend interpretiert werden, daß die Satellitenkonzeption ursprünglich von namhaften Vertretern lediglich als Vorstufe auf dem Weg zu einem eindimensionalen Indikator angesehen wurde.

Diese Zielsetzung ist jedoch alles andere als unumstritten.[26] Die Bundesregierung stellt sich auf den Standpunkt, daß die Entwicklung eines eindimensionalen, hochaggregierten Indikators aufgrund methodischer Probleme kein realistisches Ziel sei (vgl. Deutscher Bundestag 1996, S. 2). Hierin darf sie sich durch den wissenschaftlichen 'Beirat Umweltökonomische Gesamtrechnung' beim Bundesumweltministerium bestätigt fühlen. Auch wenn dieser es durchaus für sinnvoll hält, "die Diskussion über die Tragfähigkeit monetärer Bewertungsansätze für Zwecke der UGR fortzuführen und zu vertiefen" (BMU 1996a, S. 19) empfiehlt er ausdrücklich, die "normative Beiladung so gering wie möglich zu halten" (ebd., S. 17).

Zusammenfassend sind folgende Kritikpunkte an den oben geschilderten mehrdimensionalen Ansätzen festzuhalten: Erstens wird die Herausforderung, die in der Einbeziehung sozialer Gesichtspunkte der Nachhaltigkeitsproblematik zu sehen ist, bislang nicht angenommen. Zweitens

---

26 Siehe hierzu z. B. die Debatte zwischen Reich (1994; 1995) und Stahmer (1995a).

verschließen sich PSR und UGR im gegenwärtigen Entwicklungsstadium der Vorstellung von den 'ökologischen Leitplanken', die in der Literatur zunehmende Aufmerksamkeit genießt. Hinzu tritt drittens das Problem des enormen Informationsbedarfes hinsichtlich der tatsächlichen Umweltbestandswirkungen schädlicher wirtschaftlicher Einflüsse bzw. umweltentlastender Maßnahmen, den weder UGR noch PSR auch nur im Ansatz befriedigen können: Wenn man eine Nachhaltigkeitsaussage via Belastungs- oder Reaktionsindikatoren anstrebt, dann ensteht in jedem Falle ein enormer zusätzlicher Informationsbedarf dadurch, daß man die physischen Bestandswirkungen von Umweltschutzmaßnahmen bzw. diejenigen von umweltschädigenden Aktivitäten zuverlässig abschätzen muß. Diesbezügliche Informationen müßten explizit in die Erhebungskategorien aufgenommen werden. Viertens darf man, wenn man langfristig mit Hilfe der Satellitensysteme zu einer Nachhaltigkeitsaussage gelangen will, die Ermittlung der Wertkomponenten nicht von vornherein weitestgehend aussparen. In der Tat ist in diesem Lichte festzustellen, daß sich sowohl die UGR als auch der PSR primär am Kriterium der Datenverfügbarkeit orientieren: Das erklärte Ziel besteht in der Auswertung *existierender* Berichtssysteme, wenn auch unter neuen Gesichtspunkten.

9.4 Ausblick

Sowohl eindimensionale als auch mehrdimensionale Ansätze haben spezifische Vor- und Nachteile. Dem Aspekt des 'Dualismus' zwischen ein- und mehrdimensionalen Indikatoren soll jedoch hier nicht das Wort geredet werden. Vielmehr soll im folgenden die einander *ergänzende* Beziehung beider Ansätze herausgearbeitet werden.[27]

Hierbei drängt sich der Vergleich zur statischen umweltökono-

---

[27] Es ist in diesem Zusammenhang noch einmal auf das einander ergänzende Nebeneinander von Top-Down-Verfahren und Bottom-Up-Verfahren der Indikatorenbildung zu erinnern, das der SRU (1994a, S. 87) sieht (vgl. Kap. 8 oben).

mischen Analyse auf: Dort dient das Konzept der *Internalisierung externer Effekte* als theoretisches Leitbild der Umweltpolitik (vgl. hierzu Endres 1994, Erster und Zweiter Teil). Allerdings scheitert dessen Umsetzung in der umweltpolitischen Praxis vor allem an Informationsproblemen. Staatlichen Instanzen sind längst nicht alle Daten verfügbar, die eine Umsetzung des Internalisierungs-Konzeptes in der Praxis voraussetzen würde. In der Praxis beschränkt man sich daher pragmatisch auf sog. *standardorientierte Instrumente der Umweltpolitik*, namentlich Auflagen, Abgaben und Zertifikate in verschiedenen Varianten und Kombinationen (vgl. Endres 1994, Dritter Teil). Ein umweltpolitischer Standard (z. B. ein regionales Emissionshöchstniveau) wird politisch fixiert in dem Bewußtsein, daß dieser allenfalls zufällig mit dem optimalen Niveau übereinstimmen kann, der bei einer Internalisierung resultierte. Ziel ist es dann u. a., die Einhaltung des Standards effizient (d. h. zu minimalen gesamtwirtschaftlichen Kosten), ökologisch treffsicher und dynamisch anreizwirksam zu realisieren.

Allerdings läßt diese Unterscheidung zwischen theoretischem Leitbild und pragmatischer Variante der Umweltpolitik keineswegs den Schluß zu, daß das Leitbild der Internalisierung externer Effekte ohne Relevanz für die praktische Umweltpolitik sei. Vielmehr setzt beispielsweise die Verwirklichung der - nicht zuletzt im politischen Raum - prominenten Forderung, die Preise müßten künftig die 'ökologische Wahrheit' sagen, offensichtlich eine monetäre Bewertung ökologischer Güter voraus. Folgerichtig sind die Bemühungen um eine Monetarisierung externer Effekte in der wirtschaftswissenschaftlichen Literatur keineswegs verringert oder gar eingestellt worden. Die politische Forderung nach 'ökologischer Ehrlichkeit' der Preise ist letztlich nur im Wege der Internalisierung externer Effekte erfüllbar.

Darüber hinaus lassen die bislang in der umweltpolitischen Praxis zur Anwendung gebrachten standardorientierten Instrumente in vielen Fällen durchaus eine unmittelbare Orientierung am Leitbild der Internalisierung erkennen. Häufig werden umweltpolitische Standards in dem Bemühen gesetzt, der unterschiedlichen 'Schädlichkeit' verschiedener Emissionen Rechnung zu tragen. Die Standards für 'schädlichere' Emissionen werden restriktiver formuliert als diejenigen für 'weniger schädliche' Emissionen. Hierin aber manifestiert sich erneut der Versuch einer vergleichenden Bewertung verschiedener Umwelteinflüsse des Wirtschaftsprozesses, der ja den Kern der Internalisierungskonzeption ausmacht. Das Leitbild der Internalisierung externer Effekte ist somit nicht allein von theoretischer, sondern nach wie vor auch von praktischer Relevanz.[28]

Ein ganz ähnliches Verhältnis besteht zwischen dem 'theoretischen Leitbild' der eindimensionalen Nachhaltigkeitsindikatoren und den 'pragmatischen Ansätzen' zur Entwicklung mehrdimensionaler Indikatoren: Einerseits haben die Ausführungen zum eindimensionalen Indikator von Pearce/Atkinson gezeigt, daß auch empirisch konsequent am theoretischen Leitbild gearbeitet werden kann und in der Tat gearbeitet wird.[29] Trotz aller Probleme dieses Ansatzes ist Pearce/Atkinson (1993b, S. 103) zuzustimmen: "The measurement of sustainable development is not without considerable difficulties, yet this should not detract from the positive advances that can be made in this direction."

Andererseits lassen sich - wie oben ebenfalls dargelegt wurde - bei einigen Vertretern mehrdimensionaler Ansätze die Bestrebungen belegen, über die Vorstufe mehrdimensionaler Ansätze langfristig zu eindimensionalen Indikatoren zu gelangen: Im Rahmen der deutschen UGR soll zwar kurz- und mittelfristig die systematische Erfassung physischer Daten im Vordergrund stehen. Als langfristiges Ziel wird jedoch mitunter die Entwicklung aussagefähiger Gesamtindikatoren, insbesondere monetärer Kennzahlen, formuliert.

Es ist daher bislang in der Diskussion um Indikatoren einer nachhal-

28 Vgl. hierzu auch Endres (1994, S. 176).

29 Dies gilt ebenso für den eindimensionalen 'Index of Sustainable Economic Welfare' (ISEW), den Daly/Cobb (1989) für die USA, Diefenbacher (1991) für die Bundesrepublik sowie Guenno/Tiezzi (1996) für Italien berechnen.

tigen Entwicklung keine unüberbrückbare Kluft zwischen theoretischem Anspruch und pragmatischer Umsetzung erkennbar. Vielmehr ist eine *Konvergenz* beider Standpunkte nicht zu übersehen. 'Theoretiker' versuchen sich an der empirischen Berechnung eindimensionaler Indikatoren, 'Pragmatiker' bekunden ihre Absicht, über die Vorstufe der mehrdimensionalen Indikatoren das Ziel des eindimensionalen Ökosozialproduktes anzustreben.

Die hiermit vertretene Konvergenzthese rechtfertigt und fordert geradezu die Weiterentwicklung eindimensionaler Indikatorenansätze, insbesondere angesichts der Tatsache, daß diese, wie oben am Beispiel des Indikators von Pearce/Atkinson erläutert wurde, gegenwärtig noch sehr grob und undifferenziert sind. Insbesondere könnten die Überlegungen zu eindimensionalen Indikatoren grundsätzlich darüber Aufschluß geben, welche Art von Daten vor dem Hintergrund der Nachhaltigkeitszielsetzung gebraucht werden und in welches Verhältnis einzelne Datenkomplexe zueinander gestellt werden sollten. Anhand des theoretischen Leitbildes könnten die pragmatischen Ansätze daraufhin überprüft werden, ob sie die richtigen Daten berücksichtigen oder ob einiges überflüssig ist, anderes dagegen fehlt. Dies wäre ein Schritt zur Überwindung der Orientierung an der Datenverfügbarkeit, die, wie eingangs vermerkt, der SRU (1994a; 1996) moniert. Aus diesen Gründen wird im nachfolgenden Kapitel 10 die Weiterentwicklung und Ausdifferenzierung eines hochaggregierten Indikators in den Vordergrund gestellt. Allerdings wird die dort zu entwickelnde Konzeption nicht auf eindimensionale Indikatoren hinauslaufen. Wie bereits die Nachhaltigkeitsregel des Abschnitts 7.6 oben erahnen läßt, ist im Falle kritischer natürlicher Ressourcenbestände für mehrdimensionale Indikatoren einer nachhaltigen Entwicklung zu plädieren, allerdings mit einer anderen und - so ist zu hoffen - besser nachvollziehbaren Begründung, als dies bei den unter 9.3 dargestellten Ansätzen der Fall war.

Setzt man sich mit eindimensionalen Indikatoren auseinander, so ist schließlich - dies haben die Ausführungen des Abschnitts 9.2 gezeigt -

grundsätzlich eine Entscheidung zu fällen zwischen der Methode einer Saldierung von Bestandsveränderungen aller Vermögenskomponenten und der Methode der Ermittlung des Nettosozialproduktes bzw. des Ökosozialproduktes.

Der entscheidende Vorteil des Saldierungsverfahrens ist darin zu sehen, daß dieses nicht, wie das Ökosozialprodukt, psychologisch belastet ist durch den häufig geäußerten Vorwurf des willkürlichen 'Herunterrechnens' des Bruttosozialproduktes: "in vollen Zügen konsumieren, und dabei sich arm rechnen, das wäre das politische Ergebnis eines Ökosozialprodukts" (Reich 1994, S. 26). Die Berechnungsmethode hat im Falle des Ökosozialproduktes offenbar Auswirkungen auf die *Akzeptanz* des resultierenden Nachhaltigkeitsindikators, die nicht unterschätzt werden dürfen. Das Saldierungsverfahren ist dieser Gefahr nicht ausgesetzt, denn es beruht von vornherein auf der Zielsetzung, *ausschließlich* die Erfüllung der *Voraussetzungen* einer nachhaltigen Entwicklung zu überprüfen und erhebt nicht den Anspruch, ein 'besseres' *Wohlfahrts*maß zu sein, als das Bruttosozialprodukt. Es könnte daher sogar neben dem traditionellen Bruttosozialprodukt zum Einsatz kommen. Im nachfolgenden Kapitel 10 wird daher eine Weiterentwicklung des Saldierungsverfahrens angestrebt.

10 Zur theoretischen Struktur eines Nachhaltigkeitsindikators unter Einbeziehung ökonomischer, ökologischer und sozialer Vermögenskomponenten

10.1 Vorbemerkungen

Das Ziel des vorliegenden Kapitels besteht darin, die theoretische Struktur eines Nachhaltigkeitsindikators zu beschreiben, der exemplarisch sowohl ökonomische als auch ökologische und soziale Vermögenskomponenten in ihren Wechselwirkungen berücksichtigt (Abschnitte 10.2 und 10.3). Dies ermöglicht es anschließend, den empirischen Informationsbedarf zu seiner Berechnung und die wesentlichen existierenden 'Datenlücken' aufzuzeigen (Abschnitt 10.4). Schließlich werden einige Probleme der Implementierung einer Nachhaltigkeitspolitik zunächst im Rahmen des zuvor entwickelten Modells sowie anschließend bei Modifikation einiger Modellannahmen skizziert (Abschnitt 10.5).

Den Ausgangspunkt hierfür bilden die allgemeine Nachhaltigkeitsdefinition des Abschnitts 7.5 und die Nachhaltigkeitsregel des Abschnitts 7.6. Der Gestaltungsspielraum, den diese bieten, wird im folgenden anknüpfend an die ressourcenökonomischen Standardmodelle genutzt, die in den Kapiteln 3 bis 6 dargestellt wurden. Über den Kontext des übergreifenden Modells $\mathscr{A}$ des dritten Kapitels hinausgehend werden in Abschnitt 10.2 im Rahmen eines erweiterten Modells einige zusätzliche Aspekte in die Analyse einbezogen, die bereits in Abschnitt 3.4 angekündigt worden waren. Namentlich wird die Heterogenität des Naturvermögens berücksichtigt, indem *sowohl* erschöpfliche *als auch* erneuerbare natürliche Ressourcen *sowie* Umweltmedien in die Betrachtung einbezogen werden. Auf diese Weise werden sämtliche Typen natürlicher Ressourcen, die in den speziellen Modellvarianten der Kapitel 4 bis 6 isoliert betrachtet worden waren, in einem Modell simultan behandelt. Dies ermöglicht es, beispielhaft die Interdependenzen zwischen heterogenen Komponenten des Naturvermögens zu thematisieren. Ferner werden die Kosten der Ressourcenentnahme einbezogen. Darüber hinaus werden exemplarisch 'Gesundheit' und 'Bildung' als soziale Vermögenskomponenten sowie - im Falle der Gesundheit - deren Abhängigkeit von ökologischen Gegebenheiten berücksichtigt.

Zudem wird insbesondere der Aspekt 'kritischer' Bestandsniveaus natürlicher Ressourcen eingeführt, der in den Kapiteln 3 bis 6 nicht thematisiert wurde. Als kritisch war im siebten Kapitel ein positives Bestandsniveau einer Vermögenskomponente definiert worden, dessen Erreichen unabhängig vom 'übrigen Geschehen' unausweichlich zur Verletzung des Zieles einer nachhaltigen Entwicklung führen müßte. Mit dem Konzept des kritischen Bestandsniveaus wird im folgenden eine Vorstellung in die wirtschaftstheoretische Auseinandersetzung mit der Nachhaltigkeitsproblematik - und insbesondere in die Bemühungen um die Konzipierung geeigneter Nachhaltigkeitsindikatoren - einbezogen, die in der Literatur auf die Formel von den "ökologische[n] Leitplanken" (BUND/Misereor 1996, S. 26) des Wirtschaftsprozesses gebracht worden ist.

In der Terminologie des neunten Kapitels werden die modelltheoretischen Überlegungen in Abschnitt 10.3 in einen *mehrdimensionalen* Indikator einer nachhaltigen Entwicklung münden. Dies beruht auf dem Umstand, daß sich der Gesichtspunkt des kritischen Bestandsniveaus eines natürlichen Ressourcenbestandes in einem Nachhaltigkeitsindikator niederschlagen muß. Oberhalb kritischer Bestände jedoch wird eine Indikatorenkomponente hinzutreten, die auf dem oben in Abschnitt 9.2.3 behandelten *Verfahren der Saldierung der bewerteten Vermögensbestandsveränderungen* basiert. Die hiermit im Vergleich zu anderen Ansätzen verbundenen Vorteile waren im neunten Kapitel ausführlich erörtert worden. Insbesondere waren die Vorteile beschrieben worden, die das Saldierungsverfahren hinsichtlich der Anforderung einer *vermögenstheoretischen Fundierung* bietet.

Zwangsläufig werden sich Bezüge zum Nachhaltigkeitsindikator Σ von Pearce/Atkinson (1992; 1993a; 1993b) ergeben, der in Abschnitt 9.2.3.1 behandelt wurde. Allerdings trifft dies nur *oberhalb* kritischer Bestandsniveaus zu. Der Aspekt kritischer Bestände einzelner natürlicher Vermögenskomponenten wurde jedoch bei Pearce/Atkinson vernachlässigt. Stattdessen wurde die pauschale Forderung nach Konstanz 'des' Naturvermögens erhoben. Darüber hinaus waren dem Indikator von Pearce/Atkinson weitere Mängel attestiert worden, die im folgenden zu vermeiden sind: Er ließ soziale Vermögenskomponenten gänzlich unberücksichtigt. Zudem basierte er nicht auf einer sorgfältigen Analyse der relevanten *interlinkages* zwischen ökonomischen, ökologischen und sozialen Aspekten des Nachhaltigkeitsprinzips. Der nachfolgend zu entwickelnde Indikator bezweckt hingegen insbesondere eine präzise Beschreibung der relevanten *interlinkages*. Auf dieser Grundlage wird der Anforderung einer *Ergänzung physischer durch wertmäßige Indikatoren* Rechnung getragen.

Innerhalb des hiermit abgesteckten Rahmens müssen im folgenden zwangsläufig einige der im siebten Kapitel genannten (und darüber hinaus zahlreiche dort nicht genannte) Kritikpunkte der ökologischen Ökonomie vernachlässigt werden. Dies ist jedoch mit dem im achten Kapitel gesagten zu rechtfertigen: Es wäre ein unrealistisches Ziel, einen auch nur annähernd *vollständigen* Indikator zu konstruieren. Allerdings muß sich ein notgedrungen unvollständiger Indikator stets am Postulat der *Offenheit und Flexibilität* messen lassen. Dessen Erfüllung aber nimmt der im folgenden vorgestellte Indikator für sich in Anspruch.

10.2 Modellannahmen

Wie bereits in den Kapiteln 3 bis 6 wird im folgenden die Zeitdimension stetig abgebildet, wobei das Symbol t einen Zeitpunkt bezeichnet. Es wird eine Ökonomie bestehend aus einem repäsentativen Haushalt, jeweils einer repräsentativen Firma in jedem Sektor der Ökonomie sowie einem gesellschaftlichen Planer betrachtet. Die Firmen maximieren in jedem Zeitpunkt ihre augenblicklichen Gewinne. Haushalt und Staat hingegen planen bei vollkommener Information und perfekter Voraussicht beginnend mit einem Zeitpunkt $t = 0$ über einen (prinzipiell) unendlichen Zeithorizont. Das Modell wird im folgenden entlang der im siebten Kapitel entwickelten Begriffskategorien der *Gerechtigkeit*, des *Gutes*, der *Ware* sowie des *Vermögens* vorgestellt.

Hinsichtlich der autonomen Aspekte des Gerechtigkeitspostulates wird angenommen, daß der gesellschaftliche Planer Gerechtigkeitssubjekt sei. Da dieser im Singular modelliert ist, erübrigt sich die Spezifikation geeigneter Koordinationsmechanismen: Der Planer repräsentiert im vorliegenden Modellkontext den Typus des 'wohlwollenden Diktators'. Dieser betrachte den repräsentativen Haushalt als Gerechtigkeitsobjekt. Die Dimension, in der die Gerechtigkeitszielsetzung geprüft wird, sei der Nutzen $U(t)$ des Haushaltes. Hiermit sind die autonomen Aspekte des Gerechtigkeitspostulates spezifiziert.

Im nächsten Schritt ist eine Konkretisierung des Gutbegriffes erforderlich. Der Nutzen des repräsentativen Haushaltes sei im folgenden erstens eine Funktion des homogenen Konsumstroms *produzierter* Güter, $C(t)$. Darüber hinaus gebe zweitens der homogene Bestand $X^B(t)$ einer biologischen (d. h. erneuerbaren natürlichen) Ressource Leistungsströme ab, die unmittelbar Nutzen stiften. Diese Annahme trägt dem Umstand Rechnung, daß der Themenbereich des Artenschutzes bzw. des Erhalts der Biodiversität gegenwärtig einen Schwerpunkt der umwelt- und ressourcenökonomischen Literatur darstellt.[1] Im folgenden wird Bezug genommen auf das Beispiel von Waldbeständen, die zahlreichen aus Sicht des Haushaltes schützenswerten Tier- und Pflanzenarten ein Refugium bieten.

Drittens wird angenommen, daß der Gesundheitszustand $A^H(t)$ des repräsentativen Haushaltes sowie viertens sein Bildungsstand $A^S(t)$ unmittelbar Nutzen stiften. Mit den Gütern 'Gesundheit' und 'Bildung' sind zwei Aspekte berücksichtigt, die von Beginn an zum Kernbereich der Sozialindikatorenforschung zählten.[2]

Der Nutzen des repräsentativen Haushaltes sei daher eine in allen Argumenten zweimal stetig differenzierbare, streng monoton wachsende, streng konkave, und zeitinvariante Funktion *U*:

$$\text{(a)} \quad U(t) = \mathcal{U}\left[C(t), X^B(t), A^H(t), A^S(t)\right], \ \forall t \ ; \qquad (10\text{-}1)$$

$$\text{(b)} \quad \lim_{C \to 0} U_C = \infty \ ;$$

$$\text{(c)} \quad \exists S > 0 : U_C > S, \forall C > 0 \ .$$

Mit (10-1) sind die im vorliegenden Modell relevanten Güter spezifiziert.

Auf der begrifflichen Ebene der Ware wird erstens der Erntestrom R^B aus dem o. g. Bestand der biologischen Ressource berücksichtigt. Dieser fungiere als Produktionsfaktor (z. B. Holzeinschlag). Analog wird zweitens ein ebenfalls produktiver Extraktionsstrom R^E aus dem homogenen Bestand X^E einer erschöpflichen natürlichen Ressource (z. B. aus einem

---

1 Siehe hierzu z. B. Brazee/Southgate (1992); Sandlund/Hindar/Brown (1992); Haber (1994); Lerch (1994); Pearce/Moran (1994); Perrings et al. (1995a, 1995b); Spash/Hanley (1995); Swanson (1995); Endres/Radke (1999b).

2 Vgl. z. B. Zapf (1972, 1973, 1975, 1976a, 1976b); Werner (1975). Die Bedeutung dieser beiden Güter für die aktuelle Nachhaltigkeitsdiskussion betonen z. B. Pearce/Warford (1993, S. 43 ff.); Klemmer (1994a, S. 14). Hartwick (1997a; 1997b, S. 63 f.) bezieht 'Humankapital' in einen Nachhaltigkeitsindikator ein. Durch die Berücksichtigung zahlreicher weiterer Aspekte geht das hier vorgestellte Modell weit über seine Analyse hinaus.

fossilen Brennstoffvorrat) in die Überlegungen einbezogen. Beide Bestände sind Privatgüter und befinden sich im Eigentum des repräsentativen Haushaltes. Ferner wird drittens auf der Waren-Ebene der Strom produktiver Arbeitsleistungen des repräsentativen Haushaltes, N, betrachtet.

Vor diesem Hintergrund sei die Ausbringung Y der repräsentativen Firma in der Konsumgüterproduktion eine Funktion *Y*:

$$Y(t) = \mathcal{Y}\left[K(t), R^E(t), R^B(t), N(t)\right] \qquad (10\text{-}2)$$

$$= [K(t)]^{{}^Y\eta^K} \left[R^E(t)\right]^{{}^Y\eta^E} \left[R^B(t)\right]^{{}^Y\eta^B} [N(t)]^{{}^Y\eta^N}, \; \forall t,$$

$${}^Y\eta^K, {}^Y\eta^E, {}^Y\eta^B, {}^Y\eta^N \in (0,1), \quad {}^Y\eta^K + {}^Y\eta^E + {}^Y\eta^B + {}^Y\eta^N = 1,$$

$${}^Y\eta^K > {}^Y\eta^E .$$

Hierbei repräsentiere K einen homogenen anthropogenen Kapitalbestand. Auch dieser befinde sich im Eigentum des repräsentativen Haushaltes.

Hinsichtlich des effektiven Leistungsstroms des Produktionsfaktors Arbeit, $N(t)$, wird im folgenden angenommen, daß dieser sowohl vom Gesundheitszustand als auch vom Ausbildungsstand des repräsentativen Haushaltes abhängt.[3] Die effektive Arbeitsleistung sei daher eine in allen Argumenten zweimal stetig differenzierbare, streng monoton wachsende, streng konkave und zeitinvariante Funktion *N*:

$$N(t) = \mathcal{N}\left[A^H(t), A^S(t)\right], \; \forall t . \qquad (10\text{-}3)$$

Neben den bereits genannten Stromgrößen R^E, R^B und N werden im folgenden weitere Waren thematisiert. So genügt viertens der Bestandszuwachs G^B der biologischen Ressource ebenfalls der Definition einer Ware. Bezüglich der Regeneration G^B wird die aus Kapitel 4 bereits bekannte Annahme getroffen, daß diese vom Bestand $X^B(t)$ der biolo-

3 Diesen Zusammenhang betonen z. B. Pearce/Warford (1993, S. 43).

gischen Ressource selbst abhängt. Über das in Kapitel 4 gesagte hinaus wird im folgenden jedoch angenommen, daß es eine 'kleinste überlebensfähige Population' $\underline{X}^B > 0$ der erneuerbaren natürlichen Ressource gibt. Würde dieses Bestandsniveau erreicht, so wäre die Regenerationsfähigkeit irreversibel zerstört. Eine Unterschreitung dieses Niveaus müßte gar *negative* Regenerationsraten nach sich ziehen und daher (selbst bei sofortiger Einstellung der Erntetätigkeit!) in endlicher Zeit zur Ausrottung der Ressource führen. Mit dem Bestandsniveau $\underline{X}^B$ ist offensichtlich ein erster 'Kandidat' für einen 'kritischen' Naturvermögensbestand genannt. Ob dieses Bestandsniveau tatsächlich der Definition eines kritischen Bestandes genügt, wird in Abschnitt 10.3 ausführlich zu erörtern sein.

Ein Beispiel für eine natürliche Regenerationsfunktion, die eine kleinste überlebensfähige Population berücksichtigt, ist in Abbildung 10-1 dargestellt. In Abbildung 10-1 ist das Bestandswachstum für Bestände zwischen $\underline{X}^B$ und $\overline{X}^B$ positiv. Zunächst nimmt das Wachstum mit steigenden Beständen zu, um sich anschließend zu verlangsamen. Beim Bestand $\overline{X}^B$ schließlich, der sog. 'natürlichen Gleichgewichtspopulation', nimmt das Bestandswachstum den Wert Null an. Überschreitungen der natürlichen Gleichgewichtspopulation implizieren negative Wachstumsraten, d. h. einen Bestandsrückgang.

Der Aspekt einer kleinsten überlebensfähigen Population konkretisiert sich in dem Bestand $\underline{X}^B$, der selbst ein Bestandswachstum von null impliziert und dessen Unterschreitung ein negatives Wachstum und daher ein unaufhaltsames Sinken des Bestandes gegen null implizieren müßte. In diesem Punkt unterscheidet sich die in Abbildung 10-1 dargestellte von der logistischen Regenerationsfunktion des vierten Kapitels.

Um einen Gesichtspunkt der in der umweltpolitischen Diskussion problematisierten *Interdependenzen* zwischen heterogenen Komponenten des Naturvermögens zu modellieren, wird im folgenden angenommen, daß die Regenerationsfähigkeit der biologischen Ressource (über die Eigenbestandsabhängigkeit hinaus) durch die Qualität eines homogenen Umweltmediums, $X^M(t)$, beeinflußt wird.[4] So dürfte z. B. die Regenerationsfähigkeit von Wäldern durch Luftschadstoffe beeinträchtigt werden, die bei der produktiven Nutzung fossiler Brennstoffe freigesetzt und für den sauren Regen verantwortlich gemacht werden.

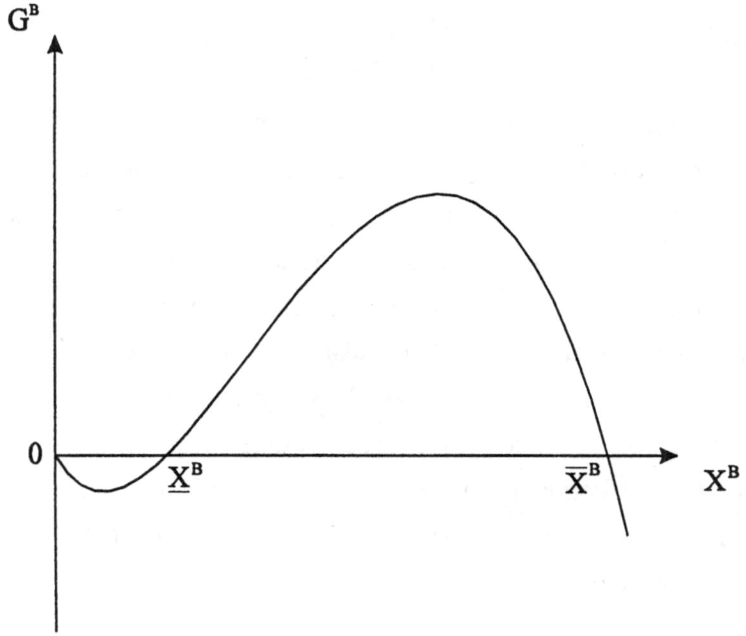

Abbildung 10-1

Regenerationsfunktion einer erneuerbaren natürlichen Ressource
mit kleinster überlebensfähiger Population

Quelle: In Anlehnung an C. W. Clark (1990, S. 17).

Bezüglich der Interpretation und Modellierung dieses Mediums - z. B. der Erdatmosphäre - wird im folgenden grundsätzlich auf die bereits im sechsten Kapitel im Rahmen des Modells $\mathscr{PM}$ entwickelten Vorstellungen zurückgegriffen. Insbesondere sei auch im vorliegenden Modellkontext die Reinheit des betreffenden Umweltmediums Common-Property-

4 Vgl. zu dieser Annahme Tahvonen/Kuuluvainen (1991; 1993).

Ressource. Diese Annahme impliziert - wie bereits im dritten Kapitel ausgeführt - die der Konzeption des repräsentativen Haushaltes unterliegende Vorstellung einer großen Gruppe identischer Haushalte. Jeder einzelne Haushalt sei relativ zur Gesamtheit verschwindend klein und daher der Trittbrettfahrer-Versuchung im Hinblick auf eigene individuelle Beiträge zur Verbesserung der Umweltqualität ausgesetzt.

Es wird ferner angenommen, daß es eine 'minimale Reinheit' $\underline{X}^M > 0$ des Umweltmediums (bzw. einen maximalen Schadstoffbestand) gibt, deren Erreichung oder gar Unterschreitung das Überleben der biologischen Ressource ausschließt. Auf diese Weise trägt das Modell der Diskussion um sog. 'kritische Konzentrationen' (*critical levels*) bzw. 'kritische Eintragsraten' (*critical loads*) Rechnung (vgl. hierzu z. B. SRU 1994a, S. 103). Ob das Umweltqualitätsniveau $\underline{X}^M$ allerdings tatsächlich als 'kritisch' im Sinne der Definition des Abschnitts 7.6 zu bezeichnen ist, wird in Abschnitt 10.3 noch eingehender zu untersuchen sein.

Die obigen Überlegungen werden zusammengefaßt in einer stetig differenzierbaren, zeitinvarianten[5] Regenerationsfunktion G^B der biologischen Ressource:

$$\text{(a)} \quad G^B(t) = G^B\left[X^B(t), X^M(t)\right], \ \forall t \, ; \qquad \text{(10-4)}$$

$$\text{(b)} \quad G^B > 0 \ \text{ falls } \ X^M > \underline{X}^M > 0 \ \text{ und } \ 0 < \underline{X}^B < X^B < \overline{X}^B \, ;$$

$$\text{(c)} \quad G^B = 0 \ \text{ falls } \ X^M > \underline{X}^M \ \text{ und } X^B = 0 \vee X^B = \underline{X}^B \vee X^B = \overline{X}^B \, ;$$

$$\text{(d)} \quad G^B < 0 \ \text{ und } \ X^B \to 0 \ \text{ in endlicher Zeit falls } \ X^M \leq \underline{X}^M \ \text{ und/oder } \ X^B < \underline{X}^B \, ;$$

$$\text{(e)} \quad \left|G^B_{X^B}\right| < \infty \ \text{ für alle zulässigen } \ X^B, X^M \, ;$$

$$\text{(f)} \quad G^B_{X^M} > 0 \ \text{ falls } \ X^M > \underline{X}^M \, .$$

[5] Mit dieser Annahme sind natürliche evolutorische Prozesse ebenso aus der Betrachtung ausgeklammert wie Züchtung bzw. gentechnische Bemühungen des Menschen.

Bezüglich der Modellierung der Umweltmedienqualität wird - wie bereits angekündigt - grundsätzlich auf die Annahmen des Modells $\mathscr{PM}$ des sechsten Kapitels zurückgegriffen. Die Qualität des betreffenden Umweltmediums wird daher abgebildet durch eine Bestandsgröße $X^M(t)$. Die hypothetische maximale Reinheit bei Abwesenheit anthropogener Einflüsse wird mit $\overline{X}^M = \text{const.} > 0$ bezeichnet. Die Differenz $\overline{X}^M - X^M(t)$ wird als Schadstoffbestand in dem betreffenden Medium im Zeitpunkt t interpretiert, wobei $X^M(t) \leq \overline{X}^M$, $\forall t$ gelte. Würde in einem beliebigen Zeitpunkt die Qualität $X^M(t) = 0$ erreicht, so korrespondierte dies offensichtlich mit einem Schadstoffbestand in Höhe von $\overline{X}^M$.

Abweichend von der sehr speziellen Assimilationsannahme nach dem Muster eines 'radioaktiven Zerfalls' von Schadstoffeinträgen des sechsten Kapitels wird allerdings im folgenden eine stetig differenzierbare und zeitinvariante Assimilationsfunktion $\mathcal{G}^M$ unterstellt:

(a) $G^M(t) = \mathcal{G}^M\left[X^M(t)\right], \ \forall t ;$ (10-5)

(b) $\mathcal{G}^M > 0$ falls $0 < \underline{X}^M < X^M < \overline{X}^M$;

(c) $\mathcal{G}^M = 0$ falls $X^M = 0 \vee X^M = \underline{X}^M \vee X^M = \overline{X}^M$;

(d) $\mathcal{G}^M < 0$ und $X^M \to 0$ in endlicher Zeit falls $X^M < \underline{X}^M$;

(e) $\left|\mathcal{G}^M_{X^M}\right| < \infty$ für alle zulässigen X^M.

Der Assimilationsstrom G^M genügt im übrigen als fünfte Größe ebenfalls der Definition einer Ware. Das Bestandsniveau $\underline{X}^M$ entspreche dem bereits in (10-4) aufgeführten Niveau. D. h., daß auch in (10-5) über die Modellierung des sechsten Kapitels hinausgehend ein 'Kandidat' für ein als 'kritisch' zu betrachtendes Bestandsniveau berücksichtigt ist.

Auf der Waren-Ebene wird sechstens ein produktionsbedingter Schadstoffausstoß W berücksichtigt, der das genannte Umweltmedium verunreinigt. Es wird angenommen, daß die produktive Nutzung der erschöpflichen natürlichen Ressource Schadstoffemissionen verursacht (man denke wiederum an fossile Brennstoffe und die entsprechenden Verbrennungsrückstände). Die Schadstoffemissionen können somit als Kuppelprodukt des in (10-2) beschriebenen Produktionsprozesses aufgefaßt werden.

Bei gegebener Ressourcennutzung R^E kann darüber hinaus der Umfang der Schadstoffemissionen durch Vermeidungsaktivitäten bzw. Defensivmaßnahmen D beeinflußt werden (z. B. durch den Einbau von Rauchgasfiltern).[6] Hiermit ist in der Terminologie des neunten Kapitels eine gesellschaftliche 'Reaktionsgröße' in das Modell eingeführt, wodurch gewissermaßen das *Pressure State Response*-Schema vervollständigt ist. Die Vermeidungsaktivitäten D genügen als siebte Modellgröße der Definition einer Ware.

Der Zusammenhang zwischen Ressourceninput R^E, Vermeidungsaktivitäten D und Emissionen W wird durch eine zweimal stetig differenzierbare und zeitinvariante[7] Funktion *W* abgebildet:

$$\text{(a)} \qquad W(t) = \mathcal{W}\left[R^E(t), D(t)\right], \ \forall t \ ; \qquad \text{(10-6)}$$

$$\text{(b)} \qquad \mathcal{W} > 0 \ \text{ falls } \ R^E > 0 \ , \ \mathcal{W} = 0 \ \text{ falls } \ R^E = 0 \ ;$$

$$\text{(c)} \qquad \mathcal{W}_{R^E} > 0 \ , \ \mathcal{W}_D < 0 \ , \ \mathcal{W}_{R^E R^E} > 0 \ , \ \mathcal{W}_{DD} > 0 \ , \ \mathcal{W}_{R^E D} = 0 \ .$$

Als weitere Warenströme werden im folgenden achtens medizinische Versorgungsleistungen (Q) sowie neuntens Ausbildungsaktivitäten (T) berücksichtigt. Diese werden von jeweils repräsentativen Firmen im Gesundheits- bzw. Bildungssektor angeboten und verursachen diesen Firmen Kosten (Z) in Einheiten des produzierten Gutes.

Ebenso verursachen die Ressourcenentnahmen R^E und R^B sowie die Emissionsvermeidungsaktivitäten D Kosten, die von der repräsentativen

6 Diese Annahme treffen z. B. Asako (1980) sowie Gradus/Smulders (1993).

7 Mit dieser Annahme ist umwelttechnischer Fortschritt ausgeschlossen.

Firma in der Konsumgüterproduktion zu tragen sind. Alle genannten Kosten werden jeweils durch Funktionen Z beschrieben. Im einzelnen werden somit die Extraktionskosten $Z^E(R^E)$, die Erntekosten $Z^B(R^B)$, die Emissionsvermeidungskosten $Z^D(D)$, die Kosten der medizinischen Versorgung $Z^Q(Q)$ sowie die Ausbildungskosten $Z^T(T)$ berücksichtigt. Sämtliche Kostenfunktionen seien in ihren jeweiligen Argumenten zweimal stetig differenzierbar, streng monoton wachsend und streng konvex.

Mit (10-2) bis (10-6) ist - nach den autonomen Aspekten der Gerechtigkeitsebene sowie der Güterebene - nun auch die Warenebene modelliert. Es folgt die Vermögensebene.

Die o. g. Bestände X^B, A^H und A^S zählen zum Vermögen des repräsentativen Haushaltes, da sie gemäß (10-1) dessen Nutzen unmittelbar beeinflussen. Der biologische Ressourcenbestand, die Gesundheit und die Bildung sind daher *zugleich* Güter und Vermögensbestandteile.

Alle drei Bestände jedoch zählen auch zum *produktiven* Vermögen. Einerseits wird die biologische Ressource geerntet und die Ernte R^B als Produktionsfaktor verwendet. Andererseits sind Gesundheit und Bildung Determinanten der menschlichen Arbeitsleistung und aus diesem Grunde Bestandteil des Produktivvermögens. Zum produktiven Vermögen zählt ferner der homogene Bestand menschengemachter Kapitalgüter $K(t)$. Ebenso stellt der homogene Bestand $X^E(t)$ der erschöpflichen natürlichen Ressource einen Bestandteil des produktiven Vermögens dar. Dessen Beitrag zur Produktion bestimmt sich über die Extraktionsmenge $R^E(t)$.

Schließlich zählt die Qualität des homogenen Umweltmediums, X^M, zum Vermögen. Die Besonderheit dieser Vermögenskomponente besteht darin, daß sie (als einzige Vermögenskomponente) Common-Property-Ressource ist. Mit der Beeinflussung des Bestandswachstums der biologischen Ressource gemäß (10-4) ist ein erster Grund dafür genannt, daß die Qualität des Umweltmediums als Vermögenskomponente aufzufassen ist. Die Umweltqualität ist (anders als im sechsten Kapitel[8]) im vorliegenden Modell nicht unmittelbar wohlfahrtsrelevant, wohl aber mittelbar durch ihren Einfluß auf die Regeneration der produktiven biologischen Ressource. Ein weiterer Grund dafür, daß die Umweltqualität X^M zum Vermögen zählt, wird in Form ihres Einflusses auf die Gesundheit des repräsentativen Haushaltes unten in Gleichung (10-10) einbezogen.

Hiermit ist die Nennung der im vorliegenden Modell relevanten Vermögenskomponenten abeschlossen. Insbesondere ist der Heterogenität des *natürlichen* Vermögens Rechnung getragen: Es sind mit einer erschöpflichen und einer erneuerbaren natürlichen Ressource sowie einem Umweltmedium sämtliche 'Typen' natürlicher Vermögenskomponenten (sowie deren Interdependenzen) berücksichtigt, die oben in den Kapiteln 4 bis 6 in speziellen Modellkontexten separat behandelt worden waren.

Es ist nun die Veränderung der sechs genannten Vermögenskomponenten im Zeitablauf zu beschreiben. Via Extraktion der erschöpflichen Ressource und Ernte der erneuerbaren Ressource beeinträchtigt die Produktion die *natürlichen* Vermögenskomponenten. Die Extraktion der erschöpflichen Ressource mindere deren Bestand X^E in vollem Umfang und irreversibel:

$$\dot{X}^E(t) = -R^E(t)\,, \quad \forall t\,. \tag{10-7}$$

Allerdings mindere die Extraktion der erschöpflichen Ressource nicht allein ihren eigenen Bestand. Zusätzlich wird - wie oben bereits angekündigt - angenommen, daß sie über die in (10-6) näher behandelten Schadstoffemissionen die Qualität des Umweltmediums beeinträchtige.

---

8 Im Kontext des Modells $\mathscr{PM}$ des sechsten Kapitels war eine *direkte* Wohlfahrtswirkung der Qualität des Umweltmediums unterstellt worden. Diese war somit zugleich Gut und Vermögenskomponente. Im vorliegenden Modellkontext ist die Umweltqualität kein Gut. Ihr Vermögenscharakter ist vielmehr vermittelt u. a. über die Beeinflussung der Regenerationsfähigkeit des (unmittelbar wohlfahrtsrelevanten) biologischen Ressourcenbestandes.

Es gelte für die Entwicklung der Qualität des betreffenden Umweltmediums im Zeitablauf:

$$\dot{X}^M(t) = G^M(t) - W(t), \; \forall t. \tag{10-8}$$

Hinsichtlich der erneuerbaren natürlichen Ressource wurde oben in (10-4) unterstellt, daß deren Bestand $X^B(t)$ mit einer natürlichen Rate $G^B(t)$ nachwächst. Daher gilt für die Bestandsveränderung unter Berücksichtigung der Erntetätigkeit R^B:

$$\dot{X}^B(t) = G^B(t) - R^B(t), \; \forall t. \tag{10-9}$$

Bislang wurden die Interdependenzen zwischen menschlichen Wirtschaftsaktivitäten und *natürlichen* Vermögenskomponenten thematisiert. Im folgenden werden die Auswirkungen des Wirtschaftsprozesses auf 'Gesundheit' und 'Bildung' des Haushaltes als *soziale* Vermögenskomponenten einbezogen.

Es wird angenommen, daß die Entwicklung des Gesundheitszustandes vom Umfang der medizinischen Versorgung, Q(t), abhängt. Der gesundheitsfördernde Einfluß der medizinischen Versorgung wird durch eine zweimal stetig differenzierbare und zeitinvariante Funktion $\mathcal{Q}(Q)$ abgebildet. Die Gesundheit werde darüber hinaus beeinflußt durch die Qualität $X^M(t)$ des o. g. Umweltmediums. Hiermit ist ein zweiter Grund dafür genannt, daß die Umweltqualität als Vermögenskomponente aufzufassen ist: Die Umweltqualität ist im vorliegenden Modell nicht unmittelbar wohlfahrtsrelevant, wohl aber mittelbar durch ihren Einfluß auf die menschliche Gesundheit. Der gesundheitsschädigende Einfluß der Umweltverschmutzung - bzw. spiegelbildlich der gesundheitsfördernde Einfluß der Reinheit des Umweltmediums - wird durch eine zweimal stetig differenzierbare und zeitinvariante Funktion $F(\mathrm{X}^{\mathrm{M}})$ abgebildet. Es gelte daher für die Veränderung des Gesundheitszustandes im Zeitablauf:[9]

$$\text{(a)} \quad \dot{\mathrm{A}}^{\mathrm{H}}(\mathrm{t}) = \mathcal{Q}[\mathrm{Q}(\mathrm{t})] - F\left[\mathrm{X}^{\mathrm{M}}(\mathrm{t})\right], \ \forall \mathrm{t}\, ; \qquad \text{(10-10)}$$

$$\text{(b)} \quad \mathcal{Q}_{\mathrm{Q}} > 0\,, \ \mathcal{Q}_{\mathrm{QQ}} < 0\,;$$

$$\text{(c)} \quad F_{\mathrm{X}^{\mathrm{M}}} < 0\,, \ F_{\mathrm{X}^{\mathrm{M}}\mathrm{X}^{\mathrm{M}}} > 0\,, \ \lim_{\mathrm{X}^{\mathrm{M}} \to \underline{\mathrm{X}}^{\mathrm{M}}} F_{\mathrm{X}^{\mathrm{M}}} = -\infty\,.$$

Die zweite soziale Vermögenskomponente, der Ausbildungsstand A^{S}, schreibe sich mit einer exogenen Rate $0 < \vartheta^{\mathrm{S}} < 1$ ab. Andererseits kann der Ausbildungsstand durch Bildungs- bzw. Trainingsaktivitäten T(t) erhöht werden. Der Effekt der Trainingsaktivitäten auf die Bildung wird durch eine zweimal stetig differenzierbare und zeitinvariante Funktion $T(\mathrm{T})$ abgebildet. Es gelte somit:

$$\text{(a)} \quad \dot{\mathrm{A}}^{\mathrm{S}}(\mathrm{t}) = T[\mathrm{T}(\mathrm{t})] - \vartheta^{\mathrm{S}} \mathrm{A}^{\mathrm{S}}(\mathrm{t}), \ \forall \mathrm{t}\, ; \qquad \text{(10-11)}$$

$$\text{(b)} \quad T_{\mathrm{T}} > 0\,, \ T_{\mathrm{TT}} < 0\,.$$

Gleichung (10-11) entspricht einer in der Theorie endogenen Wachstums gebräuchlichen Annahme (vgl. z. B. Barro/Sala-i-Martin 1995, S. 173).

Schließlich gelte für die Veränderung des anthropogenen Kapitalbestandes:

$$\dot{\mathrm{K}}(\mathrm{t}) \leq \phi(\mathrm{t}) - \mathrm{C}(\mathrm{t}) - \mathrm{p}^{\mathrm{Q}}(\mathrm{t})\mathrm{Q}(\mathrm{t}) - \mathrm{p}^{\mathrm{T}}(\mathrm{t})\mathrm{T}(\mathrm{t}), \ \forall \mathrm{t}\,. \qquad \text{(10-12)}$$

Gleichung (10-12) repräsentiert die Budgetrestriktion des repräsentativen Haushaltes in einem Zeitpunkt t. Hierbei sei das gemäß (10-2) produzierte Gut, daß sowohl konsumiert als auch investiert werden kann, Numéraire.

---

9 Zu einer in der gesundheitsökonomischen Literatur diskutierten Modellierung der zeitlichen Entwicklung des Gesundheitszustandes - allerdings ohne Berücksichtigung von Umwelteinflüssen - vgl. Breyer/Zweifel (1997, S. 65 ff.).

Daher repräsentiert $\phi(t)$ das reale Einkommen des repräsentativen Haushaltes. Ferner sind p^Q und p^T die relativen Preise der medizinischen Versorgungsleistungen bzw. der Trainingsaktivitäten, die der Haushalt von den repräsentativen Firmen im Gesundheits- bzw. Bildungssektor erwirbt.

Es gelten ferner die Nichtnegativitätsbedingungen

$$C(t), R^E(t), R^B(t), D(t), Q(t), T(t), \qquad (10\text{-}13)$$

$$K(t), X^E(t), X^B(t), X^M(t), A^H(t), A^S(t) \geq 0\,,\ \forall t$$

sowie die Anfangsbedingungen

$$K(0) = K^0 > 0,\ X^E(0) = X^{E0} > 0,\ X^B(0) = X^{B0} > \underline{X}^B > 0, \quad (10\text{-}14)$$

$$\overline{X}^M > X^M(0) = X^{M0} > \underline{X}^M > 0,$$

$$A^H(0) = A^{H0} > 0,\ A^S(0) = A^{S0} > 0\ .$$

Die Zielsetzung des staatlichen Planers bestehe im folgenden darin, einen kompetitiven Pfad im oben beschriebenen Modellkontext anhand eines noch abschließend zu konkretisierenden Nachhaltigkeitskriteriums mit Hilfe geeigneter Indikatoren zu beurteilen. Allerdings ist dieser Aufgabe - ähnlich wie bereits im Modell $\mathscr{PM}$ des sechsten Kapitels - das Erfordernis der Internalisierung externer Effekte vorgelagert.

Auch im vorliegenden Modell beeinträchtigen produktionsbedingte Schadstoffemissionen W die Qualität eines Umweltmediums, das als Common-Property-Ressource charakterisiert wurde. Zwar sind abweichend vom Modell $\mathscr{PM}$ des sechsten Kapitels die Emissionen nun als Kuppelprodukt der Konsumgüterproduktion und nicht als Produktionsfaktor modelliert. Gleichwohl entspricht auch hier der Preis der Emissionen aus Sicht des Konsumgüterproduzenten einer staatlich gesetzten Emissionssteuer, die im folgenden mit dem Symbol τ bezeichnet wird. Die repräsentative Firma in der Güterproduktion hat die Möglichkeit, durch Vermeidungsmaßnahmen D das Emissionsniveau W und daher die Steuerzahlungen τW zu senken. Somit löse die repräsentative Firma in der Konsumgüterproduktion:

$$\max \pi^{Y}(t) = Y(t) - r(t)K(t) - p^{E}(t)R^{E}(t) - p^{B}(t)R^{B}(t) \tag{10-15}$$

$$-w(t)N(t) - \tau(t)W(t)$$

$$-Z^{E}\left[R^{E}(t)\right] - Z^{B}\left[R^{B}(t)\right] - Z^{D}[D(t)]\,,\ \forall t\,.$$

Hierbei repräsentiert π^{Y} den realen Gewinn der repräsentativen Firma in der Konsumgüterproduktion, r die reale Faktorentlohnung des reproduzierbaren Kapitals, p^{E} den relativen Preis des erschöpflichen natürlichen Inputs, p^{B} den relativen Preis des erneuerbaren natürlichen Inputs sowie w den Reallohnsatz.

Die für ein Gewinnmaximum notwendigen Bedingungen lauten mit (10-15), (10-2) und (10-6):

$$0 = \pi_{K}^{Y*}(t) = Y_{K}^{*}(t) - r(t)\,,\ \forall t\,; \tag{10-16}$$

$$0 = \pi_{R^{E}}^{Y*}(t) = Y_{R^{E}}^{*}(t) - p^{E}(t) - \tau(t)W_{R^{E}}^{*}(t) - Z_{R^{E}}^{E*}(t)\,,\ \forall t\,; \tag{10-17}$$

$$0 = \pi_{R^{B}}^{Y*}(t) = Y_{R^{B}}^{*}(t) - p^{B}(t) - Z_{R^{B}}^{B*}(t)\,,\ \forall t\,; \tag{10-18}$$

$$0 = \pi_{N}^{Y*}(t) = Y_{N}^{*}(t) - w(t)\,,\ \forall t\,; \tag{10-19}$$

$$0 = \pi_{D}^{Y*}(t) = -\tau(t)W_{D}^{*}(t) - Z_{D}^{D*}(t)\,,\ \forall t\,. \tag{10-20}$$

Hierbei indiziert - wie bereits oben im sechsten Kapitel - das Superskript * einen privatwirtschaftlich optimalen Pfad.

Die repräsentative Firma im Gesundheitssektor löse:

$$\max \pi^Q(t) = p^Q(t)Q(t) - Z^Q[Q(t)] \,, \ \forall t \,. \tag{10-21}$$

Die notwendige Bedingung für ein Gewinnmaximum lautet:

$$0 = \pi_Q^{Q*}(t) = p^Q(t) - Z_Q^{Q*}(t) \,, \ \forall t \,. \tag{10-22}$$

Die repräsentative Firma im Bildungssektor löse:

$$\max \pi^T(t) = p^T(t)T(t) - Z^T[T(t)] \,, \ \forall t \,. \tag{10-23}$$

Die notwendige Bedingung für ein Gewinnmaximum lautet:

$$0 = \pi_T^{T*}(t) = p^T(t) - Z_T^{T*}(t) \,, \ \forall t \,. \tag{10-24}$$

Der Staat schütte stets die gesamten Einnahmen, die er durch die Emissionsbesteuerung in der Konsumgüterproduktion erzielt, in Form eines Lump-Sum-Transfers B an den repräsentativen Haushalt aus:

$$B(t) \equiv \tau(t)W(t) \,, \ \forall t \,. \tag{10-25}$$

Der repräsentative Haushalt löse

$$\max \int_{t=0}^{\infty} e^{-\delta t} U(t)dt \,, \ 0 < \delta < \infty \tag{10-26}$$

u.d.N. (10-7), (10-9), (10-10a), (10-11a),
(10-12) bis (10-14),

wobei δ die private Diskontrate bezeichnet. Hierbei sind aus (10-13) und (10-14) lediglich die Nichtnegativitäts- und Anfangsbedingungen bezüglich der vom Haushalt kontrollierbaren Variablen relevant. Es gelte ferner $\pi := \pi^Y + \pi^Q + \pi^T$ sowie für das Haushaltseinkommen:

$$\phi(t) = r(t)K(t) + p^E(t)R^E(t) + p^B(t)R^B(t) \tag{10-27}$$
$$+ w(t)N\left[A^H(t), A^S(t)\right] + \pi(t) + B(t) \, , \ \forall t \geq 0 \, .$$

Der staatliche Planer löst im Rahmen seiner Internalisierungszielsetzung grundsätzlich das intertemporale Problem (10-26) des privaten Haushaltes, allerdings mit der zusätzlichen Kontrollvariablen D sowie der zusätzlichen Zustandsvariablen X^M, die der repräsentative Haushalt aufgrund der Common-Property-Eigenschaft des Umweltmediums nicht berücksichtigt.

Hierbei ist zu beachten, daß mit der Einkommensdefinition (10-27), der staatlichen Budgetgleichung (10-25), der Gewinndefinitionen in (10-15), (10-21) und (10-23), der Produktionsfunktion (10-2a) sowie mit (10-3) die private Budgetrestriktion (10-12) in die gesellschaftliche Einkommens-Verwendungsgleichung

$$\dot{K}(t) \leq Y\left[K(t), R^E(t), R^B(t), N(A^H(t), A^S(t))\right] - C(t) \tag{10-28}$$
$$- Z^E(R^E(t)) - Z^B(R^B(t)) - Z^D(D(t))$$
$$- Z^Q(Q(t)) - Z^T(T(t)) \, , \ \forall t$$

transformiert wird. Die aus staatlicher Sicht relevanten Nebenbedingungen sind daher (10-7) bis (10-9), (10-10a), (10-11a), (10-13), (10-14) und (10-28).

Mit Hilfe der sozialen Optimalitätsbedingungen[10] sowie der oben angegebenen Gewinnmaximierungsbedingungen der repräsentativen Firmen und der Optimalitätsbedingungen des privaten Haushaltes[11] ermittelt der Planer die sozial optimale Steuerpolitik $\tau^{**}(t)$.[12] Diese ist notwendig dafür, daß kompetitiver und sozial optimaler Pfad übereinstimmen.

---

10 Diese werden im Anhang hergeleitet (siehe dort die Gleichungen (A-12) bis (A-23)).

11 Siehe die Gleichungen (A-25) bis (A-34) im Anhang.

12 Siehe die Gleichung (A-35) im Anhang.

Ist die Internalisierungsaufgabe gelöst, so bestehe das Ziel des Planers darin, den resultierenden kompetitiven Pfad anhand des Nachhaltigkeitskriteriums mit Hilfe geeigneter Indikatoren zu beurteilen. Hierzu ist der Nachhaltigkeitsbegriff im vorliegenden Modell abschließend zu spezifizieren. Oben waren bereits die autonomen Aspekte des Gerechtigkeitsbegriffes, der Gutbegriff, der Warenbegriff sowie der Vermögensbegriff konkretisiert worden. Es fehlen bislang die pragmatischen Aspekte der Gerechtigkeitsforderung.

Zu Beginn dieses Abschnitts waren die Annahmen getroffen worden, daß der gesellschaftliche Planer 'wohlwollend diktatorisches' Gerechtigkeitssubjekt sei, der repräsentative Haushalt das Gerechtigkeitsobjekt darstelle, und daß die Prüfung des Gerechtigkeitspostulates anhand der Dimension des Nutzens des repräsentativen Haushaltes zu erfolgen habe. Damit waren die als 'autonom' bezeichneten Apekte des Gerechtigkeitspostulates spezifiziert. Darüber hinaus ist jedoch die Frage nach dem realistischen *Zeithorizont* für die irdische Existenz des repräsentativen Haushaltes zu beantworten. Der hinsichtlich des Zeithorizontes vertretene Standpunkt hat anschließend Konsequenzen für die Beantwortung der Frage, welche intergenerative *Verteilung* der Dimension 'Nutzen' gerecht heißen solle.

Was unter Gerechtigkeitsgesichtspunkten als *machbar* zu beurteilen ist, hängt entscheidend von der oben gewählten Konkretisierung der Begriffe des Gutes, der Ware sowie des Vermögens ab. Insbesondere ist die Beschreibung der Interdependenzen zwischen und auf diesen drei begrifflichen Ebenen - und daher im vorliegenden Modell die Einschätzung der Substitutionsmöglichkeiten in (10-1) bzw. (10-2) - in diesem Zusammenhang von zentraler Bedeutung. Daß unter den vorliegenden Modellannahmen prinzipiell ein für alle $t \geq 0$ konstanter und positiver Nutzen erreichbar ist, verdeutlicht das folgende Beispiel:

1. Die Schadstoffemissionen W werden für alle $t \geq 0$ gerade auf das Niveau $G^M(X^{M0})$ beschränkt. Dies impliziert mit (10-8) eine für alle $t \geq 0$ konstante Umweltmedienqualität $X^M(t) = X^{M0}$.

2. Die Ernte R^B der biologischen Ressource wird für alle $t \geq 0$ auf das Regenerationsniveau $G^B(X^{B0}, X^{M0})$ beschränkt. Dies läßt, da mit 1. annahmegemäß $X^M(t) = X^{M0}$ für alle $t \geq 0$ gilt, mit (10-4) sowie (10-9) den Bestand X^B der biologischen Ressource für alle Zeiten auf dem Anfangsniveau X^{B0} verharren.

3. Die medizinische Versorgung Q wird auf demjenigen Niveau eingefroren, das für alle $t \geq 0$ $Q(Q) = F(X^{M0})$ gewährleistet. Da mit 1. $X^M(t) = X^{M0}$ für alle $t \geq 0$ gilt, impliziert dies mit (10-10) einen für alle Zeiten auf dem Niveau A^{H0} konstanten Gesundheitszustand.

4. Die Bildungsaktivitäten T werden auf demjenigen Niveau fixiert, das für alle $t \geq 0$ $T(T) = \vartheta^S A^{S0}$ gewährleistet. Dies impliziert mit (10-11) einen für alle Zeiten auf dem Niveau A^{S0} konstanten Bildungsstand.

5. Bei gegebenen Anfangsbeständen und 'gewünschter' Extraktion R^{E0} seien die oben fixierten Größen R^B, Q und T 'finanzierbar' gemäß (10-28). Darüber hinaus bleibe noch Spielraum für einen positiven Konsum C und die 'erforderlichen' Investitionen.

Unter den Annahmen 1. bis 5. sind die Argumente X^B, A^H und A^S der Nutzenfunktion (10-1) im Zeitablauf konstant. Könnte gezeigt werden, daß auch der Konsum C als viertes Argument der Nutzenfunktion konstant gehalten werden kann, so wäre ein im Zeitablauf konstanter Nutzen erreichbar.

Ob ein konstanter Konsum erreichbar ist, hängt von den Gegebenheiten im Produktionsbereich ab. Mit obigen Annahmen 1. bis 5. sind in der Produktion die Faktoreinsätze R^B und N (letzterer basierend auf Gesundheit und Bildung) im Zeitablauf konstant. Mit der Konstanz von R^B, Q und T sind ferner in der Einkommensverwendungsgleichung (10-28) die entsprechenden Kosten Z^B, Z^Q und Z^T konstant.

Die Kosten Z^E in (10-28) sinken allerdings, da die Extraktion der erschöpflichen Ressource zwangsläufig im Zeitablauf sinken muß. Da die Emissionen als konstant angenommen werden, sind darüber hinaus mit (10-6) bei sinkenden Inputmengen R^E auch die Vermeidungsaktivitäten D rückläufig. Daher sinken die Vermeidungskosten Z^D ebenfalls. Der Rückgang der Extraktions- und Vermeidungskosten *erweitert* die Konsummöglichkeiten. Der Einfachheit halber wird jedoch im folgenden - die in (10-28) implizit getroffene Annahme eines 'free disposal' ermöglicht dies - davon ausgegangen, daß die beiden genannten Kostenreduktionen *nicht* in eine Steigerung des Konsums umgesetzt werden.

Unter diesen Annahmen reduziert sich die Substitutionsproblematik auf das - bereits aus Kapitel 5 bekannte - produktionsseitige Substitutionsproblem zwischen menschengemachten Kapitalgütern K und erschöpflichen natürlichen Produktionsfaktoren R^E. Diese Substitutionsmöglichkeiten müssen 'hinreichend gut' sein, um mit dem Konsum C auch das vierte Argument der Nutzenfunktion und damit den Nutzen selbst im Zeitablauf konstant halten zu können. In Kapitel 5 war im Kontext des Modells $\mathscr{I}$ erläutert worden, daß ein positives konstantes Konsumniveau für alle Zeiten erreichbar ist, wenn im Falle einer CES-Produktionsfunktion die Substitutionselastizität zwischen Kapital und erschöpflicher Ressource den Wert Eins nicht unterschreitet. Betrug er gerade eins, so mußte der Faktor Kapital die höhere Produktionselastizität aufweisen. D. h., daß unter der Annahme ${}^Y\eta^K > {}^Y\eta^E$ in (10-2) auch im vorliegenden Modellkontext - unter den obigen Annahmen 1. bis 5. - ein für alle Zeiten konstanter und positiver Konsum erreichbar ist. Somit besteht im vorliegenden Modell prinzipiell die Möglichkeit, sämtliche Argumente der Nutzenfunktion (10-1) für alle Zeiten konstant zu halten - und daher den Nutzen selbst.

Es stellt sich die Frage, welche Modifikationen der oben getroffenen Modellannahmen die Erreichbarkeit eines für alle $t \geq 0$ konstanten Nutzens kategorisch ausschlössen. Ohne dies im Detail zu vertiefen bietet sich - wiederum im Rückgriff auf die Analyse des fünften Kapitels - eine im Falle einer CES-Technologie den Wert Eins unterschreitende Substitutionselastizität zwischen Kapital und erschöpflicher Ressource an. Unter dieser Annahme mußte im Modell $\mathcal{J}$ des fünften Kapitels die Produktion (und damit der Konsum) langfristig gegen null streben. Die zulässige Kapitalakkumulation reichte in diesem Fall nicht aus, den Rückgang des erschöpflichen Ressourceninputs zu kompensieren. Dies wäre im vorliegenden Modell nicht anders, würde man sich auf die Betrachtung dieser beiden Produktionsfaktoren beschränken. Und auch die Einbeziehung des erneuerbaren natürlichen Produktionsfaktors ändert hieran nichts. Denn die Inputmengen R^B sind langfristig nicht beliebig vermehrbar (im Gegensatz zum Kapitaleinsatz K). Unter den üblichen Annahmen an die natürliche Regeneration biologischer Ressourcen (vgl. Abb. 10-1 oben) sind sie vielmehr durch das Niveau des *maximum sustainable yield* beschränkt. Die biologische Ressource kann daher die zunehmende Verknappung des erschöpflichen Produktionsfaktors nicht 'auf ewig' kompensieren.

Allerdings weist das obige Modell die zusätzliche Besonderheit auf, daß mit dem Faktor 'effektive Arbeit' prinzipiell ein zweites unbegrenzt vermehrbares Substitut zur Verfügung steht. Ist 'Bildung' unbegrenzt vermehrbar,[13] ihr Einfluß auf die effektive Arbeitsleistung des repräsentativen Haushaltes hinreichend groß und die Substituierbarkeit zwischen erschöpflicher Ressource und Arbeit hinreichend gut, so kann das Substitut 'Humankapital' an die Stelle des reproduzierbaren Kapitals treten, wenn dieses ein schlechtes Substitut für die erschöpfliche Ressource darstellt. Über diesen produktiven Aspekt hinaus würde eine Verbesserung des Bildungsstandes - bei konstantem Nutzen - sogar

---

13 Hinsichtlich des Gesundheitszustandes, der mit (10-3) ebenfalls die Arbeitsleistung beeinflußt, scheint diese Annahme hingegen nicht plausibel.

gewisse Einschränkungen des Konsums gestatten, da Bildung selbst Argument der Nutzenfunktion (10-1) ist. Auch dies käme vor dem Hintergrund des Nachhaltigkeitszieles einer 'Quasi-Entknappung' der erschöpflichen Ressource gleich. Allerdings fällt im obigen Modell das Humankapital nicht 'wie Manna vom Himmel' sondern ist als endogene Wachstumskraft modelliert. Auch das Substitut 'Bildung' unterliegt daher der Finanzierungsrestriktion (10-28). Deshalb ist davon auszugehen daß die Humankapitalbildung nur unter speziellen Annahmenbündeln an die Nutzenfunktion (10-1), an die Produktionsfunktion (10-2), an die Kostenfunktion Z^Q sowie an die Funktion der effektiven Arbeit (10-3) einen für alle Zeiten konstanten Nutzen gewährleisten könnte, wäre das reproduzierbare Kapital ein schlechtes Substitut für den erschöpflichen natürlichen Produktionsfaktor.

Das obige Beispiel hat deutlich gemacht, daß im vorliegenden Modellkontext ein für alle Zeiten konstanter und positiver Nutzen grundsätzlich erreichbar ist. Daher wird hinsichtlich der pragmatischen Aspekte des Gerechtigkeitsgrundsatzes - d. h. hinsichtlich der zeitlichen Verteilung des Nutzens des repräsentativen Konsumenten - im folgenden im Sinne Rawls' gefordert:

$$\dot{U}(t) = 0 \,, \quad \forall t \geq 0 \,. \qquad (10\text{-}29)$$

Damit ist im vorliegenden Modell der Begriff der nachhaltigen Entwicklung im Rahmen der in Abschnitt 7.5 beschriebenen Konkretisierung der dortigen allgemeinen Nachhaltigkeitsdefinition abschließend spezifiziert.

Im nachfolgenden Abschnitt 10.3 ist daher im Rahmen des oben beschriebenen Modells die Nachhaltigkeitsregel des Abschnitts 7.6 zu konkretisieren. Dies wird dem Planer einen Indikator an die Hand geben, der es ihm gestattet, kompetitive Pfade bei Internalisierung der geschilderten Externalität anhand des Nachhaltigkeitskriteriums (10-29) zu beurteilen. Nicht intendiert sind jedoch im folgenden Abschnitt 10.3

Aussagen über adäquate Instrumente einer Nachhaltigkeitspolitik im Falle einer festgestellten Verletzung des Kriteriums (10-29) entlang kompetitiver Pfade. Diesbezüglich werden in Abschnitt 10.5 einige Ansatzpunkte skizziert.

10.3 Konkretisierung der Nachhaltigkeitsregel

Die Nachhaltigkeitsregel des Abschnitts 7.6 verlangte in erster Priorität, stets sicherzustellen, daß kritische Bestände sämtlicher als relevant zu erachtenden Vermögenskomponenten nicht erreicht oder gar unterschritten werden.

Im vorliegenden Kontext sind die Bestandsniveaus $\underline{X}^B$ und $\underline{X}^M$ der biologischen Ressource bzw. des Umweltmediums 'Kandidaten' für als kritisch zu bezeichnende Bestände. Ihre Unterschreitung muß erstens gemäß (10-4) zum Aussterben der biologischen Ressource führen. Zudem müßte zweitens die Unterschreitung der Umweltmedienqualität $\underline{X}^M$ gemäß (10-5) die Assimilationsfähigkeit des betreffenden Mediums irreversibel zerstören.

Die beiden genannten Bestandsniveaus wären jedoch - der in Abschnitt 7.6 formulierten Definition eines kritischen Bestandes folgend - nur dann tatsächlich als kritisch zu bezeichnen, wenn ihr Erreichen unter den getroffenen Modellannahmen unausweichlich eine Verletzung des Nachhaltigkeitskriteriums (10-29) nach sich zöge.[14] Dies wird im folgenden geprüft.

Zunächst soll die Prüfung hinsichtlich der Umweltmedienqualität $\underline{X}^M$ erfolgen. Das Erreichen von $\underline{X}^M$ impliziert mit (10-5c) die vollständige und irreversible Zerstörung der Assimilationsfähigkeit des Umwelt-

[14] Die im folgenden angestellten Überlegungen bezüglich kritischer Bestände natürlicher Ressourcen lassen sich grundsätzlich übertragen auf die Problematik eines Mindestkonsums produzierter Güter (siehe hierzu Pezzey 1997, S. 451 f.).

mediums. Da mit (10-2) zur Aufrechterhaltung der Produktion weiterhin der erschöpfliche natürliche Produktionsfaktor genutzt werden müßte, wäre mit (10-6) und (10-8) die Unterschreitung von $\underline{X}^M$ unausweichlich. Daher resultierte mit (10-5d) in endlicher Zeit $X^M \to 0$. Dies jedoch implizierte mit (10-10) $\dot{A}^H \to -\infty$ in endlicher Zeit. Differenziert man (10-1a) nach der Zeit, so ergibt sich:

$$\dot{U}(t) = U_C(t)\dot{C}(t) + U_{X^B}(t)\dot{X}^B(t) + U_{A^H}(t)\dot{A}^H(t) + U_{A^S}(t)\dot{A}^S(t)\,, \ \forall t\,. \tag{10-30}$$

Aus (10-30) ist ersichtlich, daß $\dot{A}^H \to -\infty$ in endlicher Zeit zu $\dot{U} \to -\infty$ führt, da keines der anderen Argumente der Nutzenfunktion in endlicher Zeit unendlich vermehrbar ist. Damit wäre das Nachhaltigkeitsziel (10-29) verletzt. Somit ist das Qualitätsniveau $\underline{X}^M$ des Umweltmediums kritisch, weil sein Erreichen unausweichlich die menschliche Gesundheit in einem Ausmaße beeinträchtigt, das einen über die Zeit konstanten Nutzen ausschließt.

Ebenfalls als 'kritisch' zu bezeichnen ist die kleinste überlebensfähige Population $\underline{X}^B$ der biologischen Ressource. Mit (10-4d) impliziert das Erreichen des Bestandsniveaus $\underline{X}^B$ - da mit (10-2) zur Aufrechterhaltung der Produktion weiterhin geerntet werden müßte - $X^B \to 0$ und daher $R^B \to 0$ in endlicher Zeit. Da kein anderer Produktionsfaktor in endlicher Zeit unendlich vermehrbar ist, zöge dies mit (10-2) $Y \to 0$ und daher mit (10-28) $C \to 0$ in endlicher Zeit nach sich. Da ferner mit (10-28) nicht mehr in Gesundheit und Bildung investiert werden könnte, müßten mit (10-10) und (10-11) auch diese Vermögensbestände sinken. Folglich sänken sämtliche Argumente der Nutzenfunktion und daher mit (10-30) der Nutzen selbst. Das Nachhaltigkeitskriterium (10-29) wäre verletzt.

Im übrigen zieht auch das Erreichen des Umweltqualitätsniveaus $\underline{X}^M$ mit (10-4) $X^B \to 0$ und daher $R^B \to 0$ in endlicher Zeit nach sich. Dies ist ein zweiter Grund dafür, daß die Umweltmedienqualität $\underline{X}^M$ als kritisch zu bezeichnen ist.

Somit läßt sich die erste Priorität der Nachhaltigkeitsregel des Abschnitts 7.6 im vorliegenden Modellkontext konkretisieren zu einer zweidimensionalen Kennzahl Σ^1:

$$\text{(a)} \qquad \Sigma^{1.a}(t) := X^M(t) - \underline{X}^M > 0 \,, \quad \forall t \geq 0 \,; \tag{10-31}$$

$$\text{(b)} \qquad \Sigma^{1.b}(t) := X^B(t) - \underline{X}^B > 0 \,, \quad \forall t \geq 0 \,.$$

Die Kennzahlen $\Sigma^{1.a}$ und $\Sigma^{1.b}$ geben die Abweichungen der aktuellen Umweltmedienqualität bzw. des aktuellen erneuerbaren Ressourcenbestandes von ihren kritischen Niveaus wieder. Sie müssen für eine nachhaltige Entwicklung stets positiv sein.

Unter den in Abschnitt 10.2 getroffenen Annahmen - insb. der Annahme eines vollkommen informierten Planers - zeigt sich,[15] daß entlang sozial optimaler Pfade (und daher - bei optimaler Emissionsbesteuerung - entlang kompetitiver Pfade) die kritischen Bestände $\underline{X}^M$ und $\underline{X}^B$ nicht gefährdet sind. Daher ist die Indikatorkomponente (10-31) im vorliegenden Modellkontext streng genommen verzichtbar. Dies trifft jedoch dann nicht mehr zu, wenn man die Annahme eines vollkommen informierten Planers abschwächt. Wäre der Planer nicht vollkommen informiert, so gelänge ihm die vollständige Internalisierung der auf den Schadstoffemissionen basierenden Externalität nicht und es wäre aufgrund der Common-Property-Problematik im Falle des Umweltmediums unverzichtbar, zumindest (10-31a) in ein System von Nachhaltigkeitsindikatoren aufzunehmen.[16]

---

15 Siehe hierzu die Erläuterungen im Anschluß an die Gleichung (A-11) im Anhang.

16 Hinsichtlich der biologischen Ressource könnten sich bei entsprechenden Modifikationen der Modellannahmen ähnlich gelagerte Probleme ergeben. Oben war auf das Beispiel von Waldbeständen Bezug genommen worden, die als Privatgut bezeichnet wurden. Wenn jedoch abweichend hiervon z. B. angenommen würde, daß Waldbestände Voraussetzung für eine 'angemessene' Versorgung mit einer Common-

Sofern die ursprünglichen Annahmen beibehalten werden und daher die Einhaltung der Ungleichungen (10-31) gewährleistet ist, kann der Planer das in Abschnitt 9.2.3 vorgestellte Verfahren der Saldierung der bewerteten Bestandsveränderungen aller relevanten Vermögenskomponenten zur Anwendung bringen, um den bei Internalisierung resultierenden kompetitiven Pfad anhand des Nachhaltigkeitskriteriums (10-29) zu beurteilen. Die Nachhaltigkeitsregel des Abschnitts 7.6 forderte in zweiter Priorität, stets sicherzustellen, daß Bestandsrückgängen einzelner gesellschaftlicher Vermögenskomponenten Bestandszuwächse anderer Vermögenskomponenten derart gegenüberstehen, daß ein konstanter Nutzen des repräsentativen Haushaltes erreicht wird (kompensierende Gesamtvermögensvariation).

Im vorliegenden Modellkontext sind die ökonomische Vermögenskomponente K, die natürlichen Vermögenskomponenten X^E, X^B, X^M sowie die sozialen Vermögenskomponenten A^H, A^S relevant. Die obige Anweisung konkretisiert sich zu:

{Wert} x *[Bestandsveränderung] des menschengemachten Kapitals*
\+ *{Wert}* x *[Bestandsveränderung] der erschöpflichen Ressource*
\+ *{Wert}* x *[Bestandsveränderung] der biologischen Ressource*
\+ *{Wert}* x *[Bestandsveränderung] der Umweltmedienqualität*
\+ *{Wert}* x *[Bestandsveränderung] der Gesundheit*
\+ *{Wert}* x *[Bestandsveränderung] der Bildung*
= *Null*

Property-Ressource 'Biodiversität' darstellen, ergäbe sich auch in diesem Bereich die Notwendigkeit einer Internalisierung mit der entsprechenden Informationsproblematik.

Hiermit ist die Frage nach der Bewertung der Bestandsveränderungen der o. g. Vermögenskomponenten aufgeworfen. Diese ist in obiger Saldierungsvorschrift jeweils durch geschweifte Klammern kenntlich gemacht, während die physischen Bestandsveränderungen in eckigen Klammern aufgeführt sind. Es resultiert als formale Variante der zweiten Priorität im vorliegenden Modell, wobei die Zeitvariable nicht durchgängig notiert wird:[17]

$$\Sigma^2(t) := \qquad (10\text{-}32)$$

(a) $\left[\dot{K}^{**}\right]$ anthropogenes Kapital

(b) $+\left\{Y_{R^E}^{n**}\right\}\left[\dot{X}^{E**}\right]$ erschöpfliche Ressource

(c) $+\left\{Y_{R^B}^{n**}\right\}\left[\dot{X}^{B**}\right]$ biologische Ressource

(d) $+\left\{\theta^{D**}\right\}\left[\dot{X}^{M**}\right]$ Umweltmedium

(e) $+\left\{\theta^{Q**}\right\}\left[\dot{A}^{H**}\right]$ Gesundheit

(f) $+\left\{\theta^{T**}\right\}\left[\dot{A}^{S**}\right]$ Bildung

$$= 0\,, \quad \forall t \geq 0\,.$$

Die Kennzahl Σ^2 muß für eine gemäß (10-29) nachhaltige Entwicklung stets null betragen. Hierbei bringt das Superskript ** zum Ausdruck, daß sämtliche Bestandsveränderungen sowie deren Bewertungen entlang eines sozial optimalen Pfades (der mit dem oben gesagten bei optimaler Steuersetzung mit dem kompetitiven übereinstimmt) zu ermitteln sind.

---

17 Im Anhang wird gezeigt (siehe dort die Ausführungen im Anschluß an Gleichung (A-36)), daß die Einhaltung der Gleichung (10-32) entlang sozial optimaler Pfade (und daher - bei optimaler Emissionsbesteuerung - entlang kompetitiver Pfade) einen konstanten Nutzen des repräsentativen Haushaltes und damit die Erfüllung des Nachhaltigkeitskriteriums (10-29) gewährleisten würde.

Wie in der obigen gerahmten Saldierungsvorschrift sind auch in der Gleichung (10-32) die jeweiligen Bewertungen der Bestandsveränderungen der einzelnen Vermögenskomponenten in geschweiften, ihre physischen Bestandsveränderungen hingegen in eckigen Klammern dargestellt. Da das Konsum- bzw. Investitionsgut Numéraire ist, beträgt sein Wert gerade eins und ist daher nicht explizit aufgeführt. Für die Bewertungsfaktoren in (10-32b) bis (10-32f) gilt:

(a) $\theta^{D} := -Z_{D}^{D} / W_{D}$; (10-33)

(b) $\theta^{Q} := Z_{Q}^{Q} / Q_{Q}$;

(c) $\theta^{T} := Z_{T}^{T} / T_{T}$.

(a) $Y_{R^E}^{n} := Y_{R^E} - Z_{R^E}^{E} - \theta^{D} W_{R^E}$; (10-34)

(b) $Y_{R^B}^{n} := Y_{R^B} - Z_{R^B}^{B}$.

In (10-33) repräsentieren - jeweils in Einheiten des produzierten Gutes - θ^{D} die Kosten einer marginalen Emissionsreduktion im Wege zusätzlicher Vermeidungsmaßnahmen D, θ^{Q} die Kosten einer marginalen Verbesserung des Gesundheitszustandes im Wege zusätzlicher medizinischer Versorgungsleistungen Q sowie θ^{T} die Kosten einer marginalen Erhöhung des Bildungsstandes im Wege zusätzlicher Trainingsaktivitäten T.

In (10-34a) ist die Netto-Grenzproduktivität des erschöpflichen natürlichen Produktionsfaktors definiert. Hierbei wird die Brutto-Grenzproduktivität Y_{R^E} des Extraktionsstromes R^E korrigiert um die Grenzkosten der Extraktion $Z_{R^E}^{E}$ sowie um die marginalen Kosten $\theta^{D} W_{R^E}$, die (im Sinne hypothetischer Vermeidungskosten) anfielen, würden die marginal durch eine Steigerung der Inputmenge R^E im Produktionsprozeß verursachten Emissionen augenblicklich und vollständig vermieden. Analog ist in (10-34b) die Netto-Grenzproduktivität des erneuerbaren natürlichen Produktionsfaktors definiert (der allerdings annahmegemäß keine Schadstoffemissionen verursacht).

Gleichung (10-32) repräsentiert eine modellspezifische Hartwick-Regel. Die Hartwick-Regel schreibt, wie bereits im sechsten Kapitel erläutert, vor, entlang eines intertemporal effizienten[18] Pfades die produktiven Renten der Netto-Bestandsrückgänge aller relevanten Vermögenskomponenten in reproduzierbares Kapital zu investieren. Im vorliegenden Modell sind die natürlichen Vermögenskomponenten X^E, X^B, und X^M sowie die sozialen Vermögenskomponenten A^H und A^S relevant. Im Falle der erschöpflichen bzw. der erneuerbaren natürlichen Ressourcen ist die 'produktive Rente' durch Multiplikation der Netto-Bestandsveränderungen mit den Netto-Grenzproduktivitäten $Y^{n**}_{R^E}$ bzw. $Y^{n**}_{R^B}$ zu ermitteln, die in (10-34) definiert wurden.

Hingegen würde im Falle des Umweltmediums, der Gesundheit sowie der Bildung die Tolerierung eines Bestandsrückganges potentielle Einsparungen bei den Vermeidungs-, Gesundheits- bzw. Bildungskosten ermöglichen. Daher werden die 'produktiven Renten' hier durch Multiplikation mit den jeweiligen Grenzkosten θ^D, θ^Q sowie θ^T ermittelt, die in (10-33) definiert wurden.

Welche Bedeutung haben die obigen Überlegungen für die Indikatorendiskussion? Die Kennzahl Σ^2 entspricht dem Wert der aggregierten Netto-Investitionen, nach Cansier/Richter (1995a, S. 233) "entscheidender Indikator" einer nachhaltigen Entwicklung im Rahmen des neoklassischen Ansatzes. Dieser Stellenwert ändert sich im hier um das Kriterium der kritischen ökologischen Vermögensbewahrung modifizierten neoklassischen Ansatz: Die Kennzahlen $\Sigma^{1.a}$, $\Sigma^{1.b}$ und Σ^2 bilden *gemeinsam* den Indikator einer gemäß (10-29) nachhaltigen Entwicklung. Der Indikator ist somit mehrdimensional. Er umfaßt zwei hierarchische Gruppen von

---

18 D. h. hier: Entlang eines sozial optimalen Pfades (und daher - bei vollständiger Internalisierung - entlang eines kompetitiven Pfades).

Kennzahlen, die mit Hilfe der Gleichungen (10-31) und (10-32) zu berechnen sind.[19]

Anhand der Gleichungen (10-31) und (10-32) werden im nachfolgenden Abschnitt 10.4 einige der empirischen Tatbestände aufgezeigt, deren Erhebung und Ausweisung im Rahmen entsprechender Indikatoren Voraussetzung für eine Nachhaltigkeitsaussage im vorliegenden Modellkontext wäre.

10.4 Empirische Aspekte

Das vorrangige Ziel dieses Kapitels besteht darin, die *theoretische* Struktur eines Nachhaltigkeitsindikators zu beschreiben, der den zuvor in Kap. 8 formulierten Anforderungen genügt. Im folgenden werden daher nur einige Ansatzpunkte zu seiner empirischen Berechnung aufgezeigt. Dies geschieht in Kenntnis der Vorbehalte, wie sie z. B. Klemmer (1994a, S. 14) formuliert: "[Man muß sich] verdeutlichen, daß ein weit gefaßter Entwicklungsbegriff stets vor dem methodischen Problem der adäquaten Messung, Gewichtung und Aggregation der einzelnen Entwicklungsphänomene steht und mit vielen Werturteilen verbunden ist, die seine intertemporale und interregionale Vergleichbarkeit einschränken." Gerade dieser Einwand jedoch macht es unverzichtbar, aufzuzeigen, welche Informationen grundsätzlich für eine Nachhaltigkeitsaussage benötigt werden. Nur dann kann die Aussagefähigkeit solcher Nachhaltigkeitsindikatoren, die die erforderlichen Informationen *nicht* umfassen, korrekt eingeschätzt werden.

19 Wie oben bereits angesprochen gilt dies allerdings nur, wenn die (in der Tat wenig realistische) Annahme eines vollkommen informierten Planers abgeschwächt wird. Andernfalls wäre die Indikatorkomponente (10-31) verzichtbar. Bei unvollkommener Information des Planers ergeben sich über die Notwendigkeit einer Prüfung von (10-31) hinaus Probleme hinsichtlich der Aussagefähigkeit der Indikatorkomponente (10-32) (siehe hierzu Abschnitt 10.4 unten).

Die Gleichungen (10-31) und (10-32) geben Auskunft darüber, daß für eine Nachhaltigkeitsaussage im vorliegenden Modellkontext grundsätzlich die folgenden empirischen Darstellungsbereiche erforderlich sind:

1. Physische Bestandsniveaus bzw. Bestandsveränderungen menschengemachter, natürlicher und sozialer Vermögenskomponenten.

2. Bewertungen der Bestandsdaten unter 1. anhand des normativen Kriteriums der nachhaltigen Entwicklung.

Dies gilt sowohl für die erste als auch für die zweite Priorität der Nachhaltigkeitsregel. In erster Priorität ist zunächst empirisch zu prüfen, ob die Umweltmedienqualität X^M ihr kritisches Niveau stets überschreitet und daher (10-31) erfüllt ist. Hierzu ist einerseits das kritische Niveau $\underline{X}^M$ und andererseits laufend der jeweils aktuelle Bestand $X^M(t)$ zu ermitteln. Analoges gilt für den biologischen Ressourcenbestand X^B. Hiermit ist jedoch nur scheinbar ein ausschließlich positives Problem aufgeworfen, das allein auf der Grundlage *physischer* Bestandsdaten zu lösen wäre. Denn es ist zu beachten, daß den Bestandsniveaus $\underline{X}^M$ und $\underline{X}^B$ das Adjektiv 'kritisch' nur deshalb zukommt, weil, wie oben erläutert, ihre Erreichung die Erfüllung des normativen Kriteriums einer nachhaltigen Entwicklung kategorisch ausschließt. Die empirische Prüfung von (10-31) setzt daher nicht nur physische, sondern - zumindest implizit - auch *wertmäßige* Erhebungen voraus. Es ist im Vorfeld der Konzipierung von Indikatoren einer nachhaltigen Entwicklung gesellschaftlicher Konsens zu erzielen, welche Bestandsniveaus natürlicher Ressourcen als 'kritisch' gelten sollen.[20]

Oberhalb kritischer natürlicher Ressourcenbestände - dies verdeutlicht Gleichung (10-32) - sind für eine Nachhaltigkeitsaussage in zweiter

---

20 Unter den hier getroffenen Annahmen degeneriert freilich der Prozeß der Konsensfindung zum einsamen Meinungsbildungsprozeß des 'wohlwollenden Diktators'.

Priorität die *physischen* Bestandsveränderungen sämtlicher als relevant erachteten Vermögenskomponenten zu ermitteln (im vorliegenden Modell $\dot{K}$, $\dot{X}^E$, $\dot{X}^B$, $\dot{X}^M$, $\dot{A}^H$ sowie $\dot{A}^S$). Darüber hinaus sind die *Bewertungen* dieser Bestandsveränderungen vorzunehmen.

Die wesentliche Aussage der Gleichung (10-32) besteht somit darin, daß auch in zweiter Priorität auf der Grundlage *ausschließlich* physischer Indikatorenbestandteile eine Nachhaltigkeitsaussage grundsätzlich nicht getroffen werden kann. Vielmehr sind die physischen Bestandsveränderungen *heterogener* Komponenten des Vermögens stets bewertend gegeneinander abzuwägen, um das Postulat der kompensierenden Gesamtvermögensvariation überprüfen zu können.

Hierbei kann unter der Voraussetzung, daß die vorliegende Modellierung reale Zusammenhänge 'korrekt' abbildet, zum Teil auf beobachtbare Marktpreise zurückgegriffen werden. Dies gilt im Falle des anthropogenen Kapitals (dem in (10-32a) aufgrund der Normierung ein Wert von eins zugeordnet wurde). In der Tat erfolgt hinsichtlich der Vermögenskomponente 'Kapital' im Rahmen der Volksvermögensrechnung, die Bestandteil der konventionellen VGR ist, die Ermittlung der bewerteten Bestandsveränderungen einer Berichtsperiode bereits heute auf der Basis der entsprechenden Marktpreise. Ein Nachhaltigkeitsindikator nach dem Muster der Kennzahl Σ^2 könnte sich auf dieses bereits vorhandene 'Modul' stützen. Die in der Volksvermögensrechnung ausgewiesenen Größen haben bereits die Dimension 'Geldeinheiten am Stichtag', so daß sich eine getrennte Ermittlung von Wert- und Bestandskomponenten erübrigt. Die Tabelle 10-1 veranschaulicht exemplarisch die Zusammensetzung der Vermögenskomponente Kapital der Bundesrepublik zum Jahresende 1982.

Ebenso werden erneuerbare natürliche Produktionsfaktoren (z. B. Holz) auf Märkten gehandelt. Unter der obigen Annahme, daß der erneuerbare Ressourcenbestand Privatgut ist und daher der Marktpreis der Ernteströme sämtliche Nutzen- und Kosteneffekte korrekt widerspiegelt, kann bei der Bewertung der Bestandsveränderung des erneuerbaren natürlichen Ressourcenbestandes in (10-32c) auf den entsprechenden Rohstoffpreis p^B zurückgegriffen werden.[21] Dieser entspricht mit (10-34b) sowie mit der Gewinnmaximierungsbedingung (10-18) der Netto-Grenzproduktivität des erneuerbaren natürlichen Produktionsfaktors.

Tabelle 10-1

Das reproduzierbare Sachvermögen in der Bundesrepublik Deutschland Ende 1982

(Aktiva in Mrd. DM)

Wohnbauten	2 244
Nichtwohnbauten	2 179
Ausrüstungen	868
Vorräte	431
Gebrauchsvermögen der privaten Haushalte	661
Reproduzierbares Sachvermögen insgesamt	6 383

Quelle: Stobbe (1994, S. 83).

Von eingeschränkter Aussagefähigkeit ist allerdings der (unkorrigierte) Marktpreis p^E des erschöpflichen natürlichen Produktionsfaktors. Dies beruht auf dem Umstand, daß die produktive Nutzung der erschöpflichen Ressource Basis der Schadstoffemissionen ist. Findet eine Besteuerung der Emissionen nicht statt, so gilt entlang privatwirtschaftlich optimaler Pfade mit der Gewinnmaximierungsbedingung (10-17) $p^E = Y^*_{R^E} - Z^{E*}_{R^E}$ und der externe Effekt wird nicht dem Verursacher angelastet. Um im Rahmen eines Nachhaltigkeitsindikators die Bestandsveränderung der er-

21 Siehe jedoch die Fußnote 16 oben.

schöpflichen natürlichen Vermögenskomponente korrekt bewerten zu können, muß der Planer den externen Effekt, der durch die Schadstoffemissionen hervorgerufen wird, internalisieren. Nur wenn dies mit Hilfe der gemäß Gleichung (A-35) im Anhang optimal gesetzten Emissionssteuer τ^{**} geschieht, spiegelt mit (10-17) und (10-34a) der Marktpreis p^E sämtliche Nutzen und Kosten der Ressourcenextraktion korrekt wider.

Bei der korrekten Bewertung einer Veränderung der Umweltmedienqualität in (10-32d) stehen annahmegemäß überhaupt keine Marktpreise zur Verfügung, da das Medium als Common-Property-Ressource charakterisiert wurde. In Ermangelung beobachtbarer Marktpreise setzt die entsprechende Bewertung auf seiten des Planers exakt diejenigen Informationen voraus, die oben auch im Falle der erschöpflichen Ressource für eine Internalisierung des durch die Schadstoffemissionen hervorgerufenen externen Effektes erforderlich waren. Denn mit (10-20) und (10-33a) gilt entlang eines sozial optimalen Pfades für den Bewertungsfaktor in (10-32d) gerade $\theta^{D**} = \tau^{**}$.

Eine bemerkenswerte Besonderheit ergibt sich im Falle der sozialen Vermögenskomponenten Gesundheit und Bildung. Und zwar selbst unter der oben getroffenen (gewiß unrealistischen) Annahme, daß sowohl Gesundheit als auch Bildung Privatgüter sind und auf vollkommenen Märkten gehandelt werden.[22] Denn die Bewertungsfaktoren in (10-32e) und (10-32f) können nicht auf der Grundlage von Marktpreisen allein ermittelt werden. Die Ursache hierfür ist darin zu sehen, daß zwar Marktpreise für die *Waren* Q und T (d. h. für medizinische Versorgungsleistungen und Trainingsaktivitäten) beobachtet werden können, nicht jedoch für die *Vermögens*komponenten Gesundheit und Bildung selbst. Letztere sind

22 Werden sie es nicht, so ergibt sich auch in diesem Bereich die Notwendigkeit marktanaloger Bewertungen. Für den Aspekt der Gesundheit siehe hierzu Johannesson (1996), für den Bereich der Ausbildung Friedlander/Greenberg/ Robins (1997).

nicht handelbare Güter, da sie an die Person des repräsentativen Haushalts gebunden sind.

Aus (10-33b) und (10-33c) und den Gewinnmaximierungsbedingungen (10-22) und (10-24) folgt für die Bewertungsfaktoren in (10-32e) und (10-32f) entlang eines sozial optimalen Pfades: $\theta^{Q**} = p^Q / \mathcal{Q}_Q^{**}$ sowie $\theta^{T**} = p^T / T_T^{**}$. Am Markt beobachtbar sind jedoch lediglich die jeweiligen Zähler. Der Planer beobachtet somit in (10-32e) und (10-32f) die 'physische' Veränderung des Gesundheitszustandes sowie des Bildungsstandes. Er beobachtet ferner die Marktpreise für medizinische Dienstleistungen und Trainingsaktivitäten. Beides zusammen reicht jedoch nicht, um die Indikatorkomponenten in (10-32e) und (10-32f) zu ermitteln.

Es zeigt sich somit, daß sich der Planer im Falle der Bewertungen von Bestandsveränderungen der Gesundheit und der Bildung nicht ausschließlich auf Marktpreise stützen kann, obwohl die Marktpreise für medizinische Leistungen und Trainingsaktivitäten aus Sicht der Privaten alle relevanten Informationen vermitteln. Überraschenderweise ergibt sich selbst im Falle vollkommener Märkte ein über die Marktpreise hinausgehender Informationsbedarf. Dieser bezieht sich auf die 'Wirkungsfunktionen' $\mathcal{Q}(Q)$ und $T(T)$, die im obigen Modell annahmegemäß dem repräsentativen Haushalt exakt bekannt sind (was sicher ebenfalls eine unrealistische Annahme darstellt). Die Erklärung liegt darin, daß mit Q und T Waren gehandelt werden, die für den Haushalt einen vermögensbildenden Effekt haben. Die entsprechenden Vermögenskomponenten selbst jedoch sind nicht handelbar, sondern personengebunden. Q und T werden zwar am Markt korrekt bewertet. Sie gehen jedoch nicht unmittelbar in die Saldierung gemäß (10-32e) und (10-32f) ein.

Die oben - neben beobachtbaren Marktpreisen - als für eine korrekte Bewertung in (10-32) erforderlich bezeichneten Aspekte bereiten keine Probleme, wenn der Planer vollkommen informiert ist, wie in Abschnitt

10.2 angenommen wurde.[23] Probleme ergeben sich dann, wenn der Planer *nicht* vollkommen informiert ist, d. h. wenn er nicht alle Funktionsverläufe kennt.

Würde obiges Modell in diesem Sinne modifiziert und auf diese Weise realen Gegebenheiten angenähert, so wäre ausdrücklich darauf hinzuweisen, daß die Kennzahl Σ^2 in (10-32) lediglich idealtypischen Charakter besitzt, da sie voraussetzt, daß die erforderlichen Bewertungen entlang eines sozial optimalen Pfades vorgenommen werden. In obigem Modell ist dies aufgrund der Annahme eines vollkommen informierten und perfekt vorausschauenden staatlichen Planers möglich. In der Realität muß jedoch der - keineswegs vollkommen informierte - Planer in seinem Bemühen um eine (vollständige) Internalisierung externer Effekte zwangsläufig scheitern.

Die Kennzahl Σ^2 ist daher, werden die erforderlichen Bewertungen in realen Situationen vorgenommen, von eingeschränkter Aussagefähigkeit hinsichtlich der Nachhaltigkeitszielsetzung. Allerdings ist im Rahmen der Bemühungen um aussagefähige Indikatoren einer nachhaltigen Entwicklung in der fehlenden Exaktheit nicht ausschließlich eine Schwäche der Kennzahl Σ^2, sondern vielmehr zu einem guten Teil ihre Existenzberechtigung zu sehen. Die Kennzahl Σ^2 ist als Plädoyer für ein fortgesetztes und intensiviertes Bemühen um eine Internalisierung externer Effekte im Rahmen (bzw. im Vorfeld) der Konzipierung von Indikatoren einer nachhaltigen Entwicklung zu interpretieren.[24] Auch

---

23 Allerdings weisen Asheim (1994) sowie Pezzey (1994) darauf hin, daß selbst in diesem Falle die Bewertungsfaktoren (z. B. in (10-32)) streng genommen nicht die für eine Nachhaltigkeitsaussage erforderlichen Informationen liefern. Dies wäre nur dann der Fall, wenn sich die Ökonomie tatsächlich auf einem nachhaltigen Pfad befinde, wovon jedoch nicht auszugehen sei (vgl. hierzu auch Aronsson/Johansson/Löfgren 1997, S. 103).

24 Es ist hierbei ausdrücklich zu betonen, daß die Internalisierung externer Effekte notwendig ist für die Konstruktion aussagefähiger *Indikatoren* einer nachhaltigen Entwicklung auf der Grundlage der Hartwick-Regel. Sie ist jedoch keineswegs hinreichend dafür, daß entlang eines kompetitiven Pfades tatsächlich eine nachhaltige Entwicklung (über die Einhaltung der Hartwick-Regel) realisiert wird. Hierzu ist u. U.

wenn nur Erhebungen im (suboptimalen) Status Quo möglich sind, würde dies eine sukzessive Annäherung an die Internalisierungzielsetzung ermöglichen.

Ähnliches gilt im Falle der sozialen Güter Gesundheit und Bildung. Der Planer muß, ist er nicht vollkommen informiert, zum Zwecke einer Nachhaltigkeitsaussage im vorliegenden Modellkontext die 'Wirkungsgrößen' Q_Q und T_T ermitteln.

In der umweltökonomischen Diskussion um die Internalisierung externer Effekte bzw. um die geeigneten Instrumente der Umweltpolitik wird im übrigen der Frage danach, 'wo' die zur Festsetzung der Steuer erforderlichen Bewertungen vorzunehmen sind, i. allg. eine geringe umweltpolitische Relevanz bescheinigt.[25] Die Pigou-Lösung verlangt Besteuerung gemäß externer Grenzkosten *im Optimum*, die diesbezüglichen Informationsanforderungen sind jedoch prohibitiv. In der umwelt- und ressourcenökonomischen Literatur herrscht daher weitgehend Konsens darüber, daß nur zweitbeste Lösungen praxisrelevant sind. Diese basieren sämtlich auf Zahlungsbereitschaften, die im Status Quo ermittelt werden. Der zwangsläufig verzerrte Charakter der Resultate wird in aller Regel unter dem Hinweis in Kauf genommen, daß zumindest die *Richtung* der Wohlfahrtseffekte einer Politikvariation korrekt ermittelt werden könne, was im Vergleich zu gebräuchlichen Indikatorensystemen, die umweltbezogene Wohlfahrtseffekte völlig vernachlässigen (wie z. B. die konventionelle VGR), als erheblicher Fortschritt zu werten sei.[26]

Die in der Diskussion befindlichen Methoden zur Ermittlung dieser Zahlungsbereitschaft für nicht marktfähige Umweltgüter sind gleicher-

---

ein über die reine Internalisierungssteuer hinausgehender Instrumenteneinsatz erforderlich. Zur Problematik einer Nachhaltigkeitspolitik siehe Abschnitt 10.5 unten.

25 Die obige Tabelle 10-1 verdeutlicht zudem, daß der Umstand, daß auch die traditionelle VGR (und daher die Volksvermögensrechnung) auf vielfach verzerrten Preisen basiert, dem Vertrauen in ihre tendenzielle Aussagefähigkeit keinen Abbruch tut.

26 Siehe z. B. Welsch (1992, S. 291, 293).

maßen vielfältig wie umstritten (vgl. hierzu z. B. Freeman 1993; Ewers/Rennings 1996; Endres/Holm-Müller 1998; Gronemann/Hampicke 1997). Aber zumindest stellen sie einen weithin ernstgenommenen Ansatz zur monetären Bewertung von Umweltgütern dar. Zum einen sind in diesem Zusammenhang die sog. 'indirekten' Verfahren zu nennen wie z. B. der 'hedonische Preisansatz'. Dieser versucht, Marktpreisdifferenzen prinzipiell vergleichbarer Güter den jeweiligen Umweltgegebenheiten zuzurechnen. Wenn z. B. zwei Wohnungen gleicher Größe und gleicher Ausstattung aber unterschiedlicher Lage (die eine in der Nähe eines emissionsintensiven Industriegebietes, die andere am Waldrand vor der Stadt) unterschiedliche Mieten erzielen, so ließe, wenn auch unter Vorbehalten (vgl. ebd.), die Differenz Rückschlüsse auf die Zahlungsbereitschaft der Mieter für den Genuß 'sauberer Luft' zu.

Des weiteren werden 'direkte' Verfahren zur Ermittlung der Zahlungsbereitschaften (etwa im Wege von Befragungen) diskutiert. Hampicke (1991b) liefert ein Beispiel dafür, daß auf der Grundlage individueller Befragungen prinzipiell die aggregierte, gesellschaftliche Zahlungsbereitschaft für biologische Ressourcen ermittelt werden könnte (sofern deren Marktpreis nicht, wie oben angenommen, sämtliche Nutzen und Kosten der 'Ernte' korrekt widerspiegelt). Er gelangt zu dem Ergebnis, daß in der Bundesrepublik die spontan angegebene monatliche individuelle Zahlungsbereitschaft für den Schutz von Tier- und Pflanzenarten bei etwa 20 DM liege. Er schließt auf eine Zahlungsbereitschaft in der Bevölkerung für ein umfassendes Arten- und Biotopschutzprogramm von mindestens 3 Mrd. DM. Natürlich ist diese Untersuchung lediglich vorläufiger und unvollständiger Natur, wie Hampicke selbst einräumt.[27] Dennoch ist sie richtungweisend gerade vor dem Hintergrund des Nachhaltigkeitszieles.

[27] Zur kritischen Würdigung der Studie vgl. auch Endres/Jarre/Klemmer/Zimmermann (1991, S. 58 f., 81 ff., 93).

10.5 Ausblick: Probleme einer Nachhaltigkeitspolitik

Das Hauptaugenmerk dieses Kapitels galt der Beschreibung der Struktur eines Nachhaltigkeitsindikators im Rahmen eines Modells, das sowohl ökonomische als auch ökologische und soziale Aspekte der Nachhaltigkeitsproblematik thematisierte. Abschließend sollen im folgenden einige Probleme skizziert werden, die sich bei der Implementierung einer nachhaltigen Entwicklung ergeben.

Wie bereits erwähnt erwachsen staatlichen Instanzen aus dem Nachhaltigkeitsziel (10-29) im vorliegenden Modellkontext zwei analytisch klar voneinander abgrenzbare Aufgabenstellungen. *Erstens* ist der produktionsbedingte externe Effekt auf das Umweltmedium zu internalisieren. Hierfür kommt z. B. eine dynamische Pigou-Besteuerung nach obigem Muster in Betracht. Auf diese Weise wird (unter der Annahme eines vollkommen informierten Planers) gleichzeitig ein Erreichen der kritischen Umweltmedienqualität $\underline{X}^M$ im dezentralen Allokationsprozeß verhindert. *Zweitens* ist stets eine kompensierende Gesamtvermögensvariation sicherzustellen.

Letztere Aufgabenstellung wirft die - hier nicht zu vertiefende - Frage auf, welche Möglichkeiten dem Planer zur Implementierung einer Investitionstätigkeit gemäß Hartwick-Regel offen stehen. Denkbar wäre z. B. eine Finanzierung etwaiger Investitionslücken über eine Lump-Sum-Besteuerung. Der Staat würde dem privaten Haushalt einen Teil seines Einkommens abverlangen und könnte mit den erzielten Einnahmen als Anbieter auf dem Faktormarkt für reproduzierbare Kapitalgüter auftreten. Die aus dem staatlichen Eigentum an Produktionsmitteln gemäß Faktorentlohnung r erzielten Staatseinnahmen wären wiederum Lump-Sum an den Haushalt zu retransferieren.

Auf diese Weise könnte der Planer das Faktoreinsatzverhältnis und daher das Faktorpreisverhältnis beeinflussen, gleichzeitig wäre aber intertemporale Effizienz im dezentralen Allokationsprozeß weiterhin gewährleistet. Einzelheiten einer solchen Politik sollen hier nicht erörtert werden. Es ist allerdings auf zwei Probleme hinzuweisen.

Erstens ist noch einmal auf die Existenzproblematik zurückzukommen. In Abschnitt 10.2 war im vorliegenden Modellkontext beispielhaft die Existenz eines willkürlich gewählten Pfades gezeigt worden, der das Nachhaltigkeitskriterium (10-29) erfüllt. Allerdings ist es keineswegs sicher, daß kompetitive und (bei einer entsprechenden staatlichen Nachhaltigkeitspolitik) gleichzeitig nachhaltige Pfade im vorliegenden Modell existieren.

Bislang ungelöst ist das Existenzproblem im Rahmen solcher Modelle, in denen der Nutzen nicht allein vom Konsum eines homogenen produzierten Gutes, sondern darüber hinaus von natürlichen Ressourcenbeständen (oder vom Konsum heterogener produzierter Güter) abhängt. Das Nebeneinander von wohlfahrtsseitigen und produktionsseitigen Substitutionsproblemen (so z. B. auch im Modell $\mathscr{PM}$ des sechsten Kapitels) hat bislang in der Literatur durchweg Ratlosigkeit hinterlassen, wenn es um die Existenz intertemporal effizienter Pfade mit konstanter Wohlfahrt ging.[28] Dies wurde jedoch zu keiner Zeit als Hinderungsgrund empfunden, solche Pfade unter der *Annahme* ihrer Existenz eingehend zu charakterisieren. Im Gegenteil: "We have not surmounted these obstacles, but we believe that they are technical problems which do not detract a great deal from our analysis" (Burmeister/Hammond 1977, S. 870).[29] In der jüngeren Literatur findet sich kein Hinweis auf die Lösung des Existenzproblems.

Somit ist, da im Vergleich zum Modell $\mathscr{PM}$ das im vorliegenden Kapitel analysierte Modell einen wesentlich höheren Komplexitätsgrad

---

28 Siehe R. A. Becker (1982), der sich im Kontext des Modells $\mathscr{PM}$ eingehend mit effizienten Pfaden konstanten Nutzens auseinandersetzt.

29 Burmeister/Hammond analysieren ein Modell mit n produzierten Konsumgütern als Argumenten der Nutzenfunktion und entsprechend n Kapitalgütern.

aufweist,[30] davon auszugehen, daß das Existenzproblem zwar problematisiert, nicht jedoch in absehbarer Zeit gelöst werden kann.

Zweitens ergibt sich unter der Annahme der Existenz ein weiteres Problem einer Nachhaltigkeitspolitik aus der Annahme uneingeschränkter Rationalität des repräsentativen Haushaltes. Diese Annahme begründet Zweifel an den Erfolgsaussichten einer Nachhaltigkeitspolitik. Bildet sich der Haushalt rationale Erwartungen über die Maßnahmen staatlicher Instanzen, so ist er in der Lage, Strategien zu entwickeln, diese zu unterlaufen. Tritt der Staat in dynamischen Kontexten gegen uneingeschränkt rationale Gegenspieler an, so sind die Erfolgsaussichten diskretionärer Eingriffe in den Marktprozeß (d. h. die Wahl des jeweils 'besten' Instrumenteneinsatzes) generell sehr eingeschränkt (vgl. Kydland/Prescott 1977). Es stellt sich daher die Frage, welches Maß an 'Weitsicht' dem privaten Haushalt realistischerweise unterstellt werden darf und ob alternative Annahmen hierüber nicht neue, anders gelagerte Probleme aufwerfen.

In den Kapiteln 3 bis 6 sowie im bisherigen Verlauf dieses Kapitels basierte die Analyse privatwirtschaftlich optimaler Entwicklungspfade auf der Fiktion eines unendlich lebenden, vollkommen informierten und perfekt vorausschauenden repräsentativen Haushaltes. Diese Vorstellung lag dem intertemporalen Ziel (3-12) (bzw. im vorliegenden Kapitel (10-26)) des repräsentativen Haushaltes zugrunde. Offensichtlich werden mit dieser Annahme einige zentrale Aspekte realer Gegebenheiten unterdrückt. Solow (1986, S. 145) weist auf die 'Anomalie' der Vorgehensweise hin, intergenerative Probleme in Modellen mit kontinuierlicher Zeit zu analysieren, in denen die zeitpunktbezogenen Nutzenniveaus einfach aufaddiert werden. Eine diskrete Formulierung und insbesondere die Struktur eines Modells überlappender Generationen liege am nächsten, sei

---

30 Insbesondere kritische natürliche Ressourcenbestände wurden bislang im Zusammenhang mit der Forderung nach konstanter Wohlfahrt in der Literatur nicht berücksichtigt.

jedoch seines Wissens auf Fragen intergenerativer Gerechtigkeit noch nicht angewendet worden.[31]

Im folgenden wird die Annahme (3-12), wenn auch nicht ausführlich diskutiert, so doch überblicksartig problematisiert. Zunächst werden - unter Beibehaltung der Annahme vollkommener Information und perfekter Voraussicht - die Implikationen der mit (3-12) negierten Sterblichkeit menschlicher Wesen untersucht. Anschließend wird erörtert, welche Konsequenzen sich ergeben, wenn sterbliche Akteure nicht mit vollkommener Information und perfekter Voraussicht ausgestattet sind.

Die Problemstruktur wird im folgenden mit Hilfe eines speziellen Szenarios überlappender Generationen veranschaulicht. In einem zeitdiskreten Kontext wird eine Generation jeweils durch einen sterblichen repräsentativen Haushalt vertreten. Dieser verfüge über vollkommene Information und perfekte Voraussicht, womit allerdings noch nichts über die Länge seines Planungshorizontes ausgesagt ist, die im folgenden näher zu spezifizieren sein wird. Jeder Haushalt erlebt zwei Perioden. In jeder Periode leben zwei Haushalte, ein 'alter' und ein 'junger'. Die Betrachtung erfolgt in einem stationären Kontext, d. h. ein zeitlicher Wandel von Präferenzen, Technologie etc. wird ausgeschlossen. Ferner werden ausschließlich Privatgüter thematisiert. Zu periodenübergreifenden Planungen sind grundsätzlich nur private Haushalte befähigt. D. h. insbesondere, daß die in den Kapiteln 3 bis 6 getroffene Annahme beibehalten wird, daß die repräsentative Firma in jeder Periode über ihre Faktornachfragen ihren Gewinn maximiert und nicht periodenübergreifend plant. Eine weitblickende staatliche Instanz existiere nicht. Ausgehend von diesem Szenario werden im weiteren Verlauf die Auswirkungen einiger Komplikationen untersucht, die sich aus einem nicht vorhergesehenen Wandel der Präferenzen ergibt.

31 Zur Kritik an der neoklassischen Fiktion eines unendlich lebenden Haushaltes vgl. auch Cansier (1996b, S. 63) sowie Bayer/Cansier (1998).

Zunächst ist vor dem Hintergrund des oben beschriebenen Ausgangsszenarios zu unterscheiden zwischen *egoistischen* und intergenerativ *altruistischen* Akteuren. Diese Unterscheidung korrespondiert mit unterschiedlichen Spezifikationen des Planungshorizontes, bezüglich dessen oben keine Aussage getroffen worden war

Egoistische Haushalte treffen ihre Entscheidungen ausschließlich auf der Grundlage von Preissignalen, deren zeitliche Entwicklung sie unter den getroffenen Annahmen korrekt antizipieren. Das zeitdiskrete *overlapping generations*-Modell (OLG) mit egoistischen Akteuren wird auf Samuelson (1958) und Diamond (1965) zurückgeführt (vgl. z. B. Barro/Sala-i-Martin 1995, S. 128). Auf ressourcenökonomische Fragestellungen ist seine Struktur, auch nach Solows (1986) o. g. Hinweis, bis heute in der Literatur sehr selten angewendet worden. Die nachfolgenden Ausführungen stützen sich auf Mourmoras (1991; 1993) sowie Olson/Knapp (1997).[32] Die wesentlichen Strukturmerkmale der dort analysierten Modelle sind die folgenden: Die erste Lebensperiode eines Haushaltes repräsentiert die Erwerbsphase, während die zweite die Ruhestandsphase darstellt. Der Lebensnutzen $U^t\left[C^t(t), C^t(t+1)\right]$ des zu Beginn der Periode t (bereits erwerbsfähig) geborenen Haushaltes hängt ausschließlich von seinem *eigenen* Konsum produzierter Güter in der Erwerbsphase ($C^t(t)$) sowie in der Ruhestandsphase ($C^t(t+1)$) ab. Hingegen sind für den Haushalt sämtliche Ereignisse nach seinem Tod, selbst wenn er sie voraussieht, ohne Bedeutung. Er ist in diesem Sinne 'myopisch'.

Zu Beginn der Erwerbsperiode ist der Haushalt mit einer Einheit Arbeit $N^t(t)$ ausgestattet, die während der Erwerbsperiode inelastisch zum Reallohnsatz $w(t)$ angeboten wird. Das Arbeitseinkommen der Erwerbsperiode wird zur Finanzierung des Konsums $C^t(t)$ sowie zur Vermögensakkumulation verwendet. Vermögen wird in Gestalt von

---

32 Siehe auch Bayer/Cansier (1998). In einem zeitkontinuierlichen OLG-Modell analysieren Marini/Scaramozzino (1995) unter expliziter Berufung auf Solows Hinweis das im sechsten Kapitel dieser Arbeit vorgestellte Modell $\mathscr{PM}$.

Eigentumsrechten am Bestand K menschengemachter Kapitalgüter sowie am Bestand X einer natürlichen Ressource gebildet. Darüber hinaus kann der Haushalt in der Erwerbsphase zum Zinssatz r Darlehen vergeben bzw. sich verschulden. Zu Beginn der Ruhestandsperiode ist der Haushalt nicht mehr erwerbsfähig. Der Konsum $C^{t}(t+1)$ (sowie ggf. die Bedienung des Kredits der Erwerbsperiode) wird aus dem akkumulierten Vermögen (sowie ggf. aus der verzinsten Rückzahlung des Darlehens der Erwerbsperiode) finanziert.

In jeder Periode leben zwei Generationen, eine junge und eine alte. Der Kapitalstock sowie der Bestand der natürlichen Ressource befinden sich zu Periodenbeginn im Besitz der alten Generation, die nicht mehr arbeitet. Eine gewinnmaximierende Firma produziert ein homogenes Konsumgut im Umfang Y mit Kapital, Arbeit, dem periodischen Entnahmestrom R aus dem Bestand der natürlichen Ressource sowie zeitinvarianter Technologie $Y[K(t), R(t), N(t)]$. Die alte Generation entscheidet darüber, welche periodische Entnahmemenge aus dem natürlichen Ressourcenbestand der Firma zu produktiven Zwecken veräußert wird. Der verbleibende Ressourcenbestand wird - ebenso wie der Kapitalstock - vollständig der jungen Generation veräußert (nicht jedoch geschenkt bzw. vererbt). Weil ein jeweils alter Haushalt am Schicksal der Nachfahren keinen Anteil nimmt, ist es für ihn rational, völlig mittellos zu sterben bzw. das gesamte in der Erwerbsperiode akkumulierte Vermögen zur Finanzierung des eigenen Ruhestandskonsums zu verwenden.

Die alte Generation finanziert somit ihren Ruhestandskonsum aus dem Verkauf der Ressourcenentnahme an die Firma sowie des Restbestandes und des Kapitalstocks an die junge Generation sowie ggf. aus verzinsten Rückzahlungen in der Erwerbsphase getätigter Darlehen. Im Rahmen dieser Modellstruktur kommt somit eine rein marktvermittelte Tauschbeziehung zwischen der alten und der jungen Generation zustande, die die Fortexistenz der Gesellschaft von der Existenz egoistischer Individuen loslöst. Eine Sequenz egoistischer, endlich lebender und interdependenter Generationen interagiert auf kompetitiven Märkten (vgl. Mourmouras 1991, S. 585).

Im Rahmen solcher OLG-Modelle mit egoistischen Akteuren hat die Sterblichkeit der Akteure im Zusammenwirken mit ihrer Myopik (im Sinne eines - unabhängig vom Ausmaß ihrer Weitsicht - begrenzten Zeithorizontes) möglicherweise wichtige Konsequenzen. Im Unterschied zu den Modellen des 'Ramsey-Typs', wie sie in den Kapiteln 3 bis 6 sowie im bisherigen Verlauf dieses Kapitels behandelt wurden, besteht ein charakteristisches Merkmal optimaler zeitlicher Entwicklungspfade im Standard-OLG-Kontext in der Möglichkeit ihrer dynamischen Ineffizienz.[33] Zwar plant jede Generation ihre Ersparnis optimal. Da der individuelle Zeithorizont jedoch im Gegensatz zur (potentiellen) Lebensdauer der Ökonomie begrenzt ist, resultiert unter Umständen eine Überakkumulation.[34]

Altruistische Akteure berücksichtigen bei den eigenen Entscheidungen deren Auswirkungen auf das 'Schicksal' der Nachfahren und sind in diesem Sinne 'vorausschauend'.[35] Nach Bernheim/Ray (1989) lassen sich im intertemporalen Kontext die folgenden Ausprägungen des Altruismus unterscheiden (wobei sie natürliche Gegebenheiten vernachlässigen und daher unter 'Konsum' den Konsum produzierter Güter sowie unter 'Kapital' menschengemachte Kapitalgüter verstehen):

1. Paternalistischer Altruismus: Jede Generation bezieht Nutzen aus ihrem eigenen Konsum sowie aus dem *Konsum* einiger oder sämtlicher Nachfahren. Hierbei ist von begrenztem Altruismus (*limited altruism*) dann die Rede, wenn lediglich der Konsum der *unmittelbaren* Nachfahren Berücksichtigung findet.

---

33 Zum Zusammenhang zwischen Lebensdauer der Akteure und dynamischer Effizienz vgl. auch Homburg (1991, S. 451).

34 Siehe hierzu z. B. Barro/Sala-i-Martin (1995, S. 133 f.) in einem wachstumstheoretischen Kontext ohne Berücksichtigung natürlicher Ressourcen.

35 Vgl. auch V. Arnold (1994) zu den allokativen Konsequenzen des Altruismus.

2. Nicht-paternalistischer Altruismus: Jede Generation bezieht Nutzen aus ihrem eigenen Konsum sowie aus dem *Nutzen* der Nachfahren.[36]

Im folgenden wird sich die Betrachtung auf den Fall nicht-paternalistischen Altruismus' beschränken.[37]

Barro/Sala-i-Martin (1995, S. 135 f.) beziehen nicht-paternalistischen intergenerativen Altruismus in ein OLG-Modell ein (allerdings ohne natürliche Ressourcen). Sie heben als Schlüsselannahme des Standard-OLG-Modells hervor, daß die Haushalte einen endlichen Zeithorizont haben. Unter Berufung auf Barro (1974) nehmen sie stattdessen an, daß Haushalte den Nutzen der unmittelbaren Nachfahren positiv bewerten (und daher bei stationären Präferenzen automatisch aller Nachfahren). Als einen möglichen Weg, intergenerativen Altruismus zu berücksichtigen, formulieren sie den Nutzen des zu Beginn der Periode t geborenen Haushaltes in Abhängigkeit von den eigenen Konsumströmen der beiden Lebensperioden t und $t+1$ sowie darüber hinaus in Abhängigkeit vom Lebensnutzen der unmittelbaren Nachfolgegeneration, mit der wie im Standard-OLG-Modell eine Zeitperiode gemeinsam verlebt wird. Über die Nutzenfunktion des zu Beginn der Periode t geborenen Haushaltes wird die Annahme $U^t = aC^t(t) + bC^t(t+1) + cU^{t+1}$ getroffen, wobei a, b und c Gewichtungsfaktoren darstellen. Der Nutzen der zu Beginn der Periode $t+1$ geborenen Nachfolgegeneration hängt seinerseits von den eigenen Konsumströmen der beiden Lebensperioden $t+1$ und $t+2$ ab sowie

---

36 Siehe hierzu etwa Asheim (1988; 1991). Hierbei erübrigt sich die Unterscheidung zwischen begrenztem und unbegrenztem Altruismus: Sobald eine (vollkommen informierte und perfekt vorauschauende) Generation t den Nutzen von Generation $t+1$ positiv bewertet, berücksichtigt sie automatisch (und wissentlich) die Nutzen *aller* nachfolgenden Generationen, da Generation $t+1$ den Nutzen von Generation $t+2$ einbezieht, letztere den Nutzen von Generation $t+3$ etc. (vgl. hierzu Barro/Sala-i-Martin 1995, S. 135).

37 Zu den Konsequenzen paternalistischen Altruismus' vgl. - ausnahmslos ohne Berücksichtigung natürlicher Gegebenheiten - z. B. Leininger (1985; 1986); Bernheim/Ray (1987; 1989).

darüber hinaus vom Lebensnutzen der zu Beginn der Periode $t+2$ geborenen Nachfolgegeneration.

Ist der Altruismus stark genug, so resultieren in jeder Periode (unentgeltliche) Transfers vom jeweils alten zum jeweils jungen Haushalt. Die im Standard-OLG-Kontext individuell optimale Randlösung, in der solche Transfers null sind, wird vermieden. Dies führt dazu, daß der im Standard-OLG-Modell augenfällige Effekt des endlichen Zeithorizontes (und in diesem Sinne der Myopik) der Haushalte verschwindet. Vielmehr werden die Ergebnisse des Standard-Ramsey-Modells (d. h. deren zeitdiskrete Analoga) reproduziert, in dem ein unendlich lebender Haushalt unterstellt wird (wie in den modelltheoretischen Analysen dieser Arbeit). Durch Einführung von Altruismus wird insbesondere die Möglichkeit dynamischer Ineffizienz eliminiert (vgl. Barro/Sala-i-Martin 1995, S. 137). Daher liefert die explizite Modellierung der Sterblichkeit der Akteure im Rahmen der OLG-Struktur - sofern der intergenerative Altruismus stark genug ist - im Vergleich zu einem unendlich lebenden Haushalt im Ramsey-Modell keinerlei neuen Erkenntnisse über den zeitlichen Entwicklungspfad der Ökonomie (vgl. ebd.). Somit kann das in den Kapiteln 3 bis 6 zur Anwendung gebrachte intertemporale Ziel (3-12) als stetiges Analogon zu einer OLG-Ökonomie mit hinreichend starkem intergenerativen Altruismus aufgefaßt werden. Dies wird allerdings bei Barro/Sala-i-Martin (1995) in einem Kontext ohne natürliche Ressourcen (sowie unter speziellen Annahmen an Präferenzen und Technologie) gezeigt und es wäre zu prüfen, ob die Ergebnisse bei Berücksichtigung natürlicher Ressourcen Bestand haben.[38]

Abweichend vom obigen Ausgangsszenario wird nun als Komplikation ein Wandel der Präferenzen im Zeitablauf betrachtet (ohne Aussagen über

---

38 Für die Übertragbarkeit der Ergebnisse spricht z. B. die empirisch untermauerte Analyse bei Stephan/Müller-Fürstenberger/Previdoli (1997). Siehe auch Marini/Scaramozzino (1995) in einem stetigen OLG-Modell nach dem Muster des Modells $\mathcal{PM}$.

dessen Ursachen zu treffen). Hierbei handele es sich um einen Wandel der Präferenzen von Generation zu Generation, nicht jedoch innerhalb der Lebensspanne eines Haushaltes. Zusätzlich wird angenommen, daß der repräsentative Haushalt einer Generation unvollkommen über Art und Umfang des Präferenzwandels informiert ist.

Unter diesen Annahmen ist im altruistischen Falle die Zeitkonsistenz der Pläne nicht mehr gewährleistet (vgl. zum folgenden Dasgupta/Heal 1979, S. 98 f.; Karp/Newbery 1993). Dieses Problem kann in der oben erläuterten altruistischen OLG-Ökonomie (und ebenso in den Ramsey-Modellen der Kapitel 3 bis 6 sowie 10) nicht auftreten. Dort ermittelt der repräsentative Haushalt im Zeitpunkt $t = 0$ bei vollkommener Information und perfekter Voraussicht zunächst den optimalen Pfadverlauf aller Modellvariablen über den *gesamten* Planungshorizont $t \in [0, \infty)$. Anschließend trifft er die ihm zu Lebzeiten obliegenden Entscheidungen derart, daß während seiner Lebensspanne gerade das entsprechende Teilstück des optimalen Pfades realisiert wird. Bei vollkommener Information und perfekter Voraussicht sowie stationären Präferenzen werden sich nachfolgende Generationen in keinem Zeitpunkt $t > 0$ veranlaßt sehen, den ursprünglichen Plan zu revidieren. Dies bedeutet, daß bei erneuter Optimierung einer Nachfolgegeneration beginnend mit einem beliebigen Zeitpunkt $t > 0$ exakt der 'Restpfad' des in $t = 0$ vom Urahnen aufgestellten ursprünglichen Planes gewählt würde. Der in $t = 0$ aufgestellte Plan heißt daher zeitkonsistent. Besteht jedoch in irgendeinem Zeitpunkt $t > 0$ der Wunsch nach Planrevision, so war der ursprüngliche Plan zeitinkonsistent. Genau dies ist zu erwarten, wenn der in $t = 0$ planende Haushalt über die Präferenzen der Nachfahren nicht vollständig informiert ist. In diesem Falle wird ein altruistischer Haushalt zwar grundsätzlich den Umstand in seine Planungen einbeziehen, daß sein eigenes Verhalten Konsequenzen für den Nutzen künftiger Generationen haben wird. Über Art und Umfang dieser Konsequenzen kann er jedoch allenfalls Vermutungen anstellen. Somit kann nicht davon ausgegangen werden, daß die in den Kapiteln 3 bis 6 in Modellen des Ramsey-Typs referierten Ergebnisse ihre Gültigkeit behalten.

Zusammenfassend ist festzuhalten, daß eine Modifikation der in dieser Arbeit getroffenen Annahmen über das 'Wesen' des repräsentativen Haushaltes in den oben skizzierten Fällen entweder überhaupt keine Änderungen der Ergebnisse erwarten läßt (OLG mit nicht-paternalistischem Altruismus) oder zusätzliche Probleme aufwirft (intertemporale Ineffizienz im OLG mit egoistischen Akteuren, Zeitinkonsistenz im OLG mit altruistischen Akteuren und unvorhergesehenem Präferenzwandel). Welche Konsequenzen sich in den letztgenannten Fällen (sowie darüber hinaus in hier nicht genannten Fällen) für die Erfolgsaussichten einer staatlichen Nachhaltigkeitspolitik ergeben, kann im Rahmen dieser Arbeit nicht untersucht werden.

11 Schlußbetrachtung

Die in der Literatur intensiv geführte Diskussion um das Konzept einer nachhaltigen Entwicklung weist zwei charakteristische Züge auf, die dieser Arbeit als Ausgangspunkte dienten: Erstens behauptet sich eine bemerkenswerte Vielfalt und Heterogenität bezüglich der *Definition* einer nachhaltigen Entwicklung. Zweitens ist ein forciertes Bemühen um eine *Operationalisierung* des Nachhaltigkeitsgrundsatzes festzustellen, das in aller Regel an der Konstruktion von *Indikatoren* einer nachhaltigen Entwicklung ansetzt, da diese als Voraussetzung der Implementierung des Nachhaltigkeitszieles gesehen werden.

Allein die Nennung dieser beiden Diskussionsschwerpunkte beleuchtet schlaglichtartig das Spannungsfeld, in dem sich die Nachhaltigkeitsdebatte bewegt: Sofern davon auszugehen ist, daß die Operationalität eines Zieles positiv mit dem Grad der Exaktheit seiner Definition korreliert ist, scheinen derzeit die Probleme bei der Umsetzung des Nachhaltigkeitsprinzips erheblich.

Vor diesem Hintergrund beabsichtigte die vorliegende Arbeit, die Bemühungen um eine Operationalisierung des Nachhaltigkeitszieles im Wege der Konstruktion von Nachhaltigkeitsindikatoren mit einem theoretischen Fundament auszustatten, das zwar der Heterogenität der Nachhaltigkeitsdefinitionen Rechnung trägt. Jedoch wurde diese Heterogenität nicht als Konfliktquelle aufgenommen, sondern vielmehr als Chance für eine integrierte Behandlung der unterschiedlichen Kontexte, in denen der Nachhaltigkeitsbegriff Verwendung findet, begriffen.

Mit dieser Zielsetzung wurde zunächst in den Kapiteln 2 bis 6 demonstriert, daß sowohl die in der Literatur vertretenen *Definitionen* einer nachhaltigen Entwicklung als auch die allgegenwärtigen *Regeln*, die der Implementierung des Nachhaltigkeitsprinzips dienen sollen, bislang in starkem Maße *kontextabhängig* sind. Die verschiedenen Kontexte aufnehmend wurde im siebten Kapitel eine Nachhaltigkeitsdefinition mit *kontextübergreifendem* Anspruch entwickelt. Aus einer Konkretisierung dieser Definition, die insbesondere auf die Einbeziehung bislang in der wirtschaftstheoretischen Literatur weitgehend vernachlässigter sozialer Aspekte der Nachhaltigkeitsproblematik, auf die Berücksichtigung der Heterogenität des Naturvermögens sowie auf die Anerkennung der Problematik kritischer Bestandsniveaus natürlicher Vermögenskomponenten Wert legte, wurde eine Nachhaltigkeitsregel deduziert. Auf deren Grundlage wurden sodann im achten Kapitel einige grundlegende *Anforderungen* an Indikatoren einer nachhaltigen Entwicklung formuliert, entlang derer im neunten Kapitel einige *ausgewählte Indikatoren* aus der Literatur gewürdigt wurden. Schließlich wurde im zehnten Kapitel die theoretische Struktur eines Nachhaltigkeitsindikators beschrieben, der den zuvor formulierten Anforderungen Rechnung trug und es wurden Möglichkeiten seiner empirischen Überprüfbarkeit erörtert. Darüber hinaus wurden einige Probleme der Implementierung einer Nachhaltigkeitspolitik diskutiert.

Die Kontexte, in denen der Nachhaltigkeitsbegriff Verwendung findet, definieren sich zum einen über die an der Diskussion beteiligten Wissenschaftsdisziplinen. Im zweiten Kapitel wurde erläutert, daß *Ökonomie*, *Ökologie* und *Soziologie* sich unter dem gemeinsamen Dach des Nachhaltigkeitspostulates in Form eines 'magischen Dreiecks' gegenüberstehen. Diese Dreidimensionalität des Nachhaltigkeitszieles führt zwangsläufig zu einer beachtlichen methodologischen Vielfalt und zur Kollision disziplinenspezifisch tradierter und daher mittelfristig schwerlich angleichbarer Begriffsapparate.

Zum anderen ist aber auch innerhalb der Wirtschaftswissenschaften - und hier allein innerhalb der neoklassischen Ressourcenökonomie - die Verwendung des Nachhaltigkeitsbegriffes sehr stark kontextabhängig. Um dies zu veranschaulichen, wurden in den Kapiteln 3 bis 6 die Stränge der etablierten ressourcenökonomischen Literatur als Spezialfälle eines allgemeinen Modells dargestellt. Basis der unterschiedlichen speziellen Modellkontexte, die in der Ressourcenökonomie mit Bezug auf die ökonomische und die ökologische Dimension des Nachhaltigkeitsprinzips diskutiert werden, ist im wesentlichen die Unterscheidung zwischen *erneuerbaren* bzw. *erschöpflichen* natürlichen Ressourcen sowie der *Assimilationsfähigkeit* von Umweltmedien für Schadstoffe.

Während erschöpfliche und erneuerbare natürliche Ressourcen häufig als Privatgüter charakterisiert werden können, ist im Falle der Assimilationsfähigkeit von Umweltmedien die Interpretation als Common-Property-Ressource naheliegend. Im letzteren Falle erwuchs (im Vorfeld von Nachhaltigkeitsüberlegungen) staatlichen Instanzen die Aufgabe einer Internalisierung marktexterner Effekte des Wirtschaftsprozesses.

Es wurde demonstriert, daß den Modellen, die die Nutzung lediglich einer der drei genannten Ressourcentypen thematisieren, in der Literatur jeweils eine modellspezifische Nachhaltigkeits*definition* zugeordnet wurde. Darüber hinausgehend wurde gezeigt, daß jeder Modellvariante eine der Nutzungsregeln des Brundtland-Berichtes als modellspezifische Nachhaltigkeits*regel* zugeordnet werden kann.

In allen drei Fällen wurde gezeigt, daß privatwirtschaftlich optimale Entwicklungspfade nicht notwendig dem jeweiligen Nachhaltigkeitskriterium genügen. Dies gilt im Falle einer Common-Property-Ressource selbst bei erfolgreicher Internalisierung externer Effekte. Hieraus ergab sich zunächst die Notwendigkeit einer Überprüfung privatwirtschaftlich optimaler Entwicklungspfade anhand des Nachhaltigkeitskriteriums mit Hilfe geeigneter Indikatoren. Darüber hinaus resultierte, sofern diese Indikatoren eine nicht-nachhaltige Entwicklung anzeigten, das Erfordernis einer staatlichen Nachhaltigkeitspolitik, d. h. eines über die Internalisierungsbemühungen hinausgehenden umweltpolitischen Instrumenteneinsatzes.

Zwar zeigte sich, daß jeder einzelne der drei genannten Modellkontexte wichtige Einsichten in die Natur des Nachhaltigkeitsproblems vermitteln kann. Um jedoch dem umfassenden Anspruch der Nachhaltigkeitskonzeption Rechnung zu tragen war es erforderlich, die Grenzen dieser Kontexte zu überwinden und zu einem *kontextübergreifenden* Nachhaltigkeitsverständnis zu gelangen. Das siebte Kapitel stellte daher den in der Literatur vertretenen Konzeptionen einen Ansatz gegenüber, der eine Synthese heterogener Nachhaltigkeitsdefinitionen beabsichtigte. Zu diesem Zweck wurde zunächst das Nachhaltigkeitsverständnis der neoklassischen Ressourcenökonomie auf seine Kernelemente reduziert und sodann mit einigen zentralen Kritikpunkten der im weitesten Sinne (sozio-)ökologischen Ökonomie konfrontiert.

Die vorliegende Arbeit stellte diesem Nachhaltigkeits-'Dualismus' die Überzeugung gegenüber, daß dem Prinzip der Nachhaltigkeit 'Schulen'-übergreifend eine gemeinsame Struktur zugrundeliegt. Um dies zu zeigen, wurde das Nachhaltigkeitsziel im Sinne eines fünfdimensionalen, hierarchischen Zielsystems interpretiert, in das sich die zuvor idealtypisch skizzierten Gegenpositionen einordnen ließen. Hierbei stellten die Begriffe der *Gerechtigkeit*, des *Gutes*, der *Ware* und des *Vermögens* gemeinsam den Schlüssel dar, der den Zugang zu unterschiedlichen Nachhaltigkeitsinterpretationen gestattete. Hinsichtlich des Gerechtigkeitsbegriffes wurde zwischen *autonomen* und *pragmatischen* Aspekten unterschieden. Während erstere unabhängig sind von der Konkretisierung der Begriffe des Gutes, der Ware und des Vermögens sowie insbesondere von den Interdependenzen auf und zwischen diesen drei begrifflichen Ebenen, trifft dies auf letztere nicht zu. Die resultierenden fünf begrifflichen Ebenen wurden in ein hierarchisches Verhältnis zueinander gestellt, da Festlegungen auf einer jeweils übergeordneten Ebene die Reichweite jeweils untergeordneter Begriffe determinierten, nicht jedoch umgekehrt. Sowohl die Neoklassik als auch die ökologische Ökonomie bedienen sich, wie gezeigt werden konnte, implizit dieser fünf Argumentationsebenen.

Bezug nehmend auf die zuvor entwickelten Argumentationsebenen wurde eine allgemeine Nachhaltigkeitsdefinition formuliert. Es wurde argumentiert, daß jeder Versuch einer Operationalisierung des Nachhaltigkeitsgrundsatzes es voraussetzt, den durch diese Definition vorgegebenen allgemeinen Rahmen nachvollziehbar zu konkretisieren. Bei der für den weiteren Verlauf der vorliegenden Arbeit maßgeblichen Konkretisierung wurden die Schwerpunkte erstens im Bereich einer möglichst weiten Interpretation der Begriffe des Gutes, der Ware und des Vermögens gesetzt. Hier galt die Aufmerksamkeit insbesondere der Einbeziehung sozialer Güter und Vermögensbestandteile. Ferner wurde in diesem Zusammenhang die Heterogenität natürlicher Güter, Waren und Vermögensbestandteile betont. Zweitens wurde auf der Vermögensebene die Bedeutung 'kritischer' Bestände einzelner natürlicher Vermögenskomponenten hervorgehoben. Hierunter wurden solche Bestandsniveaus gefaßt, deren Bewahrung unabdingbare Voraussetzung einer nachhaltigen Entwicklung ist.

Aus der zuvor formulierten allgemeinen Nachhaltigkeits*definition* in der für den weiteren Verlauf dieser Arbeit maßgeblichen Konkretisierung wurde sodann eine Nachhaltigkeits*regel* als Grundlage geeigneter Nachhaltigkeitsindikatoren deduziert. Diese Regel setzte am gesellschaftlichen Vermögen als fundamentaler Voraussetzung für die Realisierung des Nachhaltigkeitszieles an. Ausgangspunkt waren zwei vermögensbezogene Regeln aus der Literatur mit Bezug zur ökonomischen und ökologischen Dimension des Nachhaltigkeitsprinzips, nämlich die Kriterien der *strikten ökologischen Vermögensbewahrung* sowie der *kompensierenden Gesamtvermögensvariation.* Schließlich wurde diesen beiden Kriterien die Regel der *kritischen ökologischen Vermögensbewahrung* hinzugefügt.

Das Kriterium der kritischen ökologischen Vermögensbewahrung ermöglichte die Formulierung einer Nachhaltigkeitsregel, die die Kriterien der strikten ökologischen Vermögensbewahrung sowie der reinen kompensierenden Gesamtvermögensvariation als Spezialfälle umfaßte. Diese Regel forderte in *erster Priorität*, stets sicherzustellen, daß kritische Bestände sämtlicher als relevant zu erachtenden gesellschaftlichen Vermögenskomponenten nicht erreicht oder gar unterschritten werden.

Sofern dies sichergestellt war, war in *zweiter Priorität* zu gewährleisten, daß Bestandsrückgängen einzelner gesellschaftlicher Vermögenskomponenten Bestandszuwächse anderer Vermögenskomponenten derart gegenüberstehen, daß ein konstanter Nutzen des repräsentativen Haushaltes erreicht wird. Diese Regel war insbesondere deshalb von höherem Allgemeinheitsgrad als die zuvor erörterten Regeln, da sie eine integrierte Betrachtung der drei speziellen Modelltypen mit Bezug zur ökologisch-ökonomischen Dimension und darüber hinaus die Einbeziehung sozialer Vermögenskomponenten gestattete.

Auf der Grundlage des zuvor entwickelten kontextübergreifenden Nachhaltigkeitsverständnisses erfolgte anschließend in den Kapiteln 8 bis 10 die Auseinandersetzung mit den Bemühungen um eine *Operationalisierung* des Nachhaltigkeitsprinzips. Da hierbei in der Literatur die Bestrebungen um eine Verbesserung der Informationsgrundlagen - d. h. die Bemühungen um eine Konstruktion von *Indikatoren* einer nachhaltigen Entwicklung - im Mittelpunkt stehen, wurden die konzeptionellen Vorüberlegungen des siebten Kapitels im achten Kapitel zunächst in einige grundsätzliche *Anforderungen* an Indikatoren einer nachhaltigen Entwicklung umgesetzt. Im einzelnen ergaben sich die drei Erfordernisse der *Offenheit und Flexibilität*, der *vermögenstheoretischen Fundierung* sowie der *Ergänzung physischer durch wertmäßige Indikatorenkomponenten.*

Anschließend wurden im neunten Kapitel ausgewählte in der Literatur diskutierte Ansätze zur Indikatorenbildung in ihren wesentlichen strukturellen Merkmalen skizziert und anhand der zuvor formulierten Anforderungen gewürdigt. Hierbei wurde zwischen *eindimensionalen* und *mehrdimensionalen* Indikatoren unterschieden. Als Beispiele für eindimensionale Indikatoren wurden die Konzeption des *Nettosozialproduktes* sowie das Verfahren der *Saldierung der bewerteten Vermögensbestandsveränderungen* diskutiert. Der *Pressure State Response-Ansatz* sowie die *Um-*

weltökonomische Gesamtrechnung dienten als Beispiele für mehrdimensionale Indikatoren.

Es wurde argumentiert, daß den eindimensionalen Konzepten Leitbildfunktion bei der Bearbeitung 'pragmatischer' mehrdimensionaler Indikatorensysteme zukommt und ihre Weiterentwicklung daher dringend geboten ist. Innerhalb der Gruppe der eindimensionalen Indikatoren wurden dem Verfahren der Saldierung der bewerteten Vermögensbestandsveränderungen Vorteile im Bereich der potentiellen Akzeptanz attestiert. Im Gegensatz zum Ökosozialprodukt erhebt es insbesondere nicht den Anspruch, ein bessere *Wohlfahrtsmaß* darzustellen als das Bruttosozialprodukt und ist daher psychologisch nicht belastet.

Die Vorteile des Saldierungsverfahrens wurden im zehnten Kapitel zum Anlaß genommen, dessen theoretisches Fundament zu verbreitern und zu präzisieren. Dies geschah im Rahmen eines Modells, das die zuvor behandelten prototypischen Modelle der neoklassischen Ressourcenökonomie umfaßte. Darüber hinaus wurden jedoch im Vergleich zur Analyse der Kapitel 3 bis 6 einige zusätzliche Aspekte der Interdependenzen zwischen ökonomischer und ökologischer Sphäre einbezogen. Namentlich wurde die Heterogenität des natürlichen Ressourcenbestandes berücksichtigt. Desweiteren wurden - neben ökonomischen und ökologischen - exemplarisch die sozialen Vermögenskomponenten *Gesundheit* und *Bildung* einbezogen. Zudem wurden, was bei keinem der zuvor behandelten Ansätze der Fall war, die Implikationen kritischer natürlicher Vermögensbestände untersucht.

Im Rahmen dieses Modells wurde die Nachhaltigkeitsregel des siebten Kapitels präzisiert. Hierzu wurden zunächst kritische natürliche Vermögensbestände identifiziert, die es in erster Priorität der Nachhaltigkeitsregel unbedingt zu bewahren galt. Es wurde argumentiert, daß bei Vorliegen kritischer Bestände von Common-Property-Ressourcen unter bestimmten Voraussetzungen diese erste Priorität entlang kompetitiver Pfade mit Hilfe einer 'klassischen' staatlichen Internalisierungspolitik gewährleistet werden kann. Dies spricht für eine Revitalisierung der Internalisierungs-Konzeption vor dem Hintergrund des Nachhaltigkeitszieles. Eine erfolgreiche Internalisierung gestattete es dann in zweiter Priorität, das Verfahren der Saldierung der bewerteten Bestandsveränderungen sämtlicher Vermögenskomponenten zur Anwendung zu bringen. Sofern dieses eine Verletzung des Nachhaltigkeitszieles attestierte, ergab sich das Erfordernis eines über die reine Internalisierung hinausgehenden staatlichen Instrumenteneinsatzes.

Es wurden anschließend einige Ansatzpunkte und Probleme einer empirischen Prüfung der Nachhaltigkeitsregel im Modellkontext des zehnten Kapitels aufgezeigt. Schließlich wurden problematische Gesichtspunkte einer Nachhaltigkeitspolitik skizziert, die sich einerseits innerhalb der im zehnten Kapitel diskutierten Modellstruktur und andererseits bei einer Modifikation einiger zentraler Modellannahmen ergeben können.

Die zentralen Thesen und Ergebnisse der modelltheoretischen Erörterungen des zehnten Kapitels lassen sich wie folgt zusammenfassen:

Erstens sollte aufgrund des umfassenden Anspruchs der Nachhaltigkeitskonzeption, der sich nicht zuletzt in der Multidisziplinarität der Diskussion manifestiert, die theoretische Behandlung der Nachhaltigkeitsproblematik, wenn sie der Konstruktion von Indikatoren einer nachhaltigen Entwicklung als Basis dienen soll, auf der Grundlage möglichst differenzierter Modellstrukturen erfolgen. Es war in den Kapiteln 3 bis 6 dieser Arbeit gezeigt worden, daß die 'Standardmodelle' der ressourcenökonomischen Theorie diesem Erfordernis nicht angemessen Rechnung tragen können. Eine von diesen Modellen ausgehende Ausdifferenzierung diente im zehnten Kapitel dem Ziel, die Ergebnisse theoretischer Analysen schrittweise einer empirischen Prüfung zugänglich zu machen.

In dieser Arbeit wurde dem Erfordernis der Ausdifferenzierung dadurch Rechnung getragen, daß exemplarisch einige soziale Aspekte der

Nachhaltigkeitsproblematik, deren Bedeutung in der Literatur zunehmend betont wird, in die modelltheoretische Analyse einbezogen wurden. Darüber hinaus wurde 'das' Naturvermögen als heterogenes Gebilde interpretiert, allein *innerhalb* dessen die einzelnen Vermögensbestandteile in einem komplexen Beziehungsgeflecht zueinander stehen.

Auf diese Weise konnte gezeigt werden, daß bei der theoretischen Konstruktion und empirischen Bearbeitung von Nachhaltigkeitsindikatoren Bewertungsprobleme auftreten, ohne deren Inangriffnahme die zeitliche Entwicklung des *Gesamt*vermögens nicht zuverlässig beurteilt werden kann. Es wurde darauf hingewiesen, daß die Bewertungsproblematik sowohl eine 'naturwissenschaftliche' als auch eine 'subjektive' Komponente aufweist.

Zweitens sollte die Vorstellung der 'ökologischen Leitplanken', die sich in der Literatur zunehmender Aufmerksamkeit erfreut, gleichermaßen Eingang in die theoretische Auseinandersetzung mit der Nachhaltigkeitsproblematik wie auch in die empirische Bearbeitung von Nachhaltigkeitsindikatoren finden. In dieser Arbeit wurde dieser Forderung - vor dem Hintergrund der oben angesprochenen Heterogenität des Naturvermögens - durch die Berücksichtigung 'kritischer' Bestandsniveaus einzelner natürlicher Vermögensbestandteile Rechnung getragen. In der Bewahrung kritischer Bestände, so wurde argumentiert, kann dem 'traditionellen' umweltökonomischen Leitbild einer Internalisierung externer Effekte eine neue, vom Nachhaltigkeitspostulat deduzierte Aufgabe erwachsen. Die Internalisierungsstrategie basiert jedoch bekanntermaßen auf unrealistisch hohen Anforderungen an die Informiertheit staatlicher Instanzen. Auch dies gilt sowohl auf naturwissenschaftlicher als auch auf subjektiver Ebene und korrespondiert daher mit den oben in Zusammenhang mit der Beurteilung der Gesamtvermögensänderung genannten Bewertungsproblemen.

Mit der folglich unter Nachhaltigkeitsgesichtspunkten als zentral einzustufenden Bewertungsproblematik ist ein wichtiger Schwerpunkt künftiger Forschungsarbeiten genannt. Gleichzeitig stellt der Hinweis auf das Bewertungsproblem die Bedeutung der allgemeinen Nachhaltigkeitsdefinition des siebten Kapitels in ihrer potentiellen Funktion als Orientierungsrahmen für die künftige wissenschaftliche Behandlung der Nachhaltigkeitsproblematik noch einmal in aller Deutlichkeit heraus. Denn die Handhabung der Bewertungsproblematik muß maßgeblich durch die Konkretisierung der dort als 'autonom' bezeichneten Aspekte des Gerechtigkeitsbegriffes beeinflußt werden. Diese umfaßten u. a. die Wahl der Gerechtigkeitssubjekte sowie eines geeigneten Mechanismus' zur Koordination derer Gerechtigkeitsvorstellungen. In diesem Zusammenhang war im siebten Kapitel auf die zentrale Frage der Partizipation der einzelnen Gesellschaftsmitglieder an gesellschaftlichen Entscheidungsprozessen hingewiesen worden.

Im Prozeß der Abwägung zwischen ökonomischen, ökologischen und sozialen Gütern kommt der Frage der Partizipation sowohl auf theoretischer als auch auf empirischer Ebene eine zentrale Bedeutung zu. Wie kaum ein anderer Bereich der gegenwärtigen wissenschaftlichen und politischen Diskussion berührt daher die Konzeption einer nachhaltigen Entwicklung die Prinzipien, auf denen der gesellschaftliche Zielfindungsprozeß auf wirtschafts-, umwelt- und sozialpolitischer Ebene basiert bzw. basieren sollte. Eine der Kernfragen, die das Nachhaltigkeitsprinzip aufwirft, ist darin zu sehen, ob und in welchem Maße die Notwendigkeit einer Einschränkung individueller Freiheitsspielräume besteht. Hampicke (1991b, S. 58) stellt dies in aller Deutlichkeit heraus:

> "Soll die Natur den Präferenzen der Konsumenten überantwortet werden? Diese Perspektive dürfte bei ökonomisch weniger versierten Naturschützern zunächst auf Reserven stoßen."

Die hiermit angesprochene Problematik stand nicht im Mittelpunkt der vorliegenden Arbeit. Zudem wird ihre Behandlung erschwert durch die globale Dimension des Nachhaltigkeitsproblems, die eine Konfrontation unterschiedlicher Kulturen und Gesellschaftssysteme mit sich bringt.

Gleichwohl dürfte es außer Frage stehen, daß (auch) in nach westlichen Maßstäben demokratischen Gemeinwesen jedes Individuum Einschränkungen seiner persönlichen Freiheitsspielräume akzeptieren muß, insbesondere dann, wenn eine nachhaltige Entwicklung angestrebt wird. Die entscheidende Frage aber lautet, *wer* Art und Umfang dieser Einschränkungen festlegen soll. Auch hier ist Hampicke (ebd.) zuzustimmen, wenn er feststellt, daß derartige Grenzen stets durch "gesellschaftliche Übereinkunft" zu setzen seien.

Nicht zuletzt Indikatoren einer nachhaltigen Entwicklung sollten daher auf eine möglichst breite Basis gestellt werden. Dies kam bereits im Verlaufe dieser Arbeit in der Forderung zum Ausdruck, die Wertschätzung der Mitglieder einer Gesellschaft für natürliche und soziale Güter in die Indikatorenbildung einfließen zu lassen. 'Umweltqualitätsziele' (wie auch sozialpolitische Ziele), sollen sie eine reelle Chance im Prozeß der gesellschaftlichen Entscheidungsfindung haben, können nicht *allein* in Versuchslabors und in Amtsstuben kreiert werden. Fraglos ist diesen ihre demokratische Legitimation nicht abzusprechen. Allerdings könnte eine Vitalisierung von Interesse und Engagement des 'Souveräns' im Wege einer Steigerung der Partizipation zu einer permanenten Erneuerung dieser Legitimation beitragen und auf diese Weise einer Bürokratisierung der umwelt- und sozialpolitischen Entscheidungsfindung vorbeugen.

Anhang

Im folgenden wird gezeigt, daß - bei Internalisierung des produktionsbedingten externen Effektes und daher oberhalb der kritischen Bestände $\underline{X}^{B}$ und $\underline{X}^{M}$ - die Einhaltung der Gleichung (10-32) des Abschnitts 10.3 entlang kompetitiver Pfade hinreichend ist für eine gemäß (10-29) nachhaltige Entwicklung.

Zunächst wird untersucht, nach welchen Grundsätzen die Setzung der Steuer τ zu erfolgen hat, um privatwirtschaftlich und sozial optimale Pfade zur Deckung zu bringen. Der gesellschaftliche Planer löst im Rahmen seiner Internalisierungszielsetzung grundsätzlich das Problem (10-26) des privaten Haushaltes, allerdings unter Einbeziehung der Kontrollvariablen D und der Zustandsvariablen X^{M}, die der Haushalt selbst aufgrund der Annahme $X^{M} \in \{CP\}$ nicht beeinflussen kann. Hierbei ist zu beachten, daß die private Budgetrestriktion (10-12) in die gesellschaftliche Einkommensverwendungsgleichung (10-28) transformiert wird. Die aus Sicht des Planers relevanten Nebenbedingungen sind daher (10-7) bis (10-9), (10-10a), (10-11a), (10-13), (10-14) sowie (10-28). Daher lautet die momentanwertige Hamilton-Funktion aus Sicht des Planers, wobei im folgenden die Zeitdimension nicht explizit notiert wird:

$$\begin{aligned}
\mathscr{H} &= U\left(C, X^{B}, A^{H}, A^{S}\right) \qquad\qquad \text{(A-1)} \\
&+\lambda^{K}\left\{\begin{array}{l} Y\left[K, R^{E}, R^{B}, N\left(A^{H}, A^{S}\right)\right] - C \\ -Z^{E}\left(R^{E}\right) - Z^{B}\left(R^{B}\right) - Z^{D}(D) - Z^{Q}(Q) - Z^{T}(T) \end{array}\right\} \\
&-\lambda^{E} R^{E} + \lambda^{B}\left[G^{B}\left(X^{B}, X^{M}\right) - R^{B}\right] + \lambda^{M}\left[G^{M}(X^{M}) - W\left(R^{E}, D\right)\right] \\
&+\lambda^{H}\left[Q(Q) - F\left(X^{M}\right)\right] + \lambda^{S}\left[T(T) - \vartheta^{S} A^{S}\right].
\end{aligned}$$

Hierbei repräsentieren λ^K, λ^E, λ^B, λ^M, λ^H und λ^S die momentanwertigen Kozustandsvariablen der Bestände K, X^E, X^B, X^M, A^H und A^S aus Sicht des an einer Internalisierung interessierten Planers.

Mit den Nichtnegativitätsbedingungen (10-13) und der momentanwertigen Hamilton-Funktion (A-1) kann die momentanwertige Lagrange-Funktion wie folgt formuliert werden:

$$\mathscr{L} = \mathscr{H} + \nu^C C + \nu^{R^E} R^E + \nu^{R^B} R^B + \nu^D D + \nu^Q Q + \nu^T T \tag{A-2}$$

$$+ \nu^K K + \nu^{X^E} X^E + \nu^{X^B} X^B + \nu^{X^M} X^M + \nu^{A^H} A^H + \nu^{A^S} A^S \,.$$

Hierbei sind mit dem Symbol ν die momentanwertigen Lagrange-Multiplikatoren der involvierten Kontroll- und Zustandsvariablen aus Sicht des Planers bezeichnet. Mit (A-1) und (A-2) lauten die Bedingungen erster Ordnung (wobei vorübergehend auf die Indizierung ** eines sozial optimalen Pfades verzichtet wird):

$$0 = \mathscr{L}_C = U_C - \lambda^K + \nu^C \ , \ \forall t \geq 0 \ ; \tag{A-3}$$

$$0 = \mathscr{L}_{R^E} = \lambda^K (Y_{R^E} - Z^E_{R^E}) - \lambda^E - \lambda^M W_{R^E} + \nu^{R^E} \ , \ \forall t \geq 0 \ ; \tag{A-4}$$

$$0 = \mathscr{L}_{R^B} = \lambda^K (Y_{R^B} - Z^B_{R^B}) - \lambda^B + \nu^{R^B} \ , \ \forall t \geq 0 \ ; \tag{A-5}$$

$$0 = \mathscr{L}_D = -\lambda^M W_D - \lambda^K Z^D_D + \nu^D \ , \ \forall t \geq 0 \ ; \tag{A-6}$$

$$0 = \mathscr{L}_Q = \lambda^H Q_Q - \lambda^K Z^Q_Q + \nu^Q \ , \ \forall t \geq 0 \ ; \tag{A-7}$$

$$0 = \mathscr{L}_T = \lambda^S T_T - \lambda^K Z^T_T + \nu^T \ , \ \forall t \geq 0 \ ; \tag{A-8}$$

(a) $\nu^{C} \geq 0\,,\ \nu^{C}C = 0\,,\ \forall t \geq 0\,;$ (A-9)

(b) $\nu^{R^E} \geq 0\,,\ \nu^{R^E}R^E = 0\,,\ \forall t \geq 0\,;$

(c) $\nu^{R^B} \geq 0\,,\ \nu^{R^B}R^B = 0\,,\ \forall t \geq 0\,;$

(d) $\nu^{D} \geq 0\,,\ \nu^{D}D = 0\,,\ \forall t \geq 0\,;$

(e) $\nu^{Q} \geq 0\,,\ \nu^{Q}Q = 0\,,\ \forall t \geq 0\,;$

(f) $\nu^{T} \geq 0\,,\ \nu^{T}T = 0\,,\ \forall t \geq 0\,;$

(g) $\nu^{K} \geq 0\,,\ \nu^{K}K = 0\,,\ \forall t \geq 0\,;$

(h) $\nu^{X^E} \geq 0\,,\ \nu^{X^E}X^E = 0\,,\ \forall t \geq 0\,;$

(i) $\nu^{X^B} \geq 0\,,\ \nu^{X^B}X^B = 0\,,\ \forall t \geq 0\,;$

(j) $\nu^{X^M} \geq 0\,,\ \nu^{X^M}X^M = 0\,,\ \forall t \geq 0\,;$

(k) $\nu^{A^H} \geq 0\,,\ \nu^{A^H}A^H = 0\,,\ \forall t \geq 0\,;$

(l) $\nu^{A^S} \geq 0\,,\ \nu^{A^S}A^S = 0\,,\ \forall t \geq 0\,;$

(a) $$\dot{K} = \mathscr{L}_{\lambda^K} = Y - C - Z^E - Z^B - Z^D - Z^Q - Z^T \ , \ \forall t \geq 0; \qquad \text{(A-10)}$$

(b) $$\dot{X}^E = \mathscr{L}_{\lambda^E} = -R^E \ , \ \forall t \geq 0 \ ;$$

(c) $$\dot{X}^B = \mathscr{L}_{\lambda^B} = G^B - R^B \ , \ \forall t \geq 0 \ ;$$

(d) $$\dot{X}^M = \mathscr{L}_{\lambda^M} = G^M - W \ , \ \forall t \geq 0 \ ;$$

(e) $$\dot{A}^H = \mathscr{L}_{\lambda^H} = \mathcal{Q}(Q) - F \ , \ \forall t \geq 0 \ ;$$

(f) $$\dot{A}^S = \mathscr{L}_{\lambda^S} = \mathcal{T}(T) - \vartheta^S A^S \ , \ \forall t \geq 0 \ ;$$

(a) $$\dot{\lambda}^K = -\mathscr{L}_K + \delta\lambda^K = (\delta - Y_K)\lambda^K - \nu^K \ , \ \forall t \geq 0 \ ; \qquad \text{(A-11)}$$

(b) $$\dot{\lambda}^E = -\mathscr{L}_{X^E} + \delta\lambda^E = \delta\lambda^E - \nu^{X^E} \ , \ \forall t \geq 0 \ ;$$

(c) $$\dot{\lambda}^B = -\mathscr{L}_{X^B} + \delta\lambda^B = (\delta - G^B_{X^B})\lambda^B - U_{X^B} - \nu^{X^B} \ , \ \forall t \geq 0 \ ;$$

(d) $$\dot{\lambda}^M = -\mathscr{L}_{X^M} + \delta\lambda^M = (\delta - G^M_{X^M})\lambda^M - \lambda^B G^B_{X^M} + \lambda^H F_{X^M} - \nu^{X^M} \ , \ \forall t \geq 0;$$

(e) $$\dot{\lambda}^H = -\mathscr{L}_{A^H} + \delta\lambda^H = \delta\lambda^H - \lambda^K Y_N N_{A^H} - U_{A^H} - \nu^{A^H} \ , \ \forall t \geq 0 \ ;$$

(f) $$\dot{\lambda}^S = -\mathscr{L}_{A^S} + \delta\lambda^S = (\delta + \vartheta^S)\lambda^S - \lambda^K Y_N N_{A^S} - U_{A^S} - \nu^{A^S} \ , \ \forall t \geq 0 \ .$$

Um mit Hilfe der Bedingungen (A-3) bis (A-11) hinsichtlich sämtlicher Kontroll- und Zustandsvariablen die Realisierung von Randlösungen in endlicher Zeit als sozial suboptimal zu charakterisieren, wären 'hinreichend starke' Annahmen an die involvierten Funktionen zu treffen. Hier erfolgt jedoch eine Beschränkung auf diejenigen natürlichen Ressourcen, deren Regenerations- bzw. Assimilationsfähigkeit bei Erreichen eines positiven Bestandsniveaus irreversibel zerstört würde. Dies betrifft den biologischen Ressourcenbestand X^B sowie das Umweltmedium X^M. Es ist daher zu untersuchen, ob entlang sozial optimaler Pfade die Erreichung oder gar Unterschreitung der entsprechenden 'kritischen' Bestandsniveaus $\underline{X}^B$ bzw. $\underline{X}^M$ eintreten kann.

Zunächst ist es hierfür erforderlich festzustellen, daß unter der Annahme (10-1b) - d. h. $\lim_{C \to 0} U_C = \infty$ - entlang sozial optimaler Pfade stets $C > 0$ gelten muß. Denn $C \to 0$ in endlicher Zeit müßte zur Verletzung der Bedingung (A-3) führen, sofern gezeigt werden kann, daß entlang sozial optimaler Pfade in endlicher Zeit $\lambda^K \to \infty$ nicht eintreten kann. Denn allein dies könnte $U_C \to \infty$ in (A-3) kompensieren, da mit (A-9a) $\nu^C \geq 0$ gilt. Aus (A-11a) ist ersichtlich, daß (ausgehend von einem endlichen Wert λ^K) in der Tat in endlicher Zeit $\lambda^K \to \infty$ nicht eintreten kann. Denn sobald λ^K einen (endlichen) positiven Wert annimmt, ist mit (A-11a) eine mögliche positive Steigung der Funktion $\lambda^K(t)$ über jedem endlichen Zeitintervall beschränkt, da mit (10-26) $\delta < \infty$, mit (10-2) $Y_K > 0$ und mit (A-9g) $\nu^K \geq 0$ gilt. Folglich kann in endlicher Zeit λ^K nicht gegen $+\infty$ streben. Entlang sozial optimaler Pfade muß somit stets $C > 0$ und daher mit (A-9a) $\nu^C = 0$ gelten. Daher gilt mit (A-3) stets $\lambda^K = U_C > 0$.

Bezüglich der biologischen Ressource zeigt sich sodann, daß $R^B \to 0$ mit der Cobb-Douglas-Spezifikation der Produktionsfunktion in (10-2) $Y_{R^B} \to \infty$ nach sich zöge.[1] Mit $\lambda^K = U_C > 0$ (s. o.), da der Grenznutzen des

---

1 Ähnlich wie oben in den Kapiteln 5 und 6 wäre auch im vorliegenden Modellkontext die Essentialität des Ressourceninputs R^B im Sinne von $Y(K, R^E, 0, N) = 0$ nicht hinreichend, um die Realisierung der Randlösung $R^B = 0$ in endlicher Zeit auszu-

Konsums mit (10-1c) nicht gegen null streben kann und mit der Annahme strenger Konvexität der Kostenfunktion Z^B implizierte dies für den ersten Summanden auf der rechten Seite der Bedingung (A-5), da mit (10-1c) der Grenznutzen des Konsums nicht gegen null streben kann: $\lambda^K(Y_{R^B} - Z^B_{R^B}) \to \infty$. Dies müßte die Bedingung (A-5) verletzen, sofern gezeigt werden könnte, daß (ausgehend von einem endlichen Wert λ^B) entlang optimaler Pfade in endlicher Zeit $\lambda^B \to \infty$ nicht eintreten kann. Denn allein dies könnte $\lambda^K(Y_{R^B} - Z^B_{R^B}) \to \infty$ in (A-5) kompensieren, da mit (A-9c) $\nu^{R^B} \geq 0$ gilt.

In der Tat ist aus (A-11c) ersichtlich, daß (ausgehend von einem endlichen Wert λ^B) in endlicher Zeit $\lambda^B \to \infty$ nicht eintreten kann, da mit (A-9i) $\nu^{X^B} \geq 0$, mit den über die Nutzenfunktion getroffenen Annahmen $U_{X^B} > 0$, mit (10-26) $\delta < \infty$ und mit (10-4e) $|G^B_{X^B}| < \infty$ gilt. Daher ist eine mögliche positive Steigung der Funktion $\lambda^B(t)$ über jedem endlichen Zeitintervall beschränkt, weshalb in endlicher Zeit $\lambda^B \to \infty$ nicht eintreten kann. Folglich gilt entlang sozial optimaler Pfade stets $R^B > 0$ und daher mit (A-9c) $\nu^{R^B} = 0$. Daher folgt aus (A-5) mit $\lambda^K > 0$ (s. o.), da die Netto-Grenzproduktivität $Y_{R^B} - Z^B_{R^B}$ des biologischen Produktionsfaktors entlang sozial optimaler Pfade offensichtlich stets positiv sein muß,[2] stets $\lambda^B > 0$ entlang sozial optimaler Pfade.

Damit kann nun die Frage beantwortet werden ob entlang sozial optimaler Pfade in endlicher Zeit das kritische Bestandniveau $\underline{X}^B$ der biologischen Ressource gefährdet ist. Näme der biologische Ressourcenbestand in endlicher Zeit sein kritisches Niveau an, so implizierte dies mit

---

schließen. Denn auch wenn nicht mehr produziert würde, könnte ein etwaiger Restbestand des menschengemachten Kapitals K zu konsumptiven Zwecken bis in die Unendlichkeit 'gestreckt' werden.

2 Ausgehend von einer hypothetischen Situation, in der die Erntemenge R^B gerade die Brutto-Grenzproduktivität und die Erntegrenzkosten zum Ausgleich brächte, wäre eine Reduzierung der Ernte stets nutzensteigernd, da sie sowohl die Produktion als auch den unmittelbar nutzenstiftenden biologischen Ressourcenbestand steigerte. (Analoges gilt selbstverständlich für eine Situation, in der die Nettogrenzproduktivität negativ ist.)

(10-4c) ein Regenerationsvolumen von null und folglich mit (10-9) $\dot{X}^B = -R^B$. Der vollkommen informierte und perfekt vorausschauende Planer antizipiert, daß daher mit fortgesetzter Erntetätigkeit, die mit dem oben gesagten sozial optimal wäre, die Unterschreitung des Niveaus $\underline{X}^B$ in endlicher Zeit resultieren müßte. Mit (10-4d) nähme somit der Bestand X^B in endlicher Zeit den Wert Null an. Es müßte mit (10-4c) fortan für die Regeneration $G^B = 0$ und daher mit (10-9) $\dot{X}^B = -R^B$ gelten. Hieraus folgte im Falle $X^B = 0$ mit den Nichtnegativitätsbedingungen (10-13), daß für die Ernte der biologischen Ressource fortan $R^B = 0$ gelten müßte. Dies war jedoch oben als suboptimal charakterisiert worden. Somit gilt entlang optimaler Pfade stets $X^B > \underline{X}^B > 0$ und daher mit (A-9i) $\nu^{X^B} = 0$.

Eine analoge Aussage bezüglich der kritischen Umweltmedienqualität $\underline{X}^M$ ist unter den getroffenen Annahmen auf der Grundlage der Bedingungen erster Ordnung nicht möglich. Dies beruht auf dem Umstand, daß sich die Vorzeichen der Multiplikatoren λ^M und λ^H entlang sozial optimaler Pfade mit Hilfe der Bedingungen erster Ordnung allein nicht bestimmen lassen. Jedoch könnte einerseits eine exogene marginale Ausweitung der entsprechenden Bestände X^M bzw. A^H unter den getroffenen Annahmen stets in eine Nutzensteigerung umgesetzt werden. Andererseits repräsentieren im Optimum die Kozustandsvariablen in jedem Zeitpunkt ς innerhalb des Planungszeitraumes den marginalen Beitrag einer in eben diesem Zeitpunkt ς eintretenden exogenen Bestandsausweitung zum optimalen Wert des Zielfunktionals - hier des Integrals in Gleichung (10-26) - über dem gesamten Planungsintervall (vgl. Léonard 1987). Daher ist es plausibel, im folgenden davon auszugehen, daß entlang sozial optimaler Pfade die Kozustandsvariablen λ^M und λ^H stets positiv sind.

Hieraus läßt sich folgern, daß (sofern $X^{M0} > \underline{X}^M$) entlang sozial optimaler Pfade die kritische Umweltmedienqualität nicht gefährdet ist sondern vielmehr stets $X^M > \underline{X}^M$ gelten muß. Denn $X^M \to \underline{X}^M$ in endlicher Zeit müßte mit (10-10c) $F_{X^M} \to -\infty$ nach sich ziehen (d. h.: sinkt die Umweltmedienqualität gegen ihr kritisches Niveau, so nehmen die

Gesundheitsschädigungen dramatisch zu). Dies implizierte mit (A-11d), da mit (10-26) $\delta < \infty$, mit (10-5e) $\left|G^{M}_{X^M}\right| < \infty$, mit dem oben gesagten $\lambda^B > 0$, mit (10-4f) $G^{B}_{X^M} > 0$ sowie mit (A-9j) $\nu^{X^M} \geq 0$ gilt, in endlicher Zeit $\dot{\lambda}^M \to -\infty$. Dies müßte jedoch $\lambda^M > 0$ verletzen. Folglich gilt entlang sozial optimaler Pfade stets $X^M > \underline{X}^M$.

Die nachfolgende Analyse thematisiert den Fall, in dem hinsichtlich sämtlicher Modellvariablen die Realisierung der Randlösung 'Null' sowie bezüglich der biologischen Ressource und der Umweltmedienqualität ein Erreichen der positiven 'kritischen' Bestandsniveaus $\underline{X}^B$ und $\underline{X}^M$ in endlicher Zeit sozial suboptimal ist. Die notwendigen Bedingungen für eine innere Lösung des Internalisierungsproblems lauten neben (10-7) bis (10-9), (10-10a), (10-11a) sowie (10-28):

$$0 = \mathscr{H}^{**}_{C} = U^{**}_{C} - \lambda^{K**}\ , \ \forall t \geq 0\ ; \tag{A-12}$$

$$0 = \mathscr{H}^{**}_{R^E} = \lambda^{K**} Y^{**}_{R^E} - \lambda^{K**} Z^{E**}_{R^E} - \lambda^{E**} - \lambda^{M**} W^{**}_{R^E}\ , \ \forall t \geq 0\ ; \tag{A-13}$$

$$0 = \mathscr{H}^{**}_{R^B} = \lambda^{K**} Y^{**}_{R^B} - \lambda^{K**} Z^{B**}_{R^B} - \lambda^{B**}\ , \ \forall t \geq 0\ ; \tag{A-14}$$

$$0 = \mathscr{H}^{**}_{D} = -\lambda^{K**} Z^{D**}_{D} - \lambda^{M**} W^{**}_{D}\ , \ \forall t \geq 0\ ; \tag{A-15}$$

$$0 = \mathscr{H}^{**}_{Q} = \lambda^{H**} Q^{**}_{Q} - \lambda^{K**} Z^{Q**}_{Q}\ , \ \forall t \geq 0\ ; \tag{A-16}$$

$$0 = \mathscr{H}^{**}_{T} = \lambda^{S**} T^{**}_{T} - \lambda^{K**} Z^{T**}_{T}\ , \ \forall t \geq 0\ ; \tag{A-17}$$

$$\dot{\lambda}^{K**} = -\mathscr{H}^{**}_{K} + \delta\lambda^{K**} = \left(\delta - Y^{**}_{K}\right)\lambda^{K**}\ , \ \forall t \geq 0\ ; \tag{A-18}$$

$$\dot{\lambda}^{E**} = -\mathscr{H}^{**}_{X^E} + \delta\lambda^{E**} = \delta\lambda^{E**}\ , \ \forall t \geq 0\ ; \tag{A-19}$$

$$\dot{\lambda}^{B**} = -\mathscr{H}^{**}_{X^B} + \delta\lambda^{B**} = \left(\delta - G^{B**}_{X^B}\right)\lambda^{B**} - U^{**}_{X^B}\ , \ \forall t \geq 0\ ; \tag{A-20}$$

$$\dot{\lambda}^{M**} = -\mathscr{H}^{**}_{X^M} + \delta\lambda^{M**} \tag{A-21}$$

$$= \left(\delta - G^{M**}_{X^M}\right)\lambda^{M**} - \lambda^{B**} G^{B**}_{X^M} + \lambda^{H**} F^{**}_{X^M}\ , \ \forall t \geq 0\ ;$$

$$\dot{\lambda}^{H**} = -\mathscr{H}^{**}_{A^H} + \delta\lambda^{H**} = \delta\lambda^{H**} - \lambda^{K**} Y^{**}_N N^{**}_{A^H} - U^{**}_{A^H}\ , \ \forall t \geq 0\ ; \tag{A-22}$$

$$\dot{\lambda}^{S**} = -\mathscr{H}^{**}_{A^S} + \delta\lambda^{S**} \tag{A-23}$$

$$= \left(\delta + \vartheta^S\right)\lambda^{S**} - \lambda^{K**} Y^{**}_N N^{**}_{A^S} - U^{**}_{A^S}\ , \ \forall t \geq 0\ .$$

Mit Hilfe letzterer Bedingungen sowie der privaten Optimalitätsbedingungen gelingt dem Planer die Ermittlung der optimalen Steuerpolitik. Um dies zu verdeutlichen, ist zunächst die Charakterisierung kompetitiver Pfade zu vervollständigen. Aus Sicht des privaten Haushaltes lautet die momentanwertige Hamilton-Funktion mit (10-26):

$$\mathscr{H} = U\left(C, X^B, A^H, A^S\right) \tag{A-24}$$

$$+\varphi^K \left\{ \begin{matrix} rK + p^E R^E + p^B R^B + wN(A^H, A^S) \\ + \pi + B - C - p^Q Q - p^T T \end{matrix} \right\}$$

$$-\varphi^E R^E + \varphi^B \left[G^B\left(X^B, X^M\right) - R^B \right]$$

$$+\varphi^H \left[Q(Q) - F\left(X^M\right) \right] + \varphi^S \left[T(T) - \vartheta^S A^S \right].$$

Hierbei repräsentiert das Symbol φ die momentanwertigen Kozustandsvariablen aus Sicht des privaten Haushaltes. Die notwendigen Bedingungen für eine innere Lösung des Haushaltsproblems (10-26) lauten daher neben (10-7), (10-9), (10-10a), (10-11a) und (10-12):

$$0 = \mathscr{H}^*_C = U^*_C - \varphi^{K*}\ , \ \forall t \geq 0\ ; \tag{A-25}$$

$$0 = \mathscr{H}^*_{R^E} = \varphi^{K*} p^E - \varphi^{E*}\ , \ \forall t \geq 0\ ; \tag{A-26}$$

$$0=\mathscr{H}^*_{R^B}=\varphi^{K*}p^B-\varphi^{B*}\ ,\ \forall t\geq 0\ ; \tag{A-27}$$

$$0=\mathscr{H}^*_{Q}=\varphi^{H*}Q^*_Q-\varphi^{K*}p^Q\ ,\ \forall t\geq 0\ ; \tag{A-28}$$

$$0=\mathscr{H}^*_{T}=\varphi^{S*}T^*_T-\varphi^{K*}p^T\ ,\ \forall t\geq 0\ ; \tag{A-29}$$

$$\dot\varphi^{K*}=-\mathscr{H}^*_{K}+\delta\varphi^{K*}=(\delta-r)\varphi^{K*}\ ,\ \forall t\geq 0\ ; \tag{A-30}$$

$$\dot\varphi^{E*}=-\mathscr{H}^*_{X^E}+\delta\varphi^{E*}=\delta\varphi^{E*}\ ,\ \forall t\geq 0\ ; \tag{A-31}$$

$$\dot\varphi^{B*}=-\mathscr{H}^*_{X^B}+\delta\varphi^{B*}=\left(\delta-G^{B*}_{X^B}\right)\varphi^{B*}-U^*_{X^B}\ ,\ \forall t\geq 0\ ; \tag{A-32}$$

$$\dot\varphi^{H*}=-\mathscr{H}^*_{A^H}+\delta\varphi^{H*}=\delta\varphi^{H*}-\varphi^{K*}wN^*_{A^H}-U^*_{A^H}\ ,\ \forall t\geq 0\ ; \tag{A-33}$$

$$\dot\varphi^{S*}=-\mathscr{H}^*_{A^S}+\delta\varphi^{S*}=\left(\delta+\vartheta^S\right)\varphi^{S*}-\varphi^{K*}wN^*_{A^S}-U^*_{A^S}\ ,\forall t\geq 0. \tag{A-34}$$

Substituiert man in der Haushaltsbedingung (A-26) den Ressourcenpreis p^E mit Hilfe der Gewinnmaximierungsbedingung (10-17) und setzt die resultierende kompetitive Bedingung mit der sozialen Optimalitätsbedingung (A-13) gleich, so erhält man:

$$\varphi^{K*}(Y^*_{R^E}-Z^{E*}_{R^E})-\varphi^{E*}-\tau\varphi^{K*}W^*_{R^E}=\lambda^{K**}(Y^{**}_{R^E}-Z^{E**}_{R^E})-\lambda^{E**}-\lambda^{M**}W^{**}_{R^E}$$

Wenn kompetitiver und sozial optimaler Pfad übereinstimmen (d. h. $\varphi^{K*}=\lambda^{K**}$, $Y^*_{R^E}=Y^{**}_{R^E}$, $Z^{E*}_{R^E}=Z^{E**}_{R^E}$, $\varphi^{E*}=\lambda^{E**}$ und $W^*_{R^E}=W^{**}_{R^E}$ gilt), so impliziert obige Gleichung $\tau=\lambda^{M**}/\lambda^{K**}$. Somit ist die Steuerpolitik

$$\tau^{**}(t)=\frac{\lambda^{M**}(t)}{\lambda^{K**}(t)}\ ,\ \forall t\geq 0 \tag{A-35}$$

notwendig dafür, daß kompetitiver und sozial optimaler Pfad identisch sind.[3] Unter den getroffenen Annahmen läßt sich jedoch nicht nachwei-

3 Im Falle einer inneren Lösung des staatlichen Internalisierungsproblems gilt mit den sozialen Optimalitätsbedingungen (A-15) und (A-12) sowie mit (A-35) und (10-33a): $\tau^{**}=-Z^{D**}_D/W^{**}_D=\theta^{D**}>0$. Die Steuer reflektiert daher die Kosten einer margi-

sen, daß sie hierfür auch *hinreichend* ist.[4] Es läßt sich daher nicht mit letzter Sicherheit ausschließen, daß die kritische Umweltmedienqualität $\underline{X}^M$ entlang kompetitiver Pfade trotz Emissionsbesteuerung gemäß (A-35) erreicht oder gar unterschritten wird. *Sofern* die Steuerpolitik (A-35) sozial optimalen und kompetitiven Pfad zur Deckung bringt, zeichnet sich mit dem oben gesagten zwangsläufig auch letzterer dadurch aus, daß die kritische Umweltmedienqualität $\underline{X}^M$ stets überschritten wird.[5]

Unter den Voraussetzungen, daß die Internalisierungssteuer gemäß (A-35) implementiert wird, diese sozial optimalen und kompetitiven Pfad zur Deckung bringt und daher die 'kritische' Umweltqualität entlang kompetitiver Pfade nicht gefährdet ist, kann die Analyse auf der Grundlage der notwendigen Bedingungen (A-12) bis (A-23) für eine innere Lösung des Internalisierungsproblems fortgeführt werden. Ist die Internalisierungsaufgabe gelöst, so kann sich der Planer in zweiter Priorität der Nachhaltigkeitsregel des Abschnitts 7.6 der Prüfung des Saldos der bewerteten Bestandsveränderungen sämtlicher Vermögenskomponenten zuwenden.

Diesbezüglich wurde in Kap. 10 davon ausgegangen, daß die Beachtung der Hartwick-Regel (10-32) eine nachhaltige Entwicklung gemäß

---

nalen Emissionsreduktion im Wege zusätzlicher Vermeidungsmaßnahmen D entlang eines sozial optimalen Pfades.

4 Sie ist *hinreichend* zumindest dafür, daß für die Emissionsvermeidungsmaßnahmen $D^* = D^{**}$ gilt, wie mit (10-20) und (A-15), mit der Monotonie der Funktionen *W* und Z^D sowie der in (10-6c) getroffenen Annahme $W_{R^{E}_{D}} = 0$ gezeigt werden kann.

5 Der Vollständigkeit halber ist darauf hinzuweisen, daß die kleinste überlebensfähigen Population $\underline{X}^B$ der biologischen Ressource entlang kompetitiver Pfade unabhängig von staatlichen Aktivitäten nicht gefährdet ist. Denn die biologische Ressource ist annahmegemäß Privatgut. Da der vollkommen informierte und perfekt vorausschauende repräsentative Haushalt als Eigentümer des biologischen Ressourcenbestandes antizipiert, daß mit (10-4) und fortgesetzter Erntetätigkeit, die mit den Eigenschaften der Produktionsfunktion auch aus seiner Sicht optimal wäre, das Erreichen des Niveaus $\underline{X}^B$ in endlicher Zeit $X^B \rightarrow 0$ und daher $R^B \rightarrow 0$ nach sich zöge, würde der Haushalt bei Annäherung an die kleinste überlebensfähige Population $\underline{X}^B$ sein Faktorangebot R^B derart beschränken, daß $\underline{X}^B$ nicht erreicht wird.

(10-29) gewährleistet. Zum Beweis differenziere man (10-1a) entlang eines sozial optimalen Pfades nach der Zeit:

$$\dot{U}^{**} = U_{C}^{**}\dot{C}^{**} + U_{X^B}^{**}\dot{X}^{B**} + U_{A^H}^{**}\dot{A}^{H**} + U_{A^S}^{**}\dot{A}^{S**} \;, \; \forall t \geq 0 \,. \qquad \text{(A-36)}$$

Um $\dot{C}^{**}$ zu ermitteln, differenziere man (10-28) entlang eines sozial optimalen Pfades nach der Zeit:

$$\begin{aligned} \dot{C}^{**} = {} & Y_{K}^{**}\dot{K}^{**} + Y_{R^E}^{**}\dot{R}^{E**} + Y_{R^B}^{**}\dot{R}^{B**} \qquad \text{(A-37)} \\ & + Y_{N}^{**}N_{A^H}^{**}\dot{A}^{H**} + Y_{N}^{**}N_{A^S}^{**}\dot{A}^{S**} \\ & - \ddot{K}^{**} - Z_{R^E}^{E**}\dot{R}^{E**} - Z_{R^B}^{B**}\dot{R}^{B**} \\ & - Z_{D}^{D**}\dot{D}^{**} - Z_{Q}^{Q**}\dot{Q}^{**} - Z_{T}^{T**}\dot{T}^{**} \;, \; \forall t \geq 0 \,. \end{aligned}$$

Differenziert man entlang eines sozial optimalen Pfades die Hartwick-Regel (10-32) nach der Zeit, so führt dies mit (10-4) bis (10-11) zu:

$$\begin{aligned} \ddot{K}^{**} = {} & \dot{Y}_{R^E}^{n**}R^{E**} + Y_{R^E}^{n**}\dot{R}^{E**} - \dot{Y}_{R^B}^{n**}\dot{X}^{B**} - Y_{R^B}^{n**}G_{X^B}^{B**}\dot{X}^{B**} \qquad \text{(A-38)} \\ & - Y_{R^B}^{n**}G_{X^M}^{B**}\dot{X}^{M**} + Y_{R^B}^{n**}\dot{R}^{B**} - \dot{\theta}^{D**}\dot{X}^{M**} - \theta^{D**}G_{X^M}^{M**}\dot{X}^{M**} \\ & + \theta^{D**}W_{R^E}^{**}\dot{R}^{E**} + \theta^{D**}W_{D}^{**}\dot{D}^{**} - \dot{\theta}^{Q**}\dot{A}^{H**} - \theta^{Q**}Q_{Q}^{**}\dot{Q}^{**} \\ & + \theta^{Q**}F_{X^M}^{**}\dot{X}^{M**} - \dot{\theta}^{T**}\dot{A}^{S**} - \theta^{T**}T_{T}^{**}\dot{T}^{**} + \theta^{T**}\vartheta^{S}\dot{A}^{S**} \;, \; \forall t \geq 0 \,. \end{aligned}$$

Setzt man schließlich (A-37) und (A-38) sowie die Hartwick-Regel (10-32) in (A-36) ein, so resultiert mit (10-7) und (10-33) nach einigen Umformungen:

$$\dot{U}^{**} = U_C^{**}\dot{R}^{E**}\left(Y_{R^E}^{**} - Z_{R^E}^{E**} - \theta^{D**}W_{R^E}^{**} - Y_{R^E}^{n**}\right) \qquad \text{(A-39)}$$

$$+U_C^{**}\dot{R}^{B**}\left(Y_{R^B}^{**} - Z_{R^B}^{B**} - Y_{R^B}^{n**}\right)$$

$$+U_C^{**}Y_{R^E}^{n**}R^{E**}\left(Y_K^{**} - \hat{Y}_{R^E}^{n**}\right)$$

$$-U_C^{**}Y_{R^B}^{n**}\dot{X}^{B**}\left(Y_K^{**} - \hat{Y}_{R^B}^{n**} - G_{X^B}^{B**} - U_{X^B}^{**} / U_C^{**}Y_{R^B}^{n**}\right)$$

$$-U_C^{**}\theta^{D**}\dot{X}^{M**}\left(Y_K^{**} - \hat{\theta}^{D**} - Y_{R^B}^{n**}G_{X^M}^{B**} / \theta^{D**} - G_{X^M}^{M**} + \theta^{Q**}F_{X^M}^{**} / \theta^{D**}\right)$$

$$-U_C^{**}\theta^{Q**}\dot{A}^{H**}\left(Y_K^{**} - \hat{\theta}^{Q**} - Y_N^{**}N_{A^H}^{**} / \theta^{Q**} - U_{A^H}^{**} / U_C^{**}\theta^{Q**}\right)$$

$$-U_C^{**}\theta^{T**}\dot{A}^{S**}\left(Y_K^{**} - \hat{\theta}^{T**} - Y_N^{**}N_{A^S}^{**} / \theta^{T**} + \vartheta^S - U_{A^S}^{**} / U_C^{**}\theta^{T**}\right),$$

$$\forall t \geq 0 .$$

Die ersten beiden Klammerterme auf der rechten Seite der Gleichung (A-39) betragen mit (10-34) definitionsgemäß null. Die übrigen Klammerterme werden im folgenden entlang eines sozial optimalen Pfades untersucht. Zunächst folgt aus (A-18) mit (A-12):

$$\hat{U}_C^{**} = \delta - Y_K^{**} , \; \forall t \geq 0 . \qquad \text{(A-40)}$$

Gleichung (A-40) entspricht der Ramsey-Regel. Aus (A-13) folgt ferner mit (A-12), (A-15), (10-33) und (10-34) entlang eines optimalen Pfades: $\lambda^{E**} = U_C^{**}Y_{R^E}^{n**}$, $\forall t \geq 0$. Setzt man dies in (A-19) ein, so erhält man: $\hat{U}_C^{**} = \delta - \hat{Y}_{R^E}^{n**}$, $\forall t \geq 0$. Durch Gleichsetzen mit (A-40) resultiert:

$$\hat{Y}_{R^E}^{n**} = Y_K^{**} , \; \forall t \geq 0 . \qquad \text{(A-41)}$$

Gleichung (A-41) ist als modifizierte Solow-Stiglitz-Bedingung für eine intertemporal effiziente Nutzung des erschöpflichen natürlichen Produktionsfaktors zu interpretieren.

In Analogie zur Herleitung der Gleichung (A-41) erhält man aus (A-20) bis (A-23) mit (A-12), (A-14) bis (A-17), (A-40), (10-33) und (10-34):

$$\hat{Y}_{R^B}^{n**} + G_{X^B}^{B**} + \frac{U_{X^B}^{**}}{U_C^{**} Y_{R^B}^{n**}} = Y_K^{**} \ , \ \forall t \geq 0 \ ; \tag{A-42}$$

$$\hat{\theta}^{D**} + G_{X^M}^{M**} + \frac{Y_{R^B}^{n**} G_{X^M}^{B**}}{\theta^{D**}} - \frac{\theta^{Q**} F_{X^M}^{**}}{\theta^{D**}} = Y_K^{**} \ , \ \forall t \geq 0 \ ; \tag{A-43}$$

$$\hat{\theta}^{Q**} + \frac{Y_N^{**} N_{A^H}^{**}}{\theta^{Q**}} + \frac{U_{A^H}^{**}}{U_C^{**} \theta^{Q**}} = Y_K^{**} \ , \ \forall t \geq 0 \ ; \tag{A-44}$$

$$\hat{\theta}^{T**} + \frac{Y_N^{**} N_{A^S}^{**}}{\theta^{T**}} - \vartheta^S + \frac{U_{A^S}^{**}}{U_C^{**} \theta^{T**}} = Y_K^{**} \ , \ \forall t \geq 0 \ . \tag{A-45}$$

Mit (A-41) bis (A-45) summieren sich auch die Klammerterme drei bis sieben auf der rechten Seite der Gleichung (A-39) zu null und es gilt $\dot{U}^{**}(t) = 0, \ \forall t \geq 0$.

Verzeichnis der Abbildungen und Tabellen

Abb. 3-1 Grundstruktur der Modellökonomie 27

Abb. 4-1 Logistische Regenerationsfunktion 42

Abb. 4-2 Logistische Bestandsentwicklung im Zeitablauf bei ungestörter Regeneration 43

Abb. 4-3 *Sustainable yield*-Konstellationen im Modell $\mathscr{P}$ 45

Abb. 4-4 Optimaler *steady state* im Modell $\mathscr{P}$ 53

Abb. 4-5 Zeitliche Anpassungsdynamik im Modell $\mathscr{P}$ 56

Abb. 4-6 Stabilitätsanalyse im Modell $\mathscr{P}$ 60

Abb. 5-1 Optimale Entwicklung des Konsums im Modell $\mathscr{I}$ 77

Abb. 6-1 Assimilation von Schadstoffen im Modell $\mathscr{PM}$ 89

Abb. 6-2 *Steady states* im Modell $\mathscr{PM}$ 104

Tab. 9-1 Der Nachhaltigkeitsindikator nach Pearce und Atkinson für 18 Länder 209

Abb. 10-1 Regenerationsfunktion einer erneuerbaren natürlichen Ressource mit kleinster überlebensfähiger Population 236

Tab. 10-1 Das reproduzierbare Sachvermögen in der Bundesrepublik Deutschland Ende 1982 (Aktiva in Mrd. DM) 263

Verzeichnis der Abkürzungen

BMU	Bundesministerium für Umwelt, Naturschutz und Reaktorsicherheit
BSP	Bruttosozialprodukt
BUND	Bund für Umwelt- und Naturschutz Deutschland
CU	*constant utility*
ISEW	*Index of Sustainable Economic Welfare*
IUCN	*International Union for Conservation of Nature and Natural Resources*
KEG	Kommission der Europäischen Gemeinschaften
MHDS	*Modified Hamiltonian Dynamic System*
msy	*maximum sustainable yield*
NSP	Nettosozialprodukt
OECD	*Organization for Economic Cooperation and Development*
ÖSP	Ökosozialprodukt
OLG	*overlapping generations*
PSR	*Pressure State Response*-Ansatz
SCOPE	Scientific Committee on Problems of the Environment
SRU	Rat von Sachverständigen für Umweltfragen des Bundesumweltministeriums
UGR	Umweltökonomische Gesamtrechnungen
UNCED	*United Nations Conference on Environment and Development*
VGR	Volkswirtschaftliche Gesamtrechnungen
WCED	*World Commission on Environment and Development*
WBGU	Wissenschaftlicher Beirat der Bundesregierung Globale Umweltveränderungen
WRI	*World Resources Institute*

Verzeichnis der Symbole

A	soziale Vermögenskomponente
$\mathcal{A}$	Modellvariante
B	*Lump-Sum*-Transfer
C	Konsum
$\{CP\}$	Menge aller *Common-Property*-Ressourcen
D	Emissionsvermeidungsaktivitäten
Δ	Abschreibungen
ϑ	Abschreibungsfaktor
δ	Zeitpräferenzrate
F	Gesundheitsschädigungsfunktion
φ	private momentanwertige Kozustandsvariable
ϕ	Haushaltseinkommen
G	natürliches Bestandswachstum einer erneuerbaren Ressource
g	Eigenertragsrate einer erneuerbaren natürlichen Ressource
γ	privater momentanwertiger Lagrange-Multiplikator
H	Hesse-Matrix
$\mathcal{H}$	momentanwertige Hamilton-Funktion
I	Investitionen
$\mathcal{I}$	Modellvariante
η	Elastizität
J	Jacobi-Matrix
K	anthropogener Kapitalstock
$\mathcal{L}$	momentanwertige Lagrange-Funktion
λ	soziale momentanwertige Kozustandsvariable
μ	natürliche Zerfallsrate eines Schadstoffbestandes
N	Arbeit
ν	sozialer momentanwertiger Lagrange-Multiplikator
Ω	Hilfsvariable

p	Preis
$\mathscr{P}$	Modellvariante
π	Gewinn
{PG}	Menge aller Privatgüter
$\mathscr{PM}$	Modellvariante
Q	medizinische Versorgungsleistungen
R	Entnahmestrom aus dem Bestand einer natürlichen Ressource
r	Faktorpreis anthropogener Kapitalgüter
ρ	Eigenwert
S	Ersparnis
Σ	Nachhaltigkeitsindikator
σ	Substitutionselastizität
ς	Zeitpunkt
*	kompetitiver Pfad
**	sozial optimaler Pfad
T	Ausbildungs- bzw. Trainingsaktivitäten
t	Zeitvariable
τ	Ressourcen- bzw. Emissionssteuersatz
θ	Hilfsvariable
U	Nutzen
V	Vermögen
W	Schadstoffemissionen
w	Reallohnsatz
X	Bestand einer natürlichen Ressource
Y	Bruttosozialprodukt
Y^n	Nettosozialprodukt
$Y^ö$	Ökosozialprodukt
Z	Kosten

Literaturverzeichnis

Aaheim, A., Nyborg, K. (1995): On the interpretation and applicability of a 'green national product'. Review of Income and Wealth 41, 57-71

Ackerman, F. (1994): The natural interest rate of the forest: macroeconomic requirements for sustainable development. Ecological Economics 10, 21-26

Acutt, M., Mason, P. (eds.) (1998): Environmental valuation, economic policy and sustainability. Cheltenham/UK, Northampton/US: Edward Elgar

Agrawal, R. C. (1991): Green revolution and sustainable development: competitors or complements? Nord-Süd aktuell 5, 349-358

Ahmad, Y. J., El Serafy, S., Lutz, E. (eds.) (1989): Environmental accounting for sustainable development. Washington/DC: World Bank

Alfsen, K. H., Brekke, K. A., Brunvoll, F., Luras, H., Nyborg, K., Saebo, H. V. (1992): Environmental indicators. Discussion Paper No. 71, Oslo: Statistics Norway

Alfsen, K. H., Saebo, H. V. (1993): Environmental quality indicators: background, principles and examples from Norway. Environmental and Resource Economics 3, 415-435

Altieri, M. A., Masera, O. (1993): Sustainable rural development in Latin America: building from the bottom-up. Ecological Economics 7, 93-121

Amelung, T. (1992): Sustainable development: a challenge for the world economy. Zeitschrift für Umweltpolitik und Umweltrecht 15, 415-431

Amsberg, J. V. (1995): Excessive environmental risks: an intergenerational market failure. European Economic Review 39, 1447-1464

Anand, S., Harris, C. J. (1994): Choosing a welfare indicator. American Economic Review 84 (AEA Papers and Proceedings), 226-231

Anderson, L. G. (1993): Toward a complete economic theory of the utilization and management of recreational fisheries. Journal of Environmental Economics and Management 24, 272-295

Anderson, V. (1991): Alternative economic indicators. London, New York: Routledge

Andrae, F. (1994): Aspekte der Nachhaltigkeit in der Landnutzung. Journal für Entwicklungspolitik 10.94, 249-406

Aniansson, B., Svedin, U. (eds.) (1990): Towards an ecologically sustainable economy. Stockholm: Swedish Council for Planning and Coordination of Research

Archiburgi, F., Nijkamp, P. (eds.) (1989): Economy and ecology: towards sustainable development. Dordrecht: Kluwer

Arnold, M. (1993): Wachstum und ökologisches Gleichgewicht. Frankfurt/M. et al.: Peter Lang

Arnold, V. (1992): Theorie der Kollektivgüter. München: Verlag Franz Vahlen

Arnold, V. (1994): Altruismus und Effizienz. In: Homann, K. (Hrsg.): (1994b), 53-84

Arnold, V. (1995): Private provision of public goods, limited tax deductibility, and crowding out. Finanzarchiv N.F. 52, 497-502

Aronsson, T. (1998): Welfare measurement, green accounting and distortionary taxes. Journal of Public Economics 70, 273-295

Aronsson, T., Johansson, P.-O., Löfgren, K.-G. (1997): Welfare measurement, sustainability and green national accounting: a growth theoretical aproach. Cheltenham/UK, Brookfield/US: Edward Elgar

Aronsson, T., Löfgren, K.-G. (1995): National product related welfare measures in the presence of technological change: externalities and uncertainty. Environmental and Resource Economics 5, 321-332

Aronsson, T., Löfgren, K.-G. (1996): Social accounting and welfare measurement in a growth model with human capital. Scandinavian Journal of Economics 98, 185-201

Aronsson, T., Löfgren, K.-G. (1997): An almost practical step towards 'green' accounting? Paper presented at the EARE-Conference, Tilburg, June 1997

Aronsson, T., Löfgren, K.-G. (1998): Green accounting in imperfect market economies. Environmental and Resource Economics 11, 273-287

Arrow, K. J. (1973): Rawls' principle of just saving. Swedish Journal of Economics 75, 323-335

Arrow, K. J., Cline, W. R., Mäler, K.-G. et al. (1996): Intertemporal equity, discounting and economic efficiency. In: Bruce, J. J., Lee, H., Haites, E. F. (eds.): Climate change 1995 - economic and social dimensions of climate change. Cambridge: Cambridge University Press, 125-144

Arrow, K. J., Intriligator, M. D. (eds.) (1981): Handbook of mathematical economics, 3 vols.. Amsterdam, New York, Oxford: Elsevier Science Publishers (North-Holland)

Arrow, K. J., Kurz, M. (1970): Public investment, the rate of return, and optimal fiscal policy. Baltimore, London: Johns Hopkins Press for Resources for the Future

Asako, K. (1980): Economic growth and environmental pollution under the max-min principle. Journal of Environmental Economics and Management 7, 157-183

Asheim, G. B. (1986): Hartwick's rule in open economies. Canadian Journal of Economics 19, 395-402

Asheim, G. B. (1988): Rawlsian intergenerational justice as a Markov-perfect equilibrium in a resource technology. Review of Economic Studies 55, 469-484

Asheim, G. B. (1991): Unjust intergenerational allocations. Journal of Economic Theory 54, 350-371

Asheim, G. B. (1994): Net national product as an indicator of sustainability. Scandinavian Journal of Economics 96, 257-265

Asheim, G. B. (1996): Capital gains and net national product in open economies. Journal of Public Economics 59, 419-434

Asheim, G. B. (1997): Adjusting green NNP to measure sustainability. Scandinavian Journal of Economics 99, 355-370

Atkinson, G., Dubourg, R., Hamilton, K., Munasinghe, M., Pearce, D., Young, C. (1997): Measuring sustainable development: macroeconomics and the environment. Cheltenham/UK, Lyme/US: Edward Elgar

Auty, R. M., Brown, K. (eds.) (1997): Approaches to sustainable development. London, Washington: Pinter

Ayres, R. U. (1993): Cowboys, cornucopians and long-run sustainability. Ecological Economics 8, 189-207

Ayres, R. U. (1996): Statistical measures of unsustainability. Ecological Economics 16, 239-255

Azar, C., Holmberg, J. (1995): Defining the generational environmental debt. Ecological Economics 14, 7-19

Azar, C., Holmberg, J., Lindgren, K. (1996): Socio-ecological indicators for sustainability. Ecological Economics 18, 89-112

Azariadis, C. (1993): Intertemporal macroeconomics. Oxford/UK, Cambridge/MA: Basil Blackwell

Baranzini, A., Bourguignon, F. (1995): Is sustainable growth optimal? International Tax and Public Finance 2, 341-356

Barbier, E. B. (1987): The concept of sustainable economic development. Environmental Conservation 14, 101-110

Barbier, E. B. (1989): Economics, natural-resource scarcity and development: conventional and alternative views. London: Earthscan Publications

Barbier, E. B. (1990): Alternative approaches to economic-environmental interactions. Ecological Economics 2, 7-26

Barbier, E. B. (ed.) (1993): Economics and ecology: new frontiers and sustainable development. London et al.: Chapman & Hall

Barbier, E. B. (1996): Endogenous growth and natural resource scarcity. Nota di Lavoro 45.96., Milano: Fondazione Eni Enrico Mattei

Barbier, E. B., Markandya, A. (1990): The conditions for achieving environmentally sustainable development. European Economic Review 34, 659-669

Barbier, E. B., Markandya, A., Pearce, D. W. (1990): Environmental sustainability and cost-benefit analysis. Environment and Planning A 22, 1259-1266

Barro, R. J. (1974): Are government bonds net wealth? Journal of Political Economy 81, 1095-1117

Barro, R. J., Sala-i-Martin, X. (1995): Economic growth. New York et al.: McGraw-Hill

Bartelmus, P. (1989): Environmental accounting and the system of national accounts. In: Ahmad, Y. L., El Serafy, S., Lutz, E. (eds.): (1989), 79-87

Bayer, S., Cansier, D. (1998): Intergenerational discounting: a new approach. Tübinger Diskussionsbeitrag Nr. 145, Tübingen: Eberhard-Karls Universität

Beckenbach, F. (Hrsg.) (1991): Die ökologische Herausforderung für die ökonomische Theorie. Marburg: Metropolis

Beckenbach, F., Diefenbacher, H. (Hrsg.) (1994): Zwischen Entropie und Selbstorganisation: Perspektiven einer ökologischen Ökonomie. Marburg: Metropolis

Becker, G. S. (1993): Der ökonomische Ansatz zur Erklärung menschlichen Verhaltens, 2. Auflage. Tübingen: Mohr

Becker, R. A. (1982): Intergenerational equity: the capital-environment trade-off. Journal of Environmental Economics and Management 9, 165-185

Beckerman, W. (1974): In defence of economic growth. London: Jonathan Cape

Beckerman, W. (1987). Limits to growth. In: Eatwell, J., Milgate, M., Newman, P. (eds.): (1987), vol. 3, 192-194

Beckerman, W. (1992): Economic growth and the environment: whose growth? whose environment? World Development 20, 481-496

Beckerman, W. (1994): 'Sustainable development': is it a useful concept? Environmental Values 3, 191-209

Beckmann, M. J. (1974): A note on the optimal rates of resource exhaustion. Review of Economic Studies (Symposium on the economics of exhaustible resources), 121-122

Beckmann, M. J. (1975): The limits to growth in a neoclassical world. American Economic Review 65, 695-699

Beltratti, A. (1996): Models of economic growth with environmental assets. Dordrecht, Boston, London: Kluwer Academic Publishers

Beltratti, A., Chichilnisky, G., Heal, G. (1995): Sustainable growth and the green golden rule. In: Goldin, J., Winters, L. A. (eds.): (1995), 147-166

Beltratti, A., Chichilnisky, G., Heal, G. (1996): Sustainable use of renewable resources. Nota di Lavoro 70.96. Milano: Fondazione Eni Enrico Mattei

Beltratti, A., Siniscalco, D. (1994): Climate change and future generations: do we care enough? FEEM Newsletter 3.1994. Milan: Fondazione Eni Enrico Mattei, 10-14

Berck, P. (1979): Open access and extinction. Econometrica 47, 877-882

Bergh, J. C. J. M. van den (1991): Dynamic models for sustainable development. Amsterdam: Tinbergen Institute

Bergh, J. C. J. M. van den (1996): Ecological economics and sustainable development: theory, methods and applications. Cheltenham/UK, Lyme/US: Edward Elgar

Bergh, J. C. J. M. van den, Nijkamp, P. (1991): Operationalizing sustainable development: dynamic ecological economic models. Ecological Economics 4, 11-33

Bergström, S. (1993): Value standards in sub-sustainable development: on limits of ecological economics. Ecological Economics 7, 1-18

Berkes, F., Folke, C. (1992): A systems perspective on the interrelations between natural, human-made and cultural capital. Ecological Economics 5, 1-8

Bernheim, B. D., Ray, D. (1987): Economic growth with intergenerational altruism. Review of Economic Studies 54, 227-243

Bernheim, B. D., Ray, D. (1989): Markov perfect equilibria in altruistic growth economies with production uncertainty. Journal of Economic Theory 47, 195-202

Bernholz, P., Breyer, F. (1994): Grundlagen der Politischen Ökonomie, 2 Bde., 3. Auflage. Tübingen: J. C .B. Mohr (Paul Siebeck)

Berrens, R. P., Brookshire, D. S., McKee, M., Schmidt, C. (1998): Implementing the safe minimum standard approach: two case studies from the U.S. endangered species act. Land Economics 74, 147-161

Biervert, B., Held, M. (Hrsg.) (1994): Das Naturverständnis der Ökonomik: Beiträge zur Ethikdebatte in den Wirtschaftswissenschaften. Frankfurt/M., New York: Campus

Binswanger, H. C. (1994): Perspektiven für eine dauerhafte und umweltgerechte Entwicklung. In: Voss, G. (Hrsg.): (1994), 58-71

Binswanger, H. C. (1998): Making sustainability work. Ecological Economics 27, 3-11

Binswanger, H. C., Frisch, H., Nutzinger, H. G. et al. (1983): Arbeit ohne Umweltzerstörung: Strategien einer neuen Wirtschaftspolitik. Frankfurt/M.: Fischer

Binswanger, M. (1995): Sustainable Development: Utopie in einer wachsenden Wirtschaft? Zeitschrift für Umweltpolitik und Umweltrecht 18, 1-19

Bishop, R. C. (1978): Endangered species and uncertainty: the economics of a safe minimum standard. American Journal of Agricultural Economics 60, 10-18

Blanchard, O. J., Fischer, S. (1989): Lectures on macroeconomics. Cambridge/MA, London: MIT Press

BMU (Bundesministerium für Umwelt, Naturschutz und Reaktorsicherheit) (1992a): Umweltschutz in Deutschland. Bonn: Economica

BMU (Bundesministerium für Umwelt, Naturschutz und Reaktorsicherheit) (Hrsg.) (1992b): Umweltökonomische Gesamtrechnung: Stellungnahme des Beirats 'Umweltökonomische Gesamtrechnung' beim Bundesminister für Umwelt, Naturschutz und Reaktorsicherheit zur Konzeption und zu den Entwicklungserfordernissen des Vorhabens des Statistischen Bundesamtes. Bonn: BMU

BMU (Bundesministerium für Umwelt, Naturschutz und Reaktorsicherheit) (Hrsg.) (1996a): Umweltökonomische Gesamtrechnung: Zweite Stellungnahme des Beirats 'Umweltökonomische Gesamtrechnung' beim Bundesministerium für Umwelt, Naturschutz und Reaktorsicherheit zu den Umsetzungskonzepten des Statistischen Bundesamtes. Bonn: BMU

BMU (Bundesministerium für Umwelt, Naturschutz und Reaktorsicherheit) (1996b): Schritte zu einer nachhaltigen, umweltgerechten Entwicklung: Umweltziele und Handlungsschwerpunkte in Deutschland. Bonn: BMU

BMU (Bundesministerium für Umwelt, Naturschutz und Reaktorsicherheit) (1997a): Auf dem Weg zu einer nachhaltigen Entwicklung in Deutschland: Bericht der Bundesregierung anläßlich der VN-Sondergeneralversammlung über Umwelt und Entwicklung 1997 in New York. Bonn: BMU

BMU (Bundesministerium für Umwelt, Naturschutz und Reaktorsicherheit) (Hrsg.) (1997b): Ökologie: Grundlage einer nachhaltigen Entwicklung in Deutschland. Tagungsband zum Fachgespräch, 29. und 30. April 1997, Wissenschaftszentrum Bonn-Bad Godesberg. Bonn: BMU

Boero, G. (1995): Global warming: some economic aspects. Scottish Journal of Political Economy 42, 99-112

Bolleyer, R., Radermacher, W. (1993): Aufbau der Umweltökonomischen Gesamtrechnung: Ein Bericht aus der Werkstatt. Wirtschaft und Statistik 2/1993, 138-152

Booth, D. E. (1994): Ethics and the limits of environmental economics. Ecological Economics 9, 241-252

Bosselmann, K. (1995): Nichtanthropozentrische Erweiterung des Umweltverwaltungsrechts? In: Nida-Rümelin, J., v. d. Pfordten, D. (Hrsg.): Ökologische Ethik und Rechtstheorie. Baden-Baden: Nomos Verlagsgesellschaft

Bosselmann, K. (1998): Ökologische Grundrechte: Zum Verhältnis zwischen individueller Freiheit und Natur. Baden-Baden: Nomos

Boulding, K. E. (1966): The economics of the coming spaceship earth. In: Jarret, H. (ed.): (1966), 3-14

Boulding, K. E. (1991): What do we want to sustain? environmentalism and human evaluations. In: Costanza, R. (ed.): (1991), 22-31

Bowers, J. (1997): Sustainability and environmental economics: an alternative text. Harlow/UK: Addison-Wesley Longman

Brakel, M. van, Buitenkamp, M. (1992): 'Sustainable Netherlands': a perspective for changing northern lifestyles. Amsterdam: Milieudefensie

Braun, G. (1991): Vom Wachstum zur dauerhaften Entwicklung. Aus Politik und Zeitgeschichte 41, 12-19

Brazee, R. J., Southgate, D. (1992): Development of ethnobiologically diverse tropical forests. Land Economics 68, 454-461

Brekke, K. A. (1994): Net national product as a welfare indicator. Scandinavian Journal of Economics 96, 241-252

Brekke, K. A. (1997a): Economic growth and the environment: on the measurement of income and welfare. Cheltenham/UK, Lyme/US: Edward Elgar

Brekke, K. A. (1997b): Hicksian income from resource extraction in an open economy. Land Economics 73, 516-527

Brekke, K. A., Gravningsmyhr, H. A. (1994): Adjusting NNP for instrumental or defensive expenditures: an analytical approach. Discussion Paper No. 134. Oslo: Statistics Norway

Brenck, A. (1992): Moderne umweltpolitische Konzepte: Sustainable Development und ökologisch-soziale Marktwirtschaft. Zeitschrift für Umweltpolitik und Umweltrecht 15, 379-413

Bretschger, L. (1998): Nachhaltige Entwicklung der Weltwirtschaft: Ein Nord-Süd-Ansatz. Schweizerische Zeitschrift für Volkswirtschaft und Statistik 134, 369-390

Breyer, F., Zweifel, P. (1997): Gesundheitsökonomie, 2. Auflage. Berlin et al.: Springer-Verlag

Brock, W. A. (1977): A polluted golden age. In: Smith, V. L. (ed.): (1977b), 441-461

Brock, W. A., Malliaris, A. G. (1989): Differential equations, stability and chaos in dynamic economics. Amsterdam et al.: Elsevier Science Publishers (North-Holland)

Brock, W. A., Scheinkman, J. A. (1976): Global asymptotic stability of optimal control systems with applications to the theory of economic growth. In: Cass, D., Shell, K. (eds.): (1976), 164-190

Bromley, D. W. (ed.) (1995): Handbook of environmental economics. Oxford/UK, Cambridge/US: Basil Blackwell

Brown, B. J., Hanson, M. E., Liverman, D. M., Merideth, R. W. Jr. (1987): Global sustainability: toward definition. Environmental Management 11, 713-719

Brown, L. R. (1981): Building a sustainable society. New York: W. W. Norton & Company

Brown, L. R. et al. (1984): State of the world. New York: W. W. Norton & Company

Brown, L. R. et al. (1996): State of the world 1996: a Worldwatch Institute report on progress toward a sustainable society. New York: W. W. Norton & Company

Brown, L., Postel, S., Flavin, C. (1992): Vom Wachstum zu einer tragfähigen Entwicklung. In: Goodland, R., Daly, H., El Serafy, S., von Droste, B. (Hrsg.): (1992), 95-102

Buchanan, J. M., Tullock, G. (1962): The calculus of consent: logical foundations of constitutional democracy. Ann Arbor: University of Michigan Press

Buchholz, W. (1980): Intergenerational equity, a savings investment rule, and the efficient allocation of an exhaustible resource: a note concerning papers of Solow and Hartwick. Jahrbücher für Nationalökonomie und Statistik 195, 271-274

Buchholz, W. (1982): On the possibility of economic growth with exhaustible resources. In: Eichhorn, W. et al. (eds.): Economic theory of natural resources. Würzburg, Wien: Physica-Verlag, 295-299

Buchholz, W. (1984): Intergenerationelle Gerechtigkeit und erschöpfbare Ressourcen. Berlin: Duncker & Humblot

Buchholz, W., Cansier, D. (1980): Modelle ökologisch begrenzten Wachstums. Zeitschrift für Wirtschafts- und Sozialwissenschaften 2/1980, 141-161

BUND, Misereor (Hrsg.) (1996): Zukunftsfähiges Deutschland: Ein Beitrag zu einer global nachhaltigen Entwicklung. Studie des Wuppertal-Instituts für Klima, Umwelt, Energie GmbH. Basel, Boston, Berlin: Birkhäuser-Verlag

Burmeister, E., Dobell, A. R. (1970): Mathematical theories of economic growth. London: Macmillan

Burmeister, E., Hammond, P. J. (1977): Maximin paths of heterogeneous capital accumulation and the instability of paradoxical steady states. Econometrica 45, 853-870

Burton, P. S. (1993): Intertemporal preferences and intergenerational equity considerations in optimal resource harvesting. Journal of Environmental Economics and Management 24, 119-132

Busch-Lüty, C. (1992): Nachhaltigkeit als Leitbild des Wirtschaftens. Politische Ökologie, Sonderheft 4

Busch-Lüty, C., Dürr, H.-P. (1993): Ökonomie und Natur: Versuch einer Annäherung im interdisziplinären Dialog. Zeitschrift für Wirtschafts- und Sozialwissenschaften (Beiheft 2), 13-44

Busch-Lüty, C., Dürr, H.-P., Langer, H. (Hrsg.) (1990): Die Zukunft der Ökonomie: Nachhaltiges Wirtschaften. Politische Ökologie, Sonderheft 1

Busch-Lüty, C., Dürr, H.-P., Langer, H. (Hrsg.) (1992): Ökologisch nachhaltige Entwicklung von Regionen. Politische Ökologie, Sonderheft 4

Cairns, R. D. (1986b): Intergenerational equity and heterogeneous resources, Scandinavian Journal of Economics 88, 401-416

Calvo, G. (1978): Some notes on time inconsistency and Rawls' maximin criterion. Review of Economic Studies 45, 97-102

Campiglio, L., Pineschi, L., Siniscalco, D., Treves, T. (eds.) (1994): The environment after Rio: international law and economics. London: Graham & Trotman

Cansier, D. (1995): Nachhaltige Umweltnutzung als neues Leitbild der Umweltpolitik. Hamburger Jahrbuch für Wirtschafts- und Gesellschaftspolitik 40, 129-149

Cansier, D. (1996a): Umweltökonomie, 2. Auflage. Stuttgart: Lucius & Lucius

Cansier, D. (1996b): Ökonomische Indikatoren für eine nachhaltige Umweltnutzung. In: Kastenholz, H. G., Erdmann, K.-H., Wolff, M. (Hrsg.): (1996), 61-78

Cansier, D., Bayer, S. (1998): Ethische Aspekte der Umwelt- und Ressourcenökonomie. Tübinger Diskussionsbeitrag Nr. 140. Tübingen: Wirtschaftswissenschaftliche Fakultät der Eberhard-Karls-Universität

Cansier, D., Richter, W. (1995a): Erweiterung der Volkswirtschaftlichen Gesamtrechnung um Indikatoren für eine nachhaltige Umweltnutzung. Zeitschrift für Umweltpolitik und Umweltrecht 18, 231-260

Cansier, D., Richter, W. (1995b): Nicht-Monetäre Aggregationsmethoden für Indikatoren der nachhaltigen Umweltnutzung. Zeitschrift für angewandte Umweltforschung 8, 326-337

Carraro, C., Siniscalco, D. (1993): Policy coordination for sustainability: commitments, transfers and linked negotiations. FEEM Working Paper 63.93. Milan: Fondazione Eni Enrico Mattei

Cass, D., Shell, K. (eds.) (1976): The Hamiltonian approach to dynamic economics. New York, San Francisco, London: Academic Press

Cazeba Gutés, M. (1996): The concept of weak sustainability. Ecological Economics 17, 147-156

Cernea, M. M. (1993): The sociologist's approach to sustainable development. Finance and Development 30, 11-13

Cesar, H. S. J. (1994): Control and game models of the greenhouse effect: economics essays on the comedy and tragedy of the commons. Berlin et al.: Springer-Verlag

Charles, A. T. (1994): Towards sustainability: the fishery experience. Ecological Economics 11, 201-211

Chavas, J.-P. (1993): On sustainability and the economics of survival. American Journal of Agricultural Economics 75, 72-83

Chiang, A. C. (1984): Fundamental methods of mathematical economics, 2nd edn.. Tokyo et al.: McGraw-Hill Kogakusha

Chiang, A. C. (1992): Elements of dynamic optimization. New York et al.: McGraw-Hill

Chichilnisky, G. (1994): Sustainable development and North-South trade. FEEM Newsletter 3.1994. Milan: Fondazione Eni Enrico Mattei, 15-22

Chichilnisky, G. (1996a): An axiomatic approach to sustainable development. Social Choice and Welfare 13, 231-257

Chichilnisky, G. (1996b): What is sustainable development? Discussion Paper, November 1996. New York: Columbia University Press

Chichilnisky, G. (1997): What is sustainable development? Land Economics 73, 467-491

Chichilnisky, G., Heal, G. M., Vercelli, A. (eds.) (1998): Sustainability: dynamics and uncertainty. Dordrecht, Boston, London: Kluwer Academic Publishers

Chiras, D. D. (1992): Lessons from nature: learning to live sustainably on the earth. Washington/DC: Island Press

Chisholm, A. H. (1988): Sustainable resource use and development: uncertainty, irreversibility and rational choice. In: Tisdell, C., Maitra, P. (eds.): (1988), 188-216

Christensen, P. P. (1989): Historical roots for ecological economics: biophysical versus allocative approaches. Ecological Economics 1, 17-36

Choucri, N. (ed.) (1993): Global accord: environmental challenges and international responses. Cambridge/MA, London: MIT Press

Clark, C. W. (1973a): Profit maximization and the extinction of animal species. Journal of Political Economy 81, 950-961

Clark, C. W. (1973b): The economics of overexploitation. Science 181, 630-634

Clark, C. W. (1987): Renewable resources. In: Eatwell, J., Milgate, M., Newman, P. (eds.): (1987), vol. 4, 138-141

Clark, C. W. (1990): Mathematical bioeconomics: the optimal management of renewable resources, 2nd edn.. New York et al.: John Wiley & Sons

Clark, C., Munro, G. (1978): Renewable resource management and extinction. Journal of Environmental Economics and Management 5, 198-205

Clark, N., Perez-Trejo, F., Allen, P. (1995): Evolutionary dynamics and sustainable development. Aldershot/UK, Brookfield/US: Edward Elgar

Club of Rome (1991): Die globale Revolution. Hamburg: Spiegel-Verlag

Cobb, C. (1991): Der 'Index of Sustainable Economic Welfare' oder: Hat die Wohlfahrt in der Gesellschaft wirklich zugenommen? In: Diefenbacher, H., Habicht-Erenler, S. (Hrsg.): (1991), 61-72

Cole, H. S. D., Freeman, C., Jahoda, M., Pavitt, K. L. R. (eds.) (1973): Thinking about the future: a critique of the limits to growth. London: Chatto and Windus for Sussex University Press

Collard, D., Pearce, D., Ulph, D. (eds.) (1988): Economics, growth and sustainable environments. Basingstoke: Macmillan

Common, M. S. (1995): Sustainability and policy: limits to economics. Cambridge/UK: Cambridge University Press

Common, M., Perrings, C. (1992): Towards an ecological economics of sustainability. Ecological Economics 6, 7-34

Conrad, J. (1993): Sustainable Development: Bedeutung und Instrumentalisierung, Voraussetzungen und Umsetzbarkeit. In: Die Dritte Welt und Wir, Freiburg: Informationszentrum Dritte Welt, 112-138

Conway, G. R., Barbier, E. B. (1988): After the green revolution: sustainable and equitable agricultural development. Futures 20, 651-670

Costanza, R. (1989): What is ecological economics? Ecological Economics 1, 1-7

Costanza, R. (ed.) (1991): Ecological economics: the science and management of sustainability. New York, Oxford: Columbia University Press

Costanza, R. (1992): Ökologisch tragfähiges Wirtschaften: Investieren in natürliches Kapital. In: Goodland, R., Daly, H., El Serafy, S., von Droste, B. (Hrsg.): (1992), 85-94

Costanza, R., Cumberland, J., Daly, H., Goodland, R., Norgaard, R. (1997): An introduction to ecological economics. Boca Raton/FL: St. Lucie Press

Costanza, R., Daly, H. E. (1987): Toward an ecological economics. Ecological Modelling 38, 1-7

Costanza, R., Daly, H. E., Bartholomew, J. A. (1991): Goals, agenda, and policy recommendations for ecological economics. In: Costanza, R. (ed.): (1991), 1-20

Costanza, R., Patten, B. C. (1995): Defining and predicting sustainability. Ecological Economics 15, 193-196

Costanza, R., Segura, O., Martinez-Alier, J. (1996): Getting down to earth: practical implications of Ecological Economics. Washington/DC: Island Press

Cropper, M. L., Lee, D. R., Pannu, S. S. (1979): The optimal extinction of a renewable natural resource. Journal of Environmental Economics and Management 6, 341-349

Crosson, P. R. (1992): Sustainable agriculture. Resources 106, 14-17

Crowards, T. M. (1998): Safe minimum standards: costs and opportunities. Ecological Economics 25, 303-314

Daly, H. E. (1974): The economics of the steady state. American Economic Review 64, 15-21

Daly, H. E. (1984a): Alternative strategies for integrating economics and ecology. In: Jansson, A.-M. (ed.): (1984), 19-30

Daly, H. E. (1984b): The steady-state economy: alternative to growth mania. London: The Other Economic Summit

Daly, H. E. (1987): The economic growth debate: what some economists have learned but the many have not. Journal of Environmental Economics and Management 14, 323-336

Daly, H. E. (1989): Toward a measure of sustainable social net national product. In: Ahmad, Y. L., El Serafy, S., Lutz, E. (eds.): (1989), 8-9

Daly, H. E. (1990): Towards some operational principles of sustainable development. Ecological Economics 2, 1-6

Daly, H. E. (1991): Steady state economics, 2nd edn.. Washington/DC: Island Press

Daly, H. E. (1992a): Allocation, distribution, and scale: towards an economics that is efficient, just, and sustainable. Ecological Economics 6, 185-193

Daly, H. E. (1992b): Vom Wirtschaften in einer leeren Welt zum Wirtschaften in einer vollen Welt: Wir haben einen historischen Wendepunkt in der Wirtschaftsentwicklung erreicht. In: Goodland, R., Daly, H., El Serafy, S., von Droste, B. (Hrsg.): (1992), 29-40

Daly, H. E. (1994): Fostering environmentally sustainable development: four parting suggestions for the World Bank. Ecological Economics 10, 183-187

Daly, H. E., Cobb, J. B. Jr. (1989): For the common good: redirecting the economy toward community, the environment and a sustainable future. Boston: Beacon Press

d'Arge, R. C., Kogiku, K. C. (1973): Economic growth and the environment. Review of Economic Studies 40, 61-78

Dasgupta, P. (1974): On some alternative criteria for justice between generations. Journal of Public Economics 3, 405-423

Dasgupta, P. (1982): The control of resources. Oxford: Basil Blackwell

Dasgupta, P. (1995): Optimal development and the idea of net national product. In: Goldin, I., Winters, L. A. (eds.): (1995), 111-147

Dasgupta, P., Heal, G. (1974): The optimal depletion of exhaustible resources. Review of Economic Studies (Symposium on the economics of exhaustible resources), 3-28

Dasgupta, P. S., Heal, G. M. (1979): Economic theory and exhaustible resources. Welwyn: James Nisbet and Cambridge University Press

Dasgupta, P., Kriström, B., Mäler, K.-G. (1997): The environment and net national product. In: Dasgupta, P., Mäler, K.-G. (eds.): The environment and emerging development issues, vol. 1. Oxford: Clarendon Press, 129-139

Dasgupta, S., Mitra, T. (1983): Intergenerational equity and efficient allocation of exhaustible resources. International Economic Review 24, 133-153

Da Silva Matos, I., Hofmann, M. (1997): Wasser und Nachhaltigkeit. Zeitschrift für angewandte Umweltforschung 10, 230-244

Deutscher Bundestag (1996): Stand der Umweltökonomischen Gesamtrechnung. Antwort der Bundesregierung auf eine Große Anfrage im Bundestag, BT-Drucksache 13/4435, Bonn

Deutscher Bundestag (Hrsg.) (1998): Konzept Nachhaltigkeit: Vom Leitbild zur Umsetzung. Abschlußbericht der Enquete-Kommission 'Schutz des Menschen und der Umwelt' des 13. Deutschen Bundestages, Bonn: Deutscher Bundestag, Referat Öffentlichkeitsarbeit

Diamond, P. (1965): National debt in a neoclassical growth model. American Economic Review 55, 1126-1150

Diefenbacher, H. (1991): Der 'Index of Sustainable Economic Welfare': Eine Fallstudie über die Entwicklung in Deutschland. In: Diefenbacher, H., Habicht-Erenler, S. (Hrsg.): (1991), 73-88

Diefenbacher, H., Habicht-Erenler, S. (Hrsg.) (1991): Wachstum und Wohlstand: Neuere Konzepte zur Erfassung der Sozial- und Umweltverträglichkeit. Marburg: Metropolis-Verlag

Dieren, W. van (Hrsg.) (1995): Mit der Natur rechnen: Der neue Club-of-Rome-Bericht. Basel, Boston, Berlin: Birkhäuser Verlag

Dietz, F. J., Simonis, U. E., van der Straaten, J. (eds.) (1992): Sustainability and environmental policy: restraints and advances. Berlin: Edition Sigma

Dixit, A., Hammond, P., Hoel, M. (1980): On Hartwick's rule for regular maximin paths of capital accumulation and resource depletion. Review of Economic Studies 47, 551-556

Dockner, E. (1985): Local stability analysis in optimal control problems with two state variables. In: Feichtinger, G. (ed.): (1985), vol. 2, 89-103

Dommen, E. (ed.) (1993): Fair principles for sustainable development: essays on environmental policy and developing countries. Aldershot/UK, Brookfield/US: Edward Elgar

Dorfman, R. (1969): An economic interpretation of optimal control theory. American Economic Review 59, 817-831

Dovers, S. R. (1995): A framework for scaling and framing policy problems in sustainability. Ecological Economics 12, 93-106

Downs, A. (1957): An economic theory of democracy. New York: Harper & Row Publishers

Dragun, A. K., Jakobson, K. M. (eds.) (1997): Sustainability ynd global environmental policy. Cheltenham/UK, Lyme/US: Edard Elgar

Dubbermann, G. (1993): Marktprozeß, Ressourcenverschwendung und staatliche Intervention: Markttheoretische Anmerkungen zu den Befürchtungen des Club of Rome. Zeitschrift für angewandte Umweltforschung 6, 377-388

Dutch Committee for Long-term Environmental Policy (ed.) (1994): The environment: towards a sustainable future. Boston, Dordrecht: Kluwer Academic

Dyckhoff, H., Rüdiger, C. (1997): Ein Möglichkeitstheorem für Umweltindizes. Zeitschrift für angewandte Umweltforschung 10, 58-65

Eatwell, J., Milgate, M., Newman, P. (eds.) (1987): The New Palgrave: a dictionary of economics, 4 vols.. London: Macmillan

Ehrlich, P. R. (1989): The limits to substitution: meta-resource depletion and a new economic-ecological paradigm. Ecological Economics 1, 9-16

Eichhorn, W. (ed.) (1994): Models and measurement of welfare and inequality. Berlin et al.: Springer-Verlag

Eisner, R. (1988): Extended accounts for national income and product. Journal of Economic Literature 26, 1611-1684

Ekins, P. (1993): 'Limits to growth' and 'sustainable development': grappling with ecological realities. Ecological Economics 8, 269-288

Ekins, P. (1994): Sustainable development and the economic growth debate. In: Bürgenmeier, B. (ed.): Economy, environment, and technology, New York: M. E. Sharpe, 121-137

Ekins, P., Max-Neef, M. (eds.) (1992): Real-life economics: understanding wealth creation. London: Routledge

Elliott, J. A. (1994): An introduction to sustainable development: the developing world. London, New York: Routledge

El Serafy, S. (1989): The proper calculation of income from depletable natural resources. In: Ahmad, Y. L., El Serafy, S., Lutz, E. (eds.): (1989), 10-18

El Serafy, S. (1991): The environment as capital. In: Costanza, R. (ed.): (1991), 168-175

El Serafy, S. (1996): Weak and strong sustainability: natural resources and national accounting - part 1. Environmental Taxation and Accounting 1, 27-48

El Serafy, S. (1997). Green accounting and economic policy. Ecological Economics 21, 217-229

Enderle, G. (Hrsg.) (1985): Ethik und Wirtschaftswissenschaft. Schriften des Vereins für Socialpolitik, NF Bd. 147. Berlin: Duncker & Humblot

Endres, A. (1981/82): Ökonomische Grundprobleme der Messung sozialer Kosten. List-Forum 11, 251-269

Endres, A. (1985): Umwelt- und Ressourcenökonomie. Darmstadt: Wissenschaftliche Buchgesellschaft

Endres, A. (1987): Die Backstop-Technologie. Wirtschaftswissenschaftliches Studium 16, 79-82

Endres, A. (1993): A sketch on 'sustainability'. Zeitschrift für Umweltpolitik und Umweltrecht 16, 177-183

Endres, A. (1994): Umweltökonomie: Eine Einführung. Darmstadt: Wissenschaftliche Buchgesellschaft

Endres, A. (1995): Die externen Kosten der Energiewirtschaft - Methodologische Probleme ihrer monetären Bewertung. Zeitschrift für Energiewirtschaft 4/95, 305-313

Endres, A. (1997a): Negotiating a climate convention: the role of prices and quantities. International Review of Law and Economics 17, 147-156

Endres, A. (1997b): Increasing environmental awareness to protect the global commons - a curmudgeon's view. Kyklos 50, 3-27

Endres, A., Finus, M. (1996): Umweltpolitische Zielbestimmung im Spannungsfeld gesellschaftlicher Interessengruppen: Ökonomische Theorie und Empirie. In: Siebert, H. (Hrsg.): (1996), 35-133

Endres, A., Finus, M. (1997): The role of environmental awareness in international pollution control: an economic analysis. In: Kaufmann-Hayoz, R., Haefeli, U. (Hrsg.): Ökologisierungsprozesse in Wirtschaft und Verwaltung. Bern: Interfakultäre Koordinationsstelle für Allgemeine Ökologie der Universität Bern

Endres, A., Holm-Müller, K. (1991): Ökologie und Wirtschaftswachstum. Zeitschrift für angewandte Umweltforschung (Sonderheft 2), 13-23

Endres, A., Holm-Müller, K. (1998): Die Bewertung von Umweltschäden: Theorie und Praxis sozioökonomischer Verfahren. Stuttgart, Berlin, Köln: Kohlhammer

Endres, A., Jarre, J., Klemmer, P., Zimmermann, K. (1991): Der Nutzen des Umweltschutzes Berlin: Erich Schmidt Verlag

Endres, A., Querner, I. (1993): Die Ökonomie natürlicher Ressourcen: Eine Einführung. Darmstadt: Wissenschaftliche Buchgesellschaft

Endres, A., Radke, V. (1998a): Indikatoren einer nachhaltigen Entwicklung: Elemente ihrer wirtschaftstheoretischen Fundierung. Berlin: Duncker & Humblot

Endres, A., Radke, V. (1998b): Zur theoretischen Struktur von Indikatoren einer nachhaltigen Entwicklung. Zeitschrift für Wirtschafts- und Sozialwissenschaften 118, 295-313

Endres, A., Radke, V. (1999a): Nachhaltige Entwicklung: Von der Sonntagsrede zum Politikziel. In: Böhm, H.-P., Gebauer, H. (Hrsg.): Nachhaltigkeit - Leitbild für die Wirtschaft? Dresden.

Endres, A., Radke, V. (1999b): Land use, biodiversity, and sustainability. Journal of Economics (Zeitschrift für Nationalökonomie), forthcoming

Engelhardt, W., Weinzierl, H. (Hrsg.) (1993): Der Erdgipfel: Perspektiven für die Zeit nach Rio. Bonn: Economica Verlag

Enquete-Kommission "Schutz des Menschen und der Umwelt" des Deutschen Bundestages (Hrsg.) (1994): Die Industriegesellschaft gestalten: Perspektiven für einen nachhaltigen Umgang mit Stoff- und Materialströmen. Bonn

Erdmann, K.-H., Kastenholz, H. G. (Hrsg.) (1995): Umwelt- und Naturschutz am Ende des 20. Jahrhunderts. Probleme, Aufgaben und Lösungen. Berlin, Heidelberg, New York: Springer-Verlag

Ewers, H.-J., Rennings, K. (1996): Quantitative Ansätze einer rationalen umweltpolitischen Zielbestimmung. In: Siebert, H. (Hrsg.): (1996), 135-171

Faber, M., Jöst, F., Manstetten, R. (1995): Limits and perspectives of the concept of a sustainable development. Economie Appliquée 48, 231-249

Faber, M., Manstetten, R., Proops, J. L. R. (1995): On the conceptual foundations of ecological economics: a teleological approach. Ecological Economics 12, 41-54

Faber, M., Proops, J. L. R. (1993): Natural resource rents, economic dynamics and structural change: a capital theoretic approach. Ecological Economics 8, 17-44

Farmer, M. C., Randall, A. (1997): Policies for sustainability: lessons from an overlapping generations model. Land Economics 73, 608-622

Farmer, M. C., Randall, A. (1998): The rationality of a safe minimum standard. Land Economics 74, 287-302

Faucheux, S., Muir, E., O'Connor, M. (1997): Neoclassical natural capital theory and 'weak' indicators for sustainability. Land Economics 73, 528-552

Faucheux, S., Muir, E., O'Connor, M. (1998): Weak natural capital theory. In: Faucheux, S., O'Connor, M. (eds.): (1998), 43-74

Faucheux, S., O'Connor, M. (eds.) (1998): Valuation for sustainable development: methods and policy indicators. Cheltenham/UK, Northampton/MA: Edward Elgar

Faucheux, S., O'Connor, M., van den Hove, S. (1998): Towards a sustainable national income? In: Faucheux, S., O'Connor, M. (eds.): (1998), 261-279

Faucheux, S., Pearce, D., Proops, J. (eds.) (1996): Models of sustainable development. Cheltenham/UK, Brookfield/US: Edward Elgar

Fees, E. (1995): Umweltökonomie und Umweltpolitik. München: Vahlen

Feess-Dörr, E., Steger, U., Weihrauch, P. (1993): 'Sustainable development' - Nachhaltige und dauerhafte Entwicklung: Ein ökologisch relevantes und wirksames Leitbild ökonomischer Entscheidungen? In: Steger, U., Timmermann, M. (Hrsg.): (1993), 93-120

Feichtinger, G. (ed.) (1985): Optimal control theory and economic analysis, vol. 2. Amsterdam: Elsevier Science Publishers (North-Holland)

Feichtinger, G., Hartl, R. F. (1986): Optimale Kontrolle ökonomischer Prozesse: Anwendungen des Maximumprinzips in den Wirtschaftswissenschaften. Berlin, New York: Walter de Gruyter

Feser, H.-D., von Hauff, M. (Hrsg.) (1997): Neuere Entwicklungen in der Umweltökonomie und -politik. Regensburg: Transfer Verlag

Fiedler, K. (1997): The conditions for ecological sustainable development in the context of a double-limited selfpurification model of an aggregate water resource. Environmental and Resource Economics 9, 309-321

Fischer-Kowalski, M., Haberl, H., Payer, H., Steurer, A., Zangerl-Weisz, H. (1993): Das System verursacherbezogener Umweltindikatoren: Ein nicht-monetäres System für die ökologische Erweiterung der Volkswirtschaftlichen Gesamtrechnung. Berlin: Institut für ökologische Wirtschaftsforschung

Fisher, A. C. (1981): Resource and environmental economics. Cambridge et al.: Cambridge University Press

Fisher, E. O'N. (1992): Sustained growth in the model of overlapping generations. Journal of Economic Theory 58, 77-92

Fisher, J. (1994): The road from Rio: sustainable development and the nongovernmental movement in the Third World. Westport/CT: Praeger Publishers

Folmer, H., Tietenberg, T. (eds.) (1997): The international yearbook of environmental and resource economics 1997/1998: a survey of current issues. Cheltenham/UK, Lyme/US: Edward Elgar

Forster, B. A. (1972a): A note on the optimal control of pollution. Journal of Economic Theory 5, 537-539

Forster, B. A. (1972b): A note on economic growth and environmental quality. Swedish Journal of Economics 74, 281-285

Forster, B. A. (1973a): Optimal capital accumulation in a polluted environment. Southern Economic Journal 39, 544-547

Forster, B. A. (1973b). Optimal consumption planning in a polluted environment. Economic Record 49, 534-545

Forster, B. A. (1975): Optimal pollution control with a nonconstant exponential rate of decay. Journal of Environmental Economics and Management 2, 1-6

Forster, B. A. (1977): On a one state variable optimal control problem: consumption-pollution trade offs. In: Pitchford, J. D., Turnovsky, S. J. (eds.): Applications of control theory to economic analysis, Amsterdam: North-Holland, 35-56

Frambach, H. (1996): Nutzen- und tauschtheoretische Grundlagen in der Entwicklung der Neoklassik. Zeitschrift für Wirtschafts- und Sozialwissenschaften 116, 85-117

Franz, A., Stahmer, C. (eds.) (1993): Approaches to environmental accounting. Heidelberg: Physica-Verlag

Freeman, A. M. III (1993): The measurement of environmental and resource values: theory and methods. Washington/DC: Resources for the Future

Frey, B. S. (1992): Umweltökonomie, 3. Auflage. Göttingen: Vandenhoeck & Ruprecht

Frey, B. S., Kirchgässner, G. (1994): Demokratische Wirtschaftspolitik: Theorie und Anwendung, 2. Auflage. München: Vahlen

Friedlander, D., Greenberg, D. H., Robins, P. K. (1997): Evaluating government training programs for the economically disadvantaged. Journal of Economic Literature 25, 1809-1855

Friend, A. M., Rapport, D. J. (1991): Evolution of macro-information systems for sustainable development. Ecological Economics 3, 59-76

Fritsch, B., Schmidheiny, S., Seifritz, W. (1994): Towards an ecologically sustainable growth society: physical foundations, economic transitions, and political constraints. Berlin et al.: Springer-Verlag

Funtowicz, S. O., Ravetz, J. R. (1994): The worth of a songbird: ecological economics as a post-normal science. Ecological Economics 10, 197-207

Gaertner, W. (1994): Distributive justice: theoretical foundations and empirical findings. European Economic Review 38, 711-720

Gaertner, W. (Hrsg.) (1998): Wirtschaftsethische Perspektiven IV. Berlin: Duncker & Humblot

Gandolfo, G. (1980): Economic dynamics: methods and models, 2nd edn.. Amsterdam, New York, Oxford: North-Holland

Garg, P. C., Sweeney, J. L. (1978): Optimal growth with depletable resources. Resources and Energy 1, 43-56

Gerken, L. (Hrsg.) (1996): Ordnungspolitische Grundfragen einer Politik der Nachhaltigkeit. Baden-Baden: Nomos Verlagsgesellschaft

Gerken, L., Renner, A. (1996): Nachhaltige Entwicklung unter dem Primat der Bürgersouveränität. Zeitschrift für angewandte Umweltforschung 9, 9-14

Gerster, R. (1998): Der Internationale Währungsfonds und Nachhaltige Entwicklung: Institutionelle Voraussetzungen und wirtschaftliche Implikationen. Aussenwirtschaft 53, 347-361

Gethmann, C. F., Kloepfer, M., Nutzinger, H. G. (1993): Langzeitverantwortung im Umweltstaat. Bonn: Economica Verlag

Gibbs, D. C., Longhurst, J., Braithwaite, C. (1998): Struggling with sustainability: weak and strong interpretations of sustainable development within local authority policy. Environment and Planning A 30, 1351-1365

Gilbert, A. J., Feenstra, J. F. (1994): A sustainability indicator for the Dutch environmental policy theme 'diffusion': cadmium accumulation in soil. Ecological Economics 9, 253-265

Glaeser, B. (1988): A holistic human ecology approach to sustainable agricultural development. Futures 20, 671-678

Goldin, I., Winters, L. A. (eds.) (1995): The economics of sustainable development. Cambridge/UK: Cambridge University Press

Goodland, R., Daly, H. (1993a): Why Northern income growth is not the solution to Southern poverty. Ecological Economics 8, 85-101

Goodland, R., Daly, H. (1993b): Poverty alleviation is essential for environmental sustainability. World Bank Divisional Working Paper 1993-42. Washington/DC: World Bank

Goodland, R., Daly, H. E., El Serafy, S. (eds.) (1991): Environmentally sustainable development: building on Brundtland. Environment Working Paper No. 46. Washington/DC: World Bank

Goodland, R., Daly, H., El Serafy, S. (eds.) (1992): Population, technology and lifestyle: the transition to sustainability. Washington/DC: Island Press

Goodland, R., Daly, H., El Serafy, S., von Droste, B. (Hrsg.) (1992): Nach dem Brundtland-Bericht: Umweltverträgliche wirtschaftliche Entwicklung. Bonn: Dt. UNESCO-Kommission

Goodland, R., Ledec, G. (1987): Neoclassical economics and principles of sustainable development. Ecological Modelling 38, 19-46

Gordon, H. S. (1954): The economic theory of a common property resource: the fishery. Journal of Political Economy 62, 124-142

Gould, J. R. (1972): Extinction of a fishery by commercial exploitation: a note. Journal of Political Economy 80, 1031-1038

Gowdy, J. (1994): Coevolutionary economics: the economy, society and the environment. Boston, Dordrecht, London: Kluwer Academic Publishers

Graaf, H. J. de, Musters, C. J. M., ter Keus, W. J. (1996): Sustainable development: looking for new strategies. Ecological Economics 16, 205-216

Gradus, R., Smulders, S. (1993): The trade-off between environmental care and long-term growth: pollution in three prototype growth models. Journal of Economics (Zeitschrift für Nationalökonomie) 58, 25-51

Gray, L. C. (1914): Rent under the assumption of exhaustibility. Quarterly Journal of Economics 28, 466-489

Gronemann, S., Hampicke, U. (1997): Die Monetariserung der Natur - Möglichkeiten, Grenzen und Methoden. In: Weise, P. et al. (Hrsg.): (1997), 164-207

Grossman. G. M., Helpman, E. (1998): Intergenerational redistribution with short-lived governments. Economic Journal 108, 1299-1329

Grossman, G. M., Krüger, A. B. (1995): Economic growth and the environment. Quarterly Journal of Economics 110, 353-377

Gruber, J. (1992): Towards a sustainable social and ecological market economy in the Ukraine. Diskussionspapier Nr. 197. Fachbereich Wirtschaftswissenschaft, FernUniversität Hagen

Guenno, G., Tiezzi, S. (1996): An index of sustainable economic welfare for Italy. Feem Newsletter 2.1996, 16-21

Haber, W. (1994): Nachhaltige Entwicklung - aus ökologischer Sicht. Zeitschrift für angewandte Umweltforschung 7, 9-13

Hackmann, J. (1996): Verteilungsgerechtigkeit aus volkswirtschaftlicher Sicht. In: Nutzinger, H. G. (Hrsg.): (1996), 95-136

Hamer, G., Stahmer, C. (1992a): Integrierte Volkswirtschaftliche und Umweltgesamtrechnung (I): Konzeption. Zeitschrift für Umweltpolitik und Umweltrecht 15, 85-117

Hamer, G., Stahmer, C. (1992b): Integrierte Volkswirtschaftliche und Umweltgesamtrechnung (II): (Zahlen-) Beispiel und Realisierungsmöglichkeiten. Zeitschrift für Umweltpolitik und Umweltrecht 15, 237-256

Hamilton, K. (1996): Pollution and pollution abatement in the national accounts. Review of Income and Wealth 42, 13-33

Hammond, P. J. (1994): Is there anything new in the concept of sustainable development? In: Campiglio, L., Pineschi, L., Siniscalco, D., Treves, T. (eds.): (1994), 185-194

Hampicke, U. (1991a): Neoklassik und Zeitpräferenz: Der Diskontierungsnebel. In: Beckenbach, F. (Hrsg.): (1991), 127-149

Hampicke, U. (1991b): Naturschutz-Ökonomie. Stuttgart: Ulmer

Hampicke, U. (1992a): Ökologische Ökonomie: Individuum und Natur in der Neoklassik. Opladen: Westdeutscher Verlag

Hampicke, U. (1992b): Kosten und Wertschätzung des Arten- und Biotopschutzes. Zeitschrift für angewandte Umweltforschung, Sonderheft 3/1992, 47-62

Hampicke, U. (1993): Möglichkeiten und Grenzen der monetären Bewertung der Natur. In: Schnabl, H. (Hrsg.): Ökointegrative Gesamtrechnung. Berlin, New York, 135-155

Hannon, B., Ruth, M., Delucia, E. (1993): A physical view of sustainability. Ecological Economics 8, 253-268

Harborth, H.-J. (1991a): Dauerhafte Entwicklung statt globaler Selbstzerstörung: Eine Einführung in das Konzept des 'Sustainable Development'. Berlin: Edition Sigma

Harborth, H.-J. (1991b): Die Diskussion um dauerhafte Entwicklung (Sustainable Development): Basis für eine umweltorientierte Weltentwicklungspolitik? In: Hein, W. (Hrsg.): (1991), 37-62

Harte, M. J. (1995): Ecology, sustainability, and environment as capital. Ecological Economics 15, 157-165

Hartwick, J. M. (1977): Intergenerational equity and the investing of rents from exhaustible resources. American Economic Review 67, 972-974

Hartwick, J. M. (1978a): Investing returns from depleting renewable resource stocks and intergenerational equity. Economics Letters 1, 85-88

Hartwick, J. M. (1978b): Substitution among exhaustible resources and intergenerational equity. Review of Economic Studies 45, 347-354

Hartwick, J. M. (1978c): Exploitation of many deposits of an exhaustible resource. Econometrica 46, 201-217

Hartwick, J. M. (1989): Non-renewable resources: extraction programs and markets. Chur et al.: Harwood Academic Publishers

Hartwick, J. M. (1990): Natural resources, national accounting and economic depreciation. Journal of Public Economics 43, 291-304

Hartwick, J. M. (1992): Deforestation and national accounting. Environmental and Resource Economics 2, 513-521

Hartwick, J. M. (1993): Notes on economic depreciation of natural resource stocks and national accounting. In: Franz, A., Stahmer, C. (eds.): (1993), 167-198

Hartwick, J. M. (1994): National wealth and net national product. Scandinavian Journal of Economics 96, 253-256

Hartwick, J. M. (1995a): Constant consumption paths in open economies with exhaustible resources. Review of International Economics 3, 275-283

Hartwick, J. M. (1995b): Decline in biodiversity and risk-adjusted net national product. In: Swanson, T. M. (ed.): (1995), 57-67

Hartwick, J. M. (1997a): Paying down the environmental debt. Land Economics 73, 508-515

Hartwick, J. M. (1997b): National wealth, constant consumption and sustainable development. In: Folmer, H., Tietenberg, T. (eds.): (1997), 55-81

Hartwick, J. M., Olewiler, N. D. (1998): The economics of natural resource use, 2nd edn.. Harlow/UK: Addison Wesley Longman

Haslinger, F. (1995): Volkswirtschaftliche Gesamtrechnung, 7. Auflage. München

Hausman, D. M., McPherson, M. S. (1993): Taking ethics seriously: economics and contemporary moral philosophy. Journal of Economic Literature 31, 671-731

Hausman, D. M., McPherson, M. S. (1996): Economic analysis and moral philosophy. Cambridge: Cambridge University Press

Hawken, P. (1993): The ecology of commerce: a declaration of sustainability. New York: HarperCollins Publishers

Heal, G. M. (1993): The optimal use of exhaustible resources. In: Kneese, A. V., Sweeney, J. L. (eds.): (1993), 855-880

Heal, G. M. (ed.) (1997): Topological social choice. Berlin et al.: Springer

Heal, G. M. (1998): Interpreting sustainability. In: Chichilniskay, G., Heal, G. M., Vercelli, A. (eds.): Sustainability: dynamics and uncertainty. Dordrecht et al.: Kluwer Academic Publishers, 3-22

Healey, P., Shaw, T. (1993): Planners, plans and sustainable development. Regional Studies 27, 769-776

Hediger, W. (1991): Opportunitätskosten der Umweltverschmutzung: Eine dynamische ökologisch-ökonomische Analyse. Zürich: Verlag Rüegger

Heins, B. (1994): Nachhaltige Entwicklung - aus sozialer Sicht. Zeitschrift für angewandte Umweltforschung 7, 19-25

Hellwig, K. (1997): Intertemporal Choice reexamined. Jahrbücher für Nationalökonomie und Statistik 216, 153-163

Helmstädter, E. (1997): Über die Gerechtigkeit gerechter Regeln. In: Held, M., Nutzinger, H. G. (eds.): Norms matter: Normative Grundfragen und Folgen für die Ökonomik. Frankfurt/M., New York: Campus Verlag

Henrich, K. (1996): Ökologische Ökonomie, Klimaschutz und wissenschaftlicher Pluralismus. Zeitschrift für Umweltpolitik und Umweltrecht 3/96, 313-340

Hesse, H. (Hrsg.) (1988): Wirtschaftswissenschaft und Ethik. Schriften des Vereins für Socialpolitik, N.F. Bd. 171. Berlin: Duncker & Humblot

Hey, C., Schleicher-Tappeser, R. (1998): Nachhaltigkeit trotz Globalisierung: Handlungsspielräume auf regionaler, nationaler und europäischer Ebene. Herausgegeben von der Enquete-Kommission 'Schutz des Menschen und der Umwelt' des 13. Deutschen Bundestages. Berlin et al.: Springer

Hicks, J. R. (1946): Value and capital, 2nd edn.. Oxford: Oxford University Press

Hirsch, F. (1995): Social limits to growth, revised edn.. London: Routledge

Hohmeyer, O., Ottinger, R. L. (eds.) (1994): Social costs of energy: present status and future trends. Berlin, Heidelberg, New York: Springer-Verlag

Hohmeyer, O., Ottinger, R. L., Rennings, K. (eds.) (1996): Social costs and sustainability: valuation and implementation in the energy and transport sector. Berlin et al.: Springer-Verlag

Holländer, H. (1985): Die Theorie sozialer Wachstumsgrenzen. In: Jahrbuch Ökonomie und Gesellschaft 3: Jenseits von Staat und Kapital. Frankfurt/M., New York: Campus, 14-51

Holm-Müller, K. (1997): Ökonomische Anreize in der deutschen Abfallwirtschaftspolitik. Heidelberg: Physica-Verlag

Homann, K. (Hrsg.) (1992a): Aktuelle Probleme der Wirtschaftsethik. Schriften des Vereins für Socialpolitik, N.F. Bd. 211. Berlin: Duncker & Humblot

Homann, K. (Hrsg.) (1992b): Wirtschaftsethische Perspektiven des Drogenproblems. Schriften des Vereins für Socialpolitik, N.F. Bd. 217. Berlin: Duncker & Humblot

Homann, K. (1994a): Ethik und Ökonomik: Zur Theoriestrategie der Wirtschaftsethik. In: Homann, K. (Hrsg.): (1994b), 9-30

Homann, K. (Hrsg.) (1994b): Wirtschaftsethische Perspektiven I: Theorie, Ordnungsfragen, Internationale Institutionen. Schriften des Vereins für Socialpolitik, NF Bd. 228/I. Berlin: Duncker & Humblot

Homburg, S. (1991): Interest and growth in an economy with land. Canadian Journal of Economics 24, 450-459

Homburg, S. (1992): Efficient economic growth. Berlin et al.: Springer-Verlag

Homburger, B. C. (1997): Nachhaltige Entwicklung: Mehr als Umweltpolitik. Zeitschrift für angewandte Umweltforschung 10, 166-169

Hotelling, H. (1931): The economics of exhaustible resources. Journal of Political Economy 39, 137-175

Howarth, R. B. (1997a): Defining sustainability: an overview. Land Econonmics 73, 445-447

Howarth, R. B. (1997b): Sustainability as opportunity. Land Economics 73, 569-579

Howarth, R. B., Norgaard, R. B. (1992): Environmental valuation under sustainable development. American Economic Review 82, 473-477

Howe, C. W. (1997): Dimensions of sustainability: geographical, temporal, institutional, and psychological. Land Economics 73, 597-607

Hübner, M. (1995): The private provision of public goods with tax deductibility. Finanzarchiv N.F. 52, 503-516

Hueting, R. (1989): Correcting national income for environmental losses: toward a practical solution. In: Ahmad, Y., El Serafy, S., Lutz, E. (eds.): (1989), 32-39

Hueting, R. (1990): The Brundtland Report: a matter of conflicting goals. Ecological Economics 2, 109-117

Hueting, R., Bosch, P., de Boer, B. (1992): Methodology for the calculation of sustainable national income. Voorburg: Netherlands Central Bureau of Statistics

Hueting, R., Leipert, C. (1990): Economic growth, national income and the blocked choices for the environment. Environmentalist 10, 25-38

Hulten, C. R. (1992): Accounting for the wealth of nations: the net versus gross output controversy and its ramifications. Scandinavian Journal of Economics 94 (Supplement), 9-24

Hung, N. M. (1993): Natural resources, national accounting, and economic depreciation: stock effects. Journal of Public Economics 51, 379-389

Hustedt, M. (1997): Deutsche Umweltpolitik: Nicht in der Vorreiterrolle. Zeitschrift für angewandte Umweltforschung 10, 161-165

ICC (International Chamber of Commerce) (1990): The business charter for sustainable development: principles for environmental management. Paris: ICC

Immler, H. (1992): Nachhaltige Wirtschaft: Ist das Nachhaltigkeitsprinzip auf unsere Wirtschaft übertragbar? Universitas 7/92, 661-670
Ingham, B. (1993): The meaning of development: interactions between 'new' and 'old' ideas. World Development 21, 1803-1821
Intriligator, M. D. (1971): Mathematical optimization and economic theory. Englewood Cliffs/NJ: Prentice-Hall
IUCN (International Union for Conservation of Nature and Natural Resources) (1980): World conservation strategy: living resource conservation for sustainable development. Morges/CH: IUCN

Jacob, M. (1993): The green economy: environment, sustainable development and the politics of the future. Concord/MA: Pluto Press and Boulder/CO: Westview Press
Jacob, M. (1994a) Sustainable development and deep ecology: analysis of competing traditions. Environmental Management 18, 477-488
Jacob, M. (1994b): Toward a methodological critique of sustainable development. Journal of Developing Areas 28, 237-251
Jacobs, M. (1996): What is socio-ecological economics? Ecological Economics Bulletin 1, 14-16
Jaeger, F. (1994): Natur und Wirtschaft: Ökonomische Grundlagen einer Politik des qualitativen Wachstums, 2. Auflage. Chur: Verlag Rüegger
Jaeger, W. K. (1995): Is sustainability optimal? examining the differences between economists and environmentalists. Ecological Economics 15, 43-57
Jänicke, M. (1995): Tragfähige Entwicklung: Anforderungen an die Umweltberichterstattung aus der Sicht der Politikanalyse. Zeitschrift für angewandte Umweltforschung 8, 90-98
Jansson, A.-M. (ed.) (1984): Integration of economy and ecology: an outlook for the eighties. Stockholm: Wallenberg Foundation for International Cooperation in Science
Jansson, A., Hammer, M., Folke, C., Costanza, R. (eds.) (1994): Investing in natural capital: the ecological economics approach to sustainability. Covelo/CA: Island Press
Jarret, H. (ed.) (1966): Environmental quality in a growing economy. Baltimore: Resources for the Future/Johns Hopkins University Press
Johannesson, M. (1996): Theory and methods of economic evaluation of health care. Dordrecht, Boston, London: Kluwer Academic Publishers
Jorgensen, S. E. (1994a): The application of global models for comparison of different strategies on sustainable living. Ecological Economics 11, 1-8

Jorgensen, S. E. (1994b): Fundamentals of ecological modelling, 2nd edn.. Amsterdam, London, New York, Tokyo: Elsevier

Junkernheinrich, M., Klemmer, P. (Hrsg.) (1992): Wirtschaftlichkeit des Umweltschutzes. Zeitschrift für angewandte Umweltforschung, Sonderheft 3/1992. Berlin: Analytica Verlag

Kamien, M. I., Schwartz, N. L. (1981): Dynamic optimization: the calculus of variations and optimal control in economics and management. New York: Elsevier Science Publishers (North Holland)

Kamien, M. I., Schwartz, N. L. (1982): The role of common property resources in optimal planning models with exhaustible resources. In: Smith, V. K., Krutilla, J. V. (eds.): (1982), 47-71

Kapp, K. W. (1950): The social costs of private enterprise. Cambridge/MA: Harvard University Press

Karl, H. (1998): Zukunftsfähige Umweltpolitik. In: Klemmer, P., Becker-Soest, D., Wink, R. (Hrsg.): (1998), 375-391

Karl, H., Klemmer, P. (1990): Einbeziehung von Umweltindikatoren in die Regionalplanung. Berlin: Duncker & Humblot

Karp, L., Newberry, D. M. (1993): Intertemporal consistency issues in depletable resources. In: Kneese, A. V., Sweeney, J. L. (eds.): (1993), 881-931

Kastenholz, H. G., Erdmann, K.-H., Wolff, M. (Hrsg.) (1996): Nachhaltige Entwicklung: Zukunftschancen für Mensch und Umwelt. Berlin, Heidelberg, New York: Springer-Verlag

Kaufmann, R. K. (1995): The economic multiplier of environmental life support: can capital substitute for a degraded environment? Ecological Economics 12, 67-79

Keeler, E., Spence, M., Zeckhauser, R. (1971): The optimal control of pollution. Journal of Economic Theory 4, 19-34

KEG (Kommission der Europäischen Gemeinschaften) (1992): Für eine dauerhafte und umweltgerechte Entwicklung: Ein Programm der Europäischen Gemeinschaft für Umweltpolitik und Maßnahmen im Hinblick auf eine dauerhafte und umweltgerechte Entwicklung. Luxemburg: Amt für amtliche Veröffentlichungen der EG

Kirchgässner, G. (1997): Nachhaltigkeit in der Umweltnutzung: Einige Bemerkungen. Zeitschrift für Umweltpolitik und Umweltrecht 1/97, 1-34

Kirkpatrick, C., Lee, N. (eds.) (1997): Sustainable development in a developing world: integrating socio-economic appraisal and environmental assessment. Cheltenham/UK, Northampton/MA: Edward Elgar

Klaassen, G. A. J., Opschoor, J. B. (1991): Economics of sustainability or the sustainability of economics: different paradigms. Ecological Economics 4, 93-115

Klemmer, P. (1994a): Nachhaltige Entwicklung - aus ökonomischer Sicht. Zeitschrift für angewandte Umweltforschung 7, 14-19

Klemmer, P. (1994b): Ressourcen- und Umweltschutz um jeden Preis? In: Voss, G. (Hrsg.): (1994), 22-57

Klemmer, P. (1996a): Ordnungspolitische Aspekte des Nachhaltigkeitsanliegens. Zeitschrift für angewandte Umweltforschung 9, 14-19

Klemmer, P. (1996b): Das Prinzip der Nachhaltigkeit: Neuere stoffpolitische Ansätze. List Forum für Wirtschafts- und Finanzpolitik 22, 313-330

Klemmer, P., Becker-Soest, D., Wink, R. (eds.) (1998): Liberale Grundrisse einer zukunftsfähigen Gesellschaft. Baden-Baden: Nomos Verlagsgesellschaft

Klepper, G., Stähler, F. (1998): Sustainability in closed and open economies. Review of International Economics 6(3), 488-506

Kneese, A. V., Schulze, W. D. (1985): Ethics and environmental economics. In: Kneese, A. V., Sweeney, J. L. (eds.): (1985), vol. 1, 191-220

Kneese, A. V., Sweeney, J. L. (eds.) (1985): Handbook of natural resource and energy economics, 3 vols.. Amsterdam, New York, Oxford: Elsevier Science Publishers (North Holland)

Kneese, A. V., Sweeney, J. L. (eds.) (1993): Handbook of natural resource and energy economics, vol. 3. Amsterdam, London, New York, Tokyo: Elsevier Science Publishers (North Holland)

Knorr, A. (1997): Umweltschutz, nachhaltige Entwicklung und Freihandel. Stuttgart: Lucius & Lucius

Knorring, E. v. (1995): Das Umweltproblem als Externalität - ökonomische Ökologie oder ökologische Ökonomie? Zeitschrift für Umweltpolitik und Umweltrecht 4/95, 537-567

Köhn, J. (1998): Thinking in terms of system hierarchies and velocities. What makes development sustainable? Ecological Economics 26, 173-187

Kolm, S.-C. (1994a): Rational normative economics vs. 'social welfare' and 'social choice'. European Economic Review 38, 721-730

Kolm, S.-C. (1994b): Rational justice and equality. In: Eichhorn, W. (ed.): (1994), 970-992

Kolm, S.-C. (1996): Modern theories of justice. Cambridge/MA, London: MIT Press

Kolm, S.-C. (1998): Chance and justice: social policies and the Harsanyi-Vickrey-Rawls problem. European Economic Review 42, 1393-1416

Kolstad, C. D., Krautkraemer, J. A. (1993): Natural resource use and the environment. In: Kneese, A. V., Sweeney, J. L. (eds.): (1993), 1219-1265

Konrad, K. A. (1988): Intergenerationelle Gerechtigkeit bei bestandsabhängigen Extraktionskosten. Jahrbücher für Nationalökonomie und Statistik 205, 400-409

Kopfmüller, J. (1991): 'Sustainable Development': Hintergründe, Umsetzungsaspekte, Forschungsbedarf. Arbeitsbericht 8/1991, Kernforschungszentrum Karlsruhe

Krabbe, J. J. (1993): A 'physiocratic' approach to sustainability. International Journal of Social Economics 20, 15-21

Krabbe, J. J., Heijman, W. J. M. (eds.) (1992): National income and nature: externalities, growth and steady state. Dordrecht, Boston, London: Kluwer Academic Publishers

Kraemer, K. (1997): Nachhaltigkeit durch Konsumverzicht? 'Sustainable Development: Eine soziologische Betrachtung. Zeitschrift für angewandte Umweltforschung 10, 98-209

Krautkraemer, J. A. (1985): Optimal growth, resource amenities and the preservation of natural environments. Review of Economic Studies 52, 153-170

Krelle, W. (1984): Economic growth with exhaustible resources and environmental protection. Journal of Institutional and Theoretical Economics (Zeitschrift für die gesamte Staatswissenschaft) 140, 399-429

Kuik, O., Verbruggen, H. (eds.) (1991): In search of indicators of sustainable development. Dordrecht, Boston, London: Kluwer Academic Publishers

Kurz, R. (1996): Ordnungspolitische Aspekte einer Nachhaltigkeitspolitik. Zeitschrift für angewandte Umweltforschung 9, 23-26

Kydland, F. E., Prescott, E. C. (1977): Rules rather than discretion: the inconsistency of optimal plans. Journal of Political Economy 85, 473-491

Lawrence, D. P. (1997): Integrating sustainability and environmental impact assessment. Environmental Management 21, 23-42

Leininger, W. (1985): Rawls' maximin criterion and time consistency: further results. Review of Economic Studies 52, 505-513

Leininger, W. (1986): The existence of perfect equilibria in a model of growth with altruism between generations. Review of Economic Studies 53, 349-367

Leipert, C. (1975): Unzulänglichkeiten des Sozialprodukts in seiner Eigenschaft als Wohlstandsmaß. Tübingen: J. C. B. Mohr (Paul Siebeck)

Leipert, C. (1986a): Sozialproduktkritik, Nettowohlfahrtsmessung und umweltbezogene Rechnungslegung: Historische Entwicklung und alternative Forschungslinien. Zeitschrift für Umweltpolitik und Umweltrecht 3/86, 281-299

Leipert, C. (1986b): Social costs of economic growth. Journal of Economic Issues 20, 109-131

Leipert, C. (1989a): Social costs of the economic process and national accounts: the example of defensive expenditures. Journal of Interdisciplinary Economics 3, 27-46

Leipert, C. (1989b): Die heimlichen Kosten des Fortschritts: Wie Umweltzerstörung das Wirtschaftswachstum fördert: Frankfurt/M.: S. Fischer

Lele, S. (1991): Sustainable development: a critical review. World Development 19, 607-621

Lemons, J. (1995): Sustainable development and environmental protection: a perspective on current trends and future options for universities. Environmental Management 19, 157-165

Léonard, D. (1987): Co-state variables correctly value stocks at each instant. Journal of Economic Dynamics and Control 11, 117-122

Léonard, D., Long, N. V. (1992): Optimal control theory and static optimization in economics. Cambridge: Cambridge University Press

Lerch, A. (1995): Der Einsatz ökonomischer Instrumente beim Übergang zu einer nachhaltigen Energieversorgung. In: Nutzinger, H. G. (Hrsg.): (1995a), 169-199

Lier, H. N. van, Jaarsma, C. F., Jurgens, C. R. (eds.) (1994): Sustainable land use planning: proceedings of an international workshop, 2-4 September, Wageningen, The Netherlands. Amsterdam et al.: Elesevier

Lindsay, J. M. (1993): Overlaps and tradeoffs: coordinating policies for sustainable development in Asia and the Pacific. Journal of Developing Areas 28, 21-30

Lintott, J. (1996): Environmental accounting: useful to whom and for what? Ecological Economics 16, 179-190

Lippold, K. (1997): Deutschland auf dem Weg zur nachhaltigen Entwicklung. Zeitschrift für angewandte Umweltforschung 10, 153-155

Löfgren, K.-G. (1992): Comment on C. R. Hulten, "Accounting for the wealth of nations: the net versus gross output controversy and its ramifications". Scandinavian Journal of Economics 94 (Supplement), S25-S28

Loo, F. A. van der (1994): From sustainability to indicators: the climate change case. In: Weterings, R., Opschoor, J. B. (eds.): Towards environmental performance indicators based on the notion of environmental space. Rijswijk/NL: Advisory Council for Research on Nature and Environment, 53-68

Low, N. P., Gleeson, B. J. (1997): Justice in and to the environment: ethical uncertainties and political practices. Environment and Planning A 29, 21-42

Luks, F. (1998): The rhetorics of ecological economics. Ecological Economics 26, 139-149

Lutz, E. (ed.) (1993): Toward improved accounting for the environment. Washington/DC: World Bank

Mäler, K. G. (1991): National accounts and environmental resources. Environmental and Resource Economics 1, 1-15

Mäler, K. G. (1993): Economic growth and the environment. FEEM Working Paper 55.93. Milan: Fondazione Eni Enrico Mattei

Majer, H. (1991): Anreizsysteme für nachhaltige Wirtschaftsentwicklung. In: Hauff, M. v. (Hrsg.): Moderne Industriegesellschaft: Herausforderungen und Perspektiven. Ludwigsburg, Berlin: Verlag Wissenschaft und Praxis, 181-194

Majer, H. (1995a): Ökologisches Wirtschaften: Wege zur Nachhaltigkeit in Fallbeispielen. Ludwigsburg, Berlin: Verlag Wissenschaft & Praxis

Majer, H. (1995b): Das Leitbild sustainable development und seine Folgen für die ökonomische Theoriebildung. In: Biervert, B., Held, M. (Hrsg.): Zeit in der Ökonomik: Perspektiven für die Theoriebildung. Frankfurt/M., New York: Campus, 236-258

Mangasarian, O. L. (1966): Sufficient conditions for the optimal control of nonlinear systems: SIAM Journal on Control 4, 139-152

Marini, G., Scaramozzino, P. (1995): Overlapping generations and environmental control. Journal of Environmental Economics and Management 29, 64-77

Markandya, A. (1992): Environment and sustainable development: economic perspectives. FEEM Newsletter 3.1992. Milan: Fondazione Eni Enrico Mattei, 4-8

Markandya, A., Rhodes, B. (1992): The social dimension of environment and sustainable development. CSERGE Working Paper GEC 92-15.

London: Centre for Social and Economic Research on the Global Environment

Martin, F. (1994): Sustainability, the discount rate, and intergenerational effects within a regional framework. Annals of Regional Science 28, 107-123

Matten, D., Wagner, G. R. (1998): Konzeptionelle Fundierung und Perspektiven des Sustainable-Development-Leitbildes. In: Steinmann, H., Wagner, G. R. (Hrsg.): (1998), 51-79

McFaddin, S., Clouse, M. (1993): A new model for sustainable growth in the energy industry. Energy Economics 15, 3-7

McNutt, P. A. (1996): The economics of public choice. Cheltenham/UK, Brookfield/US: Edward Elgar

Meadows, D. H., Meadows, D. L., Randers, J., Behrens, W. W. (1972): The limits to growth: a report for the Club of Rome's project on the predicament of mankind. London: Earth Island

Meadows, D. H., Meadows, D. L., Randers, J. (1992): Beyond the limits: global collapse or a sustainable future. London: Earthscan

Meppem, T., Gill, R. (1998): Planning for sustainability as a learning concept. Ecological Economics 26, 121-137]

Meyerhoff, J., Petschow, U. (1996): Nachhaltigkeitspolitik erfordert mehr als Ordnungspolitik. Zeitschrift für angewandte Umweltforschung 9, 27-30

Michelsen, G. (1994): Bildungspolitische Instrumentarien einer dauerhaft-umweltgerechten Entwicklung. Stuttgart: Metzler-Poeschel

Miersch, M. (1995): Magna Charta für Fifi. Die Zeit Nr. 6, 3. Februar 1995, 37

Milon, J. W. (1995): Implications of alternative concepts of sustainability for total valuation of environmental resources. Economie Appliquée 48, 59-73

Milon, J. W., Shogren, J. F. (eds.) (1995): Integrating economic and ecological indicators: practical methods for environmental policy analysis. Westport/CT, London: Praeger Publishers

Minsch, J. (1993): Nachhaltige Entwicklung: Idee - Kernpostulate. Ein ökologisch-ökonomisches Referenzsystem für eine Politik des ökologischen Strukturwandels in der Schweiz. IWÖ-Diskussionsbeitrag Nr. 14. St. Gallen: Institut für Wirtschaft und Ökologie

Minsch, J. (1996): Nachhaltige Entwicklung: Das Referenzsystem. In: Minsch, J. et al. (Hrsg.): Mut zum ökologischen Umbau. Innovationsstrategien für Unternehmen, Politik und Akteurnetze. Basel: Birkhäuser-Verlag

Mishan, E. J. (1967): The costs of economic growth. London: Staples Press

Mishan, E. J. (1977): The economic growth debate: an assessment. London: George Allen and Unwin

Mitra, T. (1978): Efficient growth with exhaustible resources in a neoclassical model. Journal of Economic Theory 17, 114-129

Mohr, A. (1998): Nachhaltige Entwicklung, Umweltschutz und ökonomische Instrumente: Umsetzung in der Schweiz. Schweizerische Zeitschrift für Volkswirtschaft und Statistik 134, 317-327

Mohr, E. (1994): Environmental norms, society, and economics. Ecological Economics 9, 229-239

Mohr, E. (1995): Sustainable development and international distribution: theory and application to rainforests as carbon sinks. Diskussionsbeitrag Nr. II/257. Konstanz: SFB 178 'Internationalisierung der Wirtschaft'

Moldan, B., Billharz, S., Matravers, R. (eds.) (1997): Sustainability indicators: report of the project on indicators of sustainable development. New York et al.: John Wiley & Sons

Moll, P. (1991): From scarcity to sustainability: futures studies and the environment: the role of the Club of Rome. Frankfurt/M. et al.: Peter Lang

Mourmouras, A. (1991): Competitive equilibria and sustainable growth in a life-cycle model with natural resources. Scandinavian Journal of Economics 93, 585-591

Mourmouras, A. (1993): Conservationist government policies and intergenerational equity in an overlapping generations model with renewable resources. Journal of Public Economics 51, 249-268

Müller, M. (1997): Deutschland auf dem Weg zur nachhaltigen Entwicklung? Zeitschrift für angewandte Umweltforschung 10, 156-160

Munasinghe, M. (1993a): Environmental economics and sustainable development. World Bank Environment Paper No. 3, July 1993. Washington/DC: World Bank

Munasinghe, M. (1993b): The economist's approach to sustainable development. Finance and Development 30, 16-19

Munasinghe, M., Lutz, E. (1991): Environmental-economic evaluation of projects and policies for sustainable development. Environment Working Paper No. 42. Washington/DC: World Bank

Munda, G., Nijkamp, P., Rietveld, P. (1995): Monetary and non-monetary evaluation methods in sustainable development planning. Economie Appliquée 48, 143-160

Munro, G. R., Scott, A. D. (1985): The economics of fisheries management. In: Kneese, A. V., Sweeney, J. L. (eds.): (1985), vol. 2, 623-676

Musu, I. (1990): A note on optimal accumulation and the control of environmental quality. Rivista Internazionale di Scienze Economiche e Commerciali 37, 193-202

Musu, I. (1994a): Economic growth, technical progress and the environment. In: Campiglio, L., Pineschi, L., Siniscalco, D., Treves, T. (eds.): (1994), 195-203

Musu, I. (1994b): Sustainable economy and time preference. Structural Change and Economic Dynamics 5, 81-86

Musu, I. (1996): Transitional dynamics to optimal sustainable growth. CEPR Discussion Paper No. 1282. London: Centre for Economic Policy Research

Musu, I., Siniscalco, D. (eds.) (1996): National accounts and the environment: Dordrecht, Boston, London: Kluwer Academic Publishers

Myers, G., Macnaghten, P. (1998): Rhetorics of environmental sustainability: commonplaces and places. Environment and Planning A 30, 333-353

Niehans, J. (1975): Economic growth and decline with exhaustible resources. De Economist 123, 1-22

Nielsen, S. B., Pedersen, L. H., Sorensen, P. B. (1995): Environmental policy, pollution, unemployment, and endogenous growth. International Tax and Public Finance 2, 185-205

Noel, F., O'Connor, M. (1998): Strong sustainability and critical natural capital. In: Faucheux, S., O'Connor, M. (eds.): (1998), 75-97

Nordhaus, W. D. (1991a): A sketch of the economics of the greenhouse effect. American Economic Review 81, 146-150

Nordhaus, W. (1991b): To slow or not to slow? The economics of the greenhouse effect. Economic Journal 101, 920-937

Nordhaus, W. D. (1993): Reflections on the concept of sustainable economic growth. FEEM Working paper 56.93. Milan: Fondazione Eni Enrico Mattei

Nordhaus, W. D. (1995): How should we measure sustainable income? Cowles Foundation Discussion Paper 1101. Yale University

Nordhaus, W., Tobin, J. (1971): Is growth obsolete? In: Moss, M. (ed.): The measurement of economic and social performance. Princeton University Press, 509-532

Norgaard, R. B. (1984): Coevolutionary development potential. Land Economics 60, 160-173

Norgaard, R. B. (1985): Environmental economics: an evolutionary critique and a plea for pluralism. Journal of Environmental Economics and Management 12, 382-394

Norgaard, R. B. (1988) Sustainable development: a co-evolutionary view. Futures 20, 606-620

Norgaard, R. B. (1989): Three dilemmas of environmental accounting. Ecological Economics 1, 303-314

Norgaard, R. (1992): Coevolution of economy, society and environment. In: Ekins, P., Max-Neef, M. (eds.): (1992), 76-88

Norton, B. G. (1989): Intergenerational equity and environmental decisions: a model using Rawls veil of ignorance. Ecological Economics 1, 137-159

Norton, B. G. (1995): Evaluating ecosystem states: two competing paradigms. Ecological Economics 14, 113-127

Norton, B. G., Toman, M. A. (1997): Sustainability: ecological and economic perspectives. Land Economics 73, 553-568

Nutzinger, H. G. (1993): Langzeitverantwortung im Umweltstaat aus ökonomischer Sicht: Zur Konzeption des nachhaltigen Wirtschaftens. In: Gethmann, C. F., Kloepfer, M., Nutzinger, H. G., (1993), 42-78

Nutzinger, H. G. (Hrsg.) (1994): Wirtschaftsethische Perspektiven II: Unternehmen und Organisationen, philosophische Begründungen, individuelle und kollektive Rationalität. Schriften des Vereins für Socialpolitik, NF Bd. 228/II. Berlin: Duncker & Humblot

Nutzinger, H. G. (Hrsg.) (1995a): Nachhaltige Wirtschaftsweise und Energieversorgung: Konzepte, Bedingungen, Ansatzpunkte. Marburg: Metropolis

Nutzinger, H. G. (1995b): Von der Durchflußwirtschaft zur Nachhaltigkeit: Zur Nutzung endlicher Ressourcen in der Zeit. In: Biervert, B., Held, M. (Hrsg.): Zeit in der Ökonomik: Perspektiven für die Theoriebildung. Frankfurt/M., New York: Campus, 207-235

Nutzinger, H. G. (Hrsg.) (1996): Wirtschaftsethische Perspektiven III: Unternehmensethik, Verteilungsprobleme, methodische Ansätze. Schriften des Vereins für Socialpolitik, NF Bd. 228/III. Berlin: Duncker & Humblot

Nutzinger, H. G. (1997): Nachhaltigkeit und Standardökonomik: komplementär oder substitutiv? In: Weise, P. et al. (Hrsg.): (1997), 46-50

Nutzinger, H. G., Radke, V. (1995a): Das Konzept der nachhaltigen Wirtschaftsweise: Historische, theoretische und politische Aspekte. In: Nutzinger, H. G. (Hrsg.): (1995a), 13-49

Nutzinger, H. G., Radke, V. (1995b): Wege zur Nachhaltigkeit. In: Nutzinger, H. G. (Hrsg.): (1995a), 225-256

OECD (Organization for Economic Cooperation and Development) (1991): Environmental indicators: a preliminary set. Paris: OECD

OECD (Organization for Economic Cooperation and Development) (1993): OECD core set of indicators for environmental performance reviews: a synthesis report by the group on the state of the environment. Environment Monographs No. 83. Paris: OECD

OECD (Organization for Economic Cooperation and Development) (1994): Environmental indicators: OECD core set. Paris: OECD

Olson, L. J., Knapp, K. C. (1997): Exhaustible resource allocation in an overlapping generations economy, Journal of Environmental Economics and Management 32, 277-292

Olson, M. (1965): The logic of collective action. Cambridge/MA: Harvard University Press. Dt.: Die Logik des kollektiven Handelns, Tübingen, Mohr (Siebeck), 1968

Onuma, A. (1998): On the converse of Hartwick's rule: efficient constant utility path with zero net investment and its existence. Paper presented at the World Congress of Environmental and Resource Economists, Venice, June 1998

Opschoor, H., van der Straaten, J. (1993): Sustainable development: an institutional approach. Ecological Economics 7, 203-222

Opschoor, J. B., Reijnders, L. (1991): Towards sustainable development indicators. In: Kuik, O., Verbruggen, H. (eds.): (1991), 7-27

Owens, S. (1997): Negotiated environments? needs, demands, and values in the age of sustainability. Environment and Planning A 29, 571-580

Page, T. (1991): Sustainability and the problem of valuation. In: Costanza, R. (ed.): (1991), 58-74

Page, T. (1997): On the problem of achieving efficiency and equity, intergenerationally. Land Economics 73, 580-596

Pan, J. (1994): A synthetic analysis of market efficiency and constant resource stock for sustainability and its policy implications. Ecological Economics 11, 187-199

Panayotou, T. (1993): Green markets: the economics of sustainable development. San Francisco: ICS Press

Pearce, D. (1987): Foundations of an ecological economics. Ecological Modelling 38, 9-18

Pearce, D. (1988a): The sustainable use of natural resources in developing countries. In: Turner, R. K. (ed.): (1988), 102-117

Pearce, D. W. (1988b): Economics, equity and sustainable development. Futures 20, 598-605

Pearce, D. (ed.) (1991): Blueprint 2: greening the world economy. London: Earthscan Publications

Pearce, D. (1992): The practical implications of sustainable development. In: Ekins, P., Max-Neef, M. (eds.): (1992), 403-411

Pearce, D. (1992): Towards sustainable development through environmental assessment. CSERGE Working Paper PA 92-11. Norwich, London: Centre for Social and Economic Research on the Global Environment

Pearce, D. W. (1993): Economic values and the natural world. London: Earthscan Publications

Pearce, D., Atkinson, G. (1992): Are national economies sustainable? Measuring sustainable development. CSERGE Working Paper GEC 92-11. London, Norwich: Centre for Social and Economic Research on the Global Environment

Pearce, D., Atkinson, G. (1993a): Measuring sustainable development. Ecodecision, June 1993, 64-66

Pearce, D. W., Atkinson, G. D. (1993b): Capital theory and the measurement of sustainable development: an indicator of 'weak' sustainability. Ecological Economics 8, 103-108

Pearce, D., Atkinson, G. (1995): Measuring sustainable development. In: Bromley, D. W. (ed.): (1995), 166-181

Pearce, D., Atkinson, G. (1998): The concept of sustainable development: an evaluation of its usefulness ten years after Brundtland. Swiss Journal of Economics and Statistics 134, 251-269

Pearce, D. W., Barbier, E. B., Markandya, A. (1990): Sustainable development: economics and environment in the Third World. Aldershot/UK: Edward Elgar

Pearce, D. et al. (1993): Blueprint 3: measuring sustainable development. London: Earthscan Publications

Pearce, D. W., Hamilton, K., Atkinson, G. (1996): Measuring sustainable development: progress on indicators. Environmental and Development Economics 1, 85-101

Pearce, D. W., Markandya, A., Barbier, E. B. (1989): Blueprint for a green economy. London: Earthscan Publications

Pearce, D. W., Moran, D. (1994): The economic value of biodiversity. London: Earthscan Publications

Pearce, D. W., Turner, R. K. (1990): Economics of natural resources and the environment. Hemel Hempstead/UK: Harvester Wheatsheaf

Pearce, D. W., Warford, J. J. (1993): World without end: economics, environment, and sustainable development. Oxford, New York, Toronto, Melbourne: Oxford University Press for the World Bank

Pelt, M. J. F. van (1993): Ecologically sustainable development and project appraisal in developing countries. Ecological Economics 7, 19-42

Pelt, M. J. F. van, Kuyvenhoven, A., Nijkamp, P. (1990): Project appraisal and sustainability: methodological challenges. Project Appraisal 5, 139-158

Perrings, C. (1995): Ecological resilience in the sustainability of economic development. Economie Appliquée 48, 121-142

Perrings, C. A., Mäler, K.-G., Folke, C., Holling, C. S., Jansson, B.-O. (eds.) (1995a): Biodiversity loss: economic and ecological issues. Cambridge: Cambridge University Press

Perrings, C. A., Mäler, K.-G., Folke, C., Holling, C. S., Jansson, B.-O. (eds.) (1995b): Biodiversity conservation: problems and policies. Dordrecht, Boston, London: Kluwer Academic Publishers

Peskin, H. M. (1989): Accounting for natural resource depletion and degradation in developing countries. Environment Department Working Paper No. 13. Washington/DC: World Bank

Pethig, R. (ed.) (1994a): Valuing the environment: methodological and measurement issues. Dordrecht, Boston, London: Kluwer Academic Publishers

Pethig, R. (1994b): Ecological dynamics and the valuation of environmental change. In: Pethig, R. (ed.): (1994a), 3-22

Petschow, U., Hübner, K., Dröge, S., Meyerhoff, J. (1998): Nachhaltigkeit und Globalisierung: Herausforderungen und Handlungsansätze. Herausgegeben von der Enquete-Kommission 'Schutz des Menschen und der Umwelt' des 13. Deutschen Bundestages. Berlin et al.: Springer

Pezzey, J. (1992a): Sustainability: an interdisciplinary guide. Environmental Values 1, 361-362

Pezzey, J. (1992b): Sustainable development concepts: an economic analysis. World Bank Environment Paper No. ., Washington/DC: World Bank

Pezzey, J. V. C. (1994): Theoretical essays on sustainability and environmental policy. PhD thesis, Department of Economics, University of Bristol

Pezzey, J. C. V. (1997): Sustainability constraints versus 'optimality' versus intertemporal concern, and axioms versus data. Land Economics 73, 448-466

Pezzey, J. C. V., Withagen, C. A. (1998): The rise, fall and sustainability of capital-resource economies. Scandinavian Journal of Economics 100, 513-527

Pfister, G., Renn, O. (1996): Ein Indikatorensystem zur Messung einer nachhaltigen Entwicklung in Baden-Württemberg. Stuttgart: Akademie für Technikfolgenabschätzung

Phelps, E., Riley, J. (1978): Rawlsian growth: dynamic programming of capital and wealth for intergeneration 'maximin' justice. Review of Economic Studies 45, 103-120

Pires, C. P. (1998): A note on "Environmental sustainability and cost-benefit analysis". Environment and Planning A 30, 2069-2073

Ploeg, F. van der, Ligthart, J. E. (1993): Sustainable growth and renewable resources in the global economy. FEEM Working Paper 26.93. Milan: Fondazione Eni Enrico Mattei

Plourde, C. G. (1970): A simple model of replenishable natural resource exploitation. American Economic Review 60, 518-522

Plourde, C. G. (1971): Exploitation of common-property replenishable natural resources. Western Economic Journal 9, 256-266

Plourde, C. G. (1972): A model of waste accumulation and disposal. Canadian Journal of Economics 5, 119-125

Pommerehne, W. W., Römer, A. U. (1992): Ansätze zur Erfassung der Präferenzen für öffentliche Güter: Ein Überblick. Jahrbuch für Sozialwissenschaft 43, 171-210

Posner, R. A. (1981): The economics of justice. Cambridge/MA, London: Harvard University Press

Prognos AG (Hrsg.) (1997): Sustainability - eine Illusion? Sinzheim: Pro Universitate Verlag

Proops, J. L. R. (1989): Ecological economics: rationale and problem areas. Ecological Economics 1, 59-76

Proops, J. L. R., Atkinson, G. D. (1992): Factor shares and the measurement of sustainable development: a production function framework. CSERGE Working Paper. London, Norwich: Centre for Social and Economic Research in the Global Environment

Quirk, J., Saposnik, R. (1968): Introduction to general equilibrium theory and welfare economics. New York et al.: McGraw-Hill

Rabl, A. (1996): Discounting of long-term costs: what would future generations prefer us to do? Ecological Economics 17, 137-145

Radermacher, W. (1992): Konzept für eine Umweltökonomische Gesamtrechnung des Statistischen Bundesamtes. Wirtschaft und Statistik 7/1992, 411-417

Radermacher, W. (1993): Nachhaltiges Einkommen: Gedanken zur Naturbewertung in der Umweltökonomischen Gesamtrechnung, Wirtschaft und Statistik 5/1993, 331-339

Radermacher, W. (1994): Sustainable income: reflections on the valuation of nature in environmental-economic accounting. Statistical Journal 11, 35-51

Radermacher, W., Stahmer, C. (1994): Vom Umwelt-Satellitensystem zur Umweltökonomischen Gesamtrechnung: Umweltbezogene Gesamtrechnungen in Deutschland - Erster Teil. Zeitschrift für angewandte Umweltforschung 7, 531-541

Radermacher, W., Stahmer, C. (1995): Vom Umwelt-Satellitensystem zur Umweltökonomischen Gesamtrechnung: Umweltbezogene Gesamtrechnungen in Deutschland - Zweiter Teil. Zeitschrift für angewandte Umweltforschung 8, 99-109

Radke, V. (1995a): Nachhaltige Entwicklung: Ökonomische Implikationen. Jahrbücher für Nationalökonomie und Statistik 214, 289-301

Radke, V. (1995b): Wege in die Umweltkatastrophe. In: Nutzinger, H. G. (Hrsg.): (1995a), 201-224

Radke, V. (1995c): Sustainable Development: Eine ökonomische Interpretation. Zeitschrift für angewandte Umweltforschung 8, 532-543

Radke, V. (1996a): Ökonomische Aspekte nachhaltiger Technologie: Zur Bedeutung unterschiedlicher Ausprägungen des technischen Fortschritts für das Konzept des Sustainable Development. Zeitschrift für Umweltpolitik und Umweltrecht 19, 109-128

Radke, V. (1996b): Erschöpfliche Ressourcen, Kapitalakkumulation und Flächennutzung. Jahrbuch für Wirtschaftswissenschaften 47, 154-165

Radke, V. (1999a): Zum Naturverständnis der Ökonomie. In: Krohn, W. (Hrsg.): Die Natur der Natur. IWT-Paper Nr. 23, Bielefeld: Institut für Wissenschafts- und Technikforschung der Universität Bielefeld, 156-182

Radke, V. (1999b): Indicators of sustainable development. Normative fundamentals. In: Leist, A. (ed.): Sustainability. Theory and application, Zürich

Radke, V. (1999c): Natur und Wirtschaft. Neoklassik versus ökologische Ökonomie. Zeitschrift für Energiewirtschaft, erscheint demnächst

Ramsey, F. (1928): A mathematical theory of savings. Economic Journal 38, 543-559

Rawls, J. (1971): A theory of justice. Cambridge/MA: Harvard University Press

Ray, D. (1987): Nonpaternalistic intergenerational altruism. Journal of Economic Theory 41, 112-132

Redclift, M. (1987): Sustainable development: Exploring the contradictions London: Routledge

Redclift, M. (1988): Sustainable development and the market: a framework for analysis. Futures 20, 635-650

Rees, C. (1993): The ecologist's approach to sustainable development. Finance and Development 30, 14-15

Reich, U.-P. (1994): Der falsche Glanz am Ökosozialprodukt. Zeitschrift für Umweltpolitik und Umweltrecht 17, 25-41

Reich, U.-P. (1995): Antwort auf Carsten Stahmers Kommentar. Zeitschrift für Umweltpolitik und Umweltrecht 18, 111-112

Reich, U.-P., Stahmer, C. et al. (1988): Satellitensysteme zu den Volkswirtschaftlichen Gesamtrechnungen. Stuttgart, Mainz: Kohlhammer

Reiche, J., Fülgraff, G. (1987): Eigenrechte der Natur und praktische Umweltpolitik. Zeitschrift für Umweltpolitik und Umweltrecht 3/87, 231-250

Rennings, K. (1994): Indikatoren für eine dauerhaft-umweltgerechte Entwicklung. Stuttgart: Metzler-Poeschel

Rennings, K. (1996): Ordnungsregeln für eine Politik der Nachhaltigkeit. Zeitschrift für angewandte Umweltforschung 9, 19-23

Rennings, K., Brockmann, K. L., Koschel, H., Bergmann, H., Kühn, I. (1997): Nachhaltigkeit, Ordnungspolitik und freiwillige Selbstverpflichtung: Heidelberg: Physica-Verlag

Rennings, K., Hohmeyer, O. (1997a): Linking weak and strong sustainability indicators: the case of global warming. Discussion Paper No. 97-11. Mannheim: Zentrum für Europäische Wirtschaftsforschung

Rennings, K., Hohmeyer, O. (Hrsg.) (1997b): Nachhaltigkeit. Baden-Baden: NOMOS Verlagsgesellschaft

Rennings, K., Hohmeyer, O. (1997c): Zur Verbindung von Indikatoren starker und schwacher Nachhaltigkeit: Das Beispiel Klimaänderung. In: Rennings, K., Hohmeyer, O. (Hrsg.): (1997b), 39-70

Rennings, K., Koschel, H., Brockmann, K. L., Kühn, I. (1997): A regulatory framework for a policy of sustainability: lessons from the neo-liberal school. Discussion Paper No. 97-13. Mannheim: Zentrum für Europäische Wirtschaftsforschung

Rennings, K., Wiggering, H. (1997): Steps towards indicators of sustainable development: linking economic and ecological concepts. Ecological Economics 20, 25-36

Repetto, R., Magrath, W., Wells, M., Beer, C., Rossini, F. (1989): Wasting assets: natural resources in the national income accounts. Washington/DC: World Resources Institute (WRI)

Richter, W. (1994): Monetäre Makroindikatoren für eine nachhaltige Umweltnutzung. Marburg: Metropolis

Ricker, W. E. (1954): Stock and recruitment. Journal of the Fisheries Research Board of Canada 11, 559-623

Riley, J. G. (1980): The just rate of depletion of a natural resource. Journal of Environmental Economics and Management 7, 291-307

Roemer, J. E. (1996): Theories of distributive justice. Cambridge/MA, London: Harvard University Press

Rymes, T. K. (1993): Some theoretical problems in accounting for sustainable consumption. In: Franz, A., Stahmer, C. (eds.): (1993), 199-219

Sagar, A. D., Najam, A. (1998): The human development index: a critical review. Ecological Economics 25, 249-264

Sagasti, F. R., Colby, M. (1993): Eco-development and perspectives on global change from developing countries. In: Choucri, N. (ed.): (1993), 175-203

Sahu, N. C., Nayak, B. (1994): Niche diversification in environmental/ecological economics. Ecological Economics 11, 9-19

Samuelson, P. A. (1956): Social indifference curves. Quarterly Journal of Economics 70, 1-22

Samuelson, P. A. (1958): An exact consumption-loan model of interest with or without the social contrivance of money. Journal of Political Economy 66, 467-482

Sandlund, O. T., Hindar, K., Brown, A. H. D. (eds.) (1992): Conservation of biodiversity for sustainable development. Oslo: Scandinavian University Press

Schaefer, M. B. (1954): Some aspects of the dynamics of populations important to the management of the commercial marine fisheries. Bulletin of the Inter-American Tropical Tuna Commission 1, 25-56

Schmidheiny, S. (1992): Changing course: a global business perspective on development and the environment. Cambridge/MA: MIT Press

Schneider, F. (1992): Ecological objectives in a market economy: three simple questions but no simple answers. Forschungsbericht 9204. Linz: Ludwig Boltzmann Institut

Schneider, F. (1994): Public choice - economic theory of politics: a survey in selected areas. In: Brandstätter, H., Güth, W. (eds.): Essays on economic psychology. Heidelberg: Springer-Verlag, 177-192

Schramm, M. (1996): Ist Gary S. Beckers 'ökonomischer Ansatz' ein Taschenspielertrick? In: Nutzinger, H. G. (Hrsg.): (1996), 231-258

Schubert, R. (1998): Indikatoren für Nachhaltigkeit. Schweizerische Zeitschrift für Volkswirtschaft und Statistik 134, 391-414

Schulz, N. (1995): Are markets more competitive if commodities are closer substitutes? International Economic Review 36, 963-983

Sefton, J. A., Weale, M. R. (1996): The net national product and exhaustible resources: the effects of foreign trade. Journal of Public Economics 61, 21-47

Seierstad, A., Sydsæter, K. (1987): Optimal control theory with economic applications. Amsterdam et al.: Elsevier Science Publishers (North-Holland)

Seifert, E. K. (1994): 'Sustainability' aus bioökonomischer Sicht: Wirtschaftsethische Implikationen einer neuen entwicklungspolitischen Leitidee. In: Homann, K. (Hrsg.): (1994b), 173-210

Serageldin, I. (1993): Making development sustainable. Finance and Development 30, 6-10

Seralgedin, I., Steer, A. (eds.) (1994): Making development sustainable. Environmental Sustainable Development Occasional Paper Series No. 2. Washington/DC: World Bank

Serôa da Motta, R. (1994): Some comments on depletion and degradation costs in income measurement. Ecological Economics 11, 21-25

Siebert, H. (1978): Ökonomische Theorie der Umwelt. Tübingen: Mohr (Siebeck)

Siebert, H. (Hrsg.) (1980): Erschöpfbare Ressourcen. Berlin: Duncker & Humblot

Siebert, H. (1982): Nature as a life support system, renewable resources and environmental disruption. Zeitschrift für Nationalökonomie (Journal of Economics) 42, 133-142

Siebert, H. (1983): Ökonomische Theorie natürlicher Ressourcen. Tübingen: Mohr

Siebert, H. (1998): Economics of the environment: theory and policy, 5th edn.. Berlin et al.: Springer-Verlag

Siebert, H. (Hrsg.) (1996): Elemente einer rationalen Umweltpolitik: Expertisen zur umweltpolitischen Neuorientierung. Tübingen: Mohr (Paul Siebeck)

Simonis, U. E. (1990): Beyond growth: elements of sustainable development. Berlin: Edition Sigma

Singh, J., Singh, J. P. (1995): Land degradation and economic sustainability. Ecological Economics 15, 77-86

Sinn, H.-W. (1982): The economic theory of species extinction: comment on Smith. Journal of Environmental Economics and Management 9, 194-198

Smith, V. K., Krutilla, J. V. (eds.) (1982): Explorations in natural resource economics. Baltimore, London: Johns Hopkins University Press for Resources for the Future

Smith, V. L. (1975): The primitive hunter culture, pleistocene extinction, and the rise of agriculture. Journal of Political Economy 83, 727-756

Smith, V. L. (1977a): Control theory applied to natural and environmental resources: an exposition. Journal of Environmental Economics and Management 4, 1-24

Smith, V. L. (ed.) (1977b): Economics of natural and environmental resources. New York, London, Paris: Gordon and Breach

Söllner, F. (1993): Neoklassik und Umweltökonomie. Zeitschrift für Umweltpolitik und Umweltrecht 4/93, 431-460

Söllner, F. (1996): Thermodynamik und Umweltökonomie. Heidelberg: Physica-Verlag

Söllner, F. (1997): Die Ökologische Ökonomie: Ein neuer Ansatz zur Lösung der Umweltproblematik. Wirtschaftsdienst 77, 423-428

Solow, R. M. (1974a): Intergenerational equity and exhaustible resources. Review of Economic Studies (Symposium on the economics of exhaustible resources), 29-45

Solow, R. M. (1974b): The economics of resources or the resources of economics. American Economic Review 64, 1-14

Solow, R. M. (1986): On the intergenerational allocation of natural resources. Scandinavian Journal of Economics 88, 141-149

Solow, R. M. (1993): An almost practical step toward sustainability. Resources Policy 19, 162-172

Solow, R. M., Wan, F. Y. (1976): Extraction costs in the theory of exhaustible resources. Bell Journal of Economics 7, 359-370

Somerville, R. (1991): Economic growth, sustainability, and the environment. Contemporary Policy Issues 9, 1-23

Sorger, G. (1989): On the optimality and stability of competitive paths in continuous time growth models. Journal of Economic Theory 48, 526-547

Spangenberg, J. H. (1996): Welche Indikatoren braucht eine nachhaltige Entwicklung? In: Köhn, J., Welfens, M. J. (Hrsg.): Neue Ansätze in der Umweltökonomie. Marburg: Metropolis-Verlag

Spash, C. L., Hanley, N. (1995): Preferences, information and biodiversity preservation. Ecological Economics 12, 191-208

SRU (Rat von Sachverständigen für Umweltfragen) (1994a): Umweltgutachten 1994: Für eine dauerhaft-umweltgerechte Entwicklung. Stuttgart: Verlag Metzler-Poeschel

SRU (Rat von Sachverständigen für Umweltfragen) (1994b): Dauerhaft-umweltgerechte Entwicklung: Leitbegriff für die Umweltpolitik der Zukunft. Zeitschrift für angewandte Umweltforschung 7, 170-182

SRU (Rat von Sachverständigen für Umweltfragen) (1996): Umweltgutachten 1996: Zur Umsetzung einer dauerhaft-umweltgerechten Entwicklung. Stuttgart: Verlag Metzler-Poeschel

SRU (Rat von Sachverständigen für Umweltfragen) (1998): Flächendeckend wirksamer Grundwasserschutz - Ein Schritt zur dauerhaft umweltgerechten Entwicklung. Zeitschrift für angewandte Umweltforschung 11, 201-212

Stahl, K., Schulz, N. (1981): Mathematische Optimierung und mikroökonomische Theorie. Heidelberg, New York: Springer-Verlag

Stahmer, C. (1991): Vom Bruttosozialprodukt zum Ökosozialprodukt? Umweltberichterstattung im Rahmen der Volkswirtschaftlichen Gesamtrechnungen. In: Diefenbacher, H., Habicht-Erenler, S. (Hrsg.): (1991), 43-60

Stahmer, C. (1993a): System for Integrated Environmental and Economic Accounting (SEEA) of the United Nations. In: Franz, A., Stahmer, C. (eds.): (1993), 511-540

Stahmer, C. (1993b): Umweltbezogene Erweiterung der Volkswirtschaftlichen Gesamtrechnungen. Signale aus der Wissenschaftlichen Hochschule für Unternehmensführung Koblenz (WHU) 1/93, 18-24

Stahmer, C. (1995a): Utz-Peter Reichs Kritik am Ökosozialprodukt: Eine Erwiderung. Zeitschrift für Umweltpolitik und Umweltrecht 18, 101-110

Stahmer, C. (1995b): Aufstand der Erbsenzähler. Die ZEIT Nr. 43, 28

Statistisches Bundesamt (1990): Umweltökonomische Gesamtrechnung: Ein Beitrag der amtlichen Statistik. Wiesbaden: Statistisches Bundesamt

Statistisches Bundesamt (1993): Beiträge zur Umweltökonomischen Gesamtrechnung. UGR-Materialien Heft 1: Vorstudie Umweltindikatorensysteme. Wiesbaden: Statistisches Bundesamt

Statistisches Bundesamt (1994a): Beiträge zur Umweltökonomischen Gesamtrechnung. UGR-Materialien Heft 2: Raumbezogene Indikatoren zum Konfliktfeld Naturhaushalt/Erholung. Wiesbaden: Statistisches Bundesamt

Statistisches Bundesamt (1994b): Beiträge zur Umweltökonomischen Gesamtrechnung. UGR-Materialien Heft 3: Umweltschutzmaßnahmen der privaten Haushalte. Wiesbaden: Statistisches Bundesamt

Statistisches Bundesamt (1995a): Beiträge zur Umweltökonomischen Gesamtrechnung. UGR-Materialien Heft 4: Konzept einer Gesamtrechnung für Bodennutzung und Bodenbedeckung. Wiesbaden: Statistisches Bundesamt

Statistisches Bundesamt (1995b): Beiträge zur Umweltökonomischen Gesamtrechnung. UGR-Materialien Heft 5: Sekundärrohstoffe im Rahmen der UGR. Wiesbaden: Statistisches Bundesamt

Steedman, I., Tomkins, J. (1998): On measuring the deviation of prices from values. Cambridge Journal of Economics 22, 379-385

Steer, A., Lutz, E. (1993): Measuring environmentally sustainable development. Finance and Development 30, 20-23

Steger, U. (1995): Konsens ohne Wert. ZEIT-Punkte 6, 38-40

Steger, U., Timmermann, M. (Hrsg.) (1993): Mehr Ökologie durch Ökonomie? Berlin et al.: Springer-Verlag

Steiger, A. (1979) Sozialprodukt oder Wohlfahrt? Kritik am Sozialproduktkonzept - Die Sozialen Kosten der Umweltzerstörung. Reihe Ökologie, Bd. 2. Diessenhofen: Verlag Rüegger

Steinmann, H., Wagner, G. R. (Hrsg.) (1998): Umwelt und Wirtschaftsethik. Stuttgart: Schäffer-Poeschel Verlag

Stengel, H. (1994): Grenzen und Spielräume nachhaltiger Entwicklung der Dritten Welt. Berlin: Duncker & Humblot

Stephan, G., Ahlheim, M. (1996): Ökonomische Ökologie, Berlin et al.: Springer-Verlag

Stephan, G., Müller-Fürstenberger, G., Previdoli, P. (1997): Overlapping generations or infinitely-lived agents: intergenerational altruism and the economics of global warming. Environmental and Resource Economics 10, 27-40

Stern, D. I. (1997): Limits to substitution and irreversibility in production and consumption: a neoclassical interpretation of ecological economics. Ecological Economics 21, 197-215

Sterner, T. (ed.) (1994): Economic policies for sustainable development. Dordrecht, Boston, London: Kluwer Academic Publishers

Stiglitz, J. (1974a): Growth with exhaustible natural resources: efficient and optimal growth paths. Review of Economic Studies (Symposium on the economics of exhaustible resources), 123-137

Stiglitz, J. E. (1974b): Growth with exhaustible natural resources: the competitive economy. Review of Economic Studies (Symposium on the economics of exhaustible resources), 139-152

Stobbe, A. (1994): Volkswirtschaftliches Rechnungswesen, 8. Auflage. Berlin et al.: Springer-Verlag

Stollery, K. R. (1998): Constant utility paths and irreversibel global warming. Canadian Journal of Economics 31, 730-742

Strauss, J., Thomas, D. (1996): Measurement and mismeasurement of social indicators. American Economic Review 86, 30-34

Ströbele, W. (1982): Growth models with restrictions concerning energy resources: an attempt to identify critical parameters and structural features. In: Eichhorn, W. et al. (eds.): Economic theory of natural resources. Würzburg, Wien: Physica-Verlag, 389-406

Ströbele, W. (1984): Wirtschaftswachstum bei begrenzten Energieressourcen. Berlin: Duncker & Humblot

Ströbele, W. (1987): Rohstofföokonomik: Theorie natürlicher Ressourcen mit Anwendungsbeispielen Öl, Kupfer, Uran und Fischerei. München: Verlag Franz Vahlen

Ströbele, W. J., Wacker, H. (1991): The concept of sustainable yield in multi-species fisheries. Ecological Modelling 53, 61-74

Svensson, L. E. O. (1986): Comment on R. M. Solow, 'On the intergenerational allocation of natural resources'. Scandinavian Journal of Economics 88, 153-155

Swanson, T. M. (1994): The international regulation of extinction. Basingstoke, London: Macmillan Press

Swanson, T. M. (ed.) (1995): The economics and ecology of biodiversity decline: the forces driving global change. Cambridge: Cambridge University Press

Swanson, T. M. (ed.) (1996): The economics of environmental degradation: tragedy for the commons? Cheltenham/UK, Brookfield/US: Edward Elgar

Tacconi, L., Bennett, J. (1995): Economic implications of intergenerational equity for biodiversity conservation. Ecological Economics 12, 209-223

Tahvonen, O. (1991): On the dynamics of renewable resource harvesting and pollution control. Environmental and Resource Economics 1, 97-117

Tahvonen, O. (1995): International CO_2 taxation and the dynamics of fossil fuel markets. International Tax and Public Finance 2, 261-278

Tahvonen, O., Kuuluvainen, J. (1991): Optimal growth with renewable resources and pollution. European Economic Review 35, 650-661

Tahvonen, O., Kuuluvainen, J. (1993): Economic growth, pollution, and renewable resources. Journal of Environmental Economics and Management 24, 101-118

Templet, P. H. (1995): Grazing the commons: an empirical analysis of externalities, subsidies and sustainability. Ecological Economics 12, 141-159

Tietenberg, T. (1996): Environmental and natural resource economics, 4th edn.. Harlow/UK: Addison Wesley Longman

Tietenberg, T. (1998): Environmental economics and policy, 2nd edn., New York et al.: Addison-Wesley

Tiezzi, S. (1995): Accounting for the environment in moving towards sustainability: an exercise using some Italian data. Feem Newsletter 1.1995, 4-6

Tinbergen, J., Hueting, R. (1991) GNP and market prices: wrong signals for sustainable economic success that mask environmental destruction. In: Goodland, R., Daly, H. E., El Serafy, S. (eds.): (1991), 36-42

Tisdell, C. (1993): Environmental economics: policies for environmental management and sustainable development. Aldershot/UK, Brookfield/US: Edward Elgar

Tisdell, C., Maitra, P. (eds.) (1988): Technological change, development, and the environment: socio-economic perspectives. London, New York: Routledge

Tiwari, D. N. (1995): Measurement of sustainability indicators and implications for macroeconomic policy modelling in developing countries: Economie Appliquée 48, 181-214

Toman, M. A. (1992): The difficulty in defining sustainability. Resources 106, 3-6

Toman, M. A., Pezzey, J., Krautkraemer, J. (1995): Neoclassical economic growth theory and 'sustainability'. In: Bromley, D. W. (ed.): (1995), 139-165

Tucci, M. P. (1992): Sustainable growth: a stochastic approach. Nota di Lavoro 10.92. Milan: Fondazione Eni Enrico Mattei

Turner, R. K. (ed.) (1988): Sustainable environmental management: principles and practice. London: Belhaven Press, and Boulder/CO: Westview Press

Turner, R. K., Pearce, D. W. (1992): Sustainable development: ethics and economics. CSERGE Working Paper PA 92-09. London: Centre for Social and Economic Research on the Global Environment

Turner, R. K., Pearce, D., Bateman, I. (1994): Environmental economics: an elementary introduction. New York et al.: Harvester Wheatsheaf

United Nations (1993a): Integrated environmental and economic accounting: handbook of national accounting. New York: UN Department for Economic and Social Information and Policy Analysis

United Nations (1993b): Earthsummit: Agenda 21, the United Nations programme of action from Rio. New York: United Nations Department of Public Information

Uno, K. (1995): Environmental options: accounting for sustainability. Dordrecht, Boston, London: Kluwer Academic Publishers

Uno, K., Bartelmus, P. (eds.) (1998): Environmental accounting in theory and practice. Dordrecht, Boston, London: Kluwer Academic Publishers

Usher, D. (1994): Income and the Hamiltonian. Review of Income and Wealth 40, 123-141

Van der Ploeg, F., Withagen, C. (1991): Pollution control and the Ramsey problem. Environmental and Resource Economics 1, 215-230

Varian, H. R. (1981): Dynamical systems with applications to economics. In: Arrow, K. J., Intriligator, M. D. (eds.): (1981), vol. 1, 93-110

Vaterlaus, S. (1996): Der relative Wohlstand: Eine intergrierte ökonomisch-ökologische Umweltberichterstattung als Ergänzung zur Volkswirtschaftlichen Gesamtrechnung. Chur, Zürich: Verlag Rüegger

Vedeld, P. O. (1994): The environment and interdisciplinarity: ecological and neoclassical economical approaches to the use of natural resources. Ecological Economics 10, 1-13

Vellinga, N., Withagen, C. (1996): On the concept of green national income. Nota di Lavoro 14.96. Milan: Fondazione Eni Enrico Mattei

Victor, P. A. (1991): Indicators of sustainable development: some lessons from capital theory. Ecological Economics 4, 191-213

Victor, P. A., Hanna, J. E., Kubursi, A. (1995): How strong is weak sustainability? Economie Appliquée 48, 75-94

Vincent, J. R. (1996): Natural resources and economic sustainability. Development Discussion Paper No. 542. Cambridge/MA: Harvard Institute for International Development

Vincent, J. R., Panayotou, T., Hartwick, J. M. (1997): Resource depletion and sustainability in small open economies. Journal of Environmental Economics and Management 33, 274-286

Vogt, W. (1981): Zur intertemporal wohlfahrtsoptimalen Nutzung knapper natürlicher Ressourcen: Eine kontrolltheoretische Analyse. Tübingen: J. C. B. Mohr (Paul Siebeck)

Vorholz, F. (1994): Die Last der Hedonisten, ZEIT-Punkte Nr. 4, 79-81

Vornholz, G. (1993): Zur Konzeption einer ökologisch tragfähigen Entwicklung: Eine ökonomisch-theoretische Analyse der Bedingungen zur Erhaltung der natürlichen Lebensgrundlagen. Marburg: Metropolis

Vornholz, G. (1995): Die ökologischen Ziele im Sustainable Development-Konzept: Eine ökologisch tragfähige Entwicklung. In: Nutzinger, H. G. (Hrsg.): (1995a), 81-115

Vornholz, G. (1997a): Zum Spannungsverhältnis von Ökonomie und Sustainable Development. In: Feser, H.-D., von Hauff, M. (Hrsg.): (1997), 39-56

Vornholz, G. (1997b): Die neue Sicht der Nachhaltigkeit und die neoklassische Ressourcen- und Umweltökonomie. In: Weise, P. et al. (Hrsg.): (1997), 19-45

Voss, G. (Hrsg.) (1994): Sustainable Development: Leitziel auf dem Weg in das 21. Jahrhundert. Köln: Deutscher Instituts-Verlag

Voss, G. (1997:. Das Leitbild der nachhaltigen Entwicklung: Darstellung und Kritik. Köln: Deutscher Instituts-Verlag

Vousden, N. (1973): Basic theoretical issues of resource depletion. Journal of Economic Theory 6, 126-143

Wagner, H. (1993): Wachstum und Entwicklung: Theorie der Entwicklungspolitik. München, Wien: Oldenbourg Verlag

Wagner, H. (1996): Entwicklungsökonomie. Wirtschaftswissenschaftliches Studium 25, 127-134

Walz, R. (1998): Grundlagen für ein nationales Umweltindikatorensystem: Erfahrungen mit der Weiterentwicklung des OECD-Ansatzes. Zeitschrift für angewandte Umweltforschung 11, 252-265

Walz, R., Ostertag, K., Block, N. (1995): Synopse ausgewählter Indikatorenansätze für Sustainable Development. Bericht im Rahmen des Forschungsvorhabens 'Weiterentwicklung von Indikatorensystemen für die Umweltberichterstattung' des Umweltbundesamtes. Karlsruhe: Fraunhofer Institut für Systemtechnik und Innovationsforschung

WBGU (Wissenschaftlicher Beirat der Bundesregierung Globale Umweltveränderungen) (1995): Welt im Wandel: Wege zur Lösung globaler Umweltprobleme. Jahresgutachten 1995. Bremerhaven: WBGU

WBGU (Wissenschaftlicher Beirat der Bundesregierung Globale Umweltveränderungen) (1996): Welt im Wandel: Herausforderung für die deutsche Wissenschaft. Berlin: Springer-Verlag

WCED (World Commission on Environment and Development) (1987): Our common future. Oxford: Oxford University Press. Zitiert in der dt. Übersetzung: Hauff, V. (Hrsg.): Unsere gemeinsame Zukunft, Greven: Eggenkamp Verlag, 1987

Weale, M. (1997): Environmental statistics and national accounts. In: Dasgupta, P., Mäler, K.-G. (eds.): The environment and emerging development issues, vol. 1. Oxford: Clarendon Press, 96-128

Weiland, U., Lustig, S. (1998): Nachhaltige oder integrierte Stadtentwicklung? Oder: Was können Lokale Agenda 21-Initiativen von der integrierten Stadtentwicklungsplanung der siebziger Jahre lernen? Zeitschrift für angewandte Umweltforschung 11, 85-93

Weise, P. et al. (Hrsg.) (1997): Nachhaltigkeit in der ökonomischen Theorie. Ökonomie und Gesellschaft, Jahrbuch 14. Frankfurt/M., New York: Campus Verlag

Weimann, J. (1995): Umweltökonomik: Eine theorieorientierte Einführung, 3. Auflage. Berlin et al.: Springer-Verlag

Weitzman, M. L. (1976): On the welfare significance of national product in a dynamic economy. Quarterly Journal of Economics 90, 156-162

Weitzman, M. L. (1997): Sustainability and technical progress. Scandinavian Journal of Economics 99, 1-13

Weitzman, M. L. (1998a): On the welfare significance of national product under interest-rate uncertainty: European Economic Review 42, 1581-1594

Weitzman, M. L. (1998b): Why the far-distant future should be discounted at its lowest possible rate. Journal of Environmental Economics and Management 36, 201-208

Weitzman, M. L., Löfgren, K.-G. (1997): On the welfare significance of green accounting as taught by parable. Journal of Environmental Economics and Management 32, 139-153

Weizsäcker, E. U. von (1995): Faktor 4. Basel: Birkhäuser Verlag

Welsch, H. (1992): Umweltschutz und Wohlfahrtsmessung: Zur Funktion und Bewertung der Umwelt im Wirtschaftsprozeß. Zeitschrift für Umweltpolitik und Umweltrecht 3/92, 269-298

Werner, R. (1975): Soziale Indikatoren und politische Planung: Einführung in Anwendungen der Makrosoziologie. Reinbek bei Hamburg: Rowohlt

Wetzel, K. R., Wetzel, J. F. (1995): Sizing the earth: recognition of economic carrying capacity. Ecological Economics 12, 13-21

Wicke, L. (1991): Umweltökonomie: Eine praxisorientierte Einführung. München: Verlag Franz Vahlen

Wiersum, K. F. (1995): 200 years of sustainability in forestry: lessons from history. Environmental Management 19, 321-329

Wilen, J. E. (1985): Bioeconomics of renewable resource use. In: Kneese, A. V., Sweeney, J. L. (eds.): (1985), vol. 1, 61-124

Wirl, F. (1995): The cyclical exploitation of renewable resource stocks may be optimal. Journal of Environmental Economics and Management 29, 252-261

Withagen, C. (1981): The optimal exploitation of exhaustible resources: a survey. De Economist 129, 504-531

Withagen, C. (1996): Sustainability and investment rules. Economics Letters 53, 1-6

Woll, H. (1981): Die Untauglichkeit des Indikators Sozialprodukt als Wohlfahrtsmaß. München: Minerva

Woodward, R. T., Bishop. R. C. (1995): Efficiency, sustainability and global warming. Ecological Economics 14, 101-111

World Bank (1995): Social indicators of development. Washington/DC: World Bank

Xepapadeas, A. (ed.) (1996): Economic policy for the environment and natural resources: techniques for the management and control of pollution. Cheltenham/UK, Brookfield/US: Edward Elgar

Xu, Z., Bradley, D. P., Jakes, P. J. (1995): Measuring forest ecosystem sustainability: a resource accounting approach. Environmental Management 19, 685-692

Young, M. D. (1992): Sustainable investment and resource use: equity, environmental integrity and economic efficiency. Paris: MAB/UNESCO and the Parthenon Publishing Group

Zapf, W. (Hrsg.) (1972): Soziale Indikatoren: Konzepte und Forschungsansätze I. Frankfurt, New York: Herder & Herder

Zapf, W. (Hrsg.) (1973): Soziale Indikatoren: Konzepte und Forschungsansätze II. Frankfurt, New York: Herder & Herder

Zapf, W. (Hrsg.) (1975): Soziale Indikatoren: Konzepte und Forschungsansätze III. Frankfurt, New York: Herder & Herder

Zapf, W. (Hrsg.) (1976a): Gesellschaftspolitische Zielsysteme. Soziale Indikatoren IV. Frankfurt, New York: Herder & Herder

Zapf, W. (1976b): Zum gegenwärtigen Stand der Sozialindikatorenforschung. In: Hofmann-Nowotny, H.-J. (Hrsg.): Soziale Indikatoren. Stuttgart, 29-50.

Zilleßen, H. (1998): Von der Umweltpolitik zur Politik der Nachhaltigkeit: Das Konzept der nachhaltigen Entwicklung als Modernisierungsansatz. Aus Politik und Zeitgeschichte B 50/98, 4. Dezember 1998, 3-10

Zimmermann, H. (1989): Grenzen einer Erweiterung der Volkswirtschaftlichen Gesamtrechnung. Wirtschaftsdienst 69, 493-496

Zimmermann, H. (1992): Kosten der Umweltverschmutzung und 'Umweltökonomische Gesamtrechnung'. In: Junkernheinrich, M., Klemmer, P. (Hrsg.): (1992), 171-184

Zimmermann, H. (1995): Das Ökosozialprodukt - kein neues Gesamtmaß. Zeitschrift für Umweltpolitik und Umweltrecht 18, 261-268

Zukunftskommission der Friedrich-Ebert-Stiftung (1998): Wirtschaftliche Leistungsfähigkeit, sozialer Zusammenhalt, ökologische Nachhaltigkeit. Drei Ziele - ein Weg. Bonn: Verlag J. H. W. Dietz Nachf.

Band 3: Helmuth-M. Groscurth
Rationelle Energieverwendung durch Wärmerückgewinnung
1991. ISBN 3-7908-0552-1

Band 7: Maria J. Welfens
Umweltprobleme und Umweltpolitik in Mittel- und Osteuropa
1993. ISBN 3-7908-0654-4

Band 8: Hans-Dietrich Haasis
Planung und Steuerung emissionsarm zu betreibender industrieller Produktionssysteme
1994. ISBN 3-7908-0768-0

Band 10: Maria J. Welfens/ Nadja Schiemann (Hrsg.)
Umweltökonomie und zukunftsfähige Wirtschaft
1994. ISBN 3-7908-0788-5

Band 11: Rolf Jacobs
Organisation des Umweltschutzes in Industriebetrieben
1994. ISBN 3-7908-0797-4

Band 12: Frank Jöst
Klimaänderungen, Rohstoffknappheit und wirtschaftliche Entwicklung
1994. ISBN 3-7908-0809-1

Band 13: Georg Müller-Fürstenberger
Kuppelproduktion
1995. ISBN 3-7908-0883-0

Band 14: Andreas Pfnür
Informationsinstrumente und -systeme im betrieblichen Umweltschutz
1996. ISBN 3-7908-0894-6

Band 15: Christian Kölle
Ökonomische Analyse internationaler Umweltkooperationen
1996. ISBN 3-7908-0901-2

Band 16: Rainer Souren
Theorie betrieblicher Reduktion
1996. ISBN 3-7908-0933-0

Band 17: Fritz Söllner
Thermodynamik und Umweltökonomie
1996. ISBN 3-7908-0940-3

Band 18: Thomas Nestler
Umweltschutzinvestitionen im Verarbeitenden Gewerbe
1997. ISBN 3-7908-0962-4

Band 19: Anja Oenning
Theorie betrieblicher Kuppelproduktion
1997. ISBN 3-7908-1012-6

Band 20: Graciela Wiegand
Die Schadstoffkontrolle von Lebensmitteln aus ökonomischer Sicht
1997. ISBN 3-7908-1024-X

Band 21: Karin Holm-Müller
Ökonomische Anreize in der deutschen Abfallwirtschaftspolitik
1997. ISBN 3-7908-1028-2

Band 22: Ronald Wendner
CO_2-Reduktionspolitik und Pensionssicherung
1997. ISBN 3-7908-1032-0

Band 23: Jochen Cantner
Die Kostenrechnung als Instrument der staatlichen Preisregulierung in der Abfallwirtschaft
1997. ISBN 3-7908-1033-9

Band 24: Gerd R. Nicodemus
Reale Optionswerte in der Umweltökonomie
1998. ISBN 3-7908-1089-4

Band 25: Bernd Klauer
Nachhaltigkeit und Naturbewertung
1998. ISBN 3-7908-1114-9

Band 26: Bernd Meyer et al.
Modellierung der Nachhaltigkeitslücke
1998. ISBN 3-7908-1122-X

Band 27: Prognos AG (Hrsg.)
Nachhaltige Entwicklung im Energiesektor?
1998. ISBN 3-7908-1138-6

Band 28: Bernd Meyer et al.
Marktkonforme Umweltpolitik
1999. ISBN 3-7908-1184-X

Band 29: Armin Rudolph
Altproduktentsorgung aus betriebswirtschaftlicher Sicht
1999. ISBN 3-7908-1200-5

www.ingramcontent.com/pod-product-compliance
Lightning Source LLC
LaVergne TN
LVHW010648051026
849532LV00001B/226

9783790812237